Hans-Werner Nierhaus

Die Stadt Mülheim an der Ruhr und der Zweite Weltkrieg

KLARTEXT

Hans-Werner Nierhaus

Die Stadt Mülheim an der Ruhr und der Zweite Weltkrieg

1. Auflage, September 2007
Satz und Gestaltung: Klartext Medienwerkstatt GmbH, Essen
Umschlaggestaltung: Volker Pecher, Essen
Druck und Bindung: Koninklijke Wöhrmann BV, Zutphen (NL)

ISBN 978-3-89861-857-1

www.klartext-verlag.de

Inhalt

Grußwort der Oberbürgermeisterin

Dass sich 2008 die Stadtwerdung Mülheims an der Ruhr zum nunmehr zweihundertsten Male jährt, ist ein offenes Geheimnis. Dass die Geschichte unserer Stadt bei einer Rückschau auf eben jene zweihundert Jahre gerade eingedenk der zahlreichen sozialen und politischen Krisen und Verwerfungen im Großen und Ganzen eine Erfolgsgeschichte geworden ist – und, so darf man hinzufügen: bleiben soll –, wird auch kaum jemand ernstlich bezweifeln wollen. Dass aber just zum 200. Geburtstag der Stadt ein Buch erscheint, das an eines der dunkelsten Kapitel der Stadtgeschichte überhaupt erinnert, bedarf dagegen vielleicht doch einer Erklärung.

Wie schon gesagt, hat Mülheims Geschichte insgesamt einen recht glücklichen Verlauf genommen. Doch gerade weil in der Rückschau leicht der Eindruck entstehen kann, Geschichte könne im Grunde nicht anders verlaufen, als sie schließlich verlaufen ist, lohnt es besonders, sich von Zeit zu Zeit die Unwägbarkeiten in der eigenen Geschichte bewusst zu machen. Dabei wird man rasch erkennen, dass nur geringfügig andere Konstellationen auch einen ganz anderen Gang der Dinge selbst im Nachhinein zumindest nicht ganz undenkbar erscheinen lassen.

Erinnert sei hier nur an die Wirren der post-napoleonischen Restaurationszeit, die sozialen Umbrüche der Epoche der Industriellen Revolution oder auch die politischen Wirren im Nachgang des Ersten Weltkrieges inklusive der zeitweiligen Besetzung des Ruhrgebietes durch belgische und französische Truppen.

Die vorliegende Arbeit des Mülheimer Lehrers Hans-Werner Nierhaus greift nun jene Epoche der jüngeren Stadtgeschichte auf, die alle anderen gerade genannten vielleicht noch ein wenig in ihren langfristigen Folgen überragt: die Geschichte Mülheims an der Ruhr im Zweiten Weltkrieg. Die städtebaulichen, demographischen, politischen, sozialen und lebensgeschichtlichen Folgen dieser Epoche wirken bis heute nach.

Dabei hat Hans-Werner Nierhaus den – wie ich sagen darf: erfolgreichen – Versuch unternommen, mehr zu schreiben, als die Geschichte der Stadt Mülheim im Krieg. Vielmehr verdichtet er in vierzehn systematischen Kapiteln die gesamtgesellschaftliche Entwicklung Deutschlands zwischen „Blitzkriegseuphorie“ und „unconditional surrender“ am Beispiel seiner – unserer Heimatstadt.

Damit beugt er zugleich der Möglichkeit einer lokalpatriotischen Verklärung der Stadtgeschichte vor. Indem er die zu Kriegszeiten nochmals entscheidend radikalisierten Repressionen des NS-Staates insbesondere gegenüber den Juden und anderen stigmatisierten Minderheiten betont, die unmittelbare Mitwirkung Mülheimer Bürger an Kriegsverbrechen, Völkermord und Vernichtungspolitik heraus- und zugleich den partizipativen Elementen des NS-Staates gegenüberstellt, macht der Autor deutlich, dass der Nationalsozialismus kein Phänomen war, das gleichsam von außen über die heile Welt der zwar großstädtischen, jedoch nichtsdestotrotz überschaubaren Mülheimer Heimatidylle hereingebrochen ist. Und: der Nationalsozialismus war auch keine Erscheinung, die in unserer Stadt einzig getragen war von schwerindustriellen und wirtschaftsbürgerlichen Eliten, sondern Nationalsozialismus war – gerade auch zu Zeiten des Zweiten Weltkrieges

– ein gesamtgesellschaftliches Projekt. Nach nunmehr sechs Jahren NS-Herrschaft hatten Repression, Propaganda, wirtschaftliche Scheinblüte aufgrund von mehr oder minder verdeckter Aufrüstung und soziale Umverteilung auf Kosten der rassisch Verfolgten ein erhebliches Maß an Zustimmung zur Politik des „Dritten Reiches" unter den „Volksgenossinnen und Volksgenossen" anwachsen lassen.

Wenn das Buch schließlich in den letzten beiden Kapiteln in eine Betrachtung Mülheims im Bombenkrieg und der hiesigen „Zusammenbruchsgesellschaft" bei Kriegsende mündet, so wird dabei auch deutlich, dass die unstreitigen Leiden der deutschen Zivilbevölkerung keineswegs zu ignorieren, aber in ein klares historisches Bedingungsgefüge zu stellen sind. Denn streng genommen war die sprichwörtliche „Zusammenbruchsgesellschaft" nicht erst das Ergebnis des alliierten Bombenkrieges – der ethisch-moralische Zusammenbruch der deutschen Gesellschaft war vielmehr bereits in dem Moment erfolgt, als die „Volksgenossinnen und Volksgenossen" damit begonnen hatten, aus welchen individuellen Beweggründen auch immer, alle vermeintlich andersartigen Mitmenschen zu isolieren, drangsalieren und schließlich im elementarsten Sinne des Wortes zu eliminieren. Dass diese Entwicklung eine Art Stufenfolge schrittweiser Eskalation darstellte, bei der im Moment der ersten Repression – etwa dem Aprilboykott 1933 – der letzte Schritt – die systematische Ermordung der gesamten europäischen Judenheit ab 1941 – durchaus noch nicht absehbar war, sondern erst durch langsame, aber stetige Ausweitung der Grenzen gesellschaftlich hinnehmbaren Unrechts möglich gemacht wurde, hat vor einiger Zeit der am Kulturwissenschaftlichen Institut Essen lehrende Sozialpsychologe Harald Welzer bereits im gesamtgesellschaftlichen Maßstab nachgewiesen.

Hans-Werner Nierhaus' Verdienst ist es, diese Stufenfolge der eskalierenden Vernichtungspolitik in einer lokalen Perspektive nachvollzogen und damit umso nachhaltiger, weil unmittelbarer erlebbar gemacht zu haben.

Überhaupt bestätigen die Ergebnisse des Autors eine in der Geschichtswissenschaft schon seit einigen Jahren vertretene Auffassung. Insofern ist Hans-Werner Nierhaus' Arbeit eben auch mehr als eine Lokalgeschichte, denn sie lässt aus der Perspektive des lokalgeschichtlich Besonderen das große Allgemeine sichtbar werden und verzahnt beide Sichtweisen miteinander, sodass das vorliegende Buch auch von Historikern mit einem über die lokale Perspektive hinausgehenden Interesse mit Gewinn gelesen werden kann.

Insofern erhoffe ich dem Buch besonders viele Leserinnen und Leser an den Mülheimer Schulen, denn der Erkenntnisgewinn der Lektüre wirkt besonders durch die Unmittelbarkeit der Beziehung zum historischen Gegenstand. Die „Geschichte" fand nicht an einem weit entfernten Ort, sondern gleichsam vor der eigenen Haustür statt. Judenverfolgung einerseits und euphorische „Führerbegeisterung" waren ganz selbstverständliche Dinge des nationalsozialistischen Alltags, die just unter uns stattfanden – und eben auch dies sollte eine Stadt erinnern, wenn sie sich anläßlich des eigenen Geburtstages anschickt, Rechenschaft über sich selbst abzulegen.

Dagmar Mühlenfeld

Dank

Die vorliegende Arbeit hat ihren Ausgangspunkt in der Ausstellung zum 60. Jahrestag des Kriegsendes, die der Kurs Geschichte/Medien, Jahrgangsstufe 10 der Otto-Pankok-Schule im Jahr 2005 mit mir zusammen im Rathausfoyer gestaltet hat und der von der Mülheimer Oberbürgermeisterin eröffnet wurde. Bei den Vorbereitungen zu dieser Ausstellung und bei den Recherchen zu meinem Buch erfuhr ich große Unterstützung im Mülheimer Stadtarchiv. Ganz besonders danken muss ich Herrn Jens Roepstorff, der meine Arbeit von Anfang an unterstützt und tatkräftig gefördert hat. Mein Dank gilt auch Frau Kniese und den Herren Fricke und Dr. Rave vom Stadtarchiv. Ich durfte ferner das Archiv und die persönlichen Unterlagen von Herrn Hartmut Hermann vom VVN-BdA in Mülheim einsehen und habe dort Materialien und vielfältige Anregungen erhalten. In der Otto-Pankok-Schule hielt mir Frau Ursula Welker den Rücken frei, so oft das notwendig war und übergab mir darüber hinaus interessante Quellen aus der damaligen Zeit, dazu verschaffte sie mir wichtige Kontakte, die der Arbeit zugute kamen. Verbunden fühle ich mich Götz Aly, dessen Forschungsansatz und Perspektivwechsel hin zu den Tätern ganz neue Einsichten ermöglichen und die Forschungen zum Nationalsozialismus bereichern, gerade weil er mit den „Altmeistern" der deutschen Geschichtswissenschaft nicht immer übereinstimmt, die im Übrigen auch seinem pointierten, aber gut lesbaren Stil nicht immer mit Freude begegnen. Aus meinem Leistungskurs Geschichte 12 erhielt ich zeitgenössische Bilder und Zeitzeugeninformationen über Julia Melzer, und Anke Hoffmann verdanke ich wichtige Quellenhinweise, Elias Kyewski hat den Film „Bel Ami" analysiert. Marlin Boes, Julia Neumann und Johannes Kistner gaben mir weitere Anregungen. Sophia Keller las Passagen des Manuskriptes mit dem kritischen Blick einer Schülerin und überprüfte sie auf allgemeine Verständlichkeit. Die Zusammenarbeit mit dem Klartext Verlag verlief harmonisch, wenn auch nicht ohne Friktionen, Herr Dr. Claßen umschiffte mit seinem Humor und seiner Sachkenntnis manche Klippe. Besonders danke ich meiner Frau, die es klaglos hinnahm, wenn ich wieder stunden- oder tagelang am Schreibtisch saß, und obendrein las sie noch das Manuskript und gab mir wichtige Hinweise.

Mülheim, im Juni 2007 Hans-Werner Nierhaus

Einleitung

Obwohl die Zeit der nationalsozialistischen Herrschaft in Mülheim in vielen detailreichen Einzeluntersuchungen behandelt wurde, fehlt bis heute eine zusammenfassende Darstellung der Stadtgeschichte zu diesem historischen Komplex. Woran mag das liegen? Ist es überhaupt opportun, auch die positiven Aspekte dieser Zeit als solche zu benennen? Eine lokalgeschichtliche Darstellung wird schnell mit idyllischen Beschreibungen erinnerungswürdiger und bekannter Szenerien und Persönlichkeiten assoziiert. Auch heimatgeschichtliche Aspekte im vollen Sinne des Wortes müssen wohl dazu gehören. Wie passt dies aber zu einer vergangenen Epoche, die im kollektiven Gedächtnis der Deutschen als negativ, belastend, beschämend präsent ist? Doch gerade die Generation, die den Zweiten Weltkrieg nicht selbst miterlebt hat und nur eine grobe Vorstellung von dem, was sich unter dem Nationalsozialismus ereignete, hat, kann beim ganz konkreten Blick auf die Geschichte der Heimatstadt zu tieferen Erkenntnissen gelangen, als bei einer allgemeinen Geschichtsdarstellung. Eine Lokalgeschichte wird auf personen- und ortsbezogene und damit – trotz des Zeitabstandes – unmittelbarer wirkende Aspekte hinweisen müssen als eine allgemeine Darstellung, in der selbst die negative und unmenschliche Seite der Nazi-Herrschaft aus einer gewissen Distanz nüchtern betrachtet werden kann und muss. Fragen nach persönlicher Schuld und Verstrickung von Individuen in die Machenschaften eines menschenverachtenden Systems in der eigenen Heimatstadt machen eher betroffen. Aber auch die von den Menschen der damaligen Zeit als positiv empfundenen Dinge lassen sich leichter verstehen.

Erst viele Jahre nach Kriegsende ist es im Rahmen einer längeren Arbeit zu einer Aufarbeitung von Widerstand und Verfolgung in Mülheim in der Zeit zwischen 1933 und 1945 in Buchform gekommen.[1] Das im Selbstverlag erschienene Werk ist trotz oder wegen der geringen Auflage vergriffen und wartet auf eine Überarbeitung. Als das Buch damals veröffentlicht wurde, stieß es nur auf wenig Interesse. Auch in Mülheim weigerten sich die Menschen, die die Nazi-Diktatur erlebt hatten, in großer Zahl die prekäre Vergangenheit in der Erinnerung noch einmal zu reflektieren. Die Ära Adenauer stärkte die Verdrängungsmechanismen in der Wirtschaftswunderzeit, damals störte die kritische Auseinandersetzung mit – wie man vielfach glaubte – nun endlich vergangener Geschichte nur noch. Erst die so genannten Achtundsechziger belebten die Diskussion über die schwärzeste Epoche in Deutschland wieder. Angestoßen durch den Historikerstreit[2] ist das Thema bis heute im Rahmen der deutschen Geschichte bestimmend geblieben. Die in den Richtlinien des Ministeriums für Schule und Weiterbildung für das Fach Geschichte Ende der neunziger Jahre vorgenommene Charakterisierung der natio-

1 *Widerstand und Verfolgung in Mülheim an der Ruhr 1933 bis 1945*, hg. von Doetsch et al. Mülheim: Eigenverlag, 1987.

2 *Historikerstreit. Eine Dokumentation der Kontroverse um die Einzigartigkeit der nationalsozialistischen Judenvernichtung*. München: Piper, 1987.

nalsozialistischen Herrschaft als „Vergangenheit, die nicht vergehen will"[3], macht deutlich, warum wir uns immer wieder mit dem Phänomen Nationalsozialismus auseinandersetzen müssen. Es ist immer noch aktuell. Gerade die Kontroversen der historischen Forschung, wenn man Habermas zu den Historikern zählen will, machen deutlich, wie brisant das Thema weiterhin ist.[4]

Eine Schwierigkeit, die die wissenschaftliche Arbeit des Historikers kennzeichnet, besteht darin, dass das historische Material, in welcher Form es auch immer vorliegt, „vermittelt" ist. Es muss daher gedeutet werden. Nun gibt es Gruppen in jeder Gesellschaft, die die Deutungshoheit für sich beanspruchen, sei es aus politischen, weltanschaulichen oder akademischen Gründen. Weder „political correctness" noch ein universalen Menschenrechtsvorstellungen oder einer parteipolitischen Perspektive verpflichtetes Interpretationsmodell kann aber zur Klärung von Vergangenem beitragen, es kann nur einen Ausschnitt beleuchten, und das nur aus einem schmalen Winkel. Das Verständnis der Vergangenheit beginnt in der Vergangenheit. Der Philosoph Gadamer hat in seiner Hermeneutik davon gesprochen, dass jegliche geistige Äußerung nur dann verstanden werden kann, wenn man herausfindet, auf welche Frage sie einmal die Antwort war. Die Geschichtswissenschaft muss eben diese Fragen beachten und wenn möglich rekonstruieren. Doch es geht es der Historie noch um mehr, denn sie muss verstehen und erklären wollen. Das Erklären kann wiederum über den Vergleich geschehen. Dabei lassen sich prinzipiell zwei Arten von Vergleichen auf historische Sachverhalte anwenden: der phänomenologische, der einen begrenzten Merkmalkatalog benutzt und damit eine Engführung anstrebt, und der funktionale Vergleich, der auf den ersten Blick Disparates wie Vergangenheit und Gegenwart in Verbindung setzt, um daraus funktional Identisches abzuleiten. Für junge Leute, die sich heute mit einer vergangenen Zeit beschäftigen wollen, kann dieser Ansatz, weil er eine Verknüpfung mit Gegenwärtigem beinhaltet, erhellend und motivierend wirken. Und wenn auch nur die Erkenntnis am Ende steht, dass Menschen aus der Geschichte nichts gelernt haben. Im positiven Sinne trüge es aber zum besseren Verständnis der Gegenwart bei.

Vor diesem Hintergrund müssen dann zum Beispiel dem von der deutschen Führung provozierten Kriegsbeginn im September 1939 die polnischen Provokationen in den Zwanziger und Dreißiger Jahren gegenüber gestellt werden und in ihrer jeweiligen Bedeutung analysiert werden, auch wenn dies dem Bemühen, das immer noch von dem historischen Geschehen belastete deutsch-polnische Verhältnis zu verbessern – einem Anliegen, das der Ansicht der Ausgleichspolitiker des „Mainstream", die „weiche" The-

3 Interessant ist, dass hier gerade der von Nolte geprägte Terminus gebraucht wird. Ernst Nolte löste den Historikerstreit dadurch aus, dass er den Nationalsozialismus in einem „kausalen Nexus" zur Massenliquidierung der bürgerlichen und großbäuerlichen Klasse durch die Kommunisten sieht, was Habermas veranlasste, dies als Geschichtsentsorgung zu charakterisieren, da, seiner Meinung nach, Nolte die Singularität des Terrors gegen die europäischen Juden leugne. Das Kultusministerium stand sicherlich Habermas näher als Nolte.

4 Lorenz Jäger, „Ein Gelehrtenleben. Zwanzig Jahre Historikerstreit: Ernst Nolte bei 3sat", *FAZ*, 22.5.2006, S. 40.

Bild 1: Hitler-Besuch in Mülheim

men bevorzugen – vielleicht nicht förderlich ist. Aber die Fragen nach dem Kriegsausbruch lauteten damals eben anders, als man sie heute gerne stellen würde.

Wenn man sich auf diese Weise mit Geschichte beschäftigt, wird auch klar, wie solch ein Ansatz einen vertiefenden Blick auf die Gegenwart erlaubt. Bis heute wird das Böse im Nationalsozialismus gerne in der Person Hitlers gesucht und gefunden, eine Fülle von Biographien aus den letzten Jahren weist darauf hin. Leider verengt sich aber die Perspektive auf diese Weise. Erst Hunderttausende von „willigen Helfern" machten Hitlers Terrorherrschaft möglich. Ein Heer von Beamten und Parteimitgliedern der NSDAP überbot sich geradezu darin, zum Beispiel das vom Führer angeregte Vernichtungsprogramm an den europäischen Juden und den so genannten Ostvölkern in der Praxis möglichst kostengünstig und effektiv umzusetzen. Dass Hitler sich dabei auf das preußische Beamtenrecht, das typisch deutsche Dienstverständnis und die „Sekundärtugenden" der Amtsträger verlassen konnte, lässt sich durch die Rückbesinnung auf die Frage, welches Staats- und Loyalitätsverständnis die Menschen damals verinnerlicht hatten, beantworten. Heute mag man glauben, Diktatur, Unrechtsstaat und Völkermord hätten das beamtenrechtliche System in unserem Staat grundlegend verändert, denn aus der Geschichte kann und sollte man doch lernen. Doch das Bundesverfassungsgericht hat am 7.11.1994 in Zusammenhang mit einem dienstaufsichtlichen Verfahren festgestellt, „eine weitergehende Entbindung der Beamten von der Gehorsamspflicht ist auch bei verfassungswidrigen Weisungen nicht gegeben".[5] Das Oberverwaltungsgericht für NRW sattelt noch

5 BVerfG, 7.11.1994, *Zeitschrift für Beamtenrecht.* 1995. S. 71 f.

einmal darauf, indem es feststellt, eine Weisung von Vorgesetzten habe der Beamte unverzüglich auszuführen, auch wenn er sie für falsch halte, die bezweifelte Rechtmäßigkeit könne er ja später gerichtlich überprüfen lassen.[6] Selbst mit dem Hinweis auf den demokratischen Grundkonsens in unserer Gesellschaft scheinen mir diese Rechtsetzungen vor dem Hintergrund unserer Geschichte nicht nur unakzeptabel, sondern auch empörend. Sie machen deutlich, dass hier im funktionalen Bereich kein Fortschritt gemacht wurde.

Zuletzt sei noch darauf hingewiesen, dass eine Lokalgeschichte nur angemessen sein kann, wenn sie den größeren Kontext einbezieht. Weil dies so ist, schien mir eine Gesamtdarstellung der Epoche von 1933 bis 1945 nicht leistbar. Selbst die Konzentration auf die Kriegsjahre von 1939 bis 1945 gerät, will sie umfassend genug sein, schon komplex genug, wenn auch wichtige Hintergründe verdeutlicht werden sollen.

So musste, bevor Mülheimer Juden zum Beispiel in einem Transport am 10.12.1941 nach Riga abgeschoben wurden, das dortige Ghetto erst einmal von seinen lettischen Bewohnern geräumt werden, die anschließend durch Massenerschießungen in den umliegenden Wäldern vernichtet wurden, um Platz für die Neuen zu schaffen. Dies alles geschah im Rahmen bevölkerungspolitischer Verschiebungen und Vernichtungen gigantischer Ausmaße, die Himmler als Reichskommissar für die Festigung deutschen Volkstums in die Wege leitete. In diesen Kontext fällt auch die Entsendung von BDM-Führerinnen aus Mülheim in den Warthegau, um wolhyniendeutschen Umsiedlern zu helfen. Die Art und Weise, wie die Mülheimer Zeitung darüber berichtete, weist geradewegs zu den ideologischen Prämissen, die die tatsächlichen bevölkerungspolitischen Entscheidungen in diesem Gebiet unterfütterten. Das Scheitern der ursprünglichen Pläne der Umsiedlung führte zu einer zunehmenden Radikalisierung der Maßnahmen im Warthegau wie im gesamten Osten, die schließlich in der T4-Aktion – den Euthanasie-Morden – und der großangelegten Bevölkerungsverschiebung, Versklavung, Zwangsarbeit und Vernichtung von Millionen Menschen gipfelte. Auch die Bedeutung und die Auswirkungen des Luftkrieges für die Mülheimer Bevölkerung lassen sich nur dann verstehen, wenn sowohl die deutsche Luftkriegsdoktrin als auch die alliierten Planungen zur Herstellung von Vernichtungsräumen in Feindesland erörtert werden.

Noch gar nicht ist bisher die finanzpolitische Seite des Zweiten Weltkriegs für Mülheim untersucht worden. Beim heutigen Schuldenstand der Stadt kann der trotz hoher Kriegsbeiträge ausgeglichene Haushalt der damaligen Zeit nur verwundern. Dass damals Finanzpolitik ganz im Zeichen gesellschaftlichen Ausgleichs stand, ist ein weiteres Ergebnis der Untersuchung. Auch von diesem Ausgangspunkt wird verständlich, warum so wenige Menschen in Mülheim aktiv Widerstand gegen die Diktatur leisteten, und die Konsensgesellschaft trotz Bombenkrieg und Einschränkungen bei der Versorgung bis Kriegsende bestand.

Am Schluss sei noch darauf hingewiesen, dass die nationalsozialistische Vorstellung einer Volksgemeinschaft, der in Mülheim alle als Deutsche ausgewiesenen Menschen angehören sollten, im Lichte moderner soziologischer Theorien Einsichten in bisher wenig erörterte Zusammenhänge ermöglichen. Eine allgemeine Untersuchung Peter

6 OVG NRW, 1.8.1006–6d A 5770/95.0, S. 19.

Sloterdijks,[7] die die thymotischen Energien bei individualpsychologischen und gruppendynamischen Prozessen hervorhebt, ermöglicht wichtige Erkenntnisse in gesellschaftliche Entwicklungen zur Zeit des Nationalsozialismus, die in gerade in der Bundesrepublik in einseitig vom „Eros“ dominierten Interpretationsmodellen zu wenig gewürdigt wurden.

7 Peter Sloterdijk, *Zeit und Zorn.* Suhrkamp: Stuttgart, 2006.

Der Kriegsausbruch und was die Mülheimer Zeitung darüber berichtete: Entwicklungen, Konflikte, provozierte Krisen

Hitler löste am 1. September 1939 um 4.45 Uhr den Zweiten Weltkrieg aus, doch hatte dieser Krieg schon lange Zeit in der Luft gelegen. Auch wenn der Feldzug gegen Polen ohne formale deutsche Kriegserklärung begann und im Verborgenen geplant worden war, ahnten und wussten viele Menschen in Deutschland, dass die Ereignisse der letzten Jahre – und besonders der letzten Monate – zwangsläufig zu einem Krieg führen würden. Diejenigen, die Hitlers Buch „Mein Kampf" oder sein „Zweites Buch" aufmerksam gelesen hatten, konnten überhaupt nichts anderes vermuten, jedoch betrachteten viele deutsche Leser und auch ein Teil der informierten Öffentlichkeit und Führung in Frankreich und England Hitlers wahnwitzige Ideen vom Daseinskampf des deutschen Volkes und der Gewinnung neuen Lebensraums im Osten aus dem Jahr 1924 eher als „Jugendsünden", die man einem Reichskanzler nicht mehr zutraute. Das erwies sich als eklatante Fehleinschätzung.

Bereits mit der Wiedereinführung der allgemeinen Wehrpflicht im März 1935 hatte Hitler bewusst den Versailler Vertrag gebrochen, der Deutschland militärisch und wirtschaftlich dauerhaft schwächen sollte Er wollte das System der kollektiven Sicherheit, das auf den Bedingungen des „Siegfriedens" von Versailles 1919 beruhte, aufweichen, um außenpolitisch in die Offensive zu gelangen. Dies war in Deutschland populär, der Begriff „Schanddiktat von Versailles" durchzog die öffentliche Meinung auch schon zur Zeit der Weimarer Republik. Der so genannte „Sicherheitsgürtel", der besonders auf Betreiben Frankreichs mit den nach dem Ersten Weltkrieg neu bzw. wieder gegründeten Staaten Tschechoslowakei und Polen entstanden war, hatte Osteuropa aber nicht sicherer gemacht, auch die Rolle der UdSSR im europäischen Machtgefüge ließ sich noch gar nicht abschätzen. Hitler hatte schon 1934 mit dem deutsch-polnischen Nichtangriffspakt, der auf zehn Jahre ausgelegt war, auf zweiseitige Abmachungen gesetzt, die Deutschlands Bündniswillen – dem Ausland gegenüber sogar seinen „Friedenswillen" – dokumentieren sollten, die für ihn aber nicht viel bedeuteten und auch einfach revidierbar waren. Neben diese auf den ersten Blick friedlichen Anfänge der NS-Außenpolitik traten aber auch eindeutig aggressive Akte, auch wenn die Beschwichtigungspolitiker in Großbritannien, dazu gehörten Mitglieder der amtierenden Regierungen und einflussreiche gesellschaftliche Gruppen, diese nicht als solche werten wollten, weil es einfach nicht in ihre politische Konzeption von „peace in our time" passte.[1] Ein solcher Akt war die Einführung der Allgemeinen Wehrpflicht in Deutschland im März 1935 gewesen. Wenn die Westmächte noch glaubten, dies sei Teil einer berechtigten Revisionspolitik Deutschlands, betrachteten führende Nationalsozialisten solche Maßnahmen als erste Schritte

1 Auch im deutschen Sprachgebrauch findet sich für diese Politik oft der Begriff „Appeasement".

zur Kriegsvorbereitung. Das dem Wehrpflichtgesetz schon im Juni folgende Luftschutzgesetz, ging in diese Richtung.

Die Tatsache jedoch, dass Großbritannien im gleichen Jahr der deutschen Seite ein Flottenabkommen anbot, zeigte der Welt, dass die britische Führung unter den Premiers McDonald, später Baldwin und Chamberlain, durchaus bereit war, auf deutsche Forderungen, wenn sie nur „gemäßigt"[2] waren, einzugehen, selbst unter der Bedingung, das europäische Bündnissystem der Siegermächte des Ersten Weltkriegs zu schwächen. Darüber hinaus bedeutete dieses Abkommen eine Aufweichung des kollektiven Sicherheitssystems. Mit der gewonnenen Rückendeckung Italiens ging Hitler dann daran, den Locarno-Vertrag, der den Status quo in Westeuropa sicherte, am 7. März 1936 zu kündigen, das entmilitarisierte Rheinland zu besetzen, und, als Gegenmaßnahmen der Westmächte unterblieben, seine angebliche Revisionspolitik zu forcieren. Selbst die Hitler skeptisch gegenüber stehenden deutschen Konservativen konnten dem „Anschluss" Österreichs und dem Münchner Abkommen im Jahr 1938, das das Sudentenland dem Reichsgebiet wieder eingliederte, nur Positives abgewinnen, wurde ihr „großdeutscher" Traum doch endlich erfüllt. Doch mit der Besetzung der „Resttschechei", wie man damals sagte, mussten auch die deutschfreundlichen Politiker[3] in Großbritannien die aggressiven Grundzüge der Hitlerschen Außenpolitik zur Kenntnis nehmen und öffentlich darauf reagieren. Nun ging es nicht mehr um das Selbstbestimmungsrecht der Deutschen, sondern um unverhohlene Annexionspolitik. Chamberlain, der britische Premier, verkündete nach zwei Tagen des Zögerns das Scheitern der Appeasement-Politik. Es folgte die Einführung der allgemeinen Wehrpflicht in England und die britisch-französische Garantieerklärung für die polnische Unabhängigkeit.[4] Dass dies für den Inselstaat eher als letzte und gravierende Warnung an Hitler gedacht war und nicht die unbedingte Entschlossenheit dokumentierte, wegen Polen einen Krieg zu riskieren, macht auch der damalige Slogan, kein Engländer wolle für Danzig sterben, deutlich. Hitler, der zu diesem Zeitpunkt immer noch hoffte, Großbritannien zu einem Bündnis mit dem Reich zu bewegen, ein Gedanke, der erst 1941 mit dem Scheitern der Luftschlacht über England aufgegeben wurde, wollte sich zu diesem Zeitpunkt getreu den in „Mein Kampf" abgesteckten Zielvorstellungen, gegen den Todfeind des Nationalsozialismus wenden, der kommunistischen, in NS-Terminologie jüdisch-bolschewistischen, Sowjetunion. Dazu konnte sich der Diktator durchaus die antikommunistische polnische Regierung als Partner vorstellen. Schon im Oktober 1938 hatte der deutsche Außenminister Ribbentrop deutliche Signale an Warschau gesandt. Er dachte an Kompensationsgeschäfte, die auf der Grundlage eines gemeinsamen Krieges gegen die Sowjetunion durchzuführen wären. Während das Reich auf Anschluss Danzigs und einer exterritorialen Verbindung nach

2 Das Verhältnis der deutschen zur britischen Flotte sollte 35 zu 100 betragen.

3 Dazu gehörten der Premierminister Chamberlain, der britische Botschafter in Berlin, Sir Neville Henderson, und der Kreis um die einflussreichen Lady und Lord Astor.

4 Diese Erklärung veranlasste das britische Außenministerium zu der Erklärung, zum ersten Mal in der Geschichte sei es der Entscheidung einer ausländischen Macht überlassen, ob England einen Krieg beginnen müsse. Die von Frankreich gleichzeitig abgegebene Erklärung der „vollen Unterstützungspflicht für Polen" ergänzte die Beistandsverpflichtung.

Bild 2: Plakat des Luftschutzbundes

Ostpreußen bestand, sollte Polen die Ukraine als Einflussgebiet erhalten und dem Antikominternpakt[5] beitreten. Dann gedachte Hitler die deutsch-polnische Grenze von 1914 anzuerkennen und den Nichtangriffspakt zu verlängern. Polen wollte zwar verhandeln, aber die deutsche Paketlösung aufschnüren und erst einmal nur über einzelne Punkte sprechen, was den deutschen Intentionen zuwider lief. Beide Seiten, Deutsche und Polen, waren aufgrund der Erfahrungen in der Zwischenkriegszeit allerdings skeptisch, was einen Ausgleich zwischen beiden Staaten betraf. Dies lag sowohl an deutschen als auch an polnischen Vorstellungen, denn in beiden Staaten bestimmten revisionistische und machtpolitische Grundsätze die Politik. In den zwanziger Jahren hatten der französische und der polnische Generalstab einen gemeinsamen Kriegsplan gegen Deutschland ausgearbeitet. Robert Vansittart, der damalige Unterstaatssekretär im Außenministerium in London, berichtet in seinen Memoiren mit ironischem Unterton, „zweimal im Jahr" habe die polnische Regierung in Paris angefragt, ob dieser Krieg nun begonnen werden könne.[6] Der polnische Generalstabsoffizier Baginski, der großen politischen Einfluss hatte, fasste in einem 1940/41 in London erschienenen Buch, das bereits in den zwanziger Jahren mehrere Auflagen in Polen erfahren hatte, noch einmal seine Thesen zusammen. Dort hieß es: *„Es wird niemals Frieden in Europa geben, bis Preußen ausgelöscht ist und die deutsche Hauptstadt von Berlin, das auf slawischem Gebiet erbaut wurde, nach Frankfurt am Main verlegt sein wird. Deutschland kann nur harmlos werden, wenn seine slawischen Eroberungen rückgängig gemacht werden."*[7] In Baginskis Buch endeten die historischen Grenzen Polens kurz vor Braunschweig, seiner Meinung nach war aber auch das Gebiet bis zum Rhein vor mehr als zweitausend Jahren von slawischen Völkern bewohnt und damit legitimes polnisches Anspruchsgebiet. Pommern, Pommerellen, West- und Ostpreußen, Schlesien, Litauen, Teile Weißrusslands und der Ukraine gehörten für ihn ohnehin dazu. Diese Auffassungen waren in maßgeblichen polnischen Regierungs- und Militärkreisen weithin akzeptiert. Der nationalsozialistischen Ideologie, die umgekehrt forderte, den „ewigen Germanenzug" vom Osten in den Westen umzukehren und die Länder östlich der Oder in Besitz zu nehmen, war eine solche Argumentation in ihren Prämissen nicht fremd. Einem großen Teil der Bevölkerung und den führenden Staatsmännern im demokratischen Europa erschienen sie als unbedeutende Gedankenspiele einiger Radikaler, die sich in der Zwischenkriegszeit zahlreich zu Wort gemeldet hatten und denen man keine große Bedeutung zumaß. Tatsächlich aber bestimmten die oben geschilderten Erwägungen beider Seiten ganz wesentlich die Sommerkrise des Jahres 1939, die letztlich zum Krieg führte. Schon 1938, also früher als die Westmächte selbst, hatte der polnische Außenminister Beck erkannt, dass Deutschlands Gebietsforderungen England und Frankreich zu einer Abkehr von ihrer toleranten Politik in Bezug auf das nationalsozialistische Deutsche Reich bringen würden. Wenn es um liberale Grundsätze wie das Selbstbestimmungsrecht der Völker ging, und den Sudetendeutschen waren in ihrem Gebiet tatsächlich von den Tschechen elementare Rechte verweigert worden,

5 Der Antikominternpakt Deutschlands mit Japan, 1936, dem 1937 auch Italien beitrat, war als Gegenpol zu der kommunistischen Internationale gedacht.

6 Stefan Scheil, „Mitteleuropäische Gedankenspiele nach Versailles", in: *FAZ*, 17.6.2006, S. 47.

7 Ebd.

unterstützte Großbritannien sogar deutsche Forderungen. Weitergehende deutsche Gebietsforderungen ließen sich nach der Meinung Chamberlains aber nicht rechtfertigen. Gerne ließ man in Polen die Deutschen gewähren, in der Hoffnung später im Zusammenspiel mit den Westmächten Deutschland in die Schranken zu verweisen und so Gebietserweiterungen mit Gewalt durchsetzen zu können, wenn sich die diplomatischen Aktivitäten erschöpft hatten. Auch der deutschen Armee fühlten sich die Polen gemeinsam mit der britischen und französischen überlegen, floss doch mehr als fünfzig Prozent des Staatshaushalts in Polen in die Rüstung. Solche diplomatischen Gedankenspiele hatten in Hitlers Konzeption keinen Platz. Er wollte den Krieg auf jeden Fall, und es gab nur eine einzige Erwägung, die sein Handeln noch bestimmen konnte: eine günstige Konstellation für den Kriegbeginn. Vor diesem Hintergrund ist die Ribbentrop'sche Initiative[8] vom Herbst 1938 zur Generalbereinigung des deutsch-polnischen Verhältnisses zu sehen. Die Polen hatten daran aber, je mehr Zeit verging, immer weniger Interesse, auch wenn die deutsche Führung in typischer ideologischer Verblendung glaubte, ihr Angebot eines „fairen" Raub-Komplizentums an Polen sei für die Militärdiktatoren in Warschau von großer Attraktivität. Erst am 26.3.1939 wies Polen die deutschen Avancen zurück. Man war sich dort sehr sicher, mit der Besetzung der Reste der ehemaligen Tschechoslowakei, also von Gebieten, in denen kaum Deutsche lebten, habe das Reich die Siegermächte von Versailles endgültig verprellt. Die französisch-englische Garantieerklärung für den Bestand Polens schien der polnischen Führung um Außenminister Beck recht zu geben. Deshalb tat der polnische Botschafter in London, Raczynski, alles, um die sich anschließende Friedensinitiative des englischen Außenministers Lord Halifax zu unterminieren. In der Gruppe um Churchill fand er dabei Gesinnungsfreunde. Hitler hatte inzwischen wieder das Gesetz des Handelns an sich gerissen und am 28.4. den deutsch-polnischen Nichtangriffspakt und das Flottenabkommen mit England gekündigt. Eine Politik von hohem Risiko, denn Deutschland war bis auf den italienischen Bundesgenossen isoliert. Der polnisch-russische Nichtangriffspakt sicherte Polen darüber hinaus noch gegen eine Bedrohung durch das kommunistische Russland ab. Doch das ganze polnische Konzept brach in sich zusammen, weil sich die beiden skrupellosen, einer rigorosen Machtpolitik verpflichteten Diktatoren Stalin und Hitler für die anderen europäischen Mächte völlig überraschend am 23.8.1939 auf einen Nichtangriffspakt einigten, mit dem geheimen Zusatz der Aufteilung und Neuordnung Osteuropas. Stalin erwies sich dabei als der gleiche Machtmensch wie Hitler, der auf den größten Vorteil spekulierte. Die Westmächte hatten zwar im August Kontakt mit Moskau aufgenommen und dilatorisch mit der dortigen Regierung verhandelt, Ribbentrop aber hatte Stalin mehr zu bieten. Auch lag zunächst das gesamte Risiko der Kriegsführung beim Deutschen Reich, Stalin konnte also ruhig abwarten und sich auf eine schnelle Beute einstellen, wenn alles im deutschen Sinne ablief. Das Schicksal Polens war damit besiegelt, obwohl die polnischen Verantwortlichen bis zum September optimistisch blieben, weil sie hofften, Großbritannien und Frankreich würden ihren militärischen Verpflichtungen umgehend nachkommen. Sie fühlten sich mit ihren „Bundesgenossen" stark genug. Der polnische Botschafter in Berlin, Lipski, erklärte, als man ihm recht ultimativ

8 Joachim von Ribbentrop war der damalige deutsche Außenminister.

den 16-Punkte-Plan zu deutsch-polnischen Verhandlungen am 31. August 1939 überreichte, „er habe sich nicht für deutsche Angebote irgendwelcher Art zu interessieren“.[9] Man geht heute davon aus, dass das Eingreifen der Westmächte, zu dem sie verpflichtet gewesen wären, die deutsche Offensive in Polen zum Scheitern gebracht hätte. So triumphierten zunächst zwei verbrecherische Regime.

In der deutschen Bevölkerung waren viele dieser Hintergründe nicht bekannt. Durch die gleichgeschalteten Medien wurden die Bürger höchst unvollständig und nur im Sinne der Staatsführung und Staatspartei informiert. Sieht man für die Mülheimer Bevölkerung die örtliche Zeitung als hauptsächliches Informationsorgan, konnten die Menschen am 1. September 1939 glauben, einfach so in den Krieg „geschlittert“ zu sein. Die Wörter Krieg oder Kriegsausbruch erschienen überhaupt nicht in der Zeitung, dafür war aber seit April 1939 ein eindeutiges Feindbild entwickelt worden, das sich auf Polen und Großbritannien konzentrierte. Dies ist auf die polnische Ablehnung des gemeinsamen deutsch-polnischen Raub- und Eroberungsplans für Osteuropa zurückzuführen. Geschickt arbeitete die Propaganda mit dem Argument, das auch ein Jahr zuvor gegenüber den Westmächten erfolgreich eingesetzt worden war: dem Selbstbestimmungsrecht der Völker bzw. Volksgruppen, hier den Deutschen in den früheren deutschen Ostgebieten. Die Situation der deutschen Volksgruppe im polnischen Korridor wurde in zahlreichen Variationen als Martyrium dargestellt. So am 20.8.1939 unter der Überschrift „Viehische Untersuchungsmethoden“ in polnischen Gefängnissen. In diesem Artikel berichtete der Korrespondent von volksdeutschen Führern und Unterführern, die in Gefängnisse geworfen, dort angekettet und zusammen geschlagen wurden. Im Fall des R. Wilsch von der Jungdeutschen Partei aus Laurahütte sei dieser sogar mit Vierteilung bedroht worden. Von Deutschen würden Aussagen zum Hochverrat erzwungen und diese Personen dann zwangsweise ins Innere Polens verschleppt.[10] Man kann davon ausgehen, dass die Polen nicht gerade zimperlich mit der volksdeutschen Minderheit umgingen, doch waren viele der Auseinandersetzungen von der einen oder der anderen Seite provoziert. In der deutschen und auch der polnischen Presse wurden sie dann übersteigert dargestellt, und zwar immer mit einem nationalistisch-chauvinistischen Unterton. Wenn es drei Tage später in der Mülheimer Zeitung hieß: „Wer in Polen deutsch spricht, wird niedergeschlagen“[11] wurde dieses Denkmuster bedient. Einige Zeilen weiter unten wurde dann hervorgehoben, dass die SS-Heimwehr in Danzig angetreten sei. Damit entstand eine logische Verknüpfung, gerade wegen der polnischen Übergriffe müsse nun die SS die Initiative ergreifen. In Wirklichkeit war dieses Antreten der SS eine Provokation den Polen gegenüber. Interessant ist, dass gerade an diesem Tag auf derselben Seite über den Hitler-Stalin-Pakt berichtet wurde. Die Leser erfuhren aber kaum etwas über den Inhalt der Vereinbarungen, stattdessen wurde breit die erstaunte Reaktion des Auslandes dargestellt. Am 24.8. ging es weiter mit „Unerhörte polnische Provokation“, um wenige Zeilen darunter lapidar festzustellen, der Nichtangriffspakt mit der UdSSR sei in Kraft.

9 Stefan Scheil, *a.a.O.*, S. 47.
10 StAMH, Mülheimer Zeitung vom 20.9.1939.
11 StAMH, Mülheimer Zeitung vom 23.8.1939.

Die Bevölkerung sollte ganz vorsichtig mit der Tatsache, dass ein Vertrag zwischen dem Deutschen Reich und seinem bisherigen „Todfeinde", dem bolschewistischen Russland, bestand, vertraut gemacht werden. In die Ideologie des Nationalsozialismus, in der eindeutige Feindbilder bestimmend waren, passte das überhaupt nicht, also mussten die Volksgenossen langsam mit diesem Faktum vertraut gemacht werden. Erst am 25.8. wurde die Zeitung etwas konkreter, ohne aber Einzelheiten zu nennen. Unter der Überschrift „Für Freundschaft entschieden"[12] hebt man die Würdigung des Vertrages in der Prawda hervor. Obwohl sich Hitler längst für den Krieg entschieden hatte, sieht die Zeitung das Abkommen als ein Instrument, die Spannungen im Osten zu lösen. Doch gerade das war nicht das Ziel der Verhandlungspartner gewesen. Also musste Polen wieder als Sündenbock dienen, wenn im Folgenden hervor gehoben wurde, „Militärische Vorbereitungen offensiver Art – Drohender Angriff auf Danzig". Danzig mit seinem großen Anteil an deutscher Bevölkerung stand unter Völkerbundverwaltung. Hier hatten die Nationalsozialisten alles getan, um die Spannungen zwischen Polen und Deutschen zu verschärfen. Die Stadt stand andererseits auch im Fokus polnischer Interessen, insbesondere des Militärs, man wollte die Stadt unbedingt Polen angliedern, und wenn in der Zeitung geschlossen wird, die Warschauer Regierung sei nicht mehr Herr über die Entschlüsse des Heeres, trifft dies zu, da in Polen seit der Ära Pilsudski das Militär die offizielle Politik bestimmte. Trotzdem war dies völlig unerheblich, denn Hitler befahl im Geheimen am gleichen Tag den 26. August als Angriffstermin auf Polen. Am Abend wurde er aber wieder abgesagt, da Hitler sich der italienischen Unterstützung angesichts der britischen Versuche, die Krise friedlich beizulegen, nicht mehr sicher war. Am 28.8. zeigte die Tageszeitung große Bilder von Stalin und Ribbentrop, die die Aufmerksamkeit der Leser auf sich ziehen sollten. Viel wichtiger und im Hinblick auf den kommenden Krieg bedeutsam war aber die Ankündigung der Ausgabe von Bezugsscheinen für wichtige Gebrauchsgüter wie Spinnwaren, Schuhe, Seife und Hausbrandkohle.[13] Die Zeit zwischen dem 28.8. und dem 31.8.1939 stand ganz im Zeichen fieberhafter diplomatischer Bemühungen von Seiten der Westmächte, um den drohenden Krieg noch abzuwenden. Die Presse in Deutschland war hingegen angewiesen worden, die Kampagne gegen Polen noch auszuweiten. Die Mülheimer Zeitung vom 29.8. bis zum 31.8. spiegelte diese Kampagne wider. Die Beschreibung polnischer Gräueltaten gegen Volksdeutsche und Grenzverletzungen wurde noch einmal verschärft. Wer die Zeitung mit Bedacht las, konnte absehen, dass alles auf einen Krieg hinaus lief. Die Bezugsscheinpflicht wurde nun auch auf Diesel- und Vergaserkraftstoffe ausgedehnt und der Ministerrat für Reichsverteidigung gebildet. Es sei mit Verspätungen bei der Zeitungszulieferung in entfernter liegenden Gegenden wegen Zugeinschränkungen zu rechnen, hieß es in einer kurzen Notiz. Das war ein Hinweis darauf, dass Transportkapazität für Militärtransporte auf Kosten ziviler Zugverbindungen benötigt wurde. Mit der Meldung „Sprengstoffbanden auf deutschem Gebiet"[14] wurde auch in der Mülheimer Zeitung der von Hitler geforderte propagandistische Anlass zur Entfesselung des Krieges vorbereitet. Heydrichs Sicherheitsdienst und Mül-

12 StAMH, Mülheimer Zeitung vom 25.8.1939.

13 StAMH, Mülheimer Zeitung vom 28.8.1939.

14 StAMH, Mülheimer Zeitung vom 31.8.1939.

lers Gestapo inszenierten den Überfall auf den deutschen Sender Gleiwitz, wobei in polnische Uniformen gekleidete KZ-Häftlinge die „Täter" darstellen mussten.[15] Am nächsten Tag befand sich das Reich im Krieg mit Polen, doch in der Zeitung vom 1.9. und auch in der vom nächsten Tag war von einer Kriegserklärung, die ja auch tatsächlich niemals erfolgt ist, nicht die Rede. Stattdessen macht die Zeitung mit folgender Schlagzeile auf: „Deutschland macht Friedensvorschlag – aber Polen will nicht."[16] Dann wird der 16-Punkte-Plan in allen Einzelheiten abgedruckt. Noch einmal sollten die Leser davon überzeugt werden, dass Hitler alles getan habe, um den Frieden zu sichern. Geschickt verknüpfte der Artikel Lügen und Tatsachen. Neben dem üblichen Lamento über „fortdauernde Zwischenfälle" und dem faktisch unhaltbaren Vorwurf, die polnischen Unterhändler seien nicht erschienen, wurden die altbekannten Ursachen der Spannungen aufgezählt: die „unmögliche Grenzziehung von Versailles" und die „unmögliche Behandlung der Minderheiten durch die Polen", dazu die Forderungen nach Rückkehr Danzigs in das Reich, freien Transitverkehr nach Ostpreußen, Bevölkerungsaustausch mit Polen, Volksabstimmung der Bevölkerung im Korridor und Einrichtung einer internationalen Untersuchungskommission betreffs der Minderheitenbehandlung durch die Polen. Wenn dann auch noch der 2:0-Meisterschaftssieg der Fußballauswahl HJ-Ruhr-Niederrhein in Chemnitz vor 10.000 Zuschauern am Tag vorher herausgestellt wurde, sollte der Krieg zunächst aus dem Bewusstsein verdrängt werden. Über den Rundfunk hatte die Bevölkerung aber inzwischen vom Kriegsausbruch Kenntnis erhalten, eine Nachricht, die sich in Windeseile herumsprach. So berichtete dann die Mülheimer Zeitung am 2. September endlich über den Krieg, aber wieder mit einer Lüge: „Der deutsche Gegenschlag"[17]. Die Schuld am Ausbruch des Krieges wurde auf diese Weise ausschließlich den Polen zugeschrieben.

15 Eberhard Aleff, *Das Dritte Reich*. Hannover: Fackelträger Verlag, 1973. S. 176.
16 StAMH, Mülheimer Zeitung vom 1.9.1939.
17 StAMH, Mülheimer Zeitung vom 2.9.1939.

Mülheim zu Beginn des Zweiten Weltkriegs: Von der Volksgemeinschaft zur Kriegsgesellschaft

Volksgemeinschaft und Kult der Militanz

Für die Ideologie des Faschismus war der Krieg der „Vater aller Dinge". Für Hitler stellte er eine Bedingung dar, dass aus dem seiner Meinung nach amorphen, von Klassengegensätzen und fehlender Kohärenz bestimmten Volk eine „wahre" Volksgemeinschaft entstehen könne. Der Krieg solle in der Extremsituation des „Sein oder Nichtsein" die Kämpfer zu einer Solidargemeinschaft zusammen schweißen, gleich machen und in ihnen das Gefühl der Sendung und rassischen Überlegenheit erwecken. Der Krieg solle alle menschlichen Kräfte fokussieren und ihnen ein übergeordnetes Ziel weisen, den Sieg und die Herrschaft über die Besiegten. Der Krieg wurde somit zu einer Auslese der Besten, vulgo: Stärksten, die sich die Minderwertigen auf diese Weise untertan machten. Diese Vorstellung von Sinn und Ziel menschlicher Existenz ist unserer heutigen demokratischen und gleichzeitig individualisierten Gesellschaft fremd, die Frieden und Freiheit als oberste Maxime menschlichen Miteinanders anerkennt. Sie erscheint uns heute inhuman, aggressiv und sinnentleert. In der Zwischenkriegszeit orientierte sich das Denken vieler Menschen in Deutschland rückblickend an den Erfahrungen des Ersten Weltkrieges und der von vielen nicht akzeptierten Niederlage. Ihre Lebenswelt war dazu noch bestimmt von den miteinander konkurrierenden Weltbildern kommunistischer, demokratischer und faschistischer Prägung, dazu kam noch der Einfluss der Kirche. Erst vor diesem Hintergrund konnte die nationalsozialistische Ideologie ihre Wirkung entfalten. Diese Ideologie als „Unfug", prätentiösen Blödsinn und dergleichen abzutun, um so die „Unmoral der Deutschen zu unterstreichen", wie es zum Beispiel Michael Burleigh tut, wird allerdings der Tatsache nicht gerecht, dass sie in der konkreten Anwendung leider mit tödlichem Ernst umgesetzt wurde und sehr effektiv war.[1]

Hitler hatte versucht, in seinem Buch „Mein Kampf" eine gesellschaftliche Utopie zu entwickeln. Doch in einem Wust von Ungereimtheiten, thesenartig formulierten „Visionen" und der zweifelhaften Verknüpfung von Volk, Rasse und Geschichte waren mehr Unklarheiten als eine stringente Theorie entstanden. Eines aber trat deutlich hervor, nämlich dass sich diese Ideologie in erster Linie als eine negierende verstand. Sie machte deutlich, was Hitler nicht wollte: jüdischen Einfluss, Marxismus, Kommunismus, Liberalismus, Pazifismus, Konservatismus, sozialdemokratischen Sozialismus, künstlerische Experimente, offene Kultur und sexuelle Freizügigkeit. Die so genannte nationale Revolution der Nationalsozialisten sollte das, was man negierte, und das überdies noch als „undeutsch" definiert wurde, entfernen, indem man es „rücksichtslos" – eines von Hitlers Lieblingsworten – bekämpfte und ausrottete. Damit nahmen Kampf und Gewalt

1 Michael Burleigh, *Die Zeit des Nationalsozialismus*. Frankfurt: Fischer Verlag, 2000. Kritik an dieser Sichtweise bei Richard J. Evans, *Das Dritte Reich. Band 1, Aufstieg*. Frankfurt a. Main: DTV, 2005, S. 14.

eine zentrale Stelle ein. Will man den möglichen theoretischen Rahmen dieses Weltbildes verstehen, sollte man aber besser auf den italienischen Faschismus zurück greifen, denn Mussolini hatte sich noch als sozialistischer Redakteur mit den politisch-philosophischen und soziologischen Theorien seiner Zeit intellektuell auseinander gesetzt und daraus eine Weltanschauung geformt, die auch auf den Faschismus deutscher Prägung anwendbar ist. Hitlers monströses Weltbild war im kleinbürgerlichen Wiener Milieu vor dem Hintergrund der Lektüre meist populärwissenschaftlicher Schriften entstanden und im München der zwanziger Jahre „verfeinert" worden.

In der Auseinandersetzung mit Hegel war Mussolini zu einer Erkenntnis gelangt, die eigentlich ein typisch deutsches Politikverständnis reflektierte, dass der Staat von essenzieller Bedeutung sei. Außerhalb der staatlichen Organisation, so seine These, könne es weder Menschliches noch Geistiges geben, da der Staat alle Individuen zu einem Ganzen zusammenfasse und die gemeinsamen Werte vereinheitliche. Das garantiere individuelle Freiheit und ein verbindliches Normensystem, allerdings eine Freiheit, die mit der Idee des Liberalismus nichts zu tun habe. Denn der Liberalismus ermögliche gerade den Ausdruck jedweder individueller Freiheit, so lange sie nicht mit der Freiheit der anderen kollidiere. Auch das hieraus abgeleitete kapitalistische System, das die freie Konkurrenz aller Individuen als Marktakteure erfordert, um Fortschritt und Wachstum zu ermöglichen, wird von Mussolini, der damit seinen sozialistischen Hintergrund nicht verleugnen kann, abgelehnt.

Freiheit im Sinne des Faschismus war eine der Autorität des Staates unterworfene Freiheit. Nicht Selbstverwirklichung, sondern Disziplin und Ordnung sollten einen Staat tragen, der das Zusammenleben der Menschen gewährleistete. In alternative Begriffe gefasst lässt sich sagen, was Mussolini ablehnt, ist der dem Lustprinzip unterworfene Mensch, der versucht, sich selbst so weit wie möglich zu verwirklichen und dabei typisch „erotischen" Impulsen nachgibt wie Gier, Begehren, Habenwollen, Einverleiben, Genießen. Solche Impulse sind prinzipiell natürlich und konstituieren die menschliche Psyche, die gesamte Freud'sche Psychologie baut auf diesem Konzept auf, gesellschaftliche Analysen im demokratischen Kontext benutzen sie als unbestrittene Prämissen, das kapitalistische System beruht geradezu auf ihnen. Doch Mussolini ging es in der Auseinandersetzung mit dem Liberalismus und dem aus ihm abgeleiteten kapitalistischen System gerade darum, eine Alternative dazu aufzuzeigen, um die Rolle des Individuums schärfer unter staatlich-gesellschaftlichen Normen zu fassen. Dabei setzte er sozialpsychologisch gesehen auf eine Triebbestimmtheit des Menschen, die neben der „erotischen" ebenfalls die menschliche Natur bestimmt, die „thymotische". Hier finden sich Regungen wie Stolz, Anerkennung, Ehrgeiz, Geltungswille, die oft zusammen mit einer aggressiven und provokanten Note auftreten.[2] Wenn der Staat diese Grundgestimmtheit von Menschen habitualisiert, tritt ein anderes Individuum in den Vordergrund, denn es lehnt

> *„den Pazifismus ab, der einen Verzicht auf den Kampf und eine Feigheit gegenüber dem Opfer in sich birgt. Der Krieg allein bringt alle menschlichen Energien zur höchsten*

2 Peter Sloterdijk. *Zorn und Zeit*. Frankfurt: Suhrkamp, 2006. S. 27–49. Dort grundsätzliche Ausführungen zu der gesamten Problematik.

Anspannung und verleiht den Völkern die Würde des Adels, die den Mut und die Virtù haben, dem Kampf die Stirn zu bieten. Alle anderen Erprobungen sind Ersatz, weil sie den auf sich gestellten Mann nicht vor die Alternative von Leben und Tod stellen.“

Weiter heißt es bei Mussolini:

> „*Der Faschismus glaubt heute und immer an das Heilige und Heldenhafte, d.h. an menschliche Handlungen, die nicht durch wirtschaftliche Beweggründe unmittelbar oder mittelbar bestimmt sind. Wenn man die materialistische Geschichtsauffassung verneint, für die die Menschen nur Komparsen der Geschichte sind, die an der Oberfläche auftauchen und verschwinden, während in der Tiefe die wahren gestaltenden Kräfte walten und wirken, so wird auch der unwandelbare und unversöhnliche Klassenkampf negiert, der sich aus dieser wirtschaftlichen Auffassung der Geschichte auf natürliche Weise ergibt.*“[3]

Dieses Konzept lässt sich auf die nationalsozialistische Utopie der militanten Volksgemeinschaft übertragen, in der es keine Klassen mehr geben sollte und in der derjenige, der nicht dazu gehören wollte oder konnte, ausgesondert wurde. Von vornherein haben die Nazis nie einen Hehl daraus gemacht, dass Opferbereitschaft, der einsame Kampf auf Leben und Tod und der bedingungslose Gehorsam gegenüber dem Staat von jedem Volksgenossen erwartet wurden, auch wenn dies bis zum Kriegsbeginn eher unterschwellig zum Ausdruck kam. Gleichzeitig setzte man diesem strengen Anspruch aber auch die „Wohltaten“ einer staatlich garantierten Fürsorge, kleinbürgerlicher Vergnügungen von Volkstanz bis Eintopfessen, aber auch gewaltiger Spektakel wie Festspielen und Großveranstaltungen entgegen. Das alles wurde gesteuert und in die Lebenswelt der Menschen projiziert durch ein eigens dafür geschaffenes Ministerium für Propaganda und Volksaufklärung. Das gewaltige Erziehungswerk, von dem die Nationalsozialisten sprachen und das man durchaus als eine Art von „social engineering“ betrachten kann, sollte sich im öffentlichen Leben widerspiegeln. In diesem Sinne kann man, auch wenn der Begriff in der wissenschaftlichen Erörterung oft nicht ganz trennscharf verwendet wird, von einer totalen Erfassung der Menschen sprechen. Wie zeigten sich nun diese ideologischen Muster im konkreten Leben der Menschen in der Stadt Mülheim?

Im Gegensatz zu manchen Städten in der Nachbarschaft war für Mülheim das bürgerliche Milieu bestimmend. Es ist nicht leicht herauszufinden, wie nach sechs Jahren nationalsozialistischer Herrschaft die Menschen in der Stadt bereits die Grundsätze der Nazi-Ideologie verinnerlicht hatten. Will man zumindest ansatzweise etwas über die Einstellung der Bevölkerung zu den Nationalsozialisten sagen, muss man zurück blicken bis zu den letzten zumindest formal freien Wahlen zum Reichstag im März 1933, aus denen die NSDAP als Sieger hervor ging.[4] Sie erhielt in Mülheim bei 90,2 % Wahlbeteiligung 31.253 Stimmen, die KPD 14.173, die SPD 10.641, die Kampffront Schwarz-weiß-rot 10.421 und das Zentrum 3.910. Alle anderen Parteien waren weit abgeschlagen. Verwun-

3 Zitiert bei: Ernst Nolte. *Theorien über den Faschismus*. Köln, 1977, S. 210 ff.

4 Wahlergebnisse in *Widerstand und Verfolgung in Mülheim an der Ruhr*. Hg. Von D. Doetsch et al. Mülheim: Selbstverlag, 1987, S. 10–13.

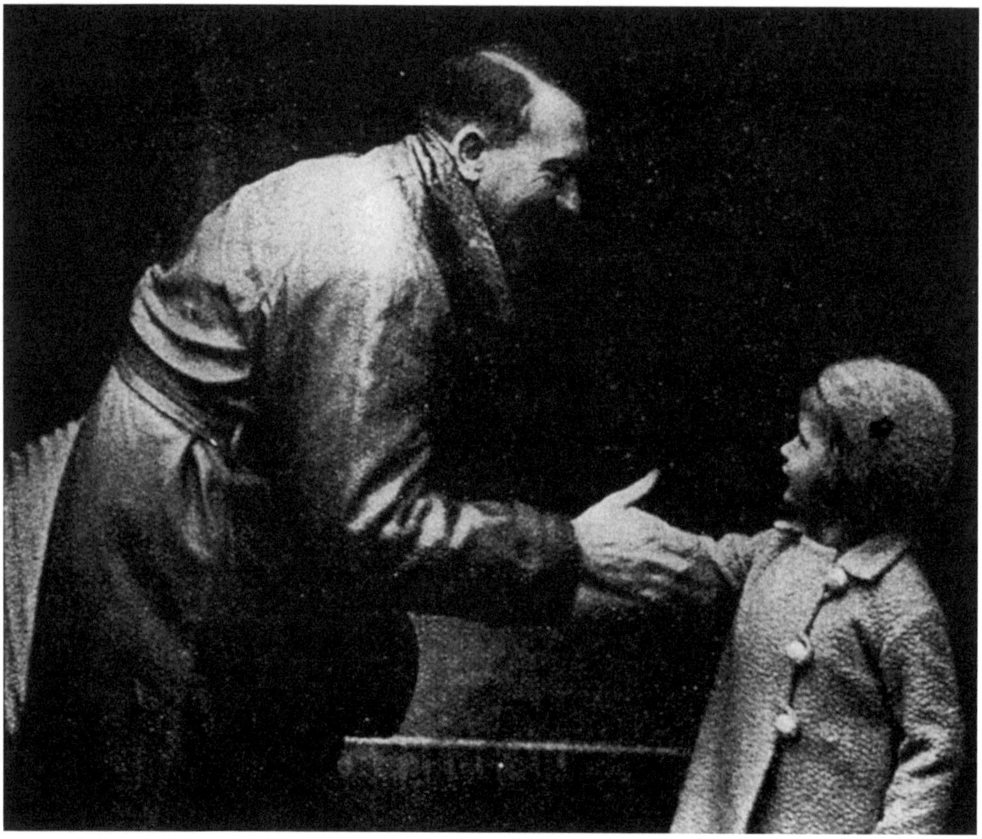

Bild 3: Fotografie von O. Vershofen, Mülheim, mit Hitlerwort

»Wir Deutsche können glücklich sein durch viele große Söhne nicht nur den Wert des eigenen Volkes begründet und gehoben, sondern darüber hinaus auch nen unvergänglichen Beitrag leistet zu haben zuem ewigen Wirken des Geistes- und Kulturlebens der ganzen Welt.« Adolf Hitler

derlich ist die hohe Wahlbeteiligung und die Tatsache, dass alle Stimmen gültig waren. Das lässt auf Manipulation der Ergebnisse schließen. Bekannt ist auch, dass Gruppen von SA-Männern und Nazi-Sympathisanten vor den Wahllokalen standen, um Druck auf die Wähler auszuüben.[5] Verlässlicher als dieses Wahlergebnis kann der Vergleich nach Bezirken der Reichstagswahlen vom November 1932 ausgewertet werden. Die Altstadt mit den Geschäftsleuten, der Mülheimer Süden, Menden/Raadt, Saarn, Selbeck, Stadtteile mit überwiegend „guten“ Wohngebieten und einigen Landwirten, wählten mit großer Mehrheit die NSDAP. In Dümpten und Styrum, Stadtteilen mit überwiegendem Arbeiteranteil, wies die KPD hohe Stimmenanteile auf, in Heißen gewann die SPD. Im

5 Ebd., S. 9.

Bild 4: Einmarsch des II./Infanterie-Regiment 39 über die Schlossbrücke in die Kaserne, 1936

Vergleich mit den Städten des Ruhrgebiets war der Prozentsatz der NSDAP in Mülheim recht hoch. Man kann davon ausgehen, dass der Anteil der Menschen, die den Nationalsozialismus zumindest akzeptierten, groß war. Dazu lebten mit Emil Kirdorf und Hugo Stinnes jun. zwei Großindustrielle in Mülheim, die Hitler maßgeblich unterstützten. Dies trifft auch, zumindest bis Mitte der dreißiger Jahre, für Fritz Thyssen zu.[6]

Was die Entstehung eines Kampfkollektivs betraf, sah es in Mülheim für die Nazis aber eher düster aus. Bereits 1936, als nach der Besetzung des bis dahin entmilitarisierten Rheinlands deutsche Truppen in die entsprechenden Zonen einmarschierten, hielt sich die Begeisterung in der Stadt in Grenzen. Das ist deutlich an einem Ereignis zu sehen, von dem sich die Kreisleitung der NSDAP eine besondere Wirkung auf die Bevölkerung versprochen hatte. Als Folge der Wiedereinführung der allgemeinen Wehrpflicht und der Besetzung des bisher entmilitarisierten Rheinlandes sollte auch in der Mülheimer Kaserne wieder eine militärische Einheit stationiert werden. Vor Ostern 1936 war deshalb aus Einheiten der Landespolizei ein Infanteriebataillon gebildet worden, das als II. Bataillon des Infanterieregiments 39 die Tradition der alten Mülheimer 39er fortführen sollte. In Absprache des Militärs mit der örtlichen NSDAP entschied man sich für eine große Aktion mit dem Einmarsch der Soldaten in ihr neues Domizil. Auf diese Weise sollte die enge Verbundenheit zwischen Militär und Bevölkerung deutlich werden. Als dann die Soldaten über die Schlossbrücke und durch die Stadtmitte die Kaiserstraße

6 Ebd., S. 17–47. Dort eine detaillierte Schilderung der Rolle Mülheimer Großindustrieller bei der Zerstörung der Weimarer Republik.

hinauf zur Kaserne marschierten, stand eine große Anzahl von Menschen entlang des Weges. Es wurde der Traditionsmarsch der alten 39er gespielt, den die meisten Mülheimer kannten, „Moder, Moder komm, da kömpt die dicke Tromm", aber die Zuschauer blieben vollkommen still. Klaus Kämpgen, der als Junge das Schauspiel verfolgte und darüber in seinen Erinnerungen berichtet, zitiert die Reaktion seiner Mutter: „Nein, diese Mülheimer. Kein Temperament, keine Begeisterung."[7] Viele Menschen spürten, was die Remilitarisierung bedeutete. Hitler war mit der Rheinlandbesetzung bis an den Rand des Krieges gegangen. Insgesamt bestand bei vielen Menschen eine große Skepsis, was militärische Optionen betraf. Dazu kam, dass Hitler durch seine aus außenpolitischem Kalkül gehaltenen Friedensreden zu dieser Zeit die Kampfbereitschaft der Bevölkerung nicht gerade anregte.

Der Kult der Militanz, den die NSDAP pflegte, wirkte jedoch positiv auf die jungen Menschen. Er wurde besonders im Bereich des Sports zu einem wesentlichen Faktor. In Mülheim war eigens das Amt für Leibesübungen und Jugendpflege eingerichtet worden, das sportliche Wettkämpfe nach militärischen Prinzipien ausrichtete. So hieß es in einem Jahresbericht: „Die Arbeit an der körperlichen und sittlichen Ertüchtigung der Mülheimer Jugend wurde erweitert, vertieft und nach dem gewaltigen Durchbruch auf politischem Gebiete nationalsozialistisch ausgerichtet."[8] Selbst solch „zivile" Aktivitäten wie das Erste Große Reit- und Springturnier auf der Mülheimer Rennbahn stand unter dem Leitwort „Reitsport, Volkssport, Wehrsport".[9] Georg Bernard vom Amt für Leibesübungen und Jugendpflege, berichtete mit Genugtuung, dass die Stadtverwaltung für sportliche Aktivitäten Zielböcke, Luftbüchsen, Karten und Feldfahnen angeschafft habe.[10] Das Amt für Leibesübungen und Jugendpflege war bei seiner Einrichtung durch die Stadt zunächst in erster Linie in die am Anfang der dreißiger Jahre notwendigen Maßnahmen zur Betreuung der erwerbslosen männlichen und weiblichen Jugendlichen eingebunden. Es organisierte den „freiwilligen Arbeitsdienst", der ab dem 26. Juni 1935 vom Reichsarbeitsdienst (RAD) ersetzt wurde, einem sechs Monate dauernden Pflichtdienst, der dem zweijährigen Wehrdienst vorgelagert war. Am 4. September 1939 wurde die Dienstpflicht auf die weibliche Bevölkerung, die so genannten Arbeitsmaiden, ausgedehnt. Das Amt schied damit aus der Betreuung dieser Dienstpflichtigen aus. Dafür organisierte es bis zum Krieg und auch darüber hinaus in Zusammenarbeit mit den Berufsschulen und dem Arbeitsamt Schulungslehrgänge für arbeitslose Jugendliche, zu denen auch Lehrgänge im Geländesport jeweils von Mai bis Oktober gehörten. Dabei wurde Milch zum Frühstück und eine warme Mahlzeit um die Mittagszeit verabreicht.[11] Es war auch in der Jugendpflege tätig und geriet damit immer mehr unter den Einfluss der Hitlerjugend. Martin Gerste, der als Kreisjugendpfleger, später als Amtsleiter und Beauftragter für Vereinssport tätig und in der Stadt recht bekannt war, entwickelte sich zu einem Vorkämpfer

7 Klaus Kämpgen, *Einmal wird es sein müssen*. Norderstedt: Books on Demand, 2005, S. 62. Er verlegt das Ereignis fälschlicherweise in das Jahr 1935.

8 StAMH, 1201/5/57. Blatt 30.

9 StAMH, 1201/5/37.

10 Ebd.

11 Ebd., Blatt 38 f.

für den „nationalsozialistischen Sport". So schrieb er im Schlusswort zu einem Tätigkeitsbericht:

„Die Auferstehung des Deutschen Volkes habe ich erleben dürfen. Unser Führer und Reichskanzler hat der HJ den Weg in und für die Zukunft gewiesen, den Weg der harten Selbsterziehung zu sozialistischer Gemeinschaft und Kameradschaft. Ich habe den felsenfesten Glauben, dass ich auch den Tag der Meldung des Reichsjugendführers noch erlebe, die lauten wird: Die gesamte deutsche Jugend in der HJ angetreten! – Das walte Gott."[12]

Bild 5: Tanz von BDM-Mädeln auf dem Platz vor dem Wasserbahnhof

Dieser Traum erfüllte sich schneller als er gedacht hatte. Schon am 8.3.1937 wurden die Kreisjugendwarte in Mülheim abgeschafft. Ihre Aufgabe übernahm die HJ. Ein bekannter Mann wie Gerste, der zumindest sprachlich die Vorstellungen der Nationalsozialisten präzise zum Ausdruck brachte, konnte auch viele Sportler und Vorsitzende in den gleichgeschalteten Vereinen für die Sache der Nazis gewinnen. In den dreißiger Jahren betreute das Amt für Leibesübungen und Jugendpflege 97 Jugendpflege-, Turn-, Sport- und Spielvereine mit über 22.000 Mitgliedern, also rund ein Sechstel der städtischen Bevölkerung.[13] Nicht immer war sofort deutlich, dass der Sport der vormilitärischen Körperertüchtigung diente. Aus der ideologischen Perspektive der Nationalsozialisten waren das gesunde Leben, der Körperkult und die sportliche Betätigung Kennzeichen des „erbgesunden Volkskörpers", also musste dem Sport ein hoher Stellenwert zukommen, er war auf allen Gebieten zu fördern. So standen in Mülheim elf Turnhallen zur Verfügung, ein Schwimmbad und eine sportärztliche Beratungsstelle, in der ein ehrenamtlicher Sportarzt, Dr. Lohmann, einmal pro Woche zum Beispiel Vereinsmitgliedern Untersuchungen anbot. Zu Beginn der Machtübernahme der Nazis organisierte das Amt

12 Ebd., Blatt 197.
13 Ebd., Blatt 30.

für Leibesübungen und Jugendpflege Massenschwimmunterricht, für den 13 arbeitslose Junglehrerinnen und zwei Schwimmmeister angestellt wurden, die in einem Jahr mehr als 51.000 Kinder betreuten.[14] Auf dem Spielplatz an der Jahnstraße wurden die Kahlenbergwettkämpfe abgehalten und im Winter legte man auf den in der Nähe befindlichen Tennisplätzen eine Spritzeisbahn an. Alles das machte den Sport unter dem Hakenkreuz in Mülheim populär.

Ein weiteres konstituierendes Merkmal der Militarisierung des Lebens war die Uniformierung. In exzessiver Weise wurden Uniformen für alle möglichen Gruppen, Organisationen und Funktionsträger entworfen. Abzeichen, Orden und mannigfache symbolträchtige Erkennungszeichen in Form von Schnüren, Armbinden und sogar am Knopfloch zu tragende Miniaturbüchlein des Kriegswinterhilfswerks sollten auf den ersten Blick den Funktionsträger oder Volksgenossen erkennbar werden lassen. So sollte das Individuum hinter seine Funktion in staatlich ausdifferenzierten Bereichen zurücktreten. Das bewirkte, wenn auch zunächst ganz oberflächlich, Gruppenzugehörigkeit und Bedeutsamkeit im Kollektiv der Gleichgestimmten. Natürlich unterstützte die Uniform auch die Idee der Kampfgemeinschaft.

Die „Wohlfühldiktatur“

Warum, so kann man sich fragen, ging dann der Kriegsbeginn 1939 still und ganz ohne Fanfaren und Massenaufmarsch in Mülheim über die Bühne? Natürlich war das faschistische Ritual am 1. September beachtet worden. Hitler als „Thymotiker“ konnte seinem Zorn gegen die Feinde des Reiches freien Lauf lassen, indem er über das Radio verkündete, dass jetzt in Polen zurück geschossen würde. Das hörte sich so an, als würde er nur auf polnische Provokationen reagieren und darüber hinaus der angeblichen Einkreisungsgefahr Deutschlands auch durch die polnischen Schutzmächte Frankreich und Großbritannien begegnen. Bei aller Entschlossenheit und allem martialischen Gehabe des Führers hatte die Propaganda ihn doch auch immer als Mann des Friedens erscheinen lassen. Auch aus diesem Grund hatte Göring dringend von einer formalen Mobilmachung der Wehrmacht abgeraten und sich mit diesem Vorschlag durchgesetzt. Nach der britischen und französischen Kriegserklärung sah das Reich sich nun mehreren Feinden gegenüber. Die nationalsozialistische Führung war sich zu Beginn des Krieges gar nicht so sicher, ob durch die geistige Mobilmachung in den dreißiger Jahren aus passiven Anhängern nun auch aktive Teilnehmer geworden waren, die bereit waren, willig für das nationalsozialistische Deutschland zu kämpfen. In den ersten beiden Kriegsjahren glaubten Militärs und Parteiführung daran, in einer Serie von kurzen Blitzkriegen die wichtigen territorialen Ziele erreichen zu können. So kam es zu einer merkwürdigen Widersprüchlichkeit. Auf der einen Seite sollte der Bevölkerung der Eindruck vermittelt werden, die Kriegsanstrengungen seien nur temporär und leicht zu schultern, auf der anderen Seite stand die ideologische Prämisse vom Krieg als „Vater aller Dinge“, was unbedingtes Opfer, Kampf und Durchhaltewillen bedeutete. Goebbels sah schon früh, dass es notwendig war, die Menschen mit allen Mitteln auf den Krieg vorzubereiten und

14 Ebd., Blatt 29–39.

Dienstrangabzeichen der Politischen Leiter in der Ortsgruppe der NSDAP.

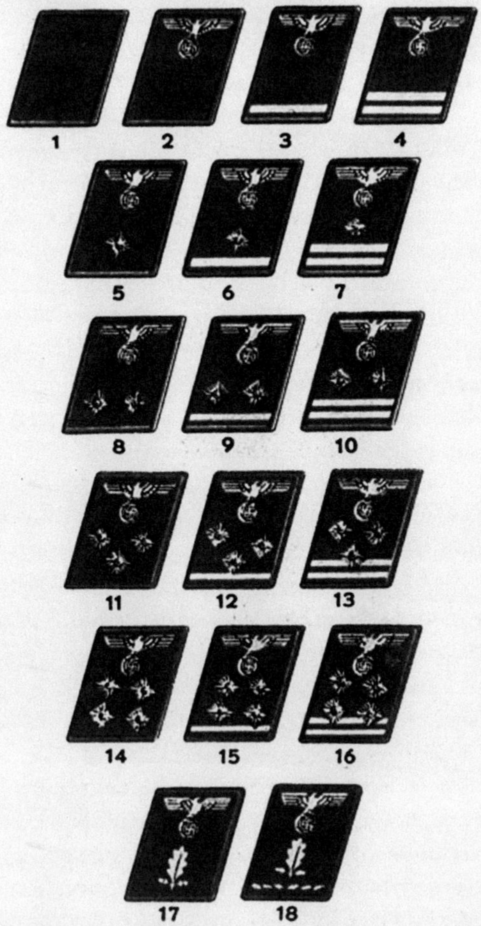

1 Politischer-Leiter-Anwärter (Nicht-Pg.), 2 Politischer-Leiter-Anwärter (Pg.), 3 Helfer, 4 Oberhelfer, 5 Arbeitsleiter, 6 Ober-Arbeitsleiter, 7 Haupt-Arbeitsleiter, 8 Bereitschaftsleiter, 9 Ober-Bereitschaftsleiter, 10 Haupt-Bereitschaftsleiter, 11 Einsatzleiter, 12 Ober-Einsatzleiter, 13 Haupt-Einsatzleiter, 14 Gemeinschaftsleiter, 15 Ober-Gemeinschaftsleiter, 16 Haupt-Gemeinschaftsleiter, 17 Abschnittsleiter, 18 Ober-Abschnittsleiter

Abzeichen für Frauenschaftsleiterinnen

Ortsfrauenschaftsleiterin	Engerer Stab	Erweiterter Stab	Sonstige Mitarbeiterinnen (auch Nicht-Pggn.)	Sämtliche ausgeschiedenen Mitarbeiterinnen usw.

Bild 6: Dienstrangabzeichen der politischen Leiter in der Ortsgruppe der NSDAP

dies propagandistisch zu unterstützen. Tatsächlich zeigte sich aber zu Kriegsbeginn eine ganz andere Konzeption. Ein großer Teil des Hitler-Mythos beruhte darauf, dass Hitler als Vollstrecker des Volkswillens und gerade nicht wie ein Diktator schon wüsste, was richtig sei. Das machte ihn auch für viele zu einer moralischen Instanz, gerade weil man das auf örtlicher Ebene bei den Parteifunktionären oft nicht wahrnehmen konnte. Hitler wusste das genau und pflegte dieses Image bis zuletzt. Er war wie sein Propagandaminister Goebbels ein Stimmungspolitiker. Die Meldungen aus dem Reich, die der Sicherheitsdienst an die Führung weiter reichte, gaben dieser ein recht genaues Bild der Stimmungslage in der Bevölkerung, und das floss in das Kalkül der NS-Verantwortlichen ein. Als sich im Osten und später beim Überfall auf Norwegen und den Feldzügen im Westen und auf dem Balkan „Blitzsiege" in stetiger Folge einstellten, wuchs das Vertrauen in Hitlers Führerschaft und die Überlegenheit der deutschen Waffen. Doch ein Konzept für einen lang andauernden Krieg, der den totalen Einsatz der gesamten Volkswirtschaft und des gesamten Volkes bedeutet hätte, und das schon aus ideologischen Gründen notwendig gewesen wäre, fehlte in den ersten beiden Kriegsjahren völlig. Da Hitler auch glaubte, den Krieg schnell gewinnen zu können, wollte er die Bevölkerung nur geringfügig belasten. Die Angst vor einem Umschwung der in der Bevölkerung Deutschlands herrschenden Grundstimmung, die Hitler und Goebbels immer wieder umtrieb, wirkte sich im Kriegsverlauf hemmend auf die Rüstung, die Mobilisierung der Bevölkerung und die Kriegsführung aus, denn die Nationalsozialisten wollten die normalen Lebensumstände weitgehend erhalten. Eine Konsequenz dieser Haltung war, dass die Menschen in den eroberten und besetzten Gebieten und alle, die aus der Volksgemeinschaft ausgeschlossen wurden, auf Kosten ihrer eigenen Existenzbedingungen für das Wohlergehen der deutschen Volksgemeinschaft „zahlen" mussten, millionenfach sogar mit dem eigenen Leben.

Wenn man auch unter Kriegsbedingungen nicht zum normalen Alltag übergehen konnte, hielten sich die örtlichen Repräsentanten der NSDAP zunächst zurück. Diesen ging es darum, die städtische Bevölkerung in Sicherheit zu wiegen und den Krieg nicht als Belastung erscheinen zu lassen. In der Mülheimer Zeitung vom 6.9.1939 fanden sich einige Artikel zur Beruhigung der Menschen.[15] So wurde auf Anordnung aus Berlin der Mieterschutz vor willkürlichen Kündigungen verbessert und die Mieten eingefroren. Für viele Frauen, deren Männer eingezogen waren, war das eine gute Nachricht. Göring, der gerne für klare Worte und einfache Entscheidungen war, Gesetzesparagraphen störten ihn dabei nur, verkündete: „Der Hauseigentümer, der unbarmherzig und skrupellos arme Volksgenossen um Nichtigkeiten willen obdachlos macht, hat den Schutz des Staates in diesem seinen Treiben verwirkt."[16] Das war populistisch und paternalistisch zugleich. Überhaupt wurden die Rechte der Vermieter gegenüber den Mietern geschwächt. Hauseigentum sollte als Kapital einen Beitrag zur Kriegsfinanzierung leisten, womit die Hauseigentümer überproportional zur Kasse gebeten wurden. Seit 1926 bestand schon die Hauszinssteuer, die auf alle Gebäude, die vor diesem Zeitpunkt existiert hatten, erhoben wurde. Der Gedanke war gewesen, die von der Inflation weitgehend verschont gebliebenen Immobilieneigentümer

15 StAMH, 1433/55. Mülheimer Zeitung vom 6.9.1939.
16 Götz Aly. *Hitlers Volksstaat*. Frankfurt: Fischer Verlag, 2005, S. 21.

im Sinne eines Lastenausgleichs zur Kasse zu bitten. Die Steuer war zunächst eine Ländersteuer und ging an die Gebietskörperschaften. Durch eine hohe Vorauszahlung im Rahmen einer Notverordnung im Jahr 1931 waren die Hausbesitzer noch einmal zusätzlich belastet worden. Die Nationalsozialisten sahen Immobilienbesitz nicht primär als Selbstzweck für das Einkommen des Vermieters an, sondern als Gemeinschaftsgut, das der Allgemeinheit zu einer angemessenen Miete zur Verfügung stehen müsse. Wenn es um den Ausgleich der beiden Positionen ging, entschieden sich die Nazis stets für die Mieter. 1942 verhängte die Reichsregierung per Gesetz eine „Ablösung der Hauszinssteuer", die über 8 Milliarden Reichsmark, die die Hausbesitzer aufbringen mussten, in die Staatskasse brachte, allerdings mit der Maßgabe, die Steuer damit einzustellen. Durch die erfolgte Gleichschaltung der Länder mit dem Reich floss das Geld auch nicht den Ländern zu, sondern konnte in die Finanzierung des Krieges gesteckt werden. Diese sehr hohe Summe, heute würde es sich um cirka 80 Milliarden Euro handeln, drückte die Kriegsschulden und ließ gleichzeitig, weil die Mieten nicht erhöht werden durften, die Loyalität der meisten Wohnungsmieter zum nationalsozialistischen System ansteigen. Teilweise war die Belastung für die Hauseigentümer so hoch, dass sie spezielle Hauszinssteuerdarlehen aufnehmen mussten. Da die Notwendigkeit dazu bei so vielen Vermietern bestand, wurde beim Siedlungsverband Ruhrkohle eigens eine Aufsichtsbehörde für Hauszinssteuerdarlehen gebildet. Es traf übrigens auch den Hausbesitz der Stadt Mülheim. Für ein Haus und Grundstück in der Bachstraße 12, das die Stadt kurz vor der Ablösung der Hauszinssteuern erworben hatte, wurde vom Finanzamt unmittelbar nach dem Kauf der vorgeschriebene Ablösungsbetrag festgesetzt. Der Finanzbeirat der Stadt tagte, konnte allerdings die Ausgabe schnell bewilligen, da durch eine kumulierte Dividendenzahlung aus dem Besitz von RWE-Aktien Sondermittel zur Verfügung standen.[17]

Nach dem Einsatz-Wehrmachtsgebührnisgesetz vom 28.8.1939 wurden für Soldatenfrauen finanzielle Zuwendungen bis zu einer maximalen Höhe von 80 % des letzten Nettogehalts des eingezogenen Ehemanns gewährt. Diese Leistung wurde zu 4/5 vom Reich und zu 1/5 von der Gemeinde erbracht. Für das Rechnungsjahr 1939 rechnete die Stadt Mülheim mit einer auszuzahlenden Summe von 595.000 Reichsmark (RM), was einen erheblichen Finanzbedarf bedeutete.[18] Beim hohen gesellschaftlichen Stellenwert des Soldatentums, sollten auch die Familien der kämpfenden Männer optimal unterstützt werden. Der Paragraph 1, Absatz 2 des Einsatz-Wehrmachtsgebührnisgesetzes legte deshalb fest, dass die von den Familienmitgliedern empfangenen Leistungen des Staates nicht der Fürsorge zuzurechnen seien, dazu waren sie nicht rückerstattungspflichtig und nicht pfändbar. Als zusätzliche Möglichkeiten konnten den Soldatenfrauen Zuschüsse zur Miete, für Kohlen- und Kartoffelkauf und für die Sozialversicherung gewährt werden. Zusammen mit dem Sold und der Verpflegung der Soldaten kamen viele Familien auf ein höheres Einkommen als vor dem Krieg.[19] Gemessen am letzten Friedenseinkommen erhielten die

17 StAMH, 1181/2/30.

18 StAMH, 1181/2/22.

19 Birthe Kundrus, *Kriegerfrauen, Familienpolitik und Geschlechterverhältnis im Ersten und Zweiten Weltkrieg*. Hamburg, 1995, S. 238 ff.

Familien durchschnittlich 73 % des Familienunterhalts. Das machte insgesamt für die Zeit des Krieges eine Summe von 27,5 Milliarden RM aus[20] und ließ die große Masse des Volkes wohlwollend auf die nationalsozialistische Führung schauen. Die Haushaltspläne der Stadt Mülheim machen deutlich, dass sich die Fürsorgeleistungen im Verlauf des Krieges immer mehr reduzierten, das lag an den oben beschriebenen Gründen. Es entstanden aber auch neue Fürsorgeleistungen. Zum Beispiel für „Volksgenossen", deren Bezüge aus dem Ausland wegen des Kriegszustandes nicht mehr geleistet wurden. Hier ersetzte die so genannte Sonderfürsorge die fehlenden Einkünfte vollständig. Auch in Mülheim gab es einige dieser Fälle.[21] Da auch die Preise nur geringfügig stiegen und zunächst auch das Warenangebot ausreichend war, brachte die Anfangsphase des Krieges vielen deutschen Staatsbürgern sozialpolitische Wohltaten. Wer durch die Auswirkungen des Krieges zahlungsunfähig geworden war, konnte in einem Kriegsausgleichsverfahren, das am 30.4.1940 gesetzlich verankert wurde, seine Zahlungsfähigkeit wieder herstellen. Götz Aly hat mit seiner in der Tat überspitzt formulierten These von der „völkisch-sozialpolitischen Beglückungsideologie" im Rahmen einer „Gefälligkeitsdiktatur" entschiedenen Widerspruch bei primär am Mainstream orientierten Geschichtswissenschaftlern oder solchen, die sich dafür halten, ausgelöst.[22] Allerdings dürfen diese sozialen Maßnahmen nicht isoliert gesehen werden. Ihnen gegenüber standen Ansprüche des nationalsozialistischen Staates, die den Einzelnen forderten und belasteten. Das betraf den Arbeitsbereich und den Kriegsdienst, die Einschränkungen, Flexibilität und unbedingten Einsatz notwendig machten. In Hitlers Kreis wurde im August 1939 überlegt, wer den Menschen diese unangenehme Seite des Krieges verdeutlichen sollte. Die Wahl fiel auf Göring, dessen volkstümliches Gehabe und dessen angeblicher wirtschaftlicher Sachverstand einen positiven Effekt auf die Menschen haben sollte. Deshalb sprach er vor der Belegschaft der Berliner Rheinmetall-Borsig-Werke. Die Rede wurde überall in der Presse, so auch in der Mülheimer Zeitung, abgedruckt. Sie ist ein Beispiel für die Beschwörung der Volksgemeinschaft. Die Kriegswirtschaftsverordnung (KWVO) vom 4. September 1939, die spürbar in soziale und gesellschaftliche Belange eingriff, kam nur am Rande zur Sprache, wichtiger war der kämpferische Appell. Die Kriegswirtschaftsverordnung bestimmte einen festen Grundlohn für genau definierte Tätigkeiten. Es gab weiterhin Zuschläge für Bergarbeiter,

20 Ebd., S. 434. Die britischen und amerikanischen Soldatenfamilien erhielten weniger als die Hälfte dieser Leistungen.

21 Christoph Sachse und Florian Tennstedt, *Der Wohlfahrtsstaat im Nationalsozialismus*, Band 3. Stuttgart, 1992, S. 257 und Götz Aly, *a.a.O.*, S. 36.

22 So bei Bettina Zurstrassen, „Die nationalsozialistische Sozialpolitik eine ‚völkisch-sozialpolitische Beglückungsideologie'?". *GPD*, Heft 3/4, 2005, S. 258–262. Die Autorin hätte sicherlich zu einer überzeugenderen Wertung gelangen können, wenn sie sich etwas extensiver mit Alys Arbeiten auseinander gesetzt hätte, die gerade das behandeln, was sie in einem seiner Bücher als fehlend betrachtet. Weiterhin Norbert Frei, *1945 und wir. Das Dritte Reich im Bewusstsein der Deutschen*. München, 2005, S. 56. Gerade Frei als Exponent der political correctness glaubt anderen gegenüber (seien es Graß, Walser, Friedrich oder Aly) überzogene Thesen in die Welt setzen zu können, was er bei Fachkollegen anprangert. Zuletzt der Altmeister der Gesellschaftsgeschichte: Hans-Ulrich Wehler, „Engstirniger Materialismus". *Der Spiegel*, Heft 14, 2005, S. 52. Dort eine interessante Auseinandersetzung mit Alys geschichtlichem Ansatz.

Bild 7: Plakat der Deutschen Arbeitsfront

alle anderen Zuschläge, die es bisher für Überstunden und Feiertagsarbeit gegeben hatte, fielen weg. Göring sprach in seiner Rede nur von geringen Belastungen und wandte sich stattdessen an die anwesenden Arbeitskräfte mit den Worten:

> *„So rufe ich sie alle auf, Mann für Mann, Frau für Frau, Jungen und Mädel. Wir sind alle Frontkämpfer!"* Und weiter hieß es: *„Hier verlange ich nun von allen, die in der Heimat bleiben: so wie die Front steht, eisern und pflichtbewusst, so steht auch die Heimat, sie lässt sich nicht mehr von der Front beschämen; sie stärkt der Front das Rückgrat, statt es ihr zu zerbrechen. Wenn die Front steht, muss sie wissen: hinter ihr steht eine Heimat, bereit alles zu geben, was sie nur zu geben vermag, um draußen dem Kämpfer die furchtbare Arbeit [sic!] vor dem Feinde, vor dem Tode zu erleichtern. So gibt es zwei Soldaten heute, den Soldaten an der Waffe und den Soldaten an der Maschine. Ihr seid alle Frontkämpfer! Nur der Platz, wo der Führer euch hinstellt, ist verschieden."*[23]

Göring war wie allen anderen Mitgliedern der NS-Führung klar, dass der Krieg eine Umgestaltung der Wirtschaft mit sich bringen musste, die auch immense Verwerfungen im Bereich der Arbeitsplätze und – organisation mit sich bringen würde, was er in seiner Rede andeutete. Die Menschen wollten auch erfahren, was sie der Krieg kosten würde, aber das blieb Görings Geheimnis, denn die Zahlen waren nur den Führungskräften der NSDAP bekannt. Der Staatshaushalt war schon seit 1935 nicht mehr veröffentlicht worden. Von 1933 bis 1939 hatte der nationalsozialistische Staat 45 Milliarden Reichsmark für die Aufrüstung ausgegeben.[24] Das war das Dreifache der gesamten Einnahmen des Reiches im Jahr 1937. Die Staatsschulden betrugen im August 1939 37,4 Milliarden Reichsmark. Der zivile Finanzbedarf belief sich 1939 auf 16,3 Milliarden, der militärische auf 20,5 Mia. RM. Die regulären Staatseinnahmen machten aber nicht mehr als maximal 18 Milliarden Reichsmark aus. Sollten die Schulden, und das war auf Grund der steigenden Kriegsausgaben zu erwarten, nicht ins Unermessliche steigen und schließlich die Währung ruinieren, mussten verschiedene Mittel zum Einsatz kommen, auch eine Besteuerung der Einkommen und eine Erhöhung der Konsumgüterpreise. Hitler, der sich immer als Retter des Volkes aus der Not hatte preisen lassen, und der den Hunger, die Streiks und die anderen Folgen des Ersten Weltkriegs stets vor Augen hatte, dachte gar nicht daran, die Bevölkerung über Gebühr zu belasten. Gemäß seinem einfachen Freund-Feind-Denken sollten in erster Linie zu Gegnern erklärte Menschen, besiegte Völker, Juden und so genannte Volksschädlinge den Krieg finanzieren. Als einzig bittere Pille für die Volksgemeinschaft wurden die Verbrauchssteuern auf Tabak, Bier und Branntwein erhöht, was zwischen 1939 und 1942 aber nur 2,5 Milliarden Reichsmark in die Kasse brachte.[25] Der Paragraph 1 der KWVO stellte das Horten von Bargeld unter Strafe, was in erster Linie gegen Kriegs-

23 Zitiert bei: Jörg Echternkamp, „Im Kampf an der inneren und äußeren Front". In: *Das Deutsche Reich und der Zweite Weltkrieg*. Band 9/1, München: Deutsche Verlagsanstalt, 2004, S. 9, Fußnote 16.

24 Um mit der heutigen Kaufkraft des Euro vergleichen zu können, muss man für 1 Reichsmark ungefähr 10 Euro ansetzen.

25 Götz Aly, a.a. O., S. 78.

gewinnler gerichtet war und deshalb bei der Durchschnittsbevölkerung auf Zustimmung stieß. Genauso populär war der Paragraph 22, der eine Abschöpfung der Unternehmensgewinne vorsah, worüber später noch berichtet wird, und ein Kriegszuschlag von 50 % auf die Lohn- und Einkommenssteuer für Jahreseinkommen von mehr als 2.400 RM, was nach der Statistik von 1943 ungefähr 70 % aller Einkommensbezieher von dieser Belastung frei stellte. Nach der Berechnung von Aly blieben sämtliche Arbeiter, über die Hälfte aller Angestellten, alle kleinen und ein Teil der mittleren Beamten bis Kriegsende ganz von der direkten Kriegssteuer bewahrt.[26] Auf den ersten Blick schien die Belastung der Menschen also gering und zumutbar. Doch in der Arbeiterschaft, besonders im Ruhrgebiet, sank die Arbeitsmoral auf Grund der Einschnitte in das Lohngefüge. Die Unternehmer behielten den nicht ausgezahlten Anteil bei Überstunden, Nacht-, Sonn- und Feiertagsarbeit zwar nicht für sich, sondern mussten sie an die Finanzämter abführen, doch gerade deshalb bemühten sich die Arbeiter nicht nur Überstunden zu vermeiden, insgesamt sank die Arbeitsmoral,[27] und das, wo auf Grund der Einberufungen zum Militär und vermehrter Rüstungsaufträge immer mehr Arbeit zu leisten war. Schnell reagierte der Reichsverteidigungsrat auf dieses Dilemma und führte die Zuschläge für über 10 Stunden geleistete Tagesarbeit und die anderen Überstundenzulagen schon am 15. November 1939 wieder ein. Eine weitere unangenehme Maßnahme wurde zunächst sehr zurückhaltend in Mülheim praktiziert, das war die Dienstverpflichtung von Menschen, die in nicht kriegswichtigen Betrieben oder als Selbständige arbeiteten.

Da die Erhöhung der Steuern also moderat ausfiel, blieb die Kriegsfinanzierung durch die Volksgemeinschaft selbst weit hinter den Möglichkeiten zurück. Doch erwies sich die Finanzbürokratie im Laufe des Krieges als recht kreativ im Erschließen der verschiedensten Finanzierungsmittel, aber niemals auf Kosten des Normalbürgers. Ein erheblicher Beitrag für die Kriegsfinanzierung musste aber von den Gemeinden des Reiches aufgebracht werden, indirekt also doch wieder von den Bürgern. Dies wurde aber von der Öffentlichkeit nur wenig bemerkt. Am 11.12.1939 erhielt die Stadtverwaltung in Mülheim auf Grund der Bestimmungen des § 14 KWVO die Aufforderung, für das zurück liegende Jahr einen Kriegsbeitrag von 256.568 RM zu bezahlen.[28] Die Durchschnittsbürger jedoch waren trotz des Krieges mit einer geringen Belastung davon gekommen. Anders sah es allerdings für Bezieher höherer Einkommen aus. Besonders stark wurden Einkommen über 6.000 RM im Jahr herangezogen, was natürlich den „kleinen“ Mann besonders freute und seinem Gefühl von gerechter Lastenteilung entsprach.

Belastet fühlten sich die Menschen in Deutschland allerdings durch die Bewirtschaftung der Güter des täglichen Bedarfs und aller als kriegswichtig definierten Güter. Dazu kamen Zuschläge auf Bier, Brandwein und Tabak, die in der Arbeiterschaft sehr unpopulär waren. Nur aus Rücksicht auf die prekäre Situation der Winzer, war ein Zuschlag auf Wein unterblieben. Noch waren auch die Lager gut gefüllt, erst ab 1942 kam es zu

26 Ebd., S. 68. Während des gesamten Krieges kam es immer wieder zu Initiativen verschiedener Ministerien, vor allem des Reichsfinanzministeriums, die Steuern zu erhöhen, was immer an der Parteiführung der NSDAP scheiterte.

27 Das Thema wird in Kapitel 9 wieder aufgenommen.

28 StAMH, 1181/2/19 (Ratsherrenprotokoll vom 11.12.1939).

Engpässen auf vielen Gebieten. Die Verbrauchsgütererzeugung zum Beispiel ging im Volumen (Vergleichswert ist 1938 mit dem Faktor 100) von 127 im Jahr 1939 nur auf 119 im Jahr 1941 zurück.[29] Vergleicht man die in Mülheim ausgegebenen Lebensmittelkarten während des Krieges – es gab 92 Zuteilungsperioden von 1939 bis zum Übergang 1945/46 – so fällt auf, dass im Jahr 1939 2.435 Kalorien pro Kopf und pro Tag für Normalverbraucher zur Verfügung standen, von der 54. bis zur 66. Periode (1943/44) noch 1.981 und 1945/46 schließlich nur noch 1.412 Kalorien möglich waren.[30] Die Versorgung mit den notwendigen Gütern war für die Nazis ein sensibles Gebiet, besonders im Rückblick auf die Hungerkrisen des Ersten Weltkriegs. In Mülheim gab es allerdings keine gravierenden Belastungen, was daran lag, dass der Mülheimer Kreisleiter gleichzeitig Ernährungsbeauftragter des Gaus Essen war und der Oberbürgermeister eine vorausschauende Versorgungspolitik betrieb. Wenn es aber manchmal zu offener Kritik kam, dann an der Ernährungslage. Hier wurde die Kritik ernst genommen, was sich zum Beispiel an Ereignissen im Landjahr zeigen lässt.

Die Mülheimer NSDAP und ihre Organisationen

Geht man vom wirtschaftlichen und sozialen Bereich aus, hat es den Anschein, als sei das Leben in der Volksgemeinschaft trotz aller sozialer Unterschiede, die auch bis Ende des Krieges bestehen blieben, bis auf die kriegsbedingten Belastungen relativ reibungslos verlaufen. Die „Gefälligkeitsdiktatur" der Nazis bot natürlich nur den angepassten Volksgenossen gewisse Vorteile, abweichendes Verhalten oder so genannte rassische Abweichungen wurden nicht toleriert. Über das korrekte Verhalten wachten neben den entsprechenden Staatsorganen auch die Organisationen der Partei, die konformes Verhalten erzwangen, mit Terror durchsetzten und vielen Menschen das Gefühl vermittelten, unter strenger Beobachtung zu stehen. Die soziale Disziplinierung, oft von den Parteiführern als „Menschenführung" bezeichnet, lag auch in den Händen der Staatspartei. Die NSDAP sah sich als „progressiven" Teil der Gesellschaft, in der schließlich alle Volksgenossen und -genossinnen eine Heimat finden sollten, was angesichts der Mitgliederzahl von 5.300.000 Menschen zu Beginn des Zweiten Weltkriegs nachvollziehbar ist. Hätten sich die Deutschen bis Kriegsende von der NSDAP abgewandt, wären im Verlauf des Krieges sicher nicht noch einmal über drei Millionen weitere Mitglieder dazu gekommen.[31] Hans Mommsen hat den Begriff der „kumulativen Radikalisierung" des NS-Staates geprägt, ein Begriff, der sich gerade im Hinblick auf die Rolle der Partei erschließt. Sehr selten oder nie wird der Begriff „politische Partizipation" in Zusammenhang mit der Mitgliedschaft in der NSDAP benutzt, was daran liegt, dass dieser Begriff in demokratischen Gesellschaften so positiv besetzt ist, dass man davor zurück scheut, ihn im Kontext von Diktatur und „monologischer Herrschaftsstruk-

29 Rolf-Dieter Müller, „Die Mobilisierung der deutschen Wirtschaft für Hitlers Kriegführung", in: *Das Deutsche Reich und der Zweite Weltkrieg*, Band 5/1. Stuttgart: Deutsche Verlagsanstalt, 1988, S. 581.

30 Ebd., S. 587.

31 Michael H. Kater, *The Nazi Party. A Social Profile of Members and Leaders 1919–1945*. Cambridge, Mass., 1987, S. 263. Anfang 1945 stieg die Mitgliederzahl auf knapp 9 Millionen an.

tur“ zu benutzen. Tatsächlich war aber gerade in der Staatspartei politische Mitwirkung möglich, aber nur in einem Sinne, der der faschistischen Ideologie entsprach, im Dienst des staatlichen Monopols und der Volksgemeinschaft. Politische Mitwirkung erstreckte sich dann auf so unterschiedliche Bereiche wie kulturelle Gestaltung des Lebens, Aktionstage, Hilfe für Bombengeschädigte oder Bewachung und Bestrafung von Abweichlern, Kontrolle und Terrorisierung von Juden, „Volksschädlingen“ und Fremdarbeitern. Wenn es schon keine freie Mitwirkung an der Politik gab, dann sollte der Einzelne frei sei, kreativ das totalitäre Herrschaftssystem zu stützen. Aktionismus und körperliche Auseinandersetzungen waren Merkmale aus der so genannten Kampfzeit der NSDAP in den dreißiger Jahren gewesen. Diesen aggressiven Zug verlor die Partei, auch als sie an der Macht war, nie. Die ständige Gewaltbereitschaft sollte nicht nur Gegner bedrohen, sondern gegenüber jedermann, der eine abweichende Meinung vertrat, einschüchternd wirken. Über den Einsatz der NSDAP im Kriege hieß es im Heimatkalender für den Gau Essen: „Unser ausgedehnter Organisationsapparat gab uns die Möglichkeit, eine Reihe von Volksschädlingen zu ermitteln und ihrer verdienten Strafe zuzuführen. Es ist nicht zuletzt der Aufmerksamkeit unserer Parteigenossen zuzuschreiben, wenn Fälle von Schleichhandel, Hamsterei und Korruption tatsächlich vereinzelt geblieben sind. Wo immer wir auf Äußerungen staatsfeindlicher oder landesverräterischer Haltung stießen, wurde rücksichtslos durchgegriffen, sodass diese Erscheinungen rechtzeitig erkannt und geahndet werden konnten.“[32] Das war möglich, weil die Partei in ihren ausdifferenzierten Gliederungen Möglichkeiten des fast grenzenlosen Aktionismus geschaffen hatte. Zu diesen gehörten die Schutzabteilung (SA), die Schutzstaffel (SS), das Nationalsozialistische Kraftfahrkorps (NSKK), die Hitler-Jugend (HJ) und der Bund Deutscher Mädel (BDM), die Nationalsozialistische Frauenschaft (NSF), der Nationalsozialistische Deutsche Studentenbund (NSDStB) und der Nationalsozialistische Deutsche Dozentenbund (NSDozB). Dazu gab es noch die angeschlossenen Verbände, von denen die beiden größten, die Deutsche Arbeitsfront (DAF) mit über 22 Millionen Mitgliedern und die Nationalsozialistische Volkswohlfahrt (NSV) mit mehr als 14 Millionen Mitgliedern nur die wichtigsten waren.

Im Sommer 1939 unterstanden der Reichsleitung der NSDAP 41 Gauleiter. Anfang 1940 kamen zu den 831 Kreisleitungen noch 104.680 Zellenleiter und 484.872 Blockleiter dazu. Insgesamt gab es in den Fachämtern der NSDAP am 1. Januar 1940 1.231.104 politische Leiter.[33] Im Gau Essen, zu dem Mülheim gehörte, bestanden neun Kreisleitungen: Essen, Duisburg, Mülheim, Oberhausen, Dinslaken, Moers, Kleve, Geldern und Rees. Der Mülheimer Kreisleiter, Karl Camphausen, hatte die Realschule besucht, war Kriegsteilnehmer und später Mitglied in einem Freikorps gewesen. Er arbeitete als kaufmännischer Angestellter, Süßwarengroßhändler, Handelsvertreter und Buchhalter beim RWW, bevor er ab 1935 hauptberuflich für die NSDAP tätig wurde und schließlich das Amt des Kreisleiters in Mülheim übernahm. An der Jahreswende 1940/41 diente er einige Monate als Hauptmann der Reserve in der 227. Infanterie-Division und wurde schließlich im April 1941 „uk“ (unabkömmlich) gestellt, um in der Stadt die Belange der Partei

32 *Heimatkalender des Gaues Essen*. Essen, 1941, S. V.

33 Armin Nolzen, „Die NSDAP, der Krieg und die deutsche Gesellschaft“, in: *Das Deutsche Reich und der Zweite Weltkrieg*, Band 9/1. Stuttgart: Deutsche Verlagsanstalt, 2004, S. 99–111.

Dienstrangabzeichen der Politischen Leiter in der Kreisleitung der NSDAP.

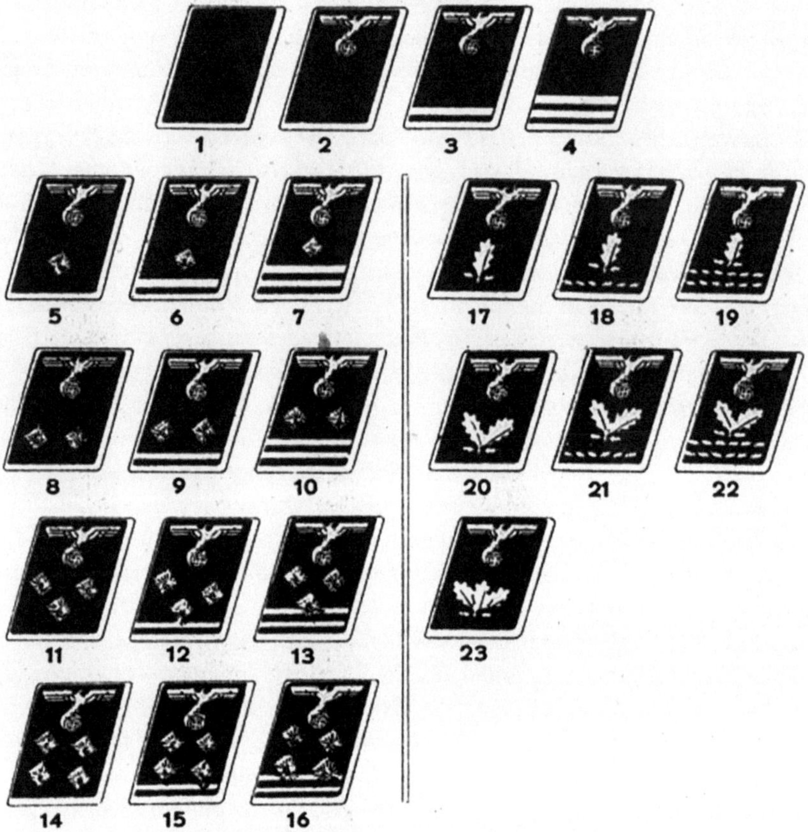

1 Politischer-Leiter-Anwärter (Nicht-Pg.), 2 Politischer-Leiter-Anwärter (Pg.), 3 Helfer, 4 Oberhelfer, 5 Arbeitsleiter, 6 Ober-Arbeitsleiter, 7 Haupt-Arbeitsleiter, 8 Bereitschaftsleiter, 9 Ober-Bereitschaftsleiter, 10 Haupt-Bereitschaftsleiter, 11 Einsatzleiter, 12 Ober-Einsatzleiter, 13 Haupt-Einsatzleiter, 14 Gemeinschaftsleiter, 15 Ober-Gemeinschaftsleiter, 16 Haupt-Gemeinschaftsleiter, 17 Abschnittsleiter, 18 Ober-Abschnittsleiter, 19 Haupt-Abschnittsleiter, 20 Bereichsleiter, 21 Ober-Bereichsleiter, 22 Haupt-Bereichsleiter, 23 Dienstleiter

Abzeichen für Frauenschaftsleiterinnen

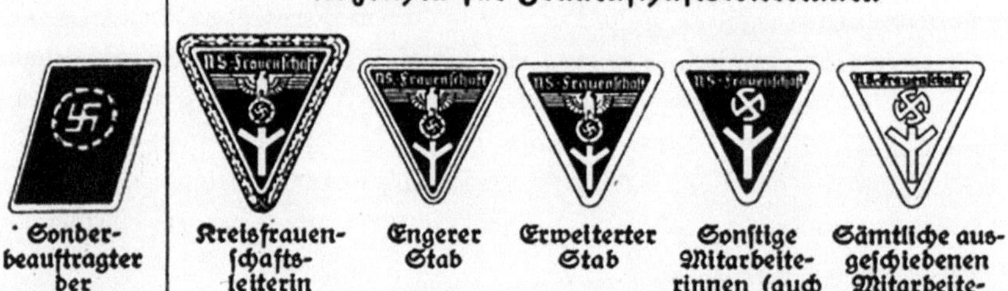

Sonderbeauftragter der NSDAP. | Kreisfrauenschaftsleiterin | Engerer Stab | Erweiterter Stab | Sonstige Mitarbeiterinnen (auch Nicht-Pggn.) | Sämtliche ausgeschiedenen Mitarbeiterinnen usw.

Bild 8: Dienstrangabzeichen der Kreisleitung der NSDAP

zu vertreten. Im Mülheimer Adressbuch des Jahres 1940 findet sich ein detailliertes Verzeichnis der städtischen Gliederung der NSDAP mit den Amtsleitern, den Ortsgruppen der NSDAP, der NSV, der DAF und weiterer Ämter bis zum Kreisgericht der NSDAP.[34] Ortsgruppenleitungen bestanden für Broich, Dümpten, Heißen, Mellinghofen, Menden-Holthausen, Saarn-Selbeck, Speldorf und Styrum. Dem Stadtzentrum waren drei Ortsgruppen zugeordnet: Platz der SA, Rathausmarkt und Wilhelmplatz. Die Ortsgruppenleiter hielten engen Kontakt zu den Zellen- und Blockleitern, die wiederum ein waches Auge auf die Menschen in ihrer Umgebung warfen. Mit Kriegsbeginn bestand in Mülheim Verdunkelungszwang. Die entsprechenden Verdunkelungszeiten, die im Sommer- und Winterhalbjahr variierten, wurden zwar in der örtlichen Presse und durch Aushang bekannt gegeben, zusätzlich waren aber die Blockwarte Ansprechpartner in Sachen Luftschutz. Sie kontrollierten abends, ob verdunkelt war und brachten Anwohner, die sich mehrfach pflichtvergessen zeigten, zur Anzeige oder bedrohten sie. Heinrich Wagener, der von 1933 bis 1940 Ortsgruppenleiter in Styrum war, wurde von seinem Amt abgelöst, weil die Kreisleitung ihn für zu nachgiebig hielt. In seinen Aufzeichnungen heißt es: „*Aus Erfahrung wusste ich aber auch, dass man niemanden mit Gewalt eine politische Gesinnung aufzwingen konnte; daher war mein Tun und Handeln immer von einer besonderen Nachsicht bestimmt. Mit Strenge die Ortsgruppe zu führen, war mir nicht gegeben.*“[35] Das entsprach so gar nicht dem offiziell gewünschten Führungsstil. Strenge, Disziplin, Unnachgiebigkeit und Null-Toleranz gegenüber den Pflichtvergessenen sollte das Kennzeichen der Führer sein. Gerade im Krieg, als die Mittel, die eingesetzt wurden, um die Menschen auf Kurs zu halten, sich verschärften, war Wageners Haltung für den Kreisleiter unakzeptabel. Er wurde von dem damaligen städtischen Schulrat Guthardt abgelöst. Als dieser zur Wehrmacht eingezogen wurde, trat sein Stellvertreter Gartmann an die Spitze der Ortsgruppe. Nach dem Bombenangriff am 23.6.1943, als durch einen Volltreffer im Styrumer Rathaus die gesamte Ortgruppe ums Leben kam, wurde Bergmann Ortsgruppenleiter. Bei den Leitungsmitgliedern der NSDAP in Mülheim kam es auf Grund von Einziehungen zum Militärdienst oder Abordnungen zu Wechseln. Kreisleiter Camphausen und Amtsleiter Schmitz blieben aber bis auf kurze Abordnungen die gesamte Zeit des Krieges in Mülheim. In Broich blieb Willy Halbrock, der ehemalige Straßenbahndirektor, Ortsgruppenleiter und sorgte dort für Kontinuität. Neben den eigentlich dafür vorgesehenen Staatsorganen konnten Mitglieder der Ortsgruppe, das waren häufig SA-Männer, verdächtige Menschen festnehmen, vorladen und verhören. Bei einem solchen „Verhör“, das eher als Selbstjustiz zu bezeichnen ist, wurde ein katholischer Jungmann bis zur Bewusstlosigkeit geschlagen und mit der Pistole bedroht.[36] Da sich solche Verhaltensweisen herumsprachen, wurden die Menschen vorsichtig. Manche Bürger in der

34 Abgedruckt in: *Widerstand und Verfolgung in Mülheim a. © Ruhr, a.a.O.*, S. 84–85. Zur Person des Kreisleiters Camphausen siehe: Peter Klefisch, *Die Reichsleiter der NSDAP in den Gauen Köln-Aachen, Düsseldorf und Essen*. Düsseldorf, 2000. Außerdem seine Entnazifizierungsakte in: StAMH, 1570/76.

35 *Styrum – Ein starkes Stück Stadt*, Teil 3, hg. vom Geschichts-Gesprächskreis Styrum e.V. O. O., 2003, S. 121.

36 Ebd., S. 52.

Stadt fühlten sich überwacht und überlegten sich genau, zu wem sie was sagten. Es gab aber auch Menschen, die gar nicht unbedingt der Partei nahe standen, und trotzdem Bekannte wegen Kleinigkeiten der Polizei meldeten. Ein Kunde, der einem Mülheimer Trinkhallenbesitzer bei einer zufälligen Unterhaltung zu verstehen gab, er glaube, Hitler habe Südtirol an Mussolini verraten, wurde am nächsten Tag verhaftet und zum Oberhausener Polizeipräsidium gebracht. Nur wegen persönlicher Bekanntschaft von dessen Vater mit dem Gestapo-Chef wurde er frei gelassen.[37] Es gibt manche Beispiele, dass Festgenommene auf Grund persönlicher Fürsprache wieder entlassen wurden. Sie beweisen die Willkür und Vetternwirtschaft in diesem Bereich.

„Solidarpakt" und Feierwesen

Es ging der NSDAP im Krieg nicht nur um die parteipolitische Umsetzung der Staatsideologie, sondern auch um die nach außen getragene Zuschaustellung des Volksstaates. Einen besonderen Stellenwert erhielten dabei das Feierwesen und die Solidarisierungsaktionen in Form von Aufmärschen und Kundgebungen, so am 30. Januar, dem „Tag der Machtergreifung", dem Heldengedenktag am 16. März, Hitlers Geburtstag am 20. April, dem Tag der Bewegung am 9. November und an anderen bedeutsamen Tagen. Das Hauptschulungsamt der NSDAP in Berlin führte für Parteileiter mehrere Schulungen im Juni 1941 durch und lud dazu auch die entsprechenden Kader aus dem Ruhrgebiet ein. Für die Nazi-Partei war der Parteigründungstag am 22. Februar jeden Jahres besonders wichtig.[38] Das in der Mülheimer Stadthalle am 22.2.1942 gepflegte Ritual lässt sich geradezu als Standard bei solchen Veranstaltungen bezeichnen: Fahnen-Ein- und -ausmarsch, Abspielen von Märschen, Rezitationen von „NS-Folklore" und Führerworten, die Ansprache eines NS-Führers und die Auszeichnung bewährter Parteigenossen. Der feierliche Rahmen im Kammermusiksaal der Stadthalle sollte die Veranstaltung überhöhen und ein Erlebnis- und Identifikationsangebot ermöglichen, dass die Kader zusammenschweißte. Solche Gemeinschaftserlebnisse waren für die Ideologen des NS-Systems von allerhöchster Wichtigkeit. Selbst unter den zunehmenden Belastungen des Krieges bemühte sich die Kreisleitung in Mülheim, das Feierwesen aufrecht zu erhalten. Insbesondere für die Jugend, die erst lernen sollte, sich in die Volksgemeinschaft zu integrieren, hielt man solche gemeinsamen Aktionen für unabdingbar. Die Gaustabsleitung in Essen beklagte sich am 13.11.1942 bei der HJ-Führung in Mülheim darüber, dass durch die vielen Zusatzaufgaben, die die HJ in Sondereinheiten zu übernehmen habe, die „Einheit der Jugend zerschlagen werde" und regte an, durch „gemeinsame Aufmärsche" diesem Trend entgegen zu wirken.[39]

Bei der Verschärfung des Bombenkrieges beanspruchte die Partei nicht nur die Betreuung der betroffenen Menschen, sie wollte in alle Bereiche der Menschenführung und -beeinflussung eingreifen. Ein Erlass aus dem Führerhauptquartier hatte am 25.4.1941

37 Ebd., S. 46.

38 Eine Feier der Ortsgruppe Broich fand am 22.2.1942 statt, obwohl der Parteigründungstag eigentlich auf den 24.2. fiel.

39 StAMH, 1201/5/47.

Bild 9: Der Mülheimer Kreisleiter der NSDAP, Karl Camphausen

festgelegt, dass Schadenstellen durch Luftangriffe nur von Brandbekämpfern, deren Vorgesetzten und Hoheitsträgern der Partei (vom Gauleiter bis zum Ortsgruppenleiter) betreten werden durften.[40] Luftkriegstote galten von diesem Zeitpunkt ab als „Helden", denen in „Heldenehrungsfeiern", die von den Ortsgruppen als Zentralveranstaltungen auszurichten waren, eine Totenehrung zukommen sollte. Natürlich wollte Goebbels, der diese Richtlinien erlassen hatte, die Sorge um die Hinterbliebenen der Nationalsozialistischen Kriegsopferversorgung übertragen, um die Kirchen, die dies bisher praktizierten, zurück zu drängen.[41] Im Jahr 1943 hielten Hauptschulungsamt und Hauptkulturamt der NSDAP noch einmal für alle Kreisleiter eine Arbeitstagung über „Kriegsfragen der Feiertagsgestaltung" ab. In den Unterlagen der NSDAP in Oberhausen befinden sich mehrere Trauerreden, die den dort gegebenen Empfehlungen entsprechen. Auch mitten im Krieg beschwor zum Beispiel ein Trauerredner die alten und längst überholten Propagandabilder: Hitler als Friedensstifter und harter Arbeiter, der unverbrüchliche Zusammenhalt der Volksgemeinschaft als Kampfgemeinschaft und der Blick in die Zukunft. Bei den Zukunftsaussichten fiel jedoch auch dem Parteivertreter nichts Positives mehr ein, wenn er sich an die Angehörigen der Toten wandte:

> *„All diese braven Volksgenossen – die Männer, Frauen und Kinder – fielen, weil sie Deutsche waren. Es sind Menschen unseres Blutes, deren einzige Schuld war – dass sie treu waren ihrem Volk und Führer. Die, wie der Führer und wie wir alle – kein schöneres Bestreben kannten als das – friedlich der täglichen Arbeit nachzugehen. Einer Arbeit, die ihnen und der Gemeinschaft unseres Volkes Grundlagen für eine schönere Zukunft schaffen sollte. Ihre Treue sei uns Beispiel – ihnen nachzuleben – und wenn nötig – nachzusterben – unsere heiligste Pflicht. Wie der Soldat draußen – so wollen wir hier in der Heimat im täglichen Einsatz das Letzte wagen im gemeinsamen Kampf."*[42]

Bis zum siegreichen Frankreichfeldzug 1940 war die Stimmung im Reich überwiegend positiv geblieben, eine Wende stellte sich erst mit Beginn des Russland-Feldzuges ein. Als sich zeigte, dass dieser Krieg nicht mehr schnell gewonnen werden konnte, und als ab 1943 noch schwere Luftangriffe auf das Ruhrgebiet erfolgten, änderte sich das Stimmungsbild in der Bevölkerung zum Negativen. In Mülheim erregte besondere Aufmerksamkeit der Tod eines elfjährigen Jungen, der bei Löscharbeiten zu Ostern 1943 ums Leben kam, als eine Zimmerdecke einbrach und sich brennendes Phosphor über ihn ergoss, sodass er wenige Tage später starb. Hans Fischer, der heutige Vorsitzende des Mülheimer Geschichtsvereins, berichtet darüber: *„Sein Begräbnis wurde unter reger Beteiligung des Jungvolks und mit einer Rede eines hohen HJ-Führers vollzogen. Am Wege stehende Erwachsene und Kinder haben den rechten Arm zum Hitlergruß erhoben, während der Sarg vorbeigetragen wird."*[43] Die Feier selbst wird nach dem in den Richtlinien vorgegebenen Grundmuster abgelaufen sein: Feierliches Musikstück, gespielt von der Musikschar

40 Ebd.

41 Armin Nolzen, *a.a.O.,* S. 138 f.

42 StAOB, 2008/8, Band 2, S. 35 ff.

43 Zitiert in: Styrum, *a.a.O.,* S. 101.

einer Parteigliederung – hier sicherlich dem Styrumer Fanfarenzug der HJ – Verlesung von Führerworten, Vortragen kämpferischer Gedichte, wenn möglich durch Verwandte oder Freunde, gemeinsam gesungenes Lied, Ansprache des Hoheitsträgers, Kondolieren und Eintrag in das Kondolenzbuch. Dabei fand gleichzeitig ein unterschwelliger „Kulturkampf" mit den Kirchen statt, die aus der Volksgemeinschaft verdrängt und ihre seelsorgerische Aufgabe aufgeben sollten. Sloterdijk, der für solche Phänomene einen ungewöhnlichen Blick entwickelt hat, spricht von Versammlungen, die nicht stattfanden, *„um ein Programm oder ein Repertoire zur Aufführung zu bringen – das Programm ist selbst dem Versammlungsimperativ unterworfen und bildet nur noch einen Vorwand für die Einberufung der Menge zum Vollzug ihres Zusammenseins. Wo Deutsche zusammenkommen, um das Ganze, das Deutschland heißt, darzustellen, ist unvermeidlich das Deutschsein der Versammelten das einzige Thema."*[44] So lässt sich auch erklären, dass in einer Gesellschaft, die das Siegen und die eigene Überlegenheit gegenüber anderen Völkern oder Rassen als unbestrittene Wahrheit anerkennen sollte, auch im Zeichen des gegnerischen Triumphes, eben auch als Nicht-Sieger, im Opfer zumindest neue Kraft geschöpft werden konnte. Das Opfer wurde für Führer und Volk erbracht, die Kraft aus ihm empfingen, damit kam ihm eine quasi-religiöse Bedeutung zu. Wie bei allen Versammlungen der Volksgenossen, ob auf dem Nürnberger Parteitag, im Berliner Sportpalast, dem Kammermusiksaal der Stadthalle oder auf dem Styrumer Friedhof, versammelte sich das Volk im Namen des Führers, und da Volk und Führer immer zusammen waren, wurden solche Ereignisse Abbildungen der völkischen Homogenität. Geht man noch einen Schritt weiter, kann man den Faschismus auch als (Schein-)Form der Volkssouveränität bezeichnen, genau das, was Goebbels immer behauptete. Allerdings als eine semi-moderne und pervertierte Variante, Sloterdijk nennt sie Volkssouveränität als „Royalismus von unten": *„Das Volk emaniert aus seiner dunklen Mitte den Mann, in dem es ganz bei sich zu sein wähnt. Weil einer da ist, der alle ist – und vorgibt, allen alles zu sein –, können jene, die um ihn zusammenkommen, sich der Vorstellung hingeben, ihre physische Versammlung sei auch schon der vollendete Souveränitätsbeweis."*[45] Diese Gefühle setzten sich – und das war auch so erwünscht – unbewusst in den Teilnehmern der Versammlungen fest und aus diesem Grund war das Feierwesen für die Nazis so wichtig. Je weniger die Menschen über die tatsächlichen Lebensumstände nachdachten und in Ritual und Emotion die Wirklichkeit verdrängten, je eher blieben sie dem Führerstaat gewogen.

In die gleiche Richtung weisen die staatlich gewünschten „Eintopfessen" an bestimmten Sonntagen. Das Kollektiv der Suppe löffelnden Volksgenossen, die auf den Sonntagsbraten verzichteten und den geldwerten Differenzbetrag zum Sonntagsmahl als Solidarspende für die Allgemeinheit darbrachten, sollte sinnfällig den klassenlosen und urwüchsigen Charakter nationalsozialistischer Solidarität vermitteln. Allerdings basierte dieses Integrationsmodell auf der Ausgliederung aller, die nicht zur Volksgemeinschaft gehörten.[46] Der Einzelne erlangte gerade wegen seines Opfers und seiner Bescheidenheit

44 Peter Sloterdijk, *Sphären III. Schäume*. Frankfurt: Suhrkamp, 2004, S. 640 f.

45 Ebd., S. 639.

46 Daniel Mühlenfeld, „Das Winterhilfswerk (WHW) in Mülheim an der Ruhr", in: *Jahrbuch der Stadt Mülheim*, 2006, S. 184.

Gewicht und Bedeutsamkeit in der Gemeinschaft Gleichgesinnter. Deshalb rief die NSV-Kreisverwaltung in Mülheim in der Presse unter anderem dazu auf: „Begnüge dich, opfere, und du hilfst am Wiederaufbau! Keiner schließt sich aus!“[47] Das setzte dann eine große Aktivität in Gang, zuerst mit viel Enthusiasmus, mit zunehmender Kriegsdauer sank aber die Begeisterung und wurde zur bloßen Pflichterfüllung. Spendensammler gingen noch am Sonntag durch die Straßen und versuchten, möglichst von jedem einen Beitrag zu erhalten. In noch größerem Rahmen wurde das Kriegswinterhilfswerk (KWHW) in Mülheim durchgeführt. Kreisleiter, Oberbürgermeister, die politischen Leiter der NSDAP und unzählige freiwillige Mitglieder von Parteiorganisationen stellten sich in den Dienst der Sache, die durch Kampagnen in der örtlichen Presse unterstützt wurde. Die Koordination aller Maßnahmen lag im Wesentlichen in den Händen der NSV, deren Kreiswalter Schmitz gleichzeitig auch Kreisamtsleiter der NSDAP und damit Stellvertreter des Kreisleiters war. Auf die Bewohner der Stadt wuchs der Druck, sich als Sammler zur Verfügung zu stellen oder zumindest einen Spendenbeitrag zu leisten. Bewusst stellte das Kriegswinterhilfswerk die Verbindung zwischen der „Heimatfront“ und den kämpfenden Soldaten im Feld her. Der Aufruf des Essener Gauleiters zum KWHW am 14.10.1939 stand unter dem Motto „Wir kapitulieren nicht!“ Den Mülheimer Jungmädeln, die an der Jahreswende 1939/40 1.350 Pulswärmer für Wehrmachtsoldaten gestrickt hatten, dankte die JM-Gruppenführerin Mia Palm für die hierdurch erfolgte „Stärkung der inneren Front.“[48] Den Abschluss des 1. und den Beginn des 2. Kriegswinterhilfswerks verkündete Hitler selbst in einer Rede am 4.10.1940 in Berlin:

> *„Wenn Sie früher einem gesagt hätten vor 30 Jahren: „Herr, hier haben Sie eine Büchse, jetzt stellen Sie sich an eine Straßenecke, und dort bitten Sie jetzt, dass Ihnen jemand etwas gibt für Ihre Volksgenossen“, hätte er gesagt: „Was, das können Sie von mir nicht verlangen. Ich bin der Herr Sowieso, oder ich bin das und jenes, das kann ich nicht tun. Was fällt Ihnen überhaupt ein? Und außerdem, wie werde ich angeredet? Weiß ich, ob mir nicht einer vielleicht so etwas Dummes ins Gesicht sagt?“ Ja, der ist nicht gescheiter als der, der dieses Dumme sagt. Man muss die Menschen gegenseitig erziehen. Es ist sehr gut, wenn Sie sehen, wie blöde manche Menschen oft reden. Es ist das eine wunderbare Erziehung. Aber gerade dieses Werk hat jetzt in so wenigen Jahren schon gezeigt, wie bildungsfähig ein Volkskörper ist und wie sehr die Menschen am Ende doch gepackt werden von einer großen Idee, aber auch einer großen Arbeit, einer großen Leistung. Und wir packen sie ja von allen Seiten. Überall wird diese Erziehung durchgeführt.“*[49]

Was Hitler unter „wir packen sie von allen Seiten“ verstand, wird deutlich, wenn man die vielfältigen Plaketten, Türaufkleber, selbst die mit hohen Zuschlägen versehenen Briefmarkenserien des KWHW, betrachtet, die keinen anderen Sinn hatten, als vor aller Öffentlichkeit den Volksgenossen als Spender zu „outen“. Nur wenige wagten es, sich die-

47 Ebd., S. 171. StAMH, 1433/55, Mülheimer Zeitung vom 14.10.1939

48 StAMH, 1300/1/20, zum 3.3.1940.

49 Wortlaut der Rede vom 4.10.1940 unter: www.geschichte.ffa24.de/index2.php?option=com_content&do_pdf=1&id=27.

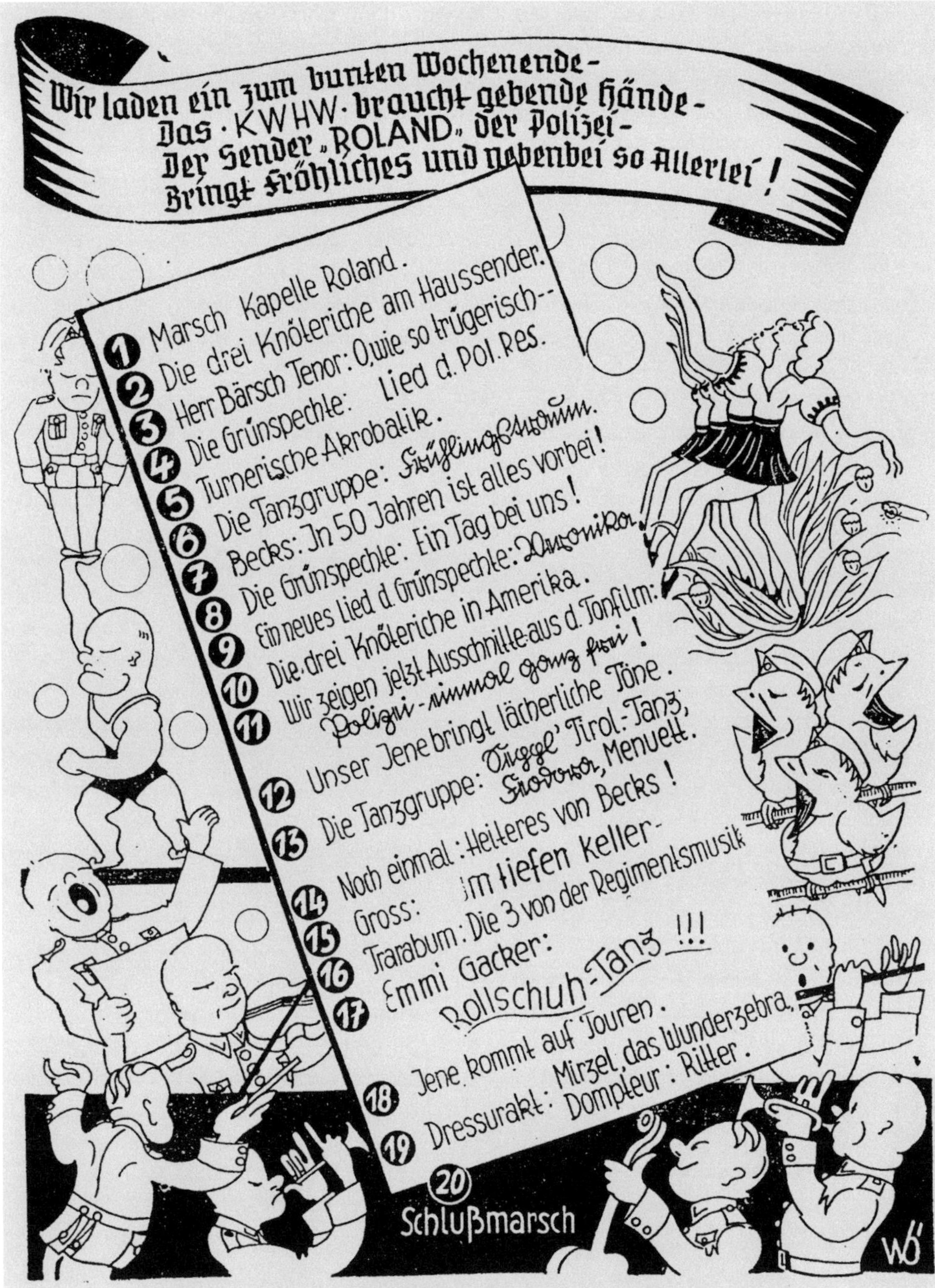

Bild 10: Veranstaltung für das Kriegswinterhilfswerk in Mülheim, 1943

sem öffentlichen Druck zu widersetzen. Obwohl es keine öffentliche Rechnungslegung des Kriegswinterhilfswerkes gab, sind die immensen Summen, die zusammen kamen, erstaunlich, auch wenn man nicht mit letzter Sicherheit weiß, ob sie der Realität entsprachen. Goebbels gab in seiner Rede zur Eröffnung des 3. Kriegswinterhilfswerkes, die über den Volksempfänger auch in Mülheim gehört werden konnte, folgende Bilanz:

> *„Es ist für mich eine Freude, den Rechenschaftsbericht des 2. Kriegswinterhilfswerkes des deutschen Volkes vom Winter 1940/41 der deutschen Nation zu ihrem Stolze und der Welt als drastischste Belehrung über ihre Unbelehrbarkeit zur Kenntnis bringen zu können. Das Gesamtaufkommen des 2. Kriegswinterhilfswerks 1940/41 beträgt 984.065.000 RM. gegen 681 Millionen RM. im vergangenen Jahre. Das bedeutet also eine Steigerung von 303 Millionen RM. Allein an den Opfersonntagen des Kriegswinterhilfswerks wurde eine Summe von 164 Millionen RM. aufgebracht. Das ist genau das Doppelte von dem, was im Vorjahr an den Eintopfsonntagen vom deutschen Volke gespendet wurde. Im zweiten Kriegswinterhilfswerk 1940/41 wurden 442 Millionen WHW.-Abzeichen abgesetzt. Das deutsche Volk hat – das Gesamtergebnis aller Kriegshilfswerke zusammengerechnet – an jedem Tag des soeben abgelaufenen Opferjahres aus eigenem Antrieb und freiwillig rund 4 Millionen RM. für soziale Zwecke aufgebracht. Insgesamt haben wir Deutsche in den letzten acht Jahren für das Winterhilfswerk die riesenhafte Summe von über vier Milliarden RM. geopfert. Das ist soviel, um ein Beispiel zu nennen, wie die gesamten Staatsausgaben der Schweiz im Laufe von zehn Jahren. Alljährlich zwar schnellten die Opferergebnisse des Winterhilfswerks um ein Beträchtliches in die Höhe. Die gewaltigste Steigerung aber brachte das zweite Kriegswinterhilfswerk, das den bisher größten jährlichen Zuwachs noch mit 95 Millionen RM. übertrifft. Es ist ein unbestreitbarer Erfolg der nationalsozialistischen Volks- und Staatsführung der letzten acht Jahre, wenn diese großen Summen in erster Linie nicht zur Linderung von Nöten aufgewendet werden mußten. Wir waren in der glücklichen Lage, nicht nur Elend beseitigen zu müssen, sondern kommende Not vorbeugend verhindern zu dürfen.“*[50]

Will man den Berichten der Sozialdemokratischen Partei Deutschlands im Auslandsexil glauben, in denen die Stimmungslage im Reich meist recht genau wiedergegeben wurde, empfanden die Menschen den Sammelaktionismus verschiedener staatstragender Gruppen aber zunehmend als Belastung.[51] Es steht jedoch fest, dass die durchgeführten Sammlungen, dazu gehörten nicht nur Geldkollekten, sondern auch Textil- und Rohstoffsammlungen, einen wesentlichen Wirtschaftsfaktor darstellten und nicht nur bedürftigen Volksgenossen und Soldaten überall in Europa, sondern auch der Kriegsindustrie zu Gute kamen. So erbrachte die im Winter 1941/42 erfolgte Sammlung von Woll-, Pelz- und

50 Joseph Goebbels, *Das Eiserne Herz. Reden und Aufsätze aus den Jahren 1941/42*. München: Zentralverlag der NSDAP, 1942, S. 23–24.

51 Viele Einzelheiten für die Zeit von 1933 bis Kriegsbeginn Mülheim betreffend in dem o.g. Aufsatz von Mühlenfeld bzw. der im Internet veröffentlichten, ausführlichen Version unter: www.muehlenfeld.net.

Wintersachen für die Front einen Ertrag von über 67 Millionen Kleidungstücken,[52] wie Goebbels verkündete.

Kultur im Zeichen des Krieges

Im nationalsozialistischen Feierwesen verbanden sich militärische, folkloristische, rituelle und synodale Elemente zu einem „braunen Kult“[53] Dazu trat die Propaganda als wesentliches Mittel der Volksbeeinflussung. In einer Schulungsveranstaltung der Gau- und Kreispropagandaleiter in Berlin wurde eindringlich auf die Rolle der Kultur für den Durchhaltewillen der Menschen hingewiesen, was der Protokollant aus Oberhausen folgendermaßen zusammenfasste: „Kultur ist keine Kost für Reiche, sie ist eine tägliche Speise für uns alle.“[54] Kulturveranstaltungen sollten trotz der Beeinträchtigungen durch den Krieg, wenn immer möglich, stattfinden. Die Deutsche Arbeitsfront (DAF) und die Organisation „Kraft durch Freude“ (KDF) organisierten einen großen Teil solcher Veranstaltungen. Es gab eine Vielzahl von Konzerten mit Militärorchestern, aber auch Opern und Operettenvorführungen in der Stadthalle, so lange das möglich war. Die von DAF und KDF gemeinsam betriebene Volksbildungsstätte in Mülheim bot im Winterprogramm 1940/41 Vorträge von „Heimat und Volkstum“ bis zum „Weltbild der Physik“ an. Auch ein Lichtbildervortrag „Mit Schwert und Pflug in Ostafrika“ stand auf dem Programm, das der Leiter Dr. Schürenberg Interessenten anbot.[55]

Die Mülheimer Lichtspieltheater hielten während des gesamten Krieges ihr Programm aufrecht, sofern die Kinos nicht durch Bomben zerstört wurden. Zu Kriegsbeginn liefen auch noch amerikanische Filme in Mülheim. Am 1. September 1939 zeigte das Moderne Theater zum Beispiel den amerikanischen Spielfilm „Unter vier Augen“ mit Robert Taylor und Barbara Stanwyck, im Odeon in Styrum lief „Chicago“. Gerade der amerikanische Spielfilm „Chicago“ mit Tyrone Power und Alice Faye bediente die gängigen Klischees vom amerikanischen „Plutokratismus“: Korruption, Bruderzwist, Massenhysterie, Missbrauch wirtschaftlicher Macht und Korruption, die in die Katastrophe führten. Dass sich am Schluss mit dem Tod des Helden und dem projektierten Neuaufbau der durch einen verheerenden Brand zerstörten Stadt eine bessere Zukunft andeutet, entsprach dann wieder dem nationalsozialistischen Zukunftsoptimismus. Löwenhof und Schauburg in der Stadtmitte hatten am Tag des Kriegsbeginns „Bel Ami“ mit Willy Forst und Olga Tschechowa und „Ich verweigere die Aussage“ mit Olga Tschechowa und Albert Schönhals im Programm. „Bel Ami“ war ein typischer Unterhaltungsfilm, der aber auch einen kritischen Blick auf die politische Klasse in Paris warf, obwohl der Zuschauer in erster Linie durch die große Welt des Glamours und der Schaubühnen gefesselt wurde. Der von der Verlogenheit der Presse und den Ränkespielen der Politik enttäuschte Protagonist, der gleichzeitig ein Frauenheld ist, nimmt in einer einsamen Entscheidung die Dinge in die Hand, beendet so eine politische Krise und zieht sich dann in das Privatleben zurück.

52 J. Goebbels, *a.a.O.*, S. 176.
53 J. Echternkamp, *a.a.O.*, S. 17
54 StAOB, 2000/8. Akten der NSDAP Nr. 2 Band II, S. 77.
55 StAMH, 1300/1/10, Theaterprogramme: 1300/1/9 und 11.

DIE DEUTSCHE ARBEITSFRONT

NSG. »KRAFT DURCH FREUDE« . GAU ESSEN . KREIS MÜLHEIM

Donnerstag, 15. Jan. 1942, 18 Uhr, Stadthalle Mülheim-Ruhr

Nationalsozialistisches Symphonie-Orchester

Leitung: Generalmusikdirektor FRANZ ADAM

Solist: Kammervirtuose Michael Schmid

1. Konzertmeister des NS.-Symphonie-Orchesters (Violine)

1. Ouvertüre Leonore Nr. III. . Ludwig van Beethoven

2. Konzert für Violine und Orchester in D-Dur, op. 61 . . . . Ludwig van Beethoven

   Allegro ma non troppo
   Larghetto
   Rondo – Allegro

Solist: Michael Schmid

PAUSE

3. V. Symphonie in c-moll, Werk 67 Ludwig van Beethoven

   Allegro con brio
   Andante con moto
   Scherzo, attacca – allegro

Zahlreiche Werke, die das Orchester spielt, sind auf Schallplatten »Die Stimme seines Herrn« aufgenommen worden

PREIS RM 0,20

№ 500

G/0305

Bild 11: DAF-Konzert in der Stadthalle

Bild 12: Aus dem Illustrierten Bildkurier zum Film „Bel Ami", 1939

Im Illustrierten Filmkurier vom August 1939 heißt es dazu: „Er nimmt zwar geplant, aber endgültig Abschied von ihnen (seinen Geliebten, der Verf.) – und seiner Vergangenheit. Auch vom politischen Leben zieht er sich zurück. Aus dem „Bel ami“ schöner Frauen ist der liebende Gatte Suzannes geworden, die seinem weiteren Leben die Bestimmung gibt.“[56] Damit lag der Film ganz auf der Linie der nationalsozialistischen Weltanschauung: Rückzug von der Politik in das Private, die Kritik an der Oberflächlichkeit einer vergnügungssüchtigen Welt und ein biederes Familienbild. Die vor den Filmen gezeigten Wochenschauen und die Kriegssondermeldungen im Rundfunk entwickelten sich zu einem Instrument der Verherrlichung des Krieges unter weitgehender Ausblendung unangenehmer Tatsachen. Sie sollten nicht informieren, sondern faszinieren.

In der historischen Forschung gibt es unterschiedliche Bewertungen, was das Modernisierungspotenzial des Nationalsozialismus betrifft. Es steht aber außer Frage, dass Goebbels in der Kulturpolitik im Bereich von Film und Rundfunk Anstöße gab, die bis heute nachwirken. Er erkannte frühzeitig, dass besonders der Film als „Volksverführungsmittel“ genutzt werden konnte, als „Vermittlungsinstanz der Kriegsdeutung wie auch der Ablenkung und Entspannung vom Alltag.“[57] Zwischen 1939 und 1944 erschienen jährlich etwa 70 neue Filme für den deutschen und europäischen Markt.[58] Die Filme bedienten alle möglichen Genres vom Historienfilmen über Kriegsfilme, Melodramen bis zu den populären Revuefilmen. Gerade durch die letzteren ließ sich „durch die Mitwirkung von Stars und die äußerliche Attraktivität einer verschwenderischen Pracht von Dekorationen und Kostümen (…) die militärische Bemächtigung Europas schon einmal ästhetisch vorexerzieren“, wie B. Kundrus am Beispiel von „Wir tanzen um die Welt“ aus dem Jahre 1939 nachweist.[59]

Der Krieg führte im Bereich der Kulturpolitik dazu, Bereiche, die den Nationalsozialisten nicht behagten, ihren Vorstellungen zu unterwerfen. Dem Verlag Kösel & Pustet warf man vor, in seinen Veröffentlichungen eine einseitig konfessionelle und weichlich-frömmelnde Haltung zu vertreten. Die Stadtverwaltung Mülheim wurde aufgefordert, alle Bücher des Verlages aus den Schulbüchereien zu entfernen und in die Altpapiersammlung zu überführen. Dabei wies das Reichsministerium für Wissenschaft, Erziehung und Volksbildung die Stadt an, den entsprechenden Erlass nicht im Amtsblatt zu veröffentlichen.[60] Das Konfessionelle war den Kulturverantwortlichen ein Dorn im Auge, man versuchte die Rolle der Kirchen, wo immer es möglich war, zu schwächen. In diesem Sinne lässt sich auch ein Runderlass des Innenministeriums vom 25.9.1940 verstehen, der die Beflaggung und Ausschmückung der Dienstgebäude am Erntedankfest verbot.

Völlig unvereinbar mit der nationalsozialistischen Ideologie war das politische Kabarett, das von der Freiheit der humorvollen, intellektuellen Auseinandersetzung mit den politischen Zuständen lebt. Das war mit dem Meinungsmonopol und der mono-

56 *Illustrierter Film-Kurier*. Nr. 2919. August 1939. o. O., o. J.

57 Birthe Kundrus, „Totale Unterhaltung? Die kulturelle Kriegführung 1939 bis 1945 in Film, Rundfunk und Theater“, in: *Das Deutsche Reich und der Zweite Weltkrieg*. Band 9/2. München: Deutsche Verlagsanstalt, 2005, S. 101.

58 Ebd.

59 Ebd., S. 122.

60 StAMH, 1201/5/47.

Bild 13: Aus dem Illustrierten Bildkurier zum Film „Chicago“, 1939

logischen Herrschaftsstruktur der Nazis nicht in Einklang zu bringen. Trotzdem wollte Goebbels den Menschen weismachen, dass es in Deutschland „positive" politische Satire gäbe. Wie diese aussah und auf welchem erbärmlichen Niveau sie stattfand, konnte bei einem Elternabend in der Mülheimer Stadthalle beobachtet werden, über die im Duisburger Generalanzeiger am 12.3.1940 berichtet wurde. Die Veranstaltung war zwar primär für Kinder, aber gleichzeitig auch für ihre anwesenden Eltern gedacht. Der Artikel spricht von einer politischen Satire auf das englische Lügenministerium. Ein Deutscher hatte eine Lampe erfunden, die bei jeder Lüge aufleuchtete „und den faustdicken Lügen Churchills nicht standhalten konnte, so dass sie auf einmal explodierte und Churchill mit seinen entsetzten Helfern zur Flucht trieb."[61] Auf diese primitive Weise wurde das Kabarett- und Vortragswesen den Erfordernissen des Krieges angepasst. Ohnehin sollten in den Führer-Inszenierung mit allen peripheren Zutaten wie Aufmärschen und Kundgebungen keinerlei Humor zu finden sein. Doch auch Goebbels wusste, dass es notwendig war, den Menschen die Möglichkeit der Flucht aus dem ernsten und strengen Leben zu ermöglichen. Dieser Weg führte über die Medien, so konnten Revuefilme, Theateraufführungen und andere Darbietungen die Menschen für kurze Zeit in eine heile Welt versetzten, und das war der Grund, warum sie so erfolgreich waren. Anscheinend zogen aber immer wieder Künstler und Vortragende auf ironische und verfremdende Weise politische Amtsträger und Zustände ins Lächerliche. Darauf reagierte das Propagandaministerium und verbot per Verordnung vom 15.2.1941, der über das Reichspropagandaamt Essen an alle Kreisleiter, Oberbürgermeister, Landräte, Polizeipräsidenten und dem Gauwalter der KDF im Gau Essen erging, alle Conférence und das Ansagewesen. In der Begründung hieß es, dass trotz aller bisher erfolgten Anordnungen immer noch „sogenannte Conférenciers, Ansager und Kabarettisten" das öffentliche Leben kritisierten. Kurzerhand wurden jegliche Conference, Glossierungen und Kabarett verboten und die Missachtung der präzisen Anweisungen der Verordnung unter strenge Bestrafung gestellt. In der Begründung hieß es:

> *„In sogenannten politischen Witzen üben sie offen und versteckt Kritik an der Politik, Wirtschafts- oder Kulturführung des Reiches. Sie verhöhnen die bodenständigen Eigenheiten der einzelnen Stämme unseres Volkes und tragen damit dazu bei, die innere Einheit der Nation, die für die siegreiche Beendigung dieses Krieges die wichtigste Voraussetzung ist, zu gefährden. In Anbetracht dessen, dass meine wiederholten, mit allem Ernst eingeschärften Mahnungen offenbar nichts gefruchtet haben und die alten, aus einer demokratisch-liberalistischen Staatsauffassung resultierenden Mängel und Fehler der Gestaltung der öffentlichen Unterhaltung immer aufs Neue wieder auftauchen, sehe ich mich nunmehr auf Befehl des Führers zu einschneidenden Maßnahmen gezwungen."*[62]

Diese Verordnung macht zweierlei deutlich. Die panische Angst der Führung vor dem eigenen Volk, die sich fast in einen Verfolgungswahn steigerte, und die extreme Abwehrreaktion des Regimes. Auf Grund dieser Verordnung wurde die Presse noch strenger

61 StAMH, 1300/1/20 Duisburger Generalanzeiger Nr. 72, 12.3.1940.

62 StAMH, 1201/5/47, Blatt 47.

reglementiert, denn sie wurde angewiesen, „die Behandlung aller Fragen, die das deutsche Volk heute unnötig belasten oder verstimmen könnten, peinlichst zu vermeiden". Damit wurde eine Presseberichterstattung im eigentlichen Sinne unmöglich. Dazu wurden die Menschen eingeschüchtert, denn schon bei harmlosen Witzen drohten scharfe Strafen. In der Führerinszenierung, den Aufmärschen und Feiern durfte kein Humor zu finden sein. Als Charly Chaplin 1940 seinen Film „Der große Diktator" vorstellte, führte das zu einer überaus polemischen Reaktion in der SS-Zeitschrift „Das Schwarze Korps"[63] Man fürchtete, der Führer-Mythos könnte Schaden nehmen. Parodie, Veralberung, Witz passten nicht zum Pathos und der Bedeutsamkeit, die die „nationale Ideologie" dem Führer zuschrieb. Wegen der fehlenden Distanz zu sich selbst wirkt deshalb heute vieles, was der Nationalsozialismus als volksnah ausgab, banal und spießbürgerlich.

Was kulturell übrig blieb, waren allerlei schlichte Vergnügungen für die Volksgenossen, wie sich in einschlägigen Programmen verschiedener Veranstaltungen in Mülheim nachweisen lässt. Da namhafte Künstler bis zum Kriegsbeginn bereits ausgewandert oder vertrieben waren, konnten die Nazis selbst im Bereich der Musikveranstaltungen in der Stadthalle ihre rassistischen Neigungen kundtun. Bei einem in der Stadt auftretenden Sinfonieorchester heißt es im Programmheft, dass dessen Mitglieder nur aus Volksdeutschen beständen. Auch der Rundfunk wurde gezielt zu Propagandazwecken eingesetzt. Der nicht ohne Grund so genannte Volksempfänger, der aber gar nicht für jeden erschwinglich war, sollte das, was die Hörer unbedingt erfahren sollten, bis in das Wohnzimmer bringen. Vielen Menschen haben sich die Les-Préludes-Fanfaren zu Beginn der Sondermeldungen bis heute eingeprägt. Meldungen von bestimmten Kriegsschauplätzen waren spezielle Melodien zugeordnet, die einen hohen Wiedererkennungswert besaßen. Als Informationen fanden die Hörer aber nur das, was dem Regime angemessen erschien. Und das führte zu einer weitgehenden Desinformation der Bevölkerung. Ganz im Sinne der Goebbels'schen Verordnung sind in der Mülheimer Zeitung und der in der Stadt erscheinenden Nationalzeitung kaum substanzielle Informationen enthalten. Die Auswirkungen der Luftangriffe in Mülheim zum Beispiel und die tatsächliche Entwicklung an den Fronten finden in der örtlichen Presse keine Erwähnung. Als historisch verlässliche Quellen scheiden die Zeitungen aus diesem Grund weitgehend aus.

Mit zunehmender Kriegsdauer stumpften die Menschen immer mehr gegenüber der Propaganda ab. Das sahen auch die Parteifunktionäre. Ganz deutlich wurde diese Problematik bei einer Besprechung der Kreisleiter aus Mülheim, Essen, Oberhausen und Duisburg mit der Gauleitung in Essen am 5.8.1943 thematisiert, also nach der verheerenden Bombardierung dieser Städte in der „Ersten Ruhrschlacht". Der stellvertretende Gauleiter Schleßmann fasste noch einmal die zweifelnde Haltung der Menschen zusammen, die sich in den Fragen „warum schlagen wir nicht zurück?" oder „wann kommt der Gegenschlag?" äußerte. Aber selbst der Gauleiter tat sich schwer damit, plausible Gründe für die Entwicklung der Kriegslage anzuführen. Als Argumentationshilfen für seine Kreisleiter blieben nur die folgenden Argumente übrig: Die deutsche Luftwaffe ist im Osten gebunden, man braucht mehr Flakmunition, neue Bombertypen und neue Nachtjäger werden gebaut, die Leute müssen die Zustände ertragen und die Parteigliederungen

63 Andreas Platthaus, „Der Diktator als Prügelknabe", in: *FAZ*, 6.1.2007, S. 35.

müssen sofortige Hilfe leisten.[64] Der krasse Widerspruch zwischen Siegeszuversicht, Endsiegversprechen und Überlegenheitswahn, den die Propaganda suggerierte, und den Trümmerwüsten in den Ruhrgebietsstädten, in denen ein normales Leben kaum mehr möglich war, blieb niemandem verborgen. Also setzte die Propaganda darauf, Gefühle wie Hass, Vergeltungswillen und Durchhaltevermögen zu wecken. Der totale Krieg wurde zu einem Naturereignis stilisiert, dem sich alles und jeder zu unterwerfen hatte, weil etwas anderes eben nicht möglich sei. Dabei geriet die Propaganda aber gelegentlich auch vollends in das Feld der Absurdität, wenn es hieß, dass die Flächenbombardierungen nun die verbauten Stadtbilder vieler Orte aufgelockert hätten, sodass der Bau neuer Wohnungen und eine großzügige Städteplanung die Zukunft bestimmen könnten. Doch selbst im letzten Kriegsjahr klammerten sich noch Menschen an diese „Verheißung". Auch in Berlin sah man den dringenden Bedarf, die Beeinflussungstaktiken und Manipulationsstrategien zu verbessern. Vor diesem Hintergrund ist die Tagung der Gau- und Kreispropagandaleiter, darunter auch Vertreter aus Mülheim und Oberhausen, im Reichspropagandaministerium in der Hauptstadt am 10.1.1944 zu sehen. Der Referent äußerte sich zunächst kritisch über eine „gewisse Entfremdung der früher üblichen Propagandamethoden"[65], um weiter auszuführen, „die Propaganda ist eine äußerst wirksame Waffe, die nicht zuletzt zum Entscheid dieses Krieges beiträgt. Daher muss diese Waffe mit äußerster Entschiedenheit und letzter Härte geführt werden. Der Entscheid dieses Krieges fällt in seiner letzten Schlacht. Bis dahin gilt der Grundsatz der rücksichtslosen Kriegsführung."[66] Eine verräterische Diktion, in der die Semantik „des Letzten" dominiert, unbewusst war schon klar, dass es zu Ende ging. Aber gerade das durfte nicht zugegeben werden. Empfohlen wurde den Propagandachefs, Kampfkundgebungen und Aufmärsche für den März zu organisieren. Auch Goebbels erschien zum Abschluss der Tagung noch und forderte in einer kurzen Rede dazu auf, das „große Ziel trotz Rückschlägen" zu verfolgen.

Es lässt sich nicht mit Sicherheit sagen, ob die Propaganda der Nazis in Mülheim System stabilisierend wirkte. Mit Blick auf den Bombenkrieg weist Daniel Mühlenfeld in einer Studie von Todesanzeigen des Jahres 1944 in der Mülheimer Zeitung nach, wie subtil die Menschen auf die zunehmenden Belastungen durch den Krieg reagierten[67] und dabei auch auf Distanz zu den Nationalsozialisten gingen. Die ständigen Terroraktionen der alliierten Luftwaffen wurden von vielen Menschen aber weitgehend mit solidarischen Aktionen unterlaufen. Es war selbstverständlich, dass Ausgebombte bei Verwandten und Bekannten unterkamen, wenn nicht neuer Wohnraum durch das Wohnungsamt vermittelt wurde. Das Kriegsschädenamt konnte nach Prüfung der Zerstörungen Material oder Arbeitskräfte – meist Fremdarbeiter – bewilligen. Heinrich Siepmann berichtet darüber, dass nach seiner Rückkehr aus dem Krieg die Wohnung der Familie an der Dimbeck

64 StAOB, 2000/8. Akten der NSDAP, Band 2, S. 49.

65 Ebd., S. 76.

66 Ebd., S. 99.

67 Daniel Mühlenfeld, „Mülheim an der Ruhr im Sommer 1944 – Eine Momentaufnahme", in: *Mülheimer Jahrbuch*, 60. Mülheim, 2005, S. 202 f.

Bild 14: Das Horst-Wessel-Haus, die Zentrale der NSDAP in Mülheim

belegt war, die Hausbesitzerin ihm aber ein Zimmer freigehalten hatte.[68] Margarete Pferdmenges schildert, wie ihr Vater, der damalige Oberbürgermeister Hasenjaeger, sich eine Wohnung mit dem Bankdirektor Bronstert und dessen Familie teilte.[69] Die Zahl der durch Luftangriffe in Mülheim getöteten Menschen ist im Vergleich zu anderen Ruhrgebietsstädten mit 1.114 nicht einmal besonders groß. Die Nazis nutzten jede Gelegenheit, den Gegner in der Presse zu verunglimpfen. In der Mülheimer Zeitung erschien z. B. das Bild eines abgestürzten Bombers mit der Überschrift „Mit Bomben und dem Neuen Testament". Im dazu gehörenden Text hieß es, dass nach einem mörderischen Angriff auf wehrlose Frauen und Kinder dieser Terrorbomber ausgebrannt sei und weiter: „Bei einem Besatzungsmitglied fand man – das Neue Testament. Noch mehr Charakterlosigkeit kann man selbst den Luftmördern Roosevelts nicht zutrauen."[70]

In der Ideologie der monologischen Herrschaft mit dem Führer als Kristallisationspunkt aller völkischer Einheit und Energie, musste es sich verheerend auswirken, wenn dieses „Ideal" Kratzer abbekam. Deshalb richtete sich der Blick verstärkt auf den Führer, besonders nach dem fehlgeschlagenen Attentat vom 20. Juli 1944, ein für die Nazi-Propaganda besonders gut verwertbares Ereignis, konnte doch Hitlers Überleben als Akt der Vorsehung hingestellt werden. Man musste also nur glauben, dass eine das Schicksal bestimmende Kraft wirkte, dann konnte auch der Glaube an den Endsieg nicht verkehrt sein, so die „logische" Verknüpfung, die tatsächlich bei vielen Menschen noch verfing. Die Gaukonferenz am 7.8.1944 im Essener Saalbau stand ganz im Zeichen des Attentats. Die Frage, die auch die Mülheimer Vertreter beschäftigte, war: „Was hat der Führer beim Attentat abbekommen?" Die Antwort der Gauleitung lautete: „Der Führer sieht im Allgemeinen gut aus. Er hat zwar graue Haare bekommen und geht auch etwas gebeugt. Man möchte sagen, er sieht, wenn man etwas Phantasie besitzt, von jedem Tag mehr dem großen Preußenkönig ähnlich."[71] Im Sog der Niederlage klammerten sich die NS-Gläubigen an immer fantastischere Sinnbilder. Die desolate Lage Preußens im Siebenjährigen Krieg und das glückliche Ende für den Militärstaat Friedrichs II. sollte nun auf die aktuelle, hoffnungslose Situation projiziert werden.

An der Jahreswende 1944/45 ging es für die meisten Menschen in Mülheim, wenn man den Augenzeugenberichten und Briefen glauben will, hauptsächlich darum zu überleben. Es wird sich nicht mehr mit Sicherheit feststellen lassen, ob eine Mehrheit bereits die Solidarität mit dem Regime aufgekündigt hatte, ob allein Resignation und Fatalismus bestimmend waren, oder wie viele Menschen bis zum Schluss innerlich dem Regime verbunden blieben.

68 Barbara Kaufhold, *Erinnerungen werden wach – Zeitzeugenberichte aus Mülheim a. d. Ruhr 1933–1945*. Essen: Klartext Verlag, 2001, S. 19.

69 Ebd., S. 99.

70 Mülheimer Zeitung, 8.1.1945.

71 StAOB, 2000/8, S. 103.

Das Verschwinden der Mülheimer Juden: Der Krieg als Startschuss zum Massenmord

Isolierung, Entrechtung, Deportation

Das jüdische Leben in der Stadt Mülheim ist aus personengebundener Sicht in vielfältiger Weise untersucht worden.[1] In meiner Darstellung soll deshalb nur auf die Zeit nach 1939 eingegangen werden. Mit Beginn des Zweiten Weltkriegs verschlimmerte sich die Lage der Juden in der Stadt. Die so genannte „Endlösung", die Vernichtung des gesamten europäischen Judentums, ist direkt mit der Ausweitung des Krieges zu einem Weltkrieg verknüpft. Seit den neunziger Jahren versuchen Historiker zu ermitteln, wann Hitler den Befehl zur endgültigen Vernichtung der Juden gegeben haben soll und sind dabei zu unterschiedlichen Ergebnissen gelangt.[2] In Zusammenhang mit Hitlers Rolle wird immer wieder auf zwei grundlegende Äußerungen verwiesen, seine Reichstagsrede vom 30. Januar 1939 und eine entsprechende Stelle in seinem politischen Testament, das er kurz vor dem Ende des Krieges diktierte, die rückwirkend aber seine Motivation beschreibt. Auch Goebbels fasste in seinem Tagebuch am 21.1.1941 zusammen, um was es den Nationalsozialisten ging und warum:

> *„Bezüglich Judenfrage ist der Führer entschlossen, reinen Tisch zu machen. Er hat den Juden prophezeit, dass, wenn sie noch einmal einen Weltkrieg herbeiführen würden, sie dabei ihre Vernichtung erleben würden. Das ist keine Phrase gewesen. Der Weltkrieg ist da, die Vernichtung des Judentums muss die notwendige Folge sein. Diese Frage ist ohne jegliche Sentimentalität zu betrachten. Wir sind nicht dazu da Mitleid mit den Juden, sondern nur Mitleid mit unserem deutschen Volk zu haben."*[3]

Das entsprach der offiziellen Lesart, eine angeblich jüdisch-bolschewistische Verschwörung für den Ausbruch und die Ausweitung des Krieges verantwortlich zu machen. Da alle Schuld auf diese Weise einem „subversiven" jüdischen Charakter angelastet wurde, der aus rassischen Merkmalen ableitbar sein sollte, bedeutete die Vernichtung des Judentums

1 Die beiden wichtigsten Publikationen dazu: Gerhard Bennertz, „Jüdische Schicksale und Namen", in: *900 Jahre Mülheim an der Ruhr 1093–1993*, hg. Vom Geschichtsverein der Stadt Mülheim. *Zeitschrift des Geschichtsvereins Mülheim an der Ruhr*, Heft 99, 1997, S. 547–568. Barbara Kaufhold, *Juden in Mülheim an der Ruhr*. Essen: Klartext Verlag, 2004.

2 Tobias Jersak, „Entscheidungen zu Mord und Lüge. Die deutsche Kriegsgesellschaft und der Holocaust", in: *Das Deutsche Reich und der Zweite Weltkrieg*, Band 9/1. München: Deutsche Verlagsanstalt, 2004, S. 273–356. Götz Aly, *Endlösung. Völkerverschiebung und Mord an den europäischen Juden*, 3. Aufl. Frankfurt: Fischer, 2005. Christopher Browning, *Die Entfesselung der „Endlösung". Nationalsozialistische Judenpolitik 1939–1942*. München, 2003. Christian Gerlach, *Krieg, Ernährung, Völkermord. Forschungen zur deutschen Vernichtungspolitik im Zweiten Weltkrieg*. Zürich: Pendo Verlag, 2001, S. 259–268.

3 Joseph Goebbels, *Tagebücher*, Teil II: Diktate 1941–1945, Band 2. Hg. von Elke Fröhlich. München u.a., 1993–1996. S. 498 f. (Eintrag 13.12.1941)

in der NS-Ideologie einen rassenhygienischen Befreiungsschlag, eine Argumentation, die in vielfach abgewandelter Form „offizielle" Begründungen des Völkermordes durchzieht. Es reicht aber nicht festzustellen, dass Hitler, Goebbels und dazu noch Göring, Himmler und Heydrich verantwortlich für die faktische Umsetzung der Ermordung der Juden waren. Einen latenten Antisemitismus gab es in Deutschland zumindest seit dem Kaiserreich. Auf Grund der Indoktrination durch die Nazis hatten überdurchschnittlich viele Menschen in Deutschland sich an die Hetze gegen alles Jüdische gewöhnt. Doch auch diese Begründung greift noch viel zu kurz. Sie kann weder das Ausmaß und die Planung entsprechender Aktionen erklären noch die Zusammenhänge zwischen Kriegsführung, Ernährung, Umsiedlung und Völkermord klar machen. Wirklich verständlich wird der Holocaust erst, wenn man ihn in einen Zusammenhang mit der gigantischen Staats-, Militär- und Parteibürokratie der damaligen Zeit stellt. Erst im Zusammenspiel von unzähligen Individuen wurde der Massenmord an den Juden möglich. Genauso verantwortlich dafür sind Bürokraten wie Eichmann oder Backe, Parteifunktionäre wie Lohse, der Gauleiter Ostland, Rosenberg als Minister für die besetzten Ostgebiete oder Hans-Frank der Gouverneur des Generalgouvernements oder die höheren Polizei- und SS-Führer im Reich und den eroberten Gebieten. Dazu erfüllten Hunderttausende von Beamten ihre Pflicht im Sinne der vom Staat übertragenen Aufgaben und brachten damit eine große Dynamik in die Vernichtungsaktionen.

Das zeigte sich schon recht früh. Als auf dem Parteitag der NSDAP in Nürnberg 1935 nach hitzigen emotionalen Diskussionen der Beschluss fiel, die Juden zu ächten und zu Un-Bürgern zu erklären, wurde zwar klar festgestellt, was man wollte, aber die Frage, wie das zu erreichen war, blieb ungelöst. Erst die Juristen des Reichsjustizministeriums brachten die „wilden" Vorstellungen in eine verwaltungstechnisch praktikable Form. Da es unmöglich war, rassische Kriterien zu finden – Jude zu sein entsprach einer Religionszugehörigkeit, das Merkmal der semitischen Rasse, das man eventuell hätte anlegen können, erwies sich als nicht praktikabel – orientierten sich die „Rechtskundigen" an familienbezogenen und konfessionellen Merkmalen, die dann zu „Ordnungsgruppen" führten: Volljuden, Halbjuden, Mischlinge verschiedener Grade, usw. Damit wurde ein relativ einfacher gesetzlicher Rahmen geschaffen, der eine juristisch einwandfreie Selektion ermöglichte.

Der „Rechtsstaat" nationalsozialistischer Provenienz schuf die Distanz zwischen dem Amtsträger und dem verwalteten Individuum, der das Massenmorden erleichterte. Je mehr Gesetze, Verordnungen und Erlasse die jüdische Gemeinschaft betreffend gegeben wurden, je mehr differenzierte sich das Verwaltungssystem aus. Mit jeder neuen Entscheidung wurde innerhalb des Systems die Möglichkeit und Notwendigkeit geschaffen, sich gemäß einer Eigenlogik weiter zu differenzieren. Da die Entscheidungsprämisse, die Beseitigung des Judentums fest stand, ging es darum, Entscheidungsprogramme zu koordinieren, um dadurch Unsicherheit zu absorbieren, wie es der Soziologe Niklas Luhmann ausgedrückt hätte.[4] Wie unsicher die Beteiligten waren, als es darum ging, Kriegs-

4 Niklas Luhmann, *Organisation und Entscheidung*. Opladen/Wiesbaden, 2000. Eine Untersuchung des Holocausts als Verwaltungsproblem aus systemtheoretischer Perspektive wäre überaus wünschenswert, ist aber bis heute nicht erfolgt.

maßnamen, Umsiedlungspläne, das massenhafte Töten und Verhungernlassen unnützer Esser, die Versorgung von Armee und Bevölkerung in Deutschland und die gleichzeitige Lösung des Judenproblems voran zu treiben, hat Christian Gerlach exemplarisch herausgearbeitet.[5] Die meisten Untersuchungen stellen die Verfolgung der Juden aus der Perspektive der Verfolgten dar, die Täterperspektive ermöglicht aber weitgehende Einsichten in ein ebenso verbrecherisches wie effektives System und in die Tendenzen zur Verselbständigung von Bürokratie, die auch in demokratischen Gesellschaften nicht zu unterschätzen sind und dringend einer gesellschaftlichen Kontrolle – nicht der von Politikern – bedürfen.[6]

Im Weiteren ist noch zu erklären, wie das Verwaltungshandeln – das Fällen der Entscheidungen – ablief. Ausgangspunkt war die rassenantisemitische Ideologie mit der obersten Instanz des Führers. Da Hitler vieles einfach laufen lief, wenig konkrete Handlungsanweisungen oder nur Anregungen gab, und das auch noch verschiedenen Personen und Institutionen gleichzeitig, war der Wille des Führers nicht immer deutlich und bedurfte der Präzisierung. Das so genannte polykratische System, die Befassung verschiedener Organisationen mit der Umsetzung des Führerwillens, schaffte aber keineswegs Chaos und Stagnation, sondern die einzelnen Abteilungen mussten zu arbeitsteiligen Lösungen gelangen, konsultierten sich dabei meist gegenseitig und trafen dann für ihren Kompetenzbereich die Entscheidungen, die sie für notwendig hielten. Entscheidungen, die wegen personeller Kompetenzstreitigkeiten wieder bei Hitler landeten, betrafen aber kaum die Ausführung konkreter Maßnahmen. Dies zeigte sich zum Beispiel bei den unterschiedlichen Auffassungen zwischen Rosenberg, Himmler, Heydrich und den Reichskommissaren im Osten was Umsiedlungen, Judendeportation und Wirtschaftsfragen betraf. Zusammenfassend kann man feststellen, dass die ideologischen Vorgaben in den Verwaltungen und Stäben in rationale Sach- und Problemurteile verwandelt wurden, die in Verwaltungsakte einflossen. Das geschah dadurch, dass die Möglichkeit dieser Akte durch bürokratische Dienstvorschriften oder Anweisungen geschaffen wurde. Dabei spielte die Sprache eine besondere Rolle. In Bezug auf die Juden wurde in den Akten von Verben wie „evakuieren, (ab)befördern, abschieben, durchschleusen, umsetzen, aussiedeln, heraussiedeln", Gebrauch gemacht, gemeint war aber Vernichtung. Die Juden wurden zu „Einheiten", die der „Sonderbehandlung" zuzuführen waren. Auf diese Weise verloren zumindest im Sprachgebrauch die monströs-inhumanen Programme ihre perfide Dimension. An ihrer Verbesserung konnten somit ohne schlechtes Gewissen Amtsträger arbeiten, für die sich auf diese Weise sogar Karrieremöglichkeiten ergaben. Die im Verwaltungshandeln erfolgten Rationalisierungsschritte gliederten die Akte in separate Handlungen auf, wodurch Verantwortung aufgefächert und „verkleinert" wurde. Damit konnten viele direkt und indirekt mit den Verbrechen an Juden befasste Deutsche bis weit nach dem Krieg oder zeitlebens gut zurecht kommen.

Die Entrechtung der Juden hatte unmittelbar nach der Machtübernahme der Nationalsozialisten begonnen. Schrittweise wurden die Juden aus dem gesellschaftlichen Leben verdrängt und systematisch aller Bürgerrechte beraubt. Nach dem Kriegsbeginn, am

5 C. Gerlach, a.a.O. S. 7–234.

6 G. Keil, „Krankes Amt", *FAZ*, 22.4.2003. Zum Vergleich G. Aly, *a.a.O.*, S. 377 ff.

28.11.1939 war durch die Polizeiverordnung über das Auftreten der Juden in der Öffentlichkeit die Möglichkeit geschaffen worden, Juden räumlich und zeitlich an bestimmten Orten zu konzentrieren, die Vorbedingung für ihre Ghettoisierung.[7] In Mülheim war das der Auftakt für die Einrichtung so genannter Judenhäuser, was durch das Gesetz über die Mietverhältnisse mit Juden und einem sich anschließenden Durchführungserlass präzisiert wurde. Die Stadt Mülheim verfügte die Umwandlung von zehn Häusern in Judenhäuser[8], die bis auf das in der Düsseldorfer Straße relativ zentral lagen. In ihnen wurden jüdische Familien aus Mülheim auf engem Raum zusammengepfercht, sodass sie von der Polizei besser zu kontrollieren und von der Verwaltung einfach zu erreichen waren. Dass auf diese Weise die spätere Deportation besser zu verschleiern gewesen sei, war sicherlich nicht ausschlaggebend, da die Mülheimer Juden vor den Augen der Öffentlichkeit vom Mülheimer Bahnhof aus mit ihrem Gepäck zu den Ausgangsbahnhöfen der Deportationszüge fahren mussten.

Der Reichsführer SS (RFSS) Himmler ordnete gleich nach Kriegsbeginn in einer nicht veröffentlichten Verfügung ein allgemeines Ausgehverbot für Juden nach 22 Uhr an. Sie erhielten zwar eine mit einem „J" gekennzeichnete Lebensmittelkarte, diese schloss aber verschiedene Zuteilungen und Bezugsscheine aus. Darüber hinaus wurde den Juden eine „Sozialausgleichsabgabe" von 15% als Zuschlag auf die Einkommenssteuer auferlegt. War das jährliche Einkommen höher als 2.400 Reichsmark, wurden noch einmal 50% zusätzlich erhoben. Bei Kriegsschäden erhielten jüdische Menschen grundsätzlich keine Entschädigung. Auf Grund dieser Erschwernisse emigrierten im ersten Quartal 1940 noch einmal 10.312 Personen jüdischen Glaubens aus Deutschland, erst am 23.10 1941 verbot der RFSS jegliche Auswanderung von Juden mit sofortiger Wirkung.[9] Aus Mülheim emigrierte Werner Aronsheim nachweislich 1940 in die USA, einigen wenigen Mülheimer Juden gelang legal und illegal die Ausreise aus Deutschland schon 1939. Einige von ihnen gelangten in den Niederlanden oder Frankreich später wieder in den deutschen Machtbereich und kamen im Konzentrationslager um. Zu ihnen gehörte Heinrich Fallmann, der als einer der letzten noch im August 1942 mit seiner Frau nach Frankreich floh, dort aber aufgespürt und nach Auschwitz deportiert wurde. Mülheimer Juden setzten sich auch nach Holland ab. Dort machte zum Beispiel eine den niederländischen Nazis (NSB) nahe stehende Organisation, die Gruppe Heinecke, Jagd auf untergetauchte Juden und kassierte im „Erfolgsfall" eine „Fangprämie" von 7,50 Gulden pro Person.[10]

Erst im Jahr 1941, in Zusammenhang mit der Ausweitung des Krieges durch das Unternehmen Barbarossa (Krieg gegen die Sowjetunion) und dem Kriegseintritt der USA, begann Heydrich als Chef des Reichssicherheitshauptamtes mit der Planung der

7 Peter Longerich, *Politik der Vernichtung. Eine Gesamtdarstellung der nationalsozialistischen Judenverfolgung*. München/Zürich, 1998, S. 213.

8 B. Kaufhold, *a.a.O.*, S. 219–221.

9 P. Longerich, *a.a.O.*, S. 446 f.

10 Die aktuellste Namensliste der Mülheimer Juden in B. Kaufhold, *a.a.O.*, S. 238–279. Weiterhin: *Widerstand und Verfolgung in Mülheim a.d. Ruhr. 1933–1945*, herausgegeben von M. Doetsch, H. Hermann u.a. Duisburg: Eigenverlag, 1987, S. 261. Zur Kollaboration in den Niederlanden: Ad van Liempt, *Kopfgeld*. München: Siedler Verlag, 2005.

„Gesamtlösung der Judenfrage", nachdem der Madagaskar-Plan, der die Vertreibung von vier Millionen europäischer Juden auf diese Insel vorsah, gescheitert war.

Noch relativ unkonkrete Planungsinitiativen zur Deportation aller Juden aus dem „Altreich" hatten bereits 1939 mit der Eroberung und Neuordnung Polens begonnen. Der deutsch-sowjetische Vertrag von 1939 hatte die Aussiedlung so genannter „Volksdeutscher" aus dem sowjetischen Staatsgebiet zur Folge. Diese sollten in dem von Deutschland annektierten Westteil Polens, hauptsächlich im Warthegau, angesiedelt werden, was aber bedeutet hätte, dass die dort wohnhaften Polen, wozu viele Juden gehörten, irgendwohin ausgesiedelt werden mussten. Zunächst war dafür das Generalgouvernement, also Ostpolen, vorgesehen gewesen. Im Verlauf des Krieges hätten mit der Eroberung großer Teile Russlands auch dort Umsiedlungsräume zur Verfügung gestanden, aber erst nach einer Beendigung des Krieges und dem Sieg gegen die Sowjetunion wollte die NS-Führung eine endgültige Lösung herbeiführen. Das war zumindest der Planungsstand bei Beginn des Überfalls auf die Sowjetunion. Aus diesem Grund hatte Hitler zögerlich auf Umsiedlungsprojekte, die auch die Juden betrafen, reagiert. Als aber deutlich wurde, dass der Krieg im Osten keine schnellen Erfolge in Blitzkriegsmanier mit sich brachte, die Umsiedlungen der Volksdeutschen aber nicht länger aufgeschoben werden konnten, da sie meist nur in Lagern mehr schlecht als recht untergebracht waren, entstanden hauptsächlich im Reichssicherheitshauptamt (RSHA) und der Behörde des Reichskommissars für die Festigung deutschen Volkstums (RKF) konkrete Pläne zur Ansiedlung deutschstämmiger und damit „arischer" Siedler in dem neu geschaffenen „Lebensraum im Osten". Das aber berührte auch die dort lebenden Juden, mehr als 1,7 Millionen Menschen nur im ehemaligen Polen. Himmler als Chef der deutschen Polizei, Reichsführer SS und RKF kam dabei eine zentrale Rolle zu, aber auch Göring, der in Wirtschaftsfragen tonangebend war, forcierte die Planungen. Eine erste „experimentelle" Maßnahme war die Ermordung einiger tausend psychisch Kranker im Warthegau,[11] um auf diese Weise die Gebäude von Anstalten für Umsiedler frei zu machen. Diese im Rahmen der T4-Aktion (Euthanasie), der Vernichtung von „Ballastexistenzen", wie es im Planungsstab der Medizinalabteilung im Innenministerium hieß, durchgeführten Maßnahmen, lösten aber für die Umsiedler keine Probleme, da sie immer noch keine Siedlungsgebiete schufen. Zusätzlich forderten Wehrkommandos und Verwaltungsstellen wie die Autobahnbaugesellschaft für den Warthegau zusätzliche Arbeitskräfte an. Damit meinten sie die ortansässigen Polen, und auch die Juden, die deshalb nicht deportiert werden konnten. Die Behörden im Generalgouvernement sperrten sich mit aller Kraft gegen die Aufnahme von Polen und Juden aus dem Warthegau, aber auch aus anderen Teilen des deutschen Herrschaftsbereiches, denn man war nur schlecht in der Lage, die vorhandene Bevölkerung ausreichend zu ernähren. Trotzdem teilte Himmler dem für die Stadt Lodz – sie wurde auf Hitlers Anweisung in Litzmannstadt umbenannt – zuständigen Gauleiter Greiser im September 1941 mit, er habe „auf Wunsch Hitlers" die Deportation von Juden und Zigeunern aus dem Reich in das Ghetto der Stadt verfügt,[12] worauf die Ghettoverwaltung, der Oberbürgermeister, der Regierungspräsident und auch die Wehrverwaltung

11 Vgl. G. Aly, *a.a.O.*, S. 329.

12 Ebd., S. 353.

bei der Gauleitung protestierten. Zu diesem Zeitpunkt war auch die Frage noch nicht geklärt, ob Litzmannstadt zum Warthegau gehören sollte oder als Teil des Generalgouvernements zu betrachten sei. Himmler hatte vor der Ankunft der Deportationszüge die schnelle Ansiedlung von nochmals 50.000 Volksdeutschen im Warthegau befohlen, damit deren Lager dann Polen zur Verfügung stehen konnten. Polen sollten wiederum auch in Orte umgesiedelt werden, die bisher von Juden bewohnt waren. Für diese blieb dann nur das Ghetto übrig, in das sie zusammen mit den „Reichsjuden" eingeschlossen werden sollten. Hier wird schon deutlich, dass für die Bevölkerungsplaner diese Überbelegung nur durch das Vernichten „überzähliger" Ghettobewohner zu lösen war, eine Erkenntnis, die sich in den Bürokratien immer mehr durchsetzte und zur Errichtung von Vernichtungslagern im ehemaligen polnischen Gebiet führte.

Die Deportation nach Lodz/Litzmannstadt

Am 29. September erwirkte Adolf Eichmann, der Chef der Abteilung IV B 4 des RSHA (Judenreferat) vom Reichsverkehrsministerium die Zustimmung zum Abtransport von 20.000 Juden aus dem Reichsgebiet nach Lodz, dazu gehörten auch 28 jüdische Mitbewohner aus Mülheim. Eichmann schickte die notwenigen Instruktionen und Formblätter, die die zu deportierenden Juden ausfüllen mussten, an den Höheren SS- und Polizeiführer in Düsseldorf, der wiederum die Gestapo im Polizeiamt Mülheim informierte. Die Gestapo wiederum beauftragte ein Mitglied der jüdischen Gemeinde in Mülheim den notwenigen Kontakt mit den Betroffenen herzustellen und als Mittler zu fungieren. Auf den verwaltungstechnischen Vorgang soll bei der Deportation nach Riga näher eingegangen werden. Der Transport ging von Düsseldorf-Derendorf aus am 27.10.1941 nach Lodz/Litzmannstadt, wo bereits Transporte aus der Tschechoslowakei (Protektorat Böhmen und Mähren) angekommen waren. Der Regierungspräsident für das Lodzscher Gebiet, Uebelhofer, hatte das Ghetto unter strenger Geheimhaltung, aber in Absprache mit Parteivertretern, Polizei, der Lodzscher Industrie- und Handelskammer sowie des Finanzamtes „einrichten" lassen. Alle Juden aus Lodz lebten bereits darin, als die Mülheimer Juden zusätzlich eingeliefert wurden. Uebelhofer hatte in einer Mitteilung an seine Vorgesetzten und Untergebenen erklärt, das Ghetto *„ist selbstverständlich nur eine Übergangsmaßnahme. Zu welchem Zeitpunkt und mit welchen Mitteln das Ghetto und damit die Stadt Lodz von Juden gesäubert wird, behalte ich mir vor. Endziel muss jedenfalls sein, dass wir diese Pestbeule restlos ausbrennen."*[13]

Tatsächlich blieb das Ghetto aber bis 1944 bestehen. Arbeitsfähige Juden wurden dort zu „Judenkolonnen" zusammen gestellt und zu verschiedenen Einsätzen abkommandiert, wobei man häufig die Familienvorstände zum Außeneinsatz heranzog, damit man die im Ghetto verbliebenen Familienmitglieder eventuell als Geiseln nehmen konnte, das ersparte auch einen größeren Polizeieinsatz. Zeitweise lebten bis zu 200.000 Menschen im Ghetto bei mangelhaften hygienischen Verhältnissen auf weniger als 5 Quadratkilometern. Auch Unterschiede in Mentalität und Sprache gestalteten das Zusammenleben

13 Raul Hilberg, *Die Vernichtung der europäischen Juden*. Band 1. 9. Auflage. Frankfurt: Fischer, 1999, S. 233.

Bild 15: Ghetto Lodz/Litzmannstadt. Die Straßenbrücke, die beide Ghettoteile verband

der Juden untereinander schwierig. Die Lodzscher Ghettobetriebe verfügten über einen eigenen Güterbahnhof, von dem täglich 70–90 Güterzüge abfuhren. Der Lohn für die Arbeitskräfte ging an die Ghettoverwaltung und die Stadt Lodz, die dadurch „einen nicht zu unterschätzenden wirtschaftlichen Gewinn“ erzielten.[14] Schon im Oktober 1941 fanden die Besprechungen zur Errichtung eines Krematoriums in Auschwitz statt, wo bereits seit dem 3. September 1941 Menschen unter Einsatz von Zyklon B vergast wurden. 50 Kilometer nördlich von Lodz in Chelmno begann am 8. Dezember 1941 die Massenvernichtung von Juden aus dem nördlichen Warthegau und dann auch aus dem Ghetto Lodz/Litzmannstadt in dem mit zwei, später mit drei Gaswagen ausgestatteten Vernichtungslager.[15] Das waren zunächst Juden, die als nicht arbeitsfähig eingestuft wurden, später konnte sich jeder Ghettobewohner auf den Todeslisten wiederfinden. Von den Mülheimer Juden, die nach Lodz gebracht wurden, hat niemand überlebt. Nur Anna Sie-

14 Ebd., S. 268. Die umfassendste Darstellung zum Ghetto Litzmannstadt bei Andrea Löw, *Juden im Ghetto Litzmannstadt*. Göttingen: Wallstein Verlag, 2006.

15 Ebd., S. 361. Das Vernichtungslager Chelmno ist auch unter dem Namen Kulmhof bekannt.

gelwachs, die schon 1938 aus Mülheim ausgewiesen worden war und später ebenfalls in das Ghetto Lodz eingeliefert wurde, überlebte das Arbeitslager. Sie war 1941 auch erst 20 Jahre alt und stark genug, um den Arbeitseinsatz zu überleben. Sie emigrierte nach ihrer Befreiung in die USA. Adolf und Anna Kaufmann und Alfred Moses, die vor dem nationalsozialistischen Terror schon 1939 von Mülheim nach Luxemburg emigriert waren, entgingen der Gestapo nicht. Sie wurden ebenfalls nach Lodz/Litzmannstadt deportiert und kamen dort ums Leben.[16] Die Spuren der Juden aus Mülheim verlieren sich in Lodz, nur von Eduard Leffmann, der damals 63 Jahre alt war, ist bekannt, dass er weiter nach Auschwitz gebracht und dort vergast wurde. Seine Arbeitskraft reichte wohl nicht mehr aus für sein Verbleiben im Ghetto.

Riga vor und nach den Judentransporten

Die nächste Deportation fand am 11. Dezember 1941 statt und brachte 26 Mülheimer jüdischen Glaubens nach Riga. Diese Deportation lässt sich auf Grund der Quellenlage in vielen Einzelheiten nachvollziehen. Schon die Vorgeschichte der Riga-Transporte wirft ein bezeichnendes Bild auf die Zustände und Entscheidungswege im Reichskommissariat Ostland, zu dem Riga gehörte. Am 30. November 1941 war ein Zug mit 1.035 Berliner Juden in Riga eingetroffen, doch niemand wusste so recht, was man ihnen anfangen sollte. SS-Sturmbannführer Dr. Rudolf Lange, der Leiter des berüchtigten Einsatzkommandos II, das später Massentötungen als Teil der Einsatzgruppe A vollzog, und der seine Befehle von Heydrich aus dem RSHA erhielt, plante ein großes Arbeitslager in der Nähe von Riga, das spätere Salaspils, um Arbeitskräfte für das aufstrebende Wirtschaftsgebiet Riga bereitstellen zu können. Dr. Eberhard Wetzel, der Sonderdezernent aus dem Reichsministerium für die besetzten Ostgebiete, war von seiner Dienststelle dahingehend informiert worden, dass in Salaspils der Bau von Gaskammern zur Vernichtung der osteuropäischen Juden geplant war,[17] also etwas ganz anderes. Heinrich Lohse, der Generalkommissar Ostland, fühlte sich übergangen und wollte aus Berlin eine Klärung der Angelegenheit bewirken. Gleichzeitig hatte Himmler, der sich auf Inspektionsreise in Mogilew (Russland) befand, seinen Höheren SS- und Polizeiführern (HSSPF) dort befohlen, mit der „Endlösung" auf konventionelle Art und Weise, nämlich durch Massenerschießungen, zu beginnen. Aus Mogilew schickte Himmler den SS-Obergruppenführer und General der Polizei Jeckeln nach Riga, der durch deutsche und lettische Kräfte riesige Gräben im Wald von Rumbula, fünf Kilometer von Riga entfernt, ausheben ließ.[18] Dann ordnete er die Ghettoräumung für den 30.11.1941 an. Die Berliner Juden, die bereits am 29.11. in Riga angekommen waren, blieben über Nacht in ihrem eiskalten Zug und gerieten am frühen Morgen in die Vernichtungsaktion der Jeckeln-Truppe. Sie wurden gezwungen, den Zug zu verlassen, sich auszuziehen, man trieb sie in ein umstelltes Waldstück und führte sie dann an eine Grube. Um 8.15 Uhr am Morgen fielen die ersten Schüsse, „es setzte ein

16 B. Kaufhold, *a.a.O.*, S. 251 u. 262.
17 P. Longerich, *a.a.O.*, S. 461.
18 Tobias Jersak, *a.a.O.*, S. 333.

herzzerreißendes Schreien und Flehen von Frauen, Kindern und Männern ein".[19] Alle Berliner Juden wurden erschossen. Anschließend erschossen Jeckelns Männer die aus dem Ghetto herangebrachten Juden, insgesamt über 26.000 Menschen, an mehreren Tagen. Auch bei der Erschießung dieser Juden gab es grausame Szenen. Die meisten gingen demoralisiert und apathisch in die Grube, andere weinten, beteten oder wandten sich fassungslos an die Wachsoldaten, zu einem großen Teil deutsche Schutzpolizisten oder lettische Hilfstruppen des berüchtigten Kommandos Arajs. Ein zehnjähriger Junge krallte sich an einem Greis fest und wurde von Letten gewaltsam weitertransportiert.[20] Auch der Kommandeur der Rigaer Schutzpolizei, Heise, versuchte sich als Schütze, er tötete nach eigenen Angaben ein zwanzigjähriges Mädchen und einen 30 Jahre alten Mann durch Gnadenschüsse, andere Zeugen berichteten, er habe fortlaufend auf Juden geschossen.[21] Jeckeln hatte folgende Tötungsweise befohlen: Die Juden stiegen in die Grube, legten sich auf den Bauch und wurden dann durch Genickschuss getötet. War auf diese Weise eine Lage Toter entstanden, mussten sich die Nachfolgenden auf die Toten legen und immer so weiter, bis die Grube voll war. An den Gruben standen Kisten mit Alkohol für Jeckelns etwa 25 Schützen; geschossen wurde, bis die Dunkelheit einbrach, und da noch längst nicht alle Opfer ermordet waren, schoss man schneller und ungenauer, das machte aber wiederum vermehrt Fangschüsse notwendig. Von einem Querschläger wurde Heise am Auge verletzt.[22] Die Mordaktion beobachteten Jeckeln, Lohse, Dr. Stahlhecker, der Chef der Einsatzgruppe A, die noch weitere Massenerschießungen durchführen sollte, Polizei- und Wehrmachtsoffiziere, zivile Beamte und lettische Offiziere. Ein Offizier der Wehrmacht, der entsetzt einige Tage später bei seinen Vorgesetzten Meldung erstattete, wurde angewiesen über die Ereignisse zu schweigen, es habe sich um die Ausführung eines Führerbefehls gehandelt.[23] Um 13.30 Uhr am gleichen Tag telefonierten Heydrich und Himmler miteinander und vereinbarten, dass die deutschen Juden aus Berlin auf keinen Fall umgebracht werden sollten, doch es war schon zu spät.[24] In diesem Fall wird deutlich, was sich von diesem Zeitpunkt an immer häufiger ereignete, dass im Laufe der Vernichtungsaktionen die Initiative regionaler Befehlshaber mehr Gewicht bekam und die obersten Instanzen – es handelte sich ja um mehrere – auf Grund einer Vielzahl von Entscheidungsnotwendigkeiten und sicher auch aus „Arbeitsüberlastung" teilweise den Überblick verloren. Diese Tendenzen sind besonders für die Euthanasiemorde herausgearbeitet worden.[25] Nach diesen Vorgängen im Wald von Rumbula sollte aber für die nachfolgenden Transporte aus dem Reich zunächst ein „Tötungsstopp" gelten.

19 Zitiert ebd., S. 334.

20 Wolfgang Curilla, *Die deutsche Ordnungspolizei und der Holocaust im Baltikum und in Weißrussland*. Paderborn, München u.a.: Schöningh, 2006, S. 224.

21 Staatsanwaltschaft Hamburg, 141 Js 534/60, S. 6598/99, 7017, 7020, 7022, 12016.

22 W. Curilla, *a.a.O.*, S. 227.

23 T. Jersak, *a.a.O.*, S. 335–338.

24 W. Curilla, *a.a.O.*, S. 223.

25 Markus Krischer, *Kinderhaus. Leben und Ermordung des Mädchens Edith Hecht*. München: Deutsche Verlagsanstalt, 2006.

Da das Ghetto auf diese Weise geleert worden war, stand jetzt Platz für neue Insassen zur Verfügung, und das waren auch die 1.007 Juden aus dem Regierungsbezirk Düsseldorf, zu denen auch die Mülheimer gehörten. Insgesamt gelangten im Dezember 1941 über 5.000 Juden aus dem Reichsgebiet und dem Protektorat Böhmen und Mähren nach Riga. Weil bis Dezember 1941 fast die gesamte jüdische Bevölkerung Lettlands umgebracht worden war, die „Rumbula-Aktion" war nur ein Teil davon, plante Eichmann in Berlin schon ab September die „Umsetzung" der „Reichsjuden" dorthin und nach Minsk. In mehreren Besprechungen des Leiters des „Judenreferates" mit den Polizeiführern der betroffenen Polizeidienststellen, also auch dem aus Düsseldorf, entstanden die umfangreichen Deportationsrichtlinien, die am 31. Oktober 1941 erlassen wurden. Eichmann stimmte auch die Zuglaufpläne mit den zuständigen Reichsbahnstellen ab. Schon eine Woche vorher hatte der Chef der Ordnungspolizei den Einsatzbefehl für die Begleitmannschaften der Transporte gegeben.[26] Alle diese Richtlinien orientierten sich streng an den Verordnungen zum Reichsbürgergesetz (RBG) vom 14.11.1935 und waren damit juristisch korrekt. Das Kreispolizeiamt in Mülheim erhielt die Auflage, in deutsch-jüdischer Mischehe lebende Juden, solche ausländischer Staatsangehörigkeit[27] und Juden im Alter von über 65 Jahren nicht zu evakuieren. Das Kontingent wurde festgelegt und für jede zu evakuierende Person eine Nummer ausgegeben. Kinder unter sechs Jahren mussten im Familienverband ohne eine erteilte Nummer mitgenommen werden. Jede Person sollte 50 RM bei sich haben. Konnte die Summe nicht aufgebracht werden, musste sie von der unter Gestapoaufsicht stehenden Reichsvereinigung der Juden in Deutschland bereitgestellt werden. Pro Person war die Mitnahme eines Koffers von bis zu 50 Kilogramm Gewicht erlaubt, auf den die Evakuierungsnummer gut lesbar geschrieben werden musste. Eine Decke, Verpflegung für drei Wochen, ein besonders verpackter Mundvorrat, sowie Essgeschirr ohne Messer und Gabeln waren mitzuführen. Da es im Reichskommissariat Ostland (Estland, Lettland, Litauen und Teile des heutigen Weißrussland) an vielen Dingen des täglichen Bedarfs mangelte, wurde verfügt, dass Gebrauchsgegenstände, Haushaltsgegenstände, aber auch Öfen, Ofenrohr, Kessel, Eimer, Matratzen, Nähmaschinen und Werkzeuge aus den verlassenen Wohnungen nach Düsseldorf-Derendorf zum Güterbahnhof gebracht werden sollten, um mit dem Transportzug nach Riga zu gelangen. Bei dem Transport nach Lodz hatten die örtlichen Behörden oder SA-Leute noch den Zugriff auf die Besitztümer der Deportierten gehabt, nachdem sie ihre Wohnungen verlassen hatten. So waren in Mülheim zum Beispiel nach dem Transport nach Lodz Haushaltsgegenstände und Möbel der deportierten Familie Brav und des Witwers Katz an zwei Terminen im Dezember öffentlich versteigert worden.[28] Das RSHA und das Reichsfinanzministerium wollten für diesen Bereich eine einheitliche Regelung. Diese wurde mit der 11. Verordnung zum RBG vom 25.11.1941 geschaffen, nach der den im Ausland lebenden deutschen Juden die Staatsbürgerschaft aberkannt wurde, womit

26 *Buch der Erinnerung*, bearbeitet von Wolfgang Scheffler u. Diana Schulle, Band 1. München: Saur Verlag, 2003. S. 6–13. Meine Darstellung orientiert sich an den dort gegebenen Hinweisen.

27 Zur Evakuierung nicht freigegeben waren Juden ehemals polnischer, sowjetischer und luxemburgischer Staatsangehörigkeit und staatenlose.

28 B. Kaufhold, *a.a.O.*, S. 210 f.

das verbleibende Vermögen dem Reich verfiel. Im Fall der Juden zählten nun auf einmal auch das Generalgouvernement und die Reichskommissariate Ostland und Ukraine zum Ausland. Das Reichsfinanzministerium hatte im Vorgriff auf diese Regelung bereits festgelegt, dass die Gestapo die Sicherstellung des noch vorhandenen Vermögens vornehmen müsse, Einziehungsverfügungen sollten durch die Regierungspräsidien ausgestellt werden, die, damit alles seine Ordnung habe, vor dem Abtransport durch Gerichtsvollzieher zugestellt werden müssten, damit die Finanzämter in der Folgezeit das nun dem Reich zugefallene Vermögen „verwerten" könnten.

Damit war die Judendeportation von Mülheim nach Riga zu einem ausdifferenzierten Verwaltungsvorgang geworden, der im Wesentlichen reibungslos ablief. Es kann nicht mehr festgestellt werden, welcher Vertreter der jüdischen Gemeinde in der Stadt die entsprechenden Menschen aussuchte, in der Stadt Düsseldorf war es der Vorsitzende der jüdischen Gemeinde, in anderen Orten die Stadtverwaltung oder die Gestapo. Die auf diese Weise selektierten Menschen erhielten einige Tage vor dem Termin den Evakuierungsbeschluss mit mehreren Formblättern, auf denen eine detaillierte Vermögensaufstellung für das örtliche Finanzamt abgegeben werden musste. Am frühen Morgen holten Polizisten die betroffenen Personen mit KFZ ab oder geleiteten sie zu Fuß zum Bahnhof. Im Laufe des 10. Dezember trafen die Deportationsopfer, viele aus Ortschaften des linken Niederrheins, insgesamt 1.007 Menschen, im Düsseldorfer Hauptbahnhof ein und marschierten auf abgesperrten Straßen unter Polizeibewachung rund fünf Kilometer bis zum Schlachthof, einer kahlen und kalten, bestialisch stinkenden Halle. Trotzdem konnte der Elendszug von zufällig auf den Straßen anwesenden Bürgern gesehen werden. Ein jüdischer Mann versuchte, sich das Leben zu nehmen, indem er sich vor eine Straßenbahn warf, was die Fahrgäste sicherlich beobachten konnten, er verletzte sich aber nur leicht. In der Schlachthofhalle erschienen dann zwei Gerichtsvollzieher, um die Einziehungsverfügungen einzusammeln. Die Pässe der Juden wurden mit dem Vermerk „Evakuiert nach Riga" versehen, dann begann die Leibesvisitation der Versammelten und strenge Gepäckkontrollen, bei denen schon manche Dinge konfisziert wurden. Die ganze Nacht verbrachten die Opfer, von den Wachmannschaften schikaniert, stehend in der eiskalten Halle. Eine ältere Frau, die in der Dunkelheit auf eine Toilette floh, wurde dort von einer Putzfrau entdeckt und dem Kommandeur der Begleitmannschaft gemeldet. Der Zug, der am 11.12. um 9.30 Uhr abfahren sollte, hatte mehr als vier Stunden Verspätung. Die ganze Zeit mussten die Juden auf der zugigen Verladerampe warten. Als der Zug dann einfuhr, stießen und schubsten die Wachtmannschaften in höchster Eile die Wartenden in die Waggons. Es kam zu chaotischen Szenen, viele Familien wurden auf diese Weise voneinander getrennt.

Was die Bahnfahrt von Düsseldorf-Derendorf nach Riga betrifft, steht ein schockierendes Dokument zur Verfügung, der Bericht des begleitenden Polizeioffiziers, Hauptmann der Schutzpolizei Paul Salitter, den er, wieder zurückgekehrt, für seine Vorgesetzten verfasst hat.[29] Er und die 15 ihm unterstellten Ordnungspolizisten hatten in den

29 Das Dokument stammt aus der Wiener Library in London und ist als Pdf-Dokument der Originalseiten in Maschinenschrift auf der folgenden Internet-Seite abrufbar: http://www.geschichte-am-jürgensplatz.de/salitter.htm.

Schulungsblätter der Ordnungspolizei vom 1.12.1941 folgende Hintergrundinformationen erhalten:

> *„Das Wort des Führers, dass ein vom Judentum angezettelter neuer Krieg nicht die Zerschlagung des antisemitischen Deutschlands, sondern vielmehr das Ende des Judentums bringen werde, wird in diesen Tagen vollstreckt. Die gewaltigen Räume des Ostens, die Deutschland und Europa nun zur Kolonisation zur Verfügung stehen, ermöglichen in naher Zukunft auch die endgültige Lösung des jüdischen Problems, d.h. nicht nur die Entmachtung, sondern die tatsächliche Ausscheidung der parasitären Rasse aus der europäischen Völkerfamilie."*[30]

Aus Salitters Ausführungen wird deutlich, dass er diese Auffassung verinnerlicht hatte, nicht so einige seiner Untergebenen, denn er bemängelte, dass Angehörige des Begleitkommandos seine Anordnungen zu einem schärferen Vorgehen gegen die Juden nicht sofort umgesetzt hätten. Es wird auch deutlich, dass bei den vielen Aufenthalten des Zuges auf dem Weg nach Osten das dortige Bahnpersonal sich oft nicht kooperativ zeigte. Vor der Abfahrt fertigte Salitter eine Liste an, die die zu Evakuierenden nach Geschlecht, Alter und Berufszugehörigkeit auf einen Strich pro Person reduzierte. Das jüngste Opfer war ein Säugling, der älteste Teilnehmer ein Fünfundsechzigjähriger.

Im Gegensatz zu den Juden, die nicht verpflegt wurden und immer wieder um Wasser baten, da sie kurz vor dem Verdursten standen, wurde das Begleitkommando auf den Bahnhöfen meist vom Roten Kreuz gut verpflegt. Misslich für das Begleitkommando war die Tatsache, dass der für die Bewacher vorgesehene Wagen der zweiten Klasse als einundzwanzigster am Ende des Zuges vor den 7 mit Gepäck beladenen Güterwagen angekoppelt war. Wegen defekter Heizungsrohre konnte der Wagen auch nicht beheizt werden. Trotz wiederholter Versuche in verschiedenen Bahnhöfen durch Rangieren den Waggon in die Mitte des Zuges zu bekommen, scheiterte dies zunächst. Der Zug fuhr über Wuppertal, Hagen, Schwerte, Hamm nach Hannover-Linden, wo er um 18 Uhr eintraf. Um 21 Uhr fiel ein Wagen durch Achsenbrand aus und musste ausrangiert und die dort untergebrachten Juden in strömendem Regen umquartiert werden, wobei der Zug durch mitgeführte Handscheinwerfer abgeleuchtet wurde. Kurz vor Mitternacht erreichte man Stendal, später Wustermark und um 3.30 Uhr Berlin-Lichterfelde mit mehr als zwei Stunden Verspätung. Große Schwierigkeiten und Ärger ergaben sich für Salitter in dem kleinen Bahnhof Konitz in der Nähe von Schneidemühl. Ein Wagen riss wegen Überlastung an der Kupplung auseinander, dabei zerriss auch das Heizungsrohr. Auf dem Bahnhof wurden die jüdischen Fahrgäste nur mit Wasser, die Begleitmannschaft vom Roten Kreuz mit Essen und Getränken versorgt und ein neuer leerer Wagen mit Juden beladen. Sehr zum Ärger des Polizeihauptmanns wurde sein Waggon wieder nicht in die Mitte des Zuges rangiert, da nun auch Gegenzüge erwartet wurden und der Zug sofort abfahren sollte. Salitter stellte in seinem Bericht dazu fest:

30 Ebd., S. 1.

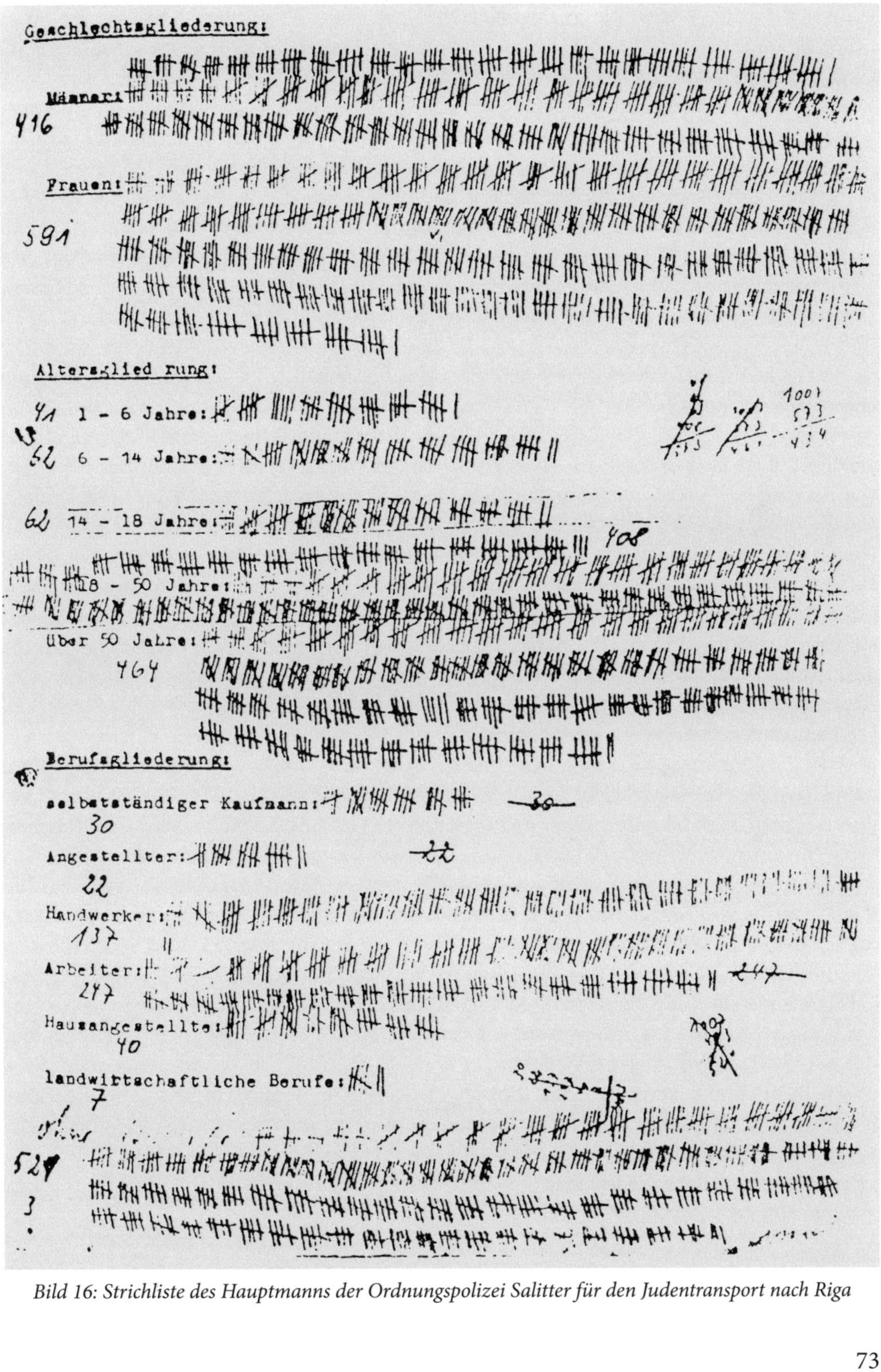
Geschlechtsgliederung:

Männer: 416

Frauen: 591

Altersgliederung:

41 1 - 6 Jahre:

62 6 - 14 Jahre:

62 14 - 18 Jahre:

18 - 50 Jahre: 408

über 50 Jahre: 464

Berufsgliederung:

selbstständiger Kaufmann: 30

Angestellter: 22

Handwerker: 137

Arbeiter: 247

Hausangestellte: 40

landwirtschaftliche Berufe: 7

524

Bild 16: Strichliste des Hauptmanns der Ordnungspolizei Salitter für den Judentransport nach Riga

„Er (der Stationsvorsteher von Konitz, der Verf.) stellte sogar das Ansinnen an mich, einen Wagen in der Mitte des Zuges von Juden zu räumen, ihn mit meinem Kdo. zu belegen und die Juden im Begleitwagen 2. Klasse unterzubringen. Es erscheint angebracht, diesem Bahnbediensteten von maßgebender Stelle einmal klar zu machen, dass er Angehörige der Deutschen Polizei anders zu behandeln hat als Juden. Ich hatte den Eindruck, als ob es sich bei ihm um einen von denjenigen Volksgenossen handelt, die immer noch von den „armen Juden" zu sprechen pflegen und denen der Begriff „Jude" völlig fremd ist. Dieser Bahnbeamte brachte es sogar fertig, den Zug, den ich für 2 Minuten verlassen musste, um mir auf der Station des Roten Kreuzes einen Fremdkörper aus dem Auge entfernen zu lassen, führerlos abfahren zu lassen. Nur dem Eingreifen eines meiner Posten war es zu verdanken, dass der Lok.-Führer nach dem Anfahren noch einmal hielt."[31]

Es lässt sich vermuten, dass dieses Verhalten des Bahnbeamten als Widerstand gegen die Deportationen zu verstehen ist.[32] Der Zug fuhr dann über Marienburg und Elbing nach Königsberg. Auf diesem Bahnhof wurde dem Kommandoführer gemeldet, ein junges Mädchen liege im Sterben. Eine jüdische Ärztin im Zug untersuchte daraufhin das Mädchen und stellte bei der Vierzehnjährigen „Herzschmerzen gelegentlich der Periode" fest. In Insterburg musste noch einmal ein beschädigter Waggon ausgewechselt werden, dabei wurde nun endlich der Begleitwagen nach vorne versetzt und erhielt auf diese Weise eine Heizung. Tilsit und die litauische Grenze erreichte der Zug am nächsten Tag. Das litauische Bahnpersonal schaltete in der Dunkelheit die Beleuchtung in den „Judenwaggons" ab. In Litauen wurden die Polizisten besonders gut verpflegt mit heißer Graupensuppe und Rindfleisch, die Juden erhielten noch einmal Wasser. Der Zug kam nur langsam vorwärts, da er als zweitrangig eingestuft war und die Strecke überwiegend eingleisig verlief. Deshalb erreichte er Mitau in Lettland erst gegen 19.30 Uhr. Schneetreiben setzte ein und die Temperatur sank. In Riga blieb der Zug zunächst im Bahnhof stehen und wurde dann nach Skirotawa, acht Kilometer von Riga entfernt, umgeleitet. Dort endete er am 13.12.1941 um 23.35 Uhr und blieb unbeheizt bei 12 Grad unter Null bis 1.45 Uhr stehen, als sechs lettische Polizisten die Bewachung übernahmen. Die Zuginsassen sollten am Morgen zum dortigen Sammelghetto gebracht werden. Salitter und seine Leute wurden durch zwei vom Kommando der Schutzpolizei bereitgestellte Streifenwagen nach Riga gebracht, Salitter als Offizier sogar in das Gästehaus der Höheren SS- und Polizeiführers Riga, Friedrich Jeckeln, der das Massaker an den lettischen Juden verübt hatte.

Damit war die Mission der Düsseldorfer Polizisten beendet. Für Salitter schloss sich noch eine Stadtbesichtung Rigas an, er erhielt auch Essensmarken vom Befehlshaber der städtischen Ordnungspolizei, um ein gutes Restaurant aufsuchen zu können. Eine wesentliche Diensthandlung stand ihm aber noch bevor, denn er musste die mitgeführten 50.000 RM an „Judengeldern", das waren die von den Juden vor dem Transport eingesammelten 50 RM pro Person, an den Geldverwalter der Staatspolizei in Riga übergeben. Es handelte sich damit immerhin um die Summe von einer halben Million Euro nach

31 Handschriftlicher Bericht Salitters (Pdf-Dokument), S. 4.

32 Zum Vergleich: Helmut Esters und Hans Pelger, *Gewerkschafter im Widerstand.* Bonn, 1983.

heutiger Rechnung. Salitter war völlig klar, was mit den Juden Rigas geschehen war, und er machte in seinem Bericht auch keinen Hehl daraus:

> *„Die Juden selbst wurden in einem durch Stacheldraht abgeschlossenen Ghetto an der Düna untergebracht. Z. Zt. sollen sich in diesem Ghetto nur 2.500 männliche Juden, die als Arbeitskräfte verwendet werden, befinden. Die übrigen Juden sind einer anderen zweckentsprechenden Verwendung zugeführt worden bezw. von Letten erschossen worden."*[33]

Das entsprach zwar nicht ganz der Wahrheit, wenn Salitter aber in so kurzer Zeit seine Informationen erhalten konnte, ist davon auszugehen, dass nicht nur staatliche und militärische, sondern auch die vielen zivilen Dienststellen und Betriebe in der Stadt Riga ziemlich genau wussten, was sich in Lettland ereignet hatte.

Die verschiedenen Lager in und um Riga, wie Salaspils, Struthof und Jungfernhof und das nahe KZ Kaisershof wurden die neuen Auffangorte der von Düsseldorf aus Deportierten. Von den 1.007 Menschen überlebten nur 98,[34] darunter die beiden Mülheimerinnen Edith Löwengrund, die am 1.10.1944 im Alter von 47 Jahren in das Lager Struthof kam[35] und Ruth Löwenstein bzw. Dessau, die kurz nach Kriegsende zwanzig wurde und auch einem Arbeitskommando in Struthof zugeordnet war. Ihnen blieb das fürchterliche Los im Arbeitslager Salaspils, der weißen Hölle, erspart.[36]

Abschließend soll ein Blick darauf geworfen werden, was mit den 50.000 RM, die Salitter in Riga ablieferte, geschah. Normalerweise hätten die Juden es im Reichskommissariat Ostland in Reichskreditkassenscheine, die dort überall in Umlauf waren und eine Art Ersatzwährung darstellten, umtauschen können. Es gab sie in Stückelungen von 0,50 bis 50 Reichsmark, im Reichsgebiet besaßen sie aber keine Gültigkeit. Es war aber von Anfang an niemals daran gedacht worden, den Deportierten das Geld zu belassen. So tauschte der Geldverwalter der Polizei bei der Reichsbankniederlassung in Riga die Reichsmark in Kreditkassenscheine um, damit stand die deutsche Währung wieder dem Haushalt des Finanzministers zur Verfügung und konnte damit auch der Kriegsfinanzierung dienen. Mit den Kreditkassenscheinen konnte die Polizeiverwaltung zum Beispiel ihren Güterbedarf an lettischen Produkten decken. Die Reichskreditkasse hatte in den einstmals zur Sowjetunion gehörigen Gebieten einen Verwaltungsrat gebildet mit Vertretern der Reichsbank, des Wirtschafts- und Finanzministeriums und der Wehrmacht, der den Zahlungs- und Kreditverkehr wie eine staatliche Notenbank regelte.[37] Auch wenn die Kreditkassenscheine in deutscher Währung ausgestellt waren, repräsentierten sie die Währung des besetzten Landes mit einem von den deutschen Verwaltern nach ihren Vorstellungen festgesetzten Wechselkurs, in diesem Fall von 100 Rubel zu 10 Reichsmark,

33 Handschriftlicher Bericht Salitters (Pdf-Dokument), S. 6.

34 *Buch der Erinnerung*, Band 1, S. 722.

35 *Buch der Erinnerung*, bearbeitet von Wolfgang Scheffler u. Diana Schulle, Band 2. München: Saur Verlag, 2003. Dort die Namenlisten mit entsprechenden Informationen.

36 *Buch der Erinnerung*, Band 1. S. 13–16.

37 Götz Aly, *Hitlers Volksstaat*. Frankfurt/Main: Fischer, 2005. S. 109.

bis zum 22.6.1941 war der Wechselkurs noch 100 Rubel zu 47,20 RM! gewesen.[38] Wenn Bedarf bestand, wurden neue Kreditkassenscheine gedruckt. Auf diese Weise plünderten die Deutschen die Wirtschaft im besetzten Osten hemmungslos aus. Auch das Gepäck der Deportierten aus dem Regierungsbezirk Düsseldorf, das in immerhin sieben Gepäckwagen mittransportiert worden war, landete bei der Polizei oder der Ghettoverwaltung in Riga als deutsches Wirtschaftsgut.

Der nächste Transport aus Düsseldorf mit Mülheimer Juden ging nach Izbica in der Nähe von Lublin im Generalgouvernement. 1941 hatten das RSHA und das Rosenberg-Ministerium diesen Teil im Osten Polens als Aufnahmeraum für Juden aus allen Teilen des deutschen Herrschaftsbereichs betrachtet. Nach offizieller Vorstellung galt das gesamte Gebiet als Sammelraum für die spätere Aussiedlung der Juden an den Westrand des Urals. Bis es soweit war, sollten die Juden in Ostpolen konzentriert werden. Man ging davon aus, dass dabei eine Dezimierung der Deportierten durch Verhungern und Krankheit unausweichlich war, und das war auch so geplant. Mit dem Scheitern des Russlandfeldzuges wurde dieser Sammelraum zum Vernichtungsraum. Zwischen Oktober 1941 und dem 20. Januar 1942, dem Datum der bereits einmal verschobenen Wannsee-Konferenz, fiel der letzte Schritt zwischen politischer Willensbildung und praktischer Umsetzung des Völkermordes an den Juden.[39] Es entstanden im Generalgouvernement Konzentrations- und Vernichtungslager wie Majdanek, Sobibor, Belzek und Treblinka.

Heydrich war zwar derjenige, der die „Endlösung“ unablässig vorantrieb, er ließ aber seinen Untergebenen und den Dienststellen, mit denen das RSHA zusammenarbeiten musste, große Spielräume. Hunderte von Vorschlägen und Denkschriften „engagierter“ Mitarbeiter erreichten ihn, die nichts anderes bezweckten, als das effektive „Beseitigen“ der Juden.[40] Auf der Wannsee-Konferenz erzielte Heydrich den Konsens zwischen allen in Frage kommenden Verantwortlichen für die „Endlösung“. Heydrich berief sich bei dieser Konferenz in erster Linie auf einen Auftrag Görings an ihn, die Vorbereitung für die Endlösung zu treffen. Für Göring waren wirtschaftliche und besonders ernährungspolitische Erwägungen maßgeblich. Im Januar 1942 entstand ein Nahrungsmittelengpass, die Rationen im Feldheer mussten sogar gekürzt werden. Mit der Beseitigung von Millionen Juden fielen diese als „unnütze Esser“ fort. Justizministerium und Reichskanzlei setzten durch, dass Juden in Mischehe und Mischlinge zunächst von der Tötung ausgenommen werden sollten und begründeten dies mit einem überproportionalen Verwaltungsaufwand. Hinsichtlich der Mischehen und Mischlinge wurde abschließend keine Einigung erzielt. Das blieb so bis zum Ende des Dritten Reiches und rettete auch in Mülheim etlichen Menschen das Leben. Das Konferenzprotokoll macht deutlich, dass Staatssekretär Stuckart vom Innenministerium, der eine juristisch eindeutige Regelung für Mischlinge 1. und 2. Grades und Juden mit nichtjüdischen Ehepartnern erreichen wollte, eine „einfache“ Lösung verhinderte. Hofmann vom Rasse- und Siedlungshauptamt der SS schlug die freiwillige, Stuckart eine zwangsweise Sterilisierung dieser Personengruppe vor, auch

38 Ebd., S. 365 f. Dort Umrechnungskurse für alle Währungen.

39 G. Aly *Endlösung. Völkerverschiebung und Mord an den europäischen Juden*, 3. Aufl. Frankfurt: Fischer, 2005, S. 358 ff.

40 Aly spricht geradezu vom „System Heydrich“. Vgl. G. Aly, *a.a.O.*, S. 382–394.

eine Zwangsscheidung wurde erörtert, doch erwies sich eine gesetzliche Regelung hierfür als viel zu schwierig.[41] Die Wehrmacht bestand darauf, dass jüdische Kriegsteilnehmer mit Auszeichnungen des Ersten Weltkrieges allenfalls in das „Altenghetto" Theresienstadt zum Arbeitseinsatz deportiert werden sollten. Gauleiter, Parteidienststellen und Finanzministerium wollten so schnell wie möglich den Zugriff auf das Vermögen und in besonders vom Bombenkrieg betroffenen Gebieten auch die Wohnungen der Abtransportierten. Als ausführende Organe wurden die Sicherheitspolizei und der Sicherheitsdienst der SS bestimmt. Nach dem Prinzip der „kumulativen Radikalisierung" schuf die Wannsee-Konferenz den bürokratischen und verwaltungstechnischen, teilweise auch gesetzlichen Rahmen von Großtötungsaktionen auf Grundlage der geschaffenen Rechtsnormen.

Die Deportation nach Izbica

Auch Generalgouverneur Hans Frank wurde von der „Notwendigkeit" der Endlösung überzeugt und so geriet das Generalgouvernement in den Mittelpunkt der Massenvernichtungsaktionen. Das Gebiet um Lublin mit dem Ort Izbica wandelte sich genauso wie Auschwitz in einen Hauptvernichtungsraum für Juden aus ganz Europa. Genau wie in Riga wurde auch in dem kleinen Ort Izbica, der früher vorwiegend von Juden bewohnt war und in den im Laufe des Jahres 1941 viele Juden aus dem Wartheland umgesiedelt worden waren, erst die bereits vorhandene jüdische Bevölkerung „herausgesiedelt", das heißt ins neu errichtete Vernichtungslager Belzek geschafft. Der Ort Izbica lag direkt an einer wichtigen Bahnstrecke dorthin und konnte deshalb als Sammelpunkt dienen für die spätere Fahrt in ein Vernichtungslager.

Über die Deportation nach Izbica am 22. Aprli 1942 steht eine lückenlose Quellensammlung zur Verfügung.[42] Für die Essener Juden hat Michael Zimmermann mit Akribie das Verwaltungshandeln und die wichtigsten Ereignisse zusammengefasst.[43] Aus Mülheim waren 16 jüdische Menschen dabei, keiner hat überlebt. Bei diesem Transport wird deutlich, dass der Ablauf der Deportation optimiert worden war und sich inzwischen eine Routine eingestellt hatte. Die Schwierigkeiten, die sich in Essen wegen eines Einspruchs des Arbeitsamtes, das auf jüdische Facharbeiter nicht verzichten wollte, ergaben, stellten sich in Mülheim nicht. Es handelte sich bis auf wenige Ausnahmen um schon ältere Mülheimer, Sophie Marx war schon 66 Jahre alt, Hans und Walter Rosenbaum von der Meidericher Straße in Styrum aber erst 18 und 21 Jahre. Alle drei Mitglieder der Familie Rosenbaum, die nach Izbica verschleppt wurden, blieben dort aber einige Zeit, bevor sie nach Auschwitz kamen. Sie wurden im Mai 1945 für tot erklärt und sind aller Wahrscheinlichkeit in einer Gaskammer ums Leben gekommen.[44] Die meisten Deportierten

41 C. Gerlach, *a.a.O.*, S. 125–129.

42 HStAD, Mikrofilm A 28.

43 Michael Zimmermann, „Die Deportation der Juden aus Essen und dem Regierungsbezirk Düsseldorf", in: Ulrich Borsdorf u. Mathilde Jamin (Hg.) *Über Leben im Krieg*. Hamburg: Rowohlt, 1989. S. 126–142.

44 Namenslisten bei B. Kaufhold, *a.a.O.*, S. 238 ff.

wurden schon nach einem oder einigen Tagen in Izbica nach Sobibor, Maidanek, Treblinka oder Belzec, die ganz in der Nähe lagen, gebracht, um dort ermordet zu werden. Bemerkenswert ist, dass der Deportationszug jetzt aus Güterwagen bestand, die Gestapo die Juden aber als Passagiere dritter Klasse buchte. Es gab einen günstigen Gruppentarif. Gebucht wurden die Fahrkarten und auch die Packwagengestellung, die alleine 2.322 RM kostete, zu Lasten der Gestapo-Leitstelle in Düsseldorf. Von ihrem flüssigen Vermögen hatten alle zu Deportierenden 25% an die Reichsvereinigung der Juden zu „spenden" gehabt, die nicht nur unter Gestapo-Aufsicht stand, sondern auch das Sonderkonto „W" der Reichsvereinigung wurde von ihr verwaltet. Von diesem Konto wurden die Fahrkarten bezahlt, die Juden hatten also für den Weg in ihre Vernichtung selbst aufzukommen.[45] Da Zugraum immer knapper wurde, die Transporte mit jüdischen Menschen aus ganz Europa aber noch bis zum Juli 1942 gesteigert wurden, pferchte man die Juden in Güterwaggons ein. Die Mülheimer Juden waren erst am späten Morgen zum Bahnhof gebracht worden. Sie fuhren in einem Zubringerzug direkt zum Bahnhof Düsseldorf-Derendorf. Diesmal waren viel mehr Polizisten im Einsatz. Den Juden nahm man fast alles ab, was sie mitgebracht hatten, auch wenn sie instruiert worden waren, alles Notwendige mitzuführen. Selbst Lebensmittel und Medikamente duften sie zum größten Teil nicht behalten. Diese wurden von der Gestapo an die Kreisstelle des Roten Kreuzes in Düsseldorf weiter gereicht und von dort wiederum an ein Soldatenheim, ein Reservelazarett und an die Truppen-Erfrischungs- und Verpflegungsstelle im Düsseldorfer Hauptbahnhof abgegeben. Eine erhebliche Anzahl an Dingen des täglichen Lebens, Bekleidung und Textilien nahm man den Juden weg. Dies ging später an die NSV.[46] Im Zug fuhren sogar jüdische Ordner mit, die jeweils für einen Wagen verantwortlich waren. Auch die Begleitmannschaften, wieder 15 Mann und ein Offizier, waren besser ausgerüstet worden mit Winterkleidung, Filzstiefeln und ausreichender Marschverpflegung.

Noch für zwei weitere Deportationen wurde eine größere Anzahl von jüdischen Bewohnern Mülheims selektiert, die nach Auschwitz am 21.4.1942 und die nach Theresienstadt am 21.7.1942.[47] Nach Auschwitz wurden 48 Personen deportiert, wovon niemand überlebt hat, nach Theresienstadt kamen über 50. Auch in den Jahren 1943 und 1944 gab es noch Transporte einzelner Mülheimer Juden nach Theresienstadt und Auschwitz. Auch aus Konzentrationslagern in Buchenwald und Dachau als Zwischenstation wurden Mülheimer nach Auschwitz deportiert. In Theresienstadt kamen Mülheimer Juden ums Leben, einige schaffte man aber auch von dort zur Tötung nach Auschwitz. Neu an der Deportation nach Theresienstadt, dem so genannten Altersghetto, war eine Verfügung per Schnellbrief des RSHA an die Stapo-Leitstelle in Düsseldorf, durch die eine Änderung der Evakuierungsrichtlinien erfolgte, denn es hieß jetzt, über 65-Jährige und über 55-Jährige gebrechliche Juden mit ihren Ehegatten und Juden mit Kriegsauszeichnungen aus dem Ersten Weltkrieg sollten zum „Arbeitseinsatz" evakuiert werden.[48] Aus diesen Kategorien

45 M. Zimmermann, *a.a.O.*, S. 131 und 133.

46 Eine Genaue Liste der beschlagnahmten Dinge Ebd., S. 135.

47 Vgl. B. Kaufhold, *a.a.O.*, S. 223.

48 Michael Zimmermann, „Die Gestapo und die regionale Organisation der Judendeportationen", in: Gerhard Paul und Klaus-Michael Malmann (Hg.), *Die Gestapo. Mythos und Reali-*

sollten wiederum ausländische Juden im Arbeitseinsatz und „Rechtskonsulenten" und „Krankenbehandler"[49] ausgenommen sein. Der Begriff „Arbeitseinsatz" wurde gewählt – obwohl klar war, dass die Selektierten ganz überwiegend gar nicht arbeitsfähig waren –, um die Beschlüsse der Wannsee-Konferenz einzuhalten. Unter den mit Zubringerzügen und Krankenwagen nach Düsseldorf-Derendorf reisenden Menschen waren auch kaum transportfähige oder solche, die durch Krankheit gezeichnet waren. Selbst aus dem Düsseldorfer jüdischen Krankenhaus wurden gebrechliche Personen zum Schlachthof, der wie immer als Sammellager für die zu Evakuierenden diente, gebracht und dort zunächst auf Matratzen gelagert. Ansonsten lief das Procedere ähnlich ab wie bei den vorherigen Deportationen. Aller Wahrscheinlichkeit nach brachten Polizisten bzw. SS-Männer die Mülheimer Juden zunächst zum Bahnhof Essen-Nord, von wo ein Zubringerzug, der auch schon einen Gepäckwagen umfasste, direkt nach Düsseldorf-Derendorf fuhr.

Von den insgesamt 290 Mülheimer Juden, die die Stadt verlassen mussten, um das ihnen zugedachte Schicksal zu erleiden, haben nach den Schätzungen von Pastor Bennertz und Barbara Kaufhold 40 das Konzentrationslager überlebt. Julius Levy, der eine evangelische Frau hatte, blieb den ganzen Krieg über in Mülheim. Als man ihn 1944 abholen wollte, versteckten ihn seine Frau und Nachbarn bis Kriegsende. Er überlebte in Mülheim.[50]

Kontrolle, Terror, Vernichtung

Da sich die Vollstrecker des Holocaust am Wannsee nicht eindeutig darauf einigen konnten, was mit Juden ausländischer Staatsangehörigkeit, Mischlingen und Mischehen-Juden zu geschehen habe, wurde mit dieser Personengruppe unterschiedlich verfahren. Ernst Fraenkel, der in den siebziger Jahren die These von der Doppelnatur des NS-Staates aufgestellt hat, dem auf politischen Willkürmaßnahmen gründenden Maßnahmenstaat und dem einem gesetzlichen Ordnungsrahmen verpflichteten Normenstaat,[51] verkennt, dass kaum eine Trennung zwischen beiden vorgenommen werden kann, da sich beide bedingen. Die Gestapo bewegte sich durchaus in dem positiven rechtlichen Rahmen der Verordnungen und Verfügungen, auch wenn diese demokratisch-rechtsstaatlichen Kriterien von heute nicht entsprechen. Wenn man Fraenkels theoretischen Ansatz aber aufgreifen will, lässt er sich am Ehesten in den Maßnahmen gegenüber den jüdischen Mischlingen und in Mischehe Lebenden erkennen. An verschiedenen Orten verfuhren die Partei- und Polizeiorgane unterschiedlich mit diesen Menschen und nutzten damit ihre persönlichen Möglichkeiten aus, Terror auszuüben oder nachsichtig zu sein.

In Mülheim zum Beispiel lebte eine Familie ungarischer Herkunft, in der die Mutter Jüdin war. Sie konvertierte zwar 1936 zum katholischen Glauben, doch galt sie weiterhin als Jüdin. Ihr Sohn, der unter dem Pseudonym Ludwig Fischer über sein Leben in

tät. Darmstadt: WBG, 1995. S. 358.

49 Es handelte sich dabei um ehemalige Rechtsanwälte und Ärzte.

50 Barbara Kaufhold, *a.a.O.*, S. 209–213.

51 Ernst Fraenkel, *Der Doppelstaat*. Frankfurt/Main, 1974, S. 21–32.

Mülheim berichtete,[52] macht deutlich, wie die Familie behandelt wurde. 1944, vor dem Hintergrund des totalen Krieges und der zunehmenden Radikalisierung aller staatlichen Maßnahmen, wurden auch Juden ausländischer Nationalität zu Opfern des Terrors, obwohl keine verbindliche Rechtsregelung existierte. Die Gestapo konnte allerdings, auch gestützt auf Denunziationen, wegen Vergehens gegen das Heimtückegesetz, Wehrkraftzersetzung oder anderen Delikten wie Verstößen gegen die Verordnung über außerordentliche Rundfunkmaßnahmen, gegen jedermann, also auch ausländische Juden, vorgehen. So geriet auch Ludwig Fischers Mutter Anfang 1944 in die Fänge der Gestapo und weiter in das KZ Bergen-Belsen. Ihrem Ehemann, der ebenfalls Ungar war, gelang es auf Grund guter persönlicher Verbindungen sie frei zu bekommen, denn es gab tatsächlich keinerlei Grundlage für die Internierung. Bei der zunehmenden Erfassung der Menschen zum Kriegsdienst oder zur Arbeit in Rüstungsbetrieben und der Knappheit an Arbeitskräften spielte die Zwangsarbeit eine immer stärkere Rolle.

Bild 17: Mülheimer Juden bei der Zwangsarbeit im Broicher Wald, 1941

Schon seit 1939 waren Juden oftmals in geschlossenen Gruppen zu kurzzeitigen Arbeitseinsätzen zusammengefasst worden. Dabei organisierte das örtliche Arbeitsamt diese Maßnahmen. Seit 1943 wurden die im Reich verbliebenen Juden aus ihrer häuslichen Umgebung herausgerissen, in Arbeitslagern untergebracht und dort unter die Aufsicht der SS oder der Sicherheitspolizei gestellt.[53] Es traf auch Ludwig Fischers Mutter, sie kam in ein Arbeitslager bei Zeitz und danach nach Theresienstadt. Auch Ludwig Fischer, der

52 B. Kaufhold, *Erinnerungen werden wach. Zeitzeugenberichte aus Mülheim a.d. Ruhr 1933–1945.* Essen: Klartext Verlag, 2001, S. 104–113.

53 Ebd., S. 110.

1943 19 Jahre alt wurde, war als so genannter Mischling ausländischer Nationalität fortwährenden Diskriminierungen ausgesetzt. Beim großen Juni-Angriff auf die Stadt holte der junge Mann mit anderen Helfern fünf Verschüttete aus den Trümmern. Während die Retter später bei einem Festakt dafür geehrt wurden, musste Ludwig seine Auszeichnung „vor der Tür abholen".[54] Auch er wurde vom Arbeitsamt in Mülheim zur Zwangsarbeit nach Blankenburg im Harz geschickt, das Konzentrationslager blieb ihm aber erspart.

Selma Brohn war Jüdin und heiratete 1924 ihren christlichen Mann in Mülheim. Eine solche Ehe galt als Mischehe, für die bei der Wannsee-Konferenz keine abschließende Regelung gefunden worden war. Dies schloss aber nicht aus, dass solche jüdische Menschen von der Gestapo schikaniert wurden. Das konnte wie im Fall Selma Brohn zu willkürlichen Verhaftungen für kurze Zeit und vielen anderen diskriminierenden Maßnahmen führen.[55] 1942 wurde sie von zwei SS-Männern abgeholt, allerdings zur Zwangsarbeit, denn laut Deportationsrichtlinien fiel sie nicht unter die zur Vernichtung Bestimmten. Im Februar 1944 erfolgte dann doch ihr Weitertransport nach Theresienstadt. Ihre Erlebnisse in diesem KZ beschrieb sie in einem Erlebnisbericht,[56] der klar macht, auf welch perfide Art und Weise die SS das Ghetto ausländischen Besuchern als „Musteranlage" präsentierte. Waren die ausländischen Besucher weg, kehrte der mörderische Alltag wieder ein. Durch Seuchen und mangelnde Hygiene wurden die KZ-Insassen dezimiert. Für geringste Vergehen erfolgte die Erschießung in einer eigens dafür errichteten Genickschussanlage. Nur durch Zufall und ihre Arbeit in der Lagerapotheke konnte Selma Brohn überleben.

Abschließend soll noch kurz versucht werden zu erklären, wie es zu diesen ungeheuerlichen Verbrechen kommen konnte, die einen Zivilisationsbruch bedeuten und die kollektive Erinnerung bis heute belasten. Der Krieg hat die „Endlösung der Judenfrage" in einen industriellen Massenmord kulminieren lassen. Himmler, der in einer Geheimrede den Mord an den Juden als „Ruhmesblatt unserer Geschichte" bezeichnete, obwohl es schwer gewesen wäre, „dies durchgehalten zu haben, und dabei – abgesehen von Ausnahmen menschlicher Schwächen – anständig geblieben zu sein"[57], macht gerade auf diese Weise deutlich, dass es gerade nicht so einfach war, sein Gewissen mit einer angeblich notwendigen Tat zu beruhigen. Die Stigmatisierung und Entmenschlichung der Juden durch die Nazis konnte zwar auf antisemitische Tendenzen in der deutschen Geschichte zurückgreifen, doch widersprach diese Haltung der „elementaren Logik menschlichen Zusammenlebens"[58], auch aus diesem Grund versuchte das Regime das, was man den jüdischen Menschen antat, die vor 1935 noch als Mitbürger galten und danach auf einmal nicht mehr Mitbürger, Nachbarn oder Freunde sein konnten, geheim zu halten. Wenn man die Augenzeugenberichte Mülheimer Bürger liest,[59] wird klar, das viele ein diffuses,

54 Ebd., S. 109.

55 *Widerstand und Verfolgung, a.a.O.,* S. 200–201.

56 Ebd., S. 202–204.

57 T. Jersak, *a.a.O.,* S. 273. Bezug ist Himmlers Posener Rede vor den Reichs- und Gauleitern am 6.10.1943.

58 Ebd., S. 322–325.

59 Vgl. B. Kaufhold, a.a.O.

ungutes Gefühl angesichts der zunehmenden Entrechtung der Juden beschlich. Aber die meisten Menschen schwiegen ängstlich, verschlossen die Augen vor dem, was sie sahen oder verdrängten die Tatsachen. Dass sich umgekehrt auch die Juden in die ihnen von den Nazis zugedachten Rollen einfügten und selbst den Tod als anzunehmendes Schicksal akzeptierten, ist eine besonders perfide Konsequenz aus den nationalsozialistischen Maßnahmen. Goebbels glaubte, dass immer wieder die Notwendigkeit bestünde, den Volksgenossen klar zu machen, dass die Juden Deutschlands Verderben wären. In einem speziellen Artikel, der in vielen Zeitungen und Zeitschriften des Reiches im Jahr 1941 erschien, dem Jahr, als der Holocaust endgültige Gestalt annahm, hieß es: „Die Juden sind Schuld". Diese Behauptung führte Goebbels folgendermaßen aus:

> *„Die historische Schuld des Weltjudentums am Ausbruch und an der Ausweitung dieses Krieges ist so hinreichend erwiesen, dass darüber keine Worte mehr zu verlieren sind."*
> …
> *„In dieser geschichtlichen Auseinandersetzung ist jeder Jude unser Feind, gleichgültig, ob er in einem polnischen Ghetto vegetiert oder in Berlin oder in Hamburg noch sein parasitäres Dasein fristet oder in New York oder Washington in die Kriegstrompete bläst. Alle Juden gehören aufgrund ihrer Geburt und Rasse einer internationalen Verschwörung gegen das nationalsozialistische Deutschland an."* …
> *„Schon ihretwegen müssen wir den Krieg gewinnen. Verlören wir ihn, so würden sich die harmlos tuenden jüdischen Biedermänner plötzlich in reißende Wölfe verwandeln. Sie würden sich auf unser Volk, auf unsere Frauen und Kinder stürzen, um an ihnen ein Rachewerk zu vollziehen, für das es in der Geschichte kein Beispiel gibt."* …
> *„Die Juden genießen den Schutz des feindlichen Auslandes. Es bedarf keines weiteren Beweises für ihre verderbliche Rolle in unserem Volk."* …
> *„Dem anständigen Feind gebührt nach der Niederlage unsere Großmut. Aber der Jude ist kein anständiger Feind. Er tut nur so."*[60]

Alles, was der Reichspropagandaminister in seinem Pamphlet an Thesen aufstellte, war gelogen, unbeweisbar und unlogisch, drückte aber eine diffuse Angst vor einem angeblichen jüdischen Komplott gegen alles Deutsche aus. Die kleinbürgerliche, traditionsgebundene, bodenständige, im nationalen Charakter das Heil suchende völkische Ideologie empfand intuitiv das Jüdische als Gegenpol zu den eigenen Werten. Dan Diener hat deutlich gemacht, dass gerade das „Merkurische" im Sinne von sozialer Kommunikation, Mobilität, Anpassungsfähigkeit, Verwandlungsfähigkeit und Internationalität, die sich allesamt als Kriterien der Modernität erwiesen haben,[61] das „jüdische Jahrhundert" kennzeichnet. Den Nazis war aber gerade das unheimlich und fremd. Ralf Dahrendorf, der den Rollenbegriff in der Gesellschaft herausgearbeitet hat, gibt eine Erklärung, die

60 J. Goebbels, *Das Eherne Herz*. München: Zentralverlag der NSDAP, 1942. S. 85–91.
61 Dan Diener im Vorwort zu Yuri Slezkine, *Das jüdische Jahrhundert*. Göttingen: Vandenhoeck & Ruprecht, 2006. S. 9 f.

das Phänomen beleuchtet.[62] Viele Juden hatten gerade ein flexibles Rollenverständnis entwickelt und kamen damit sozialen Erwartungen entgegen, die für eine moderne und wandlungsfähige Gesellschaft notwendig sind. Der nationalsozialistische Mensch erhielt seine soziale Rolle vom Staat und wurde damit sein passives Anhängsel. Damit verlor er seine individuelle Freiheit und ordnete sich den Zumutungen und Werten des abstrakten – im Führer repräsentierten – Staates unter. Fremdenhass und Rassenwahn, gepaart mit den „thymotischen" Energien, die eine ganz eigene, entgrenzte Dynamik entfalteten, konnten den Zivilisationsbruch bewirken, der die deutsche Geschichte bis heute belastet. Vergessen werden dürfen aber auch nicht die typisch deutschen Verwaltungsstrukturen und das Dienstrecht und Amtsverständnis der Beamten, das den Massenmord in partielle Amtsgeschäfte zerlegte und Menschen auf formale Verwaltungsakte reduzierte. Besonders in letzterer Hinsicht offenbart unser heutiger Staat immer noch gewisse Schwachstellen.[63]

62 Ralf Dahrendorf, *Homo Sociologicus. Ein Versuch zur Geschichte, Bedeutung und Kritik der Kategorie der sozialen Rolle*. 16. Auflage. Wiesbaden: Verlag Sozialwissenschaften, 2006.

63 Vgl. das erste Kapitel und die dort beschriebenen Entscheidungen von BVG und OVGNRW.

„Reichsfeinde“ und deren Verfolgung

Die Familie Jakob Frosch

An einigen ausgewählten Beispielen soll nun beschrieben werden, was mit Menschen in Mülheim geschah, die als fremdvölkisch oder rassisch minderwertig definiert wurden. Zu dieser Menschengruppe gehörten die Sinti und Roma (Zigeuner). Auch für diese Menschen entwickelte sich die NS-Politik immer mehr in Richtung „Endlösung“, also ihrer physischen Vernichtung. Bereits seit 1933 war es Aufgabe der Kriminalpolizei, die „Zigeuner“ zu erfassen und zu kontrollieren, und bis zum Kriegsende blieb diese Aufgabe in den Händen der Polizei und nicht der Gestapo. In einem Erlass hatte Himmler als Chef der Deutschen Polizei unter der Bezeichnung „Bekämpfung der Zigeunerplage“ genaue Anweisungen zur Behandlung dieser Menschen gegeben.[1] In drei Schritten sollte das „Problem“ angefasst werden: Erfassung der betroffenen Gruppe, die oft noch ohne festen Wohnsitz herumreiste, Festsetzung und Vermögenseinziehung und schließlich Deportation in ein Vernichtungslager. Die Polizeileitstelle in Düsseldorf unterhielt eine Dienststelle für Zigeunerfragen. Von dort gingen Weisungen an den Polizeipräsidenten Oberhausen/Mülheim, einige Male auch über die Essener Polizeileitstelle.

Über den in Mülheim einige Zeit ansässigen „Zigeuner“ Jakob Frosch gibt dessen Wiedergutmachungsakte Auskunft.[2] Frosch wurde am 29.7.1900 in Kienburg, einer Kleinstadt im Bezirk Traunstein, geboren. Als Grund für seine mehrmalige Gefangensetzung wurde seine fremdrassische Zugehörigkeit als ungarischer Zigeuner angegeben. Insgesamt war er drei Jahre, einen Monat und 19 Tage eingesperrt. Seine Frau Rosa heiratete er am 19.9.1939 in Oberhausen-Osterfeld. Beide hatten beim Zirkus Althoff als Artisten gearbeitet, jedoch wurde der Vertrag gelöst, als ihnen im September 1939 die weitere Ausübung des Berufs verboten wurde. Die Familie Frosch, zu der mittlerweile auch vier Kinder gehörten, lebte in einem Wohnwagen an der Holzstraße bzw. der Kreuzstr. 70. Es hat sich wohl um einen größeren Wohnwagen gehandelt, da einige Male auch von zwei Wohnwagen die Rede ist.

Mit einem Erlass des Reichsführers SS und Chef der Deutschen Polizei Himmler vom 16.12.1942, der mit Schnellbrief des Reichssicherheitshauptamtes (RSHA) am 29.1.1943 an die Polizeidienststellen ging, begann der eigentliche Leidensweg der Familie Frosch. Dieser Erlass ermöglichte die Kollektivverfolgung aller Sinti und Roma aus rassischen Gründen mit der simplen Behauptung, alle in ein Konzentrationslager einzuweisenden oder eingewiesenen Personen seien per definitionem staats- und reichsfeindlich. Eine Formulierung, die die Einziehung des Vermögens dieses Personenkreises absicherte. Um den Schein zu wahren, sandten die Mittelbehörden mit Zustellungsurkunde eine Einziehungsverfügung an die Betroffenen. Als die Ereignisse sich beschleunigten, ging man

1 Hans-Joachim Döring. *Die Zigeuner im nationalsozialistischen Staat*. Hamburg, 1964, S. 197 ff.

2 StAMH, 2001/87.

dazu über, die Verfügung nur noch als vierzehntägigen amtlichen Aushang zu veröffentlichen. War die Zeit verstrichen, hatten die Finanzämter Zugriff auf das Vermögen der Festgenommenen oder schon Deportierten. So auch im Fall der Familie Jakob Frosch. Die Eheleute kamen am 2.2.1943 in das Familienghetto Auschwitz-Birkenau. Dort wurden allerdings die Kinder von den Eltern getrennt und mit hoher Wahrscheinlichkeit vergast. Jakob Frosch erhielt die Häftlingsnummer 2510. Es ist von mehreren Misshandlungen des Mannes die Rede, so wurden ihm einmal 85 Stockhiebe auf den Rücken verabreicht. Laut Aussage der Ehefrau Rosa starb ihr Mann im September 1943 in ihren Armen an einer Typhus- und Malariaerkrankung. Rosa Frosch überlebte das KZ und verlangte nach dem Krieg Wiedergutmachung, denn ihr Wohnwagen mit der Kücheneinrichtung und aller Habe, was auch Schmuck im Wert von über 15.000 RM und Bargeld einschloss, war vom Mülheimer Finanzamt versteigert worden. Auf diese Weise lässt sich zumindest dieser Vorgang rekonstruieren, denn die meisten solcher Versteigerungsaktionen sind aktenmäßig nicht mehr zu erschließen. Der Wohnwagen ging zu einem Preis von 370 RM nach Gronau. Das Bargeld wurde an die Polizeikasse in Mülheim abgeführt.

Johannes vom Bruch

Johannes wurde am 28.2.1919 in Mülheim an der Ruhr geboren. Er litt unter diversen Kinderkrankheiten, lernte erst spät laufen und wiederholte eine Klasse der Volksschule. Weil er auch seine Lehre als Klempner nicht abschließen konnte, arbeitete er als Hilfsarbeiter bei der AEG in Mülheim. Der Vater bezeichnete seinen Sohn als Sorgenkind.[3] Trotz seiner geistigen Behinderung führte er aber zunächst ein ganz normales Leben. Als zukünftiger „Volksgenosse" trat er in die Hitlerjugend ein und wurde Mitglied der SA. Als er am 1.4.1939 zum Reichsarbeitsdienst eingezogen wurde, fiel seine schwache geistige Konstitution auf und man zog ihn zu niederen Arbeiten wie dem Toilettenreinigen heran. Am 8.12.1940 wurde Johannes Soldat. In Russland erkrankte er an Malaria. Nach überstandener Krankheit gelangte er über seinen Ersatztruppenteil in Aachen wieder nach Russland. Seine Vorgesetzten nahmen auf sein geistiges Vermögen keine Rücksicht, sondern versuchten, den jungen Mann mit Druck und Strenge zu einem „richtigen" Soldaten zu machen. Beim Knüppeldammbau trieben sie Johannes bis an die Grenze seiner körperlichen Belastbarkeit, und das führte schließlich zu seinem völligen seelischen und körperlichen Zusammenbruch. Beim Ersatztruppenteil in Aachen, zu dem er zurück geschickt wurde, legten seine Vorgesetzten seine schwache Konstitution als „Schwerverbrechertum" aus. Er wurde aus der Wehrmacht entlassen und eines Tages nach Mülheim zur Kriminalpolizei überstellt, da die örtliche Gestapoabteilung bereits geschlossen hatte.[4] Nach zwei Tagen wurde er entlassen und nahm seine Arbeit bei der AEG wieder auf. „ In den folgenden vier Wochen versuchten Johannes Eltern ihren Sohn

3 Meine Ausführungen stützen sich auf einen für das Stadtarchiv Mülheim angefertigten Bericht anlässlich der „Aktion Stolpersteine" von Marlin Boes und Julia Neumann über den Lebensweg von J. v. B.. der auf schriftlichen Aufzeichnungen von H. v. B., dem Vater des Verfolgten, beruht.

4 StAMH, 2001/477.

wieder aufzubauen, denn er litt unter starkem Gewichtsverlust und Depressionen. Selbst die Ausübung der motorischen Fähigkeiten war nur unter ständigem Einsatz von Hilfsmitteln möglich. Nach einer Verbesserung seines sowohl seelischen als auch körperlichen Zustandes, arbeitete der junge Mann von 1942 bis zum 17.4.1943 in der Mülheimer Fabrik, denn an diesem Tag wurde er von der Staatspolizei Mülheim an der Ruhr vorgeladen. Von dort kehrte er nicht mehr ins öffentliche Leben zurück."[5] Der Vater wandte sich in seiner Verzweiflung sogar schriftlich an Goebbels mit der Bitte, den geistig und körperlich stark angegriffenen Sohn in die Obhut der Eltern zu entlassen, aber das brachte ihm nur eine Vorladung bei der Gestapo ein. Er sollte sich dort schriftlich verpflichten, alle Nachforschungen bezüglich seines Sohnes einzustellen. Der Vater lehnte ab und wurde daraufhin 20 Stunden in Einzelhaft genommen. Nur mit Rücksicht auf seine schwerkranke Frau willigte er schließlich ein und machte sich deswegen ein Leben lang Vorwürfe. Johannes vom Bruch überstellte die Gestapo in das KZ Buchenwald, wo er am 23.12.1944 verstarb. Die näheren Umstände seines Todes sind nicht bekannt. Erst am 20.1.1945 erhielten die Eltern Nachricht vom Ableben ihres Sohnes. Bis zu diesem Zeitpunkt hatten sie nichts über ihn in Erfahrung bringen können.

Polizisten aus dem Ruhrgebiet beim Völkermord

Im September 1939 betrug die Zahl der deutschen Polizisten 131.000 Mann, davon waren ohne die Verwaltungsbeamten 121.000 Mann für konkrete Einsätze vorgesehen, dazu kam eine Reserve von 91.000 Angehörigen der Jahrgänge 1901 bis 1909, die militärisch nicht ausgebildet worden waren und von der Wehrmacht zur Polizei überstellt wurden.[6]

Schon am Angriff auf Polen hatten deutsche Polizisten teilgenommen und sich bei der Verfolgung und Erschießung von Juden und polnischen Nationalisten hervorgetan, diese Polizisten kamen auch aus dem Bereich der Polizeiverwaltung Oberhausen/Mülheim. Himmler, der seit dem 17.6.1936 Chef der Deutschen Polizei und Reichsführer der SS war, versuchte die Polizei mit der SS zu verklammern, indem er die Aufnahme von Polizisten in die SS unterstützte. Die enge Verzahnung wurde besonders deutlich mit der Einführung der Höheren SS- und Polizeiführer (HSSPF) im November 1937. Mit Beginn des Russlandfeldzugs erhöhte sich die Zahl der Ordnungspolizei auf 276.000 Mann, ferner fand eine Aufnahme von Polizeiformationen in die Wehrmacht statt, reine Polizeiregimenter kämpften aber auch wie reguläre Militäreinheiten zum Beispiel bei der Partisanenabwehr in der Ukraine und in Weißrussland.

Das Reservepolizeibataillon 66 soll auch aus Polizisten der Polizeiverwaltung Oberhausen/Mülheim bestanden haben.[7] Die 1. bis 3. Kompanie wurde im August 1941 in Köln neu aufgestellt und bildete mit anderen Einheiten das Reserve-Polizeibataillon

5 Bericht Boes und Neumann für das StAMH

6 H.-J. Neufeldt, J. Huck, G. Tessin, *Zur Geschichte der Ordnungspolizei 1936–1945*. Teil II. Koblenz, 1957, S. 13.

7 D. Kusenberg, *Lucian (Lutz) Damianus Wysocki. Der ungesühnte Aufstieg vom Polizeipräsidenten zum SS-General im Osten*. Oberhausen: Laufen Verlag, 1999, S. 45.

69.[8] Ein Zug der 3. Kompanie erschoss im September oder Oktober 1941 zwölf Personen in der Nähe von Brest-Litowsk durch Genickschuss in einer Grube und später drei Männer und eine Frau auf Veranlassung des Gebietskommissariats in Slonim. Sie waren vorher von einem Kriegsgericht als Saboteure verurteilt worden. Die Opfer selbst mussten vorhandene Erdgruben vertiefen, sich bis auf die Unterwäsche entkleiden, sich auf den Bauch in die Grube legen und wurden dann durch Schüsse in den Hinterkopf getötet, wobei der Zugführer noch mehrere Nachschüsse abgab.[9] Bei der Aktion gegen das Ghetto von Slonim bewachten Angehörige der 3. Kompanie die Absperrung der Stadt, während lettische und litauische Polizisten zusammen mit Leuten des Sicherheitsdienstes und Soldaten des 727. Infanterieregiments abseits der Stadt 9.000 Juden töteten.

Das Polizeibataillon 317, das dem Polizeipräsidium Oberhausen-Mülheim zugeordnet war und mit Remscheidern und Einheimischen besetzt war, wurde im Juli 1941 von der Oberhausener Polizeikaserne nach Weißrussland versetzt. Es unterstand dort der 286. Sicherungsdivision.[10] Die 1. Kompanie des 317. Polizeibataillons erlitt im Kampf gegen Partisanen Verluste von zehn Toten und sechs Verwundeten. Für die Toten mussten im März 1942 Gräber in den Boden gesprengt werden. Ob das Bataillon, das wahrscheinlich im Juli 1942 in das Ruhrgebiet zurück verlegt wurde, auch an einem Massaker an jüdischen Menschen in einer Kiesgrube unweit von Propoisk teilnahm, haben auch die Gerichte nicht klären können. Auch die Erschießung von 30 sowjetischen Bürgern, darunter auch kleine Kinder, ebenfalls in einer Kiesgrube, konnte nicht zweifelsfrei bewiesen werden.[11]

Die Polizei-Reiterabteilung II, die aus drei Schwadronen bestand, wurde 1940 in Essen aus je zehn Reitern verschiedener Polizeiverwaltungen im Rheinland und Westfalen, darunter auch Oberhausen/Mülheim, zusammen gestellt.[12] Diese bildeten die 1. Schwadron. Da die 2. und 3. Schwadron aus norddeutschen und schlesischen Reitern bestand, sollen hier nur die Taten der 1. Schwadron erwähnt werden. In Stolin, südlich von Pinsk in der Ukraine, sollten die Reiter Juden und Zigeuner aufspüren. Ein SD-Angehöriger, der den Polizisten zugeordnet war, entdeckte dabei zwei jüdische Kinder von 12 und 13 Jahren, die gezwungen wurden, sich ihr Grab zu schaufeln, bevor der Mann vom Sicherheitsdienst sie erschoss. Im Dorf Josefine erschoss derselbe die ansässigen Juden. Am 11.9.1942 wurde das jüdische Ghetto in Stolin von der 1. Schwadron und ukrainischer Miliz umzingelt und die Juden auf einem Platz zusammengetrieben. Wer den Befehlen nicht gehorchte wurde zusammengeschlagen bis der Tod eintrat. Nicht gehfähige Menschen erschoss man in den Betten, wer zu langsam lief oder sich widerspenstig verhielt, wurde schon auf der Straße exekutiert. Es war sehr heiß und die Polizisten verweigerten den verängstigten Menschen Wasser. Die Leichen blieben in den Straßen liegen, während

8 Wolfgang Curilla, *Die deutsche Ordnungspolizei und der Holocaust im Baltikum und Weißrussland 1941–1944*. Paderborn: Schöningh, 2006, S. 609.

9 Ebd., S. 610.

10 Ebd., S. 697.

11 Ebd., S. 698.

12 Ebd., S. 676.

ein Zug von ungefähr 7.000 Juden vier Kilometer zu einem Wald marschieren musste. Wer nicht schnell genug war, wurde mit dem Bajonett oder dem Gewehrkolben getötet. Daran waren auch die Reiter beteiligt. Am Rand der Grube, die man bereits ausgehoben hatte, spielten sich grauenhafte Szenen ab, als vier SD-Leute, die reichlich Alkohol konsumierten, jeweils 20 entkleidete Juden zwangen, sich mit dem Gesicht in die Grube zu legen, worauf sie mit Einzelfeuer aus Maschinenpistolen hingerichtet wurden. Dann musste sich die nächste Gruppe auf die Toten legen. Aus der Verhandlung vor dem Landgericht Frankfurt berichtet Curilla über folgende schreckliche Begebenheiten:

> *„Manche Opfer bewegten sich noch, nachdem über ihnen schon andere Juden erschossen worden waren. Ein schon von Leichen bedecktes Kind fing in der Grube zu schreien an. Daraufhin schoss man mit der Maschinenpistole so lange in den Leichenberg hinein, bis das Schreien aufhörte. Ein strampelndes Kleinkind wurde in der Grube unter der schon getöteten Mutter herausgezogen, in die Luft geworfen und mit der Maschinenpistole beschossen. Die Erschießungen fanden unter den Augen der bereits ausgezogenen nachfolgenden Opfer statt. Infolge der Ereignisse brach eine Panik aus. Einige Opfer versuchten auszubrechen und wurden dabei erschossen. Mindestens 6.500 jüdische Männer, Frauen und Kinder wurden an diesem 11.9.1942 im Wald nahe Stolin erschossen.*“[13]

Auch bei Massenexekutionen in Pinsk war die 1. Schwadron beteiligt.

Die hier geschilderten Ereignisse machen klar, dass vorwiegend Verwaltungsbeamte oder die HSSPF die Tötung von Menschen anordneten, und meist SS- und SD-Männer die eigentlichen Exekutionen durchführten, doch waren deutsche Ordnungspolizisten und Wehrmachtsangehörige von Sicherheitsdivisionen und regulären Fronteinheiten an vielen dieser Aktionen beteiligt als Helfer oder auch als Ausführende. Curilla hat die Vergehen der Ordnungspolizei im Baltikum und in Weißrussland akribisch zusammengefasst und beschrieben. Die oben gegebenen Beispiele umfassen nur einen sehr kleinen und nicht einmal den schrecklichsten Ausschnitt der unvorstellbaren Verbrechen, an denen auch Polizeikräfte aus dem Ruhrgebiet beteiligt waren.

13 Ebd., S. 678 f.

Die Stadt Mülheim in der militärischen Organisation des Dritten Reiches

Die Stadt Mülheim gehörte zum Wehrkreis VI, dem das VI. Armeekorps zugeordnet war, das aktive Einheiten in Münster, Wuppertal, Bielefeld und Köln unterhielt. Kommandeure waren bis zum 5.6.1944 der General der Infanterie Glokke, vom 14.6.1944 bis Kriegsende der General der Infanterie Mattenklott. Die Stadt Mülheim war militärisch gesehen nur von untergeordneter Bedeutung, obwohl sich hier zwei Kasernen befanden und militärische Einrichtungen im Stadtgebiet verstreut lagen. Im Mai 1936 nahm eine Heeresstandortverwaltung in Mülheim ihren Sitz. Zu ihr gehörten damals nur der Stabszahlmeister Graßow mit den Zahlmeistern Becker und Carder und sieben Angestellte. Die Kaserne war noch im Besitz der Stadt. Im Oktober 1936 unterzeichneten Oberbürgermeister Hasenjäger und der Intendantur-Rat Dr. Waldeck einen Standortvertrag. Die Kaserne wurde Domizil des II. Bataillons des Infanterieregiments 39, dessen sonstige Einheiten sich in Düsseldorf und Wesel befanden. Die zum Armeekorps zugehörige Sanitätsabteilung 26 mit Sitz in Köln hatte eine von neun San-Staffeln in Mülheim stationiert.

Zur Standortverwaltung hinzu kamen ein Wehrmeldeamt, und ein Landwehr-Divisions-Kommando, das von Krefeld nach Mülheim verlegt wurde. Auch die Ausbildungsleitung des Kommandos zog nach Mülheim. Der Staat erwarb das Kasernengelände für 1,5 Millionen Reichsmark am 1.1.1937. Für die neue Pionierkaserne war ein Gelände am Werdener Weg vorgesehen, das die Stadt kostenlos zur Verfügung stellte, dazu kam noch ein Areal von 3.000 qm für den Bau eines Offizierskasinos. Die Grundsteinlegung für die Pionierkaserne erfolgte am 15.9.1937. Aus dem Wehretat waren 7,5 Millionen Reichsmark für die Baukosten bewilligt worden. Diese schlossen einen Wasserübungsplatz an der Ruhr ein. Diese Bauten dauerten bis Kriegsbeginn. Weitere Standortanlagen waren ein Schießstand und die „Munitions-Niederlage", deren Bau im März 1938 begonnen wurde. Aus Platzmangel in der Kaserne zog die Heeresstandortverwaltung in die Kämpchenstraße 31 um, nachdem das Gebäude für 52.500 RM gekauft worden war. Kurz vor Kriegsbeginn bestand diese Verwaltung schon aus dem Stabszahlmeister Tatge, acht Soldaten, 21 Beamten und 180 „Gefolgschaftsmitgliedern". Der länger als erwartet dauernde Krieg machte es notwendig, dass das Wehrmachtfürsorge- und Versorgungsamt mit Sitz in Düsseldorf einen Wehrmachtsfürsorgeoffizier mit einer entsprechenden Dienststelle in Mülheim stationierte.

Das notwendige Gebäude stellte die Stadtverwaltung gegen Mietzahlung zur Verfügung. Ab 1937 war es bereits zu größeren Baumaßnahmen der Militärverwaltung auf Mülheimer Gebiet gekommen. In Saarn entstanden Verpflegungsanlagen und das Heeresnebenzeugamt, die noch einmal 350.000 RM Baukosten verursachten. Einige andere Hallen mietete das Militär dauerhaft an. Mit Kriegsbeginn entstanden Reservelazarette, ein Heimat-Kraftfahr-Park, der Pionierpark und mehrere Beutesammelstellen. Für 1941 waren weitere Investitionen geplant, wie eine neue Zentralheizung für die Kaserne, Wirt-

Bild 18: Das Offizierskasino der Kaserne, heute Paul-Essers-Str.

schaftsgebäude und eine Heeresfachschule. Doch konnten die meisten dieser Planungen nicht realisiert werden.[1]

Am 6.2.1940 wurde das in Mülheim liegende II./Inf.Reg. 39 in das 502. Infanterieregiment eingegliedert, das Teil der 290. Infanteriedivision unter Generalleutnant Dennerlein wurde.[2] Die Division wurde in Frankreich, Ostpreußen, am Ilmensee, in Demjansk und im Kurland-Kessel eingesetzt. In Mülheim verblieben Teile von zwei Panzergrenadier-Ersatzbataillonen, die direkt dem Wehrkreiskommando VI unterstanden.

Mit Kriegsbeginn wurde es notwendig, den Großraum Ruhrgebiet gegen feindliche Bombenangriffe zu verteidigen. Die Stadt Mülheim gehörte dem Luftgau VI mit Sitz in Münster an. Dieser Luftgau unterstand militärisch zunächst der Luftflotte II, vom 1.4.1943 bis zum 6.3.1944 dem Luftwaffen-Befehlshaber Mitte und anschließend der Luftflotte Reich. Der Luftgau VI war mit 12 Millionen Menschen der am dichtesten besiedelte Luftgau Deutschlands. Der Kommandeur, General August Schmidt und ab dem 1.1.1944 Generalleutnant Ernst Dörffler, hatte seine Befehlsstelle mit einem umfangreichen Stab in Münster.[3] Im Franziskusbunker, in dem die Luftmeldesammelstelle untergebracht war,

1 StAMH, 1472/1/2. Vorwort zur Standortchronik.
2 www.lexikon-der-wehrmacht.de.
3 Organigramm in: BA-MA RL 19/39.

liefen alle Informationen über eigene und gegnerische Luftbewegungen zusammen.[4] Die wichtigste Verbindung führte zum zentralen Gefechtsstand der Jagdfliegerverbände in Deelen (Niederlande), wo immer das aktuellste Lagebild vorlag. Andere Meldungen lieferten die Hauptflugwachkommandos, die einen 200-km-Bereich überwachten. Eine Stellung befand sich in Enschede mit einem „Wassermann-Gerät", das Flugbewegungen ab 8.000 Meter Höhe in bis zu 210 km Entfernung feststellen konnte und gleichzeitig Jäger an den Feind heranführte. Die dort stationierte III. Abteilung des Luftwaffenregiments 223 gab Meldungen in Form gesprochener „Reportagen" an die Luftmeldesammelstelle weiter. Zwei weitere Hauptflugwachkommandos, „Rheinsalm" bei Saerbeck und „Drossel-Nord" bei Veelen, die von der 20. und 30. schweren Flugmeldeleitkompanie betrieben wurden, vervollständigten das Warnsystem. Andere Flugwachkommandos in den Niederlanden unterstanden den Jagddivisionsleitständen, die in der Befehlskette abwärts die Flakdivisionen über einfliegende Feindmaschinen und eigene Abwehrflugzeuge über deren Einsatzräume informierten. Die Kleinflugwachkommandos, die einen Abschnitt von 60 bis 70 Kilometern zu kontrollieren hatten, meldeten meist an die Einsatzführer der Luftabwehr. Ein solches Kommando saß gut getarnt im Kloster Venray bei Venlo. Es gab aber auch Stellungen wie den „Truthahn" in der Nähe von Weert bei Eindhoven mit der 31. Kompanie des Luftnachrichten-Regiments 233, die nur für einen Sektor der Nachtjagd (Nachtjagdraum 5 C) eingesetzt waren. Ein relativ modernes ortfestes „Jagdschloss-Gerät" zur Luftraumüberwachung befand sich zwischen Nimwegen und Kleve. Dort war die 2. mittlere Flugmelde-Leitkompanie des Luftnachrichtenregiments 233 im Einsatz.[5] Ein Störsender, der die alliierten Pfandfinder-Flugzeuge mit ihren Funk- und Navigationsgeräten vom Kurs abbringen sollte, befand sich in Duisburg-Rahm.[6] Ein „Freya-Gerät" zur Ortung und Führung von Flugzeugen mit dem Einsatznamen „Komet" stand in Duisburg-Huckingen. In den Auswertungsgebäuden arbeiteten 200 Soldaten und viele Luftnachrichtenhelferinnen.[7] An der Jahreswende 1944/45 wurde das Luftgaukommando VI in verschiedene Orte verlegt, die Luftmeldesammelstelle ganz nach Recklinghausen, was die Kommunikation mit den verschiedenen Flugwachkommandos bzw. ihren übergeordneten Stellen, soweit sie noch existierten, erschwerte.[8]

4 Wilfried Beer, *Kriegsalltag an der Heimatfront*. Bremen: Hauschild, 1990, S. 66.

5 www.lostplaces.de/forum/viewtopic.php?t=1835.

6 www.lostplaces.de/cms/component/option,com_fmdb/Itemid,63/task,2/typ,4/quad,4/id,948.

7 www.lostplaces.de/forum/viewtopic.php?t=7878.

8 Folgende „elektronischen" Geräte waren im Einsatz: Das größte Gerät war der ortsfeste „Mammut". Es wog 25 Tonnen und konnte bis zu 300 km weit orten. Das „Wassermann-Gerät" mit einer Masthöhe von bis über 50 Metern war ebenfalls ortsfest eingesetzt, es konnte teilweise auf Schienen um 360 Grad geschwenkt werden. Ortsbeweglich und motorisiert war das „Freya-Gerät", das weit verbreitete Flugmelde- und Jägerführungsgerät mit einer Reichweite bis 120 km. Es war durch Staniolstreifen leicht zu stören und erhielt später den so genannten Düppel-Zusatz „Freya-Laus", der aber die Störungen nicht völlig behob. Der dazu gehörige Höhenmesser, der „Freya-Fahrstuhl" hatte eine Reichweite von über 200 km und wog 17 Tonnen. Das „Jagdschloss-Gerät" und der „Würzburg-Riese" komplettierten die Such-, Höhenmess- und Flugmeldegeräte. Vgl. Horst Boog, „Strategischer Luftkrieg in Eu-

Die deutsche Luftwaffenführung hatte zunächst auf Angriffswaffen gesetzt, also im Wesentlichen auf Bomber. Aus diesem Grund waren die Tagjagdkräfte und die Nachtjäger vernachlässigt worden. Bis Anfang 1943 war das Ruhrgebiet nur durch das Jagdgeschwader (JG) 1 mit zwei in Holland stationierten Gruppen geschützt. Bis Ende August verstärkte die Luftwaffe ihre Einheiten, auch wegen der vom britischen *Bomber Command* durchgeführten „Ersten Ruhrschlacht". Im holländischen Deelen befand sich der Stab und die erste Gruppe des JG 1. Die zweite Gruppe lag in Rheine, die dritte Gruppe in Leeuwarden. Dazu kamen noch zwei Gruppen des JG 26 „Schlageter" mit den Einsatzflughäfen Schiphol und Gilze-Rien bei Tilburg. Beide Gruppen nutzten den Flughafen Essen-Mülheim als Ausweichplatz. Die nächsten Fliegerhorste waren in Bonn, Krefeld, Detmold und Münster. Der Archivar Wilhelm Ulrich, der sich intensiv mit der Geschichte des Mülheimer Flugplatzes auseinandergesetzt hat, glaubt, dass eine Staffel des JG 26 mit Me 109 dauerhaft bis Februar 1945 in Mülheim stationiert war, doch gibt es in den entsprechenden Publikationen keine Hinweise darauf.[9] Der bekannte Jagdflieger Adolf Galland übernahm am 22. August 1940 als Major das gesamte Geschwader. Die dritte Gruppe des JG 2 aus Melsbroek bei Brüssel und der Stab und die erste Gruppe des JG 3, die in Bönninghardt stationiert waren, bildeten alle zusammen die 1. Jagddivision. Die dort eingesetzten Fugzeugtypen Me 109 und Focke-Wulff 190 hatten nur eine Höchstflugdauer von knapp zwei Stunden. Auch war es von Anfang an schwer, die Flugplätze, die in recht großer Zahl vorhanden waren, mit Munition, Personal und Treibstoff auszustatten. Auch aus diesem Grund spielte der Flughafen in Mülheim nur eine untergeordnete Rolle. Die Tagjäger waren zunächst ganz erfolgreich, hatten aber große Schwierigkeiten, bei Schlechtwetterbedingungen zu kämpfen, da sie keine Blindflugeinrichtungen besaßen.[10] In einer Besprechung des Reichsmarschalls Göring als Befehlshaber der Luftwaffe und dem Kommandeur des 1. Jagdkorps in Deelen im Januar 1944 wurde klar, dass die Wetterlage, der zersplitterte Einsatz der Jäger und die zahlenmäßige Unterlegenheit der deutschen Kräfte zu einer krisenhaften Lage geführt hatte. Die deutsche Tagabwehr der Luftwaffe wurde 1944 umstrukturiert. Für den Westen übernahm die 3. Jagddivision unter Oberst Grabmann, der später zum Generalmajor befördert wurde, den Schutz des Ruhrgebiets. Der Stab befand sich wieder in Deelen, die einzelnen Geschwadergruppen in Lippspringe, Störmede und Paderborn. Es wurde aber immer schwieriger, Schwerpunktaktionen gegen die immer zahlreicher werdenden alliierten Bomber und ihre Begleitjäger durchzuführen. Ähnlich problematisch sah es bei der Nachtjagd aus. Allein die Verlustzahlen des Jahres 1943 – es wurden 1.012 Nachtjäger und 1.363 Zerstörer abgeschossen und insgesamt durch 2.613 Flugzeuge ersetzt[11] – machen deutlich, dass eine Verstärkung der Abwehr nur geringfügig möglich war. Die Nachtjagd benötigte eine Menge elektronischer Hilfsmittel, um erfolgreich zu sein. Die Pläne für die so genannte „dunkle" Nachtjagd im „Himmelbett-Verfahren" stammten

ropa und Reichsluftverteidigung 1943–1945", in: *Das Deutsche Reich und der Zweite Weltkrieg*. Stuttgart, München: Deutsche Verlagsanstalt, 2001. WAZ, 6.1.1990, S. 218–227.

9 Vgl. Jagdgeschwader 26 in www.lexikon-der-wehrmacht.de.

10 Horst Boog, *a.a.O.*, S. 153–157.

11 Ebd., S. 161.

von General Kammhuber, der glaubte, mit dem nach ihm benannten „Kammhuber-Riegel", einem Netzwerk von Überwachungs- und Radargeräten und zugeteilten Jägern, einfliegende Bomberströme erkennen, orten, abriegeln und bekämpfen zu können. Dazu bedurfte es verschiedener Funkmessgeräte der schweren Typen „Freya" und „Würzburg-Riese". Flugmeldedienst und Jägerführung besaßen davon am Ende des Jahres 1943 1.600 Stück, man hätte aber das Vierfache davon gebraucht, um die Nachtjäger effektiv zu führen.[12] Für jedes eingesetzte Flugzeug wurden darüber hinaus 116 Menschen benötigt. Selbst beim verstärkten Einsatz von Luftwaffenhelfern bzw. -helferinnen und russischen „Hilfswilligen" war dies zahlenmäßig nicht zu bewerkstelligen. So entwickelte die Luftwaffe einen neuen Plan, der auf der Wirkung der Scheinwerfer beruhte. Bei den schweren Bombenangriffen auf das Ruhrgebiet im Jahr 1943 hatten die Scheinwerferbesatzungen beobachtet, dass 50 bis 100 Feindbomber über drei Minuten lang im Scheinwerferlicht gehalten werden konnten und damit Bedingungen wie bei der Tagjagd entstanden. Dazu konnte die Flak Leuchtgranaten als Wegweiser zu den Bombern schießen und die brennenden Städte erhellten die Nacht zusätzlich, sodass dann – allerdings erst nach einem erfolgten Angriff – einmotorige Jäger herangeführt werden konnten. Das Verfahren nannte man „Wilde Sau". Es wurde beim Angriff auf Mülheim im Juni 1943 erfolgreich angewandt, als FW 190 mehrere britische Bomber abschossen.[13] Allerdings war dieses Verfahren auch gefährlich, da die deutschen Nachtjäger in das Feuer der eigenen Flak geraten konnten.

In Mülheim ging es besonders um den Schutz der Schwerindustrie im Norden der Stadt. Schon im Sommer 1939 bezog eine Batterie, die unter dem Kommando des Mülheimer Oberleutnants Paul Kämpgen stand, mit drei 2-cm-Schnellfeuerkanonen in einem kleinen Park in der Nähe der Dimbeck Stellung, andere Geschütze befanden sich auf dem Thyssen-Gelände, teilweise auf hölzernen Türmen oder auch auf dem Verwaltungsgebäude.[14] Die an der Dimbeck stationierten Luftwaffensoldaten erhielten oft Besuch von Schülern, die Bücher und Illustrierte für sie gesammelt hatten. Dafür bekamen die jungen Leute dann Flugzeugmodelle, die zur Zielerkennung gebraucht wurden. Da diese leichten Schnellfeuerkanonen und die allerdings viel zu spät eingesetzten 3,7-cm-Flakgeschütze gegen hoch fliegende Bomber relativ wirkungslos blieben, beließ man sie beim Werk- und Gebäudeschutz. Die Verteidigung des Mülheimer Gebietes oblag bis zum 1.9.1941 dem Luftverteidigungskommando 4, dessen Führung sich 1938 in Essen befand und zu Kriegsbeginn nach Düsseldorf verlegt wurde. Dieses Kommando mit 5 Regimentern und zwei leichten Flak-Abteilungen war für einen großen Bereich von Lüdenscheid bis Köln zuständig.[15] Im September 1941 kam es zu einer Umstrukturierung der Luftabwehr im Westen. Drei Flakdivisionen übernahmen den Schutz im Luftgau VI, die 22. mit dem Stab in Dortmund, die 7. in Köln und die 4. Flakdivision mit dem Gefechtsstand in Ratingen und ab Juni 1942 im Mülheim-Duisburger Gebiet in der Nähe der Wolfs-

12 Ebd., S. 163 f.
13 Ebd., S. 165 f.
14 Klaus Kämpgen, *Einmal wird es sein müssen*. Norderstedt: Books on Demand, 2005, S. 66 ff.
15 www.lexikon-der-wehrmacht.de. Unter Eintrag: Luftverteidigungskommando 4.

burg.[16] Kommandeure der letzten Division waren ab 1942 die Generalleutnante Hintz, danach Schilffahrt, ab November 1944 Oberst Hecht.

Die 4. Flakdivision erhielt von den Jägerleitständen die Lagemeldungen, die in einem Bunker auf großen Schautafeln, die in Einsatzplanquadrate aufgeteilt waren, farbig aufgemalt wurden. Einsatzoffiziere gaben dann von dort Befehle an die Flakgruppen oder die einzelnen Batterien weiter, die meist durch eine Telefonringleitung verbunden waren. Dazu existierte der Flaksender der 4. Flakdivision, der über Drahtfunk Informationen über Einfüge weiter gab. Diese Meldungen konnten meist auch mit normalen Rundfunkgeräten empfangen werden. Lagen keine Meldungen vor, tickte ein Metronom, um zu zeigen, dass die Dienststelle arbeitete. Dauerhaft bildete diese Division meist ortsfeste Flakgruppen, die Gruppe Düsseldorf (Flak-Regiment 24), die Gruppe Essen (Flak-Regiment 44), die Gruppe Dorsten (Flak-Regiment 46), die Gruppe Duisburg (Flak-Regiment 64), das Flak-Scheinwerferregiment 74, vier Flak-Transportbatterien (22./IV, 33./IV, 3./IV und 128./IV) und die Luftnachrichtenabteilung 124. Es gehörten auch noch andere Einheiten dazu, allerdings nicht dauerhaft, wie zum Beispiel das Eisenbahn-Flakregiment 112. Die meisten in Mülheim eingesetzten Batterien unterstanden der Flakgruppe Duisburg, die im Südosten der Flakgruppe Essen. Dazu kam das Flakscheinwerfer-Regiment 74, das seit dem April 1942 der 4. Flakdivision unterstand und einen Scheinwerferriegel um den Westteil des Ruhrgebiets bildete. Einige große Scheinwerfer standen auch auf Mülheimer Gebiet, zum Beispiel in Dümpten und Styrum. Im September 1944 bestand das Regiment aus den ortsfesten Scheinwerferbatterien 248, 250, 330, 518, 648 und 650 mit je fünf Kompanien und den Batterien 478 (4 Kompanien), 479 (1 Kompanie) und 581 (4 Kompanien). Das Regiment bildete im Sommer und Herbst 1944 eine besondere Einheit (Sw 1./L.u.V FAS V) für den Infanteriekampf. Der Flakschutz des Ruhrgebiets war relativ stark, dazu kamen die starken Scheinwerferkräfte und die Funkmessortungs- und Feuerleitgeräte vom Typ „Würzburg-Riese", „Würzburg-D", „Mainz" und „Mannheim". Diese Geräte befanden sich in den Flakstellungen selbst. Ein großes Problem bestand darin, dass diese empfindlichen Radargeräte auf Störfrequenzen und besonders die „Verdüppelung", das heißt den Abwurf von Störfolien verschiedener Art, mit Absinken der Peilgenauigkeit bis zum völligen Ausfall reagierten. Einige Batterien waren durch das „Zug 44-Kommandogerät" zusammen gekoppelt, oder zumindest als Großbatterie verkabelt, so dass durch das Zusammenschalten von Geräten Ausfälle kompensiert werden konnten, außerdem sollte der vor das Radargerät geschaltete „Würzlaus-Sender", Störfrequenzen aufheben. Die Kommandogeräte 35 oder 40 gaben die ermittelten Schusswerte direkt an die Flak-Geschütze weiter.[17] Während der Typ 35 nur als Hilfsgerät eingesetzt wurde, stellte das Kdo.-Gerät 40 schon einen Analogrechner dar, der die Schusswerte ausgab. Das so genannte Flakumwertungsgerät „Malsi 41–43" kam zum Einsatz, wenn das eigene Ortungsgerät ausfiel, und die Werte anderer Batterien zu Grunde gelegt und umgerechnet wurden. Insgesamt gelang es der Luftwaffe aber nicht, die Probleme, die sich durch die Störanfälligkeit der deutschen Funkmessgeräte ergaben, zu lösen. Auch das neue Flakgeschütz 8,8-cm Flak 44, das sehr präzise und besonders hoch schoss und deshalb effektiv die mit dem Bumme-

16 www.lexikon-der-wehrmacht.de. Unter Eintrag: 4. Flak-Division.

17 Hans-Dietrich Nicolaisen, *Die Flakhelfer*. Frankfurt, Berlin, Wien, 1985. S. 67 ff.

rang-Angriffsverfahren operierenden Mosquitos abschießen konnte, die im Zielanflug neun Minuten mit gleich bleibender Geschwindigkeit und geradem Kurs fliegen mussten, war im Ruhrgebiet kaum im Einsatz.[18] Die Flak-Regimenter 44 und 64 in Mülheim und den Nachbarstädten setzten hauptsächlich 8,8-cm-, 10,5-cm- und 12,8-cm-Geschütze ein.[19] Die 8,8 benötigte neun Kanoniere als Bedienungsmannschaft.[20] Mit einem gut eingespielten Team konnte alle drei Sekunden eine 16 Kilogramm schwere Granate das Rohr verlassen. Die schwereren Geschütze besaßen eine Ladeschale und eine elektrische Zündung. Nur für wenige Angriffe auf Mülheim lässt sich einigermaßen genau sagen, welche Wirkung die Flak für die Abwehr der feindlichen Bomber hatte, insgesamt war der Flugabwehrkampf außerordentlich aufwendig, Direkttreffer wurden kaum erzielt, eher wurden die Flugzeuge beschädigt oder zu Kursänderungen gezwungen. Das ältere 8,8-cm-Flakgeschütz des Typs 36, das in und um Mülheim im Einsatz war, benötigte für den Abschuss eines Bombers im Durchschnitt 16.000 Schuss Munition, das 12,8-cm-Geschütz immerhin auch noch 3.000 Schuss.[21]

Bild 19: 10,5-cm-Flakgeschütz der 4./Flakabteilung 394 in Oberhausen-Holten mit Flaksoldaten und einem Mülheimer Flakhelfer

18 Horst Boog, *a.a.O.,* S. 283.

19 Zur Flakabwehr allgemein: Ebd., S. 281–288.

20 Die Bedienungsmannschaft bestand aus K1: Höherichtkanonier, K2: Seitenrichtkanonier, K3: Ladekanonier, K4 und 5: Munitionskanoniere, K6: Zündersteller, K7 und 8: Munitionskanoniere. Vgl. Hans-Dietrich Nicolaisen, *a.a.O.,* S. 67 ff.

21 Wilfried Beer, *a.a.O.,* S. 12–6 6.

Die Arbeit der Stadtverwaltung im Krieg

Die Kommune

Die Stadt Mülheim an der Ruhr unterstand der kommunalen Oberaufsicht des Oberpräsidenten der preußischen Rheinprovinz mit Sitz in Koblenz. Trotz der Gleichschaltung der Länder mit dem Reich war das formale Strukturprinzip des hierarchischen Verwaltungsaufbaus innerhalb der Länder beibehalten worden, wobei die Führungspositionen bis hin zum kommunalen Bereich fast ausschließlich mit NSDAP-Mitgliedern besetzt wurden, die oft eine Fülle von Ämtern auf sich vereinigten. Göring als preußischer Ministerpräsident, ein Amt, das er seit 1933 bekleidete, hatte 1935 einen seiner engen Vertrauten, den Essener Gauleiter Josef Terboven, zum Oberpräsidenten der Rheinprovinz ernannt. Wie Göring, der ein gutes Verhältnis zu führenden Vertretern der Wirtschaft unterhielt, hatte auch Terboven gute Kontakte zu einigen der führenden Persönlichkeiten in der Stahlindustrie wie Alfried Krupp und dem Generaldirektor der Vereinigten Stahlwerke, Albert Vögeler, der gleichzeitig Aufsichtsratsvorsitzender des RWE war.[1] Da Terboven ab 1940 Reichskommissar für die besetzten norwegischen Gebiete wurde, konnte er sich kaum um die Führungsaufgaben in der Verwaltung kümmern. Am 9.9.1939 hatte er bereits verfügt, dass die Referate Wirtschaft, Reichsverteidigung, Kommunalaufsicht und Verkehr nach Essen verlegt wurden,[2] um sie näher an die Gauhauptstadt heran zu führen. So entstand eine enge Verbindung zu den in Essen ansässigen Gaubehörden. Dem stellvertretenden Gauleiter Schleßmann kam auf diese Weise eine große Bedeutung zu. Er übte kommissarisch für den Gauleiter zum Beispiel das Amt des Reichsverteidigungskommissars aus, das zu Kriegsbeginn geschaffen worden war, um den Einfluss der Staatspartei auf alle den Krieg betreffende bevölkerungs- und wehrpolitische Maßnahmen zu sichern. Die Parteibürokratie und die Länderverwaltungsbehörden waren auf diese Weise gezwungen, eng zusammen zu arbeiten, was ganz im Interesse der Nazi-Führung lag. Die unmittelbare kommunale Aufsicht über die Stadt Mülheim übte der Regierungspräsident in Düsseldorf als Mittelbehörde aus.

In Mülheim hatte der Oberbürgermeisters Maerz während seiner Amtszeit ab 1933 die städtischen Finanzen herunter gewirtschaftet. Maerz, ein aus Essen stammender Eisenbahninspektor, war als Protégé des Mülheimer NSDAP-Kreisleiters Karl Camphausen an sein Amt gekommen.[3] Er hatte sich aber nicht in der Lage gezeigt, den schwierigen Finanzhaushalt der Stadt zu sanieren und besaß weder in der Bevölkerung noch in

1 Wilfried Böhnke, *Die NSDAP im Ruhrgebiet 1920–1933*. Bonn, Bad Godesberg, 1974, S. 120. Robert Bohn, *Reichskommissariat Norwegen. „Nationalsozialistische Neuordnung“ und Kriegswirtschaft*. München: Oldenbourg, 2000, S. 31–36.

2 StAMH, 1201/5/47.

3 Über die Vorgänge in Mülheim 1933 berichtet Daniel Mühlenfeld, „70 Jahre „Machtergreifung“ in Mülheim an der Ruhr“, in: *Mülheimer Jahrbuch*, 59. Ausgabe, 2004, S. 215–228. Dass Maerz 1933 auf Anweisung des Oberpräsidenten Terboven zunächst als Staatskommissar ein-

Wirtschaftskreisen Vertrauen. Ende 1935 war der Schuldenstand der Stadt auf 54 Millionen Reichsmark angewachsen.[4] Die kommunale Dienstaufsicht beim Regierungspräsidenten sah sich zum Handeln gezwungen. Der damalige konservative Regierungspräsident Schmid brachte einen ausgewiesenen Finanzexperten und Verwaltungsfachmann, Edwin Hasenjaeger, den ehemaligen Oberbürgermeister von Stolp in Pommern und von Gladbach-Rheyd, als Nachfolger des gescheiterten Stadtoberhauptes ins Gespräch.[5] Und tatsächlich wurde Hasenjaeger am 2. Juni 1936 Oberbürgermeister der Stadt Mülheim. Damals war er noch nicht Parteimitglied, er trat aber am 1. Mai 1937 in die NSDAP ein. Hasenjaeger war der klassische preußische Beamte, ein studierter Jurist, der streng nach den Buchstaben der Verwaltungsvorschriften und nach Gesetzeslage handelte. Hasenjaeger war in wirtschafts- und finanzpolitischen Dingen sehr versiert und vertrat in diesem Bereich eine unabhängige Meinung. Gegenüber dem Kommandeur des in der Kaserne stationierten Infanteriebataillons, Oberst Jolasse, und dem Ratsherrn Möhlenbeck äußerte er sich einmal kritisch zur Wirtschaftspolitik der Nationalsozialisten, was seine Gesprächspartner zum Anlass nahmen, ihn bei der Gauleitung zu denunzieren. Regierungspräsident Schmid verhinderte jedoch die geforderte Entlassung.[6] Das für die Stadt maßgebliche Entscheidungsinstrument war die Versammlung der Ratsherren, die bis 1944 relativ regelmäßige tagte. Nach diesem Zeitpunkt berief der Oberbürgermeister das Gremium nicht mehr ein, da es nur noch darum ging, kurzfristige kriegsbedingte Entscheidungen zu treffen. Der Erwerb und Verkauf von Grundstücken und Liegenschaften kam praktisch zum Erliegen, ein Haushaltsplan wurde nicht mehr aufgestellt, viele Ratsherren waren dauerhaft abwesend. Schon zu Beginn des Krieges zeigte sich, dass wichtige Ratsherren fast permanent entschuldigt waren, so H. Stinnes und K. Schmitz-Scholl. Der Ratsherr Fiebig, der in der Wirtschaftsverwaltung der Niederlande eine wichtige Rolle spielte und zuvor beim deutschen Einmarsch in Polen dabei war und in Polen Verwaltungsaufgaben übernommen hatte – er befand sich an Bord der „Schleswig-Holstein", die vom Danziger Hafen aus die Westerplatte beschoss und damit den Krieg eröffnete – war ab Mitte 1939 dauerhaft abwesend.

Ein wichtiges Thema in den Ratssitzungen war der Schuldenstand der Stadt Mülheim. Dem Oberbürgermeister und seinem Kämmerer Bottenbruch allerdings war in dieser Beziehung Erstaunliches gelungen. Bis zum Ende des Rechnungsjahres 1941 hatten beide die städtische Schuldenlast auf unter 28 Millionen Reichsmark gedrückt, und das Stadt-

gesetzt wurde, wie dort behauptet, ist nicht möglich, da Terboven erst 1935 Oberpräsident wurde. Er hat aber sicherlich als Gauleiter Einfluss ausgeübt.

4 StAMH, 1181/1/3.

5 StAMH, 1570/67. Auch wenn Hasenjaeger sich mit den Nationalsozialisten im Folgenden arrangieren musste, bewahrte er seine persönliche Integrität. So hielt er auch Nicht-Nationalsozialisten im Amt, z.B. den Amtmann Gutsche, Kämmereidirektor Freye und den wissenschaftlichen „Hilfsarbeiter" Burgmüller, durch den er auch in Kontakt zum Widerständler Arnold Bauer geriet. Sein Eintreten für den verfolgten Maler Otto Pankok war in Mülheim bekannt.

6 Jens Roepstorff, „Edwin Hasenjaeger. Portrait eines Oberbürgermeisters in schwierigen Zeiten", in: *Mülheimer Jahrbuch*. 59. Ausgabe, 2004, S. 269–273.

Bild 20: Oberbürgermeister Hasenjaeger in seinem Dienstzimmer

oberhaupt gab in einer Stellungnahme vor den Ratsherren die Prognose ab, bis Ende des Jahres weitere 5 Millionen an Schuldentilgung aufbringen zu können.[7]

Einerseits ist es erstaunlich, dass die Schulden in nur fünf Jahren um mehr als die Hälfte reduziert worden waren, um so mehr, als durch den Krieg neue Belastungen auf die Kommune zukamen, andererseits muss aber auch festgehalten werden, dass die Stadt über ein beträchtliches Vermögen verfügte. Der Oberbürgermeister konnte bei den städtischen Spitzenbeamten auf Fachleute zurückgreifen, die einen effektiven Verwaltungsablauf garantierten. Dabei muss festgehalten werden, dass die eigentlichen wichtigen Personalentscheidungen für die Stadtverwaltung beim NSDAP-Kreisleiter Camphausen lagen, der Oberbürgermeister nur den formalen Ernennungsakt durchführte. Es gibt Hinweise darauf, dass Hasenjaeger bei einigen Personalenscheidungen unbeirrt an seinen Vorstellungen festhielt[8] und im formaljuristischen Bereich ohnehin zu keinen Kompromissen bereit war. Es wird aber auch deutlich, dass der Oberbürgermeister die offizielle Linie und die Vorgaben der Partei vertreten musste, was sich in den Protokollen der Ratssitzungen nachweisen lässt.

7 StAMH, 1181/1/3.
8 Jens Roepstorff, *a.a.O.*, S. 270.

Zur Verwaltungsspitze gehörten während des Krieges in Mülheim neben dem Verwaltungschef der Bürgermeister Dr. Peill, Kämmerer Bottenbruch, Dr. Langweg für die städtischen Verkehrsbetriebe, Stadtrat Grewe, der später Jugenddezernent wurde, Baurat Weegmann, Verwaltungsrat Poell, Baurat Braun, Vermessungsdirektor Ziemer, Rechtsrat Thiel und Schulrat Guthardt. Eine der wichtigsten Positionen bekleidete Verwaltungsrat Kreyßig als Dezernent für das Wirtschafts- und Ernährungsamt, das mit sechs Abteilungen und sechs Außenstellen, in denen 1941 insgesamt 177 Mitarbeiter – Gefolgschaftsmitglieder, wie es damals hieß, – Dienst taten.[9] Die Ratsprotokolle während des Krieges machen deutlich, dass sich der Vertreter der NSDAP bei Entscheidungen der Verwaltung im Hintergrund hielt, und die Interaktion zwischen Oberbürgermeister und örtlichem Kreisleiter ohne große Reibungen verlief. Es muss aber auch festgehalten werden, dass im Verlauf des Krieges die Personalentscheidungen immer mehr zur Sache der NSDAP und ihrer Vertreter in der Stadt wurden. Wenn Kreisleiter Camphausen davon sprach, dass bei allen wichtigen Entscheidungen ein „kameradschaftliches Einvernehmen mit dem Oberbürgermeister" notwendig war, bedeutete dies nichts anderes, als dass nichts gegen den Willen der Partei geschah, was die Ernennung von fünf Parteigenossen zu Ratsherren am 13.2.1944 beweist. Wie offen die Belange der Partei durchgesetzt wurden, zeigte sich zum Beispiel bei der Ernennung von Heinrich Grewe zum Ersten hauptamtlichen Beigeordneten (Bürgermeister) für den ausscheidenden Dr. Peill. Der Kreisleiter hatte vorgeschlagen, auf eine öffentliche Ausschreibung zu verzichten und der Bürgermeister hatte dem zugestimmt. Beim Ernennungsakt hieß es dann: „In seiner erfolgreichen Mitarbeit habe Bürgermeister Grewe sowohl die Belange der Stadt als auch die der Partei in geschickter Verbindung miteinander zu wahren gewusst und dazu beigetragen, dass der Gang der Verwaltung so gewesen ist, wie sie der Anschauung der Partei entspricht."[10] Bei allen Ratssitzungen war der Beauftragte der NSDAP, meist der Kreisleiter selbst, dabei. Wenn er abwesend war – Anfang 1939 hatte Camphausen einen Spezialauftrag der Partei im Sudetengau zu erledigen und zu Beginn des Krieges tat er einige Monate Dienst bei einer Felddivision – vertrat ihn meist der Kreisamtsleiter Schmitz.

Kriegswirtschaftsverordnung und städtischer Haushalt

Mit Beginn des Krieges legte die Kriegswirtschaftsverordnung (KWV) vom 4.9.1939 fest, welche finanziellen Mittel die Stadt für die Kriegskosten aufzuwenden hatte. Das Bestreben der Nazi-Führung ging dahin, die Masse der Bevölkerung, besonders Klein- und Mittelverdiener, finanziell zu schonen, den Besitz und die Vermögen aber verstärkt zur Kriegsfinanzierung heran zu ziehen. Im § 14 der KWW wurde den Gemeinden ein Kriegsbeitrag von monatlich 2,5 % der Steuermessbeträge der Grundsteuer von land- und forstwirtschaftlichen Betrieben auferlegt, dazu 5 % der Steuermessbeträge der Grundsteuern und 7,5 % der Steuermessbeträge der Gewerbesteuern. Letztendlich waren dann

9 StAMH, 1181/2/26 enthält den nicht zur Veröffentlichung bestimmten Verwaltungsbericht für 1941/42.

10 StAMH, 1181/1/5, S. 230 und StAMH, 1206/89, Blatt 3 ff.

noch 10 % der Steuermessbeträge der Bürgersteuer an das Finanzamt abzuführen. In konkreten Zahlen bedeutete das für die Stadt im Jahr 1939:

2.5 % der Steuermessbeträge der Grundsteuer	(87.000 RM)	2.175 RM
5,0 % der Steuermessbeträge der Grundsteuer	(1.900.000 RM)	95.000 RM
7,5 % der Steuermessbeträge der Gewerbesteuer	(2.000.000 RM)	150.000 RM
10,0 % der Steuermessbeträge der Bürgersteuer	(250.000 RM)	20.000 RM

Die monatliche Summe betrug also 272.175 RM, was einen Jahresbetrag von 3.036.000 RM ausmachte.[11] Nach der endgültigen Berechnung durch die Regierung in Düsseldorf wurde der Betrag auf monatlich 256.568 RM festgesetzt, für 1940 waren es 254.531 RM, für 1941 nach einer Neuberechnung auf Grund der Volkszählung von 1939 nur noch 185.011 RM und für 1942 204.444 RM. Im Jahr 1944 stieg der Kriegsbeitrag trotz eines Rückgangs der städtischen Bevölkerung auf den Jahresbetrag von 3.184.632 RM an. Das Finanzausgleichsamt beim Reichsinnenministerium kam aber nach einer Neuberechnung am 10.1.1945 auf eine Summe von 3.090.249 RM,[12] sodass zuviel geleistete Beträge mit der nächsten Rate – ab 1944 wurde vierteljährlich gezahlt – verrechnet werden konnten. Vergleicht man zum Beispiel die Summe für 1939 mit den ordentlichen Einnahmen im städtischen Haushaltsplan für dasselbe Jahr in Höhe von 23.132.904 RM,[13] wird deutlich, dass der Kriegsbeitrag den Etat belastete, aber einen weiteren Schuldenabbau nicht verhinderte. Diese Situation änderte sich jedoch im Verlauf des Krieges, als die Einnahmen sanken. Der Oberbürgermeister ordnete schon im Herbst 1939 an, dass keinerlei neue Ausgaben mehr getätigt werden könnten, laufende Maßnahmen überprüft werden müssten und, wenn immer möglich, Kürzungen erfolgen sollten. Auf Anordnung des Regierungspräsidenten war er gezwungen, eine Haushaltsüberwachungsliste zu führen. Die Stadt musste den Kriegsbetrag aus den laufenden Einnahmen decken, Rücklagen durften nicht aufgelöst werden. Zweckgebundene Mittel durften nur für solche aufgewendet werden. Trotz dieser Auflagen meldete der Oberbürgermeister schon am 7.11.1939 nach Düsseldorf, dass das Rechnungsjahr ohne Fehlbetrag abgeschlossen werden könnte:[14] es konnte sogar eine Rücklage von 4.139.369,04 RM gebildet werden.[15] Auf die Stadt kamen kriegsbedingt viele neue Ausgaben zu. So musste 1939 im Rahmen präventiver Luftschutzmaßnahmen für die Errichtung einer Feuermelde- und Fernsprechanlage 127.000 RM aufgewendet werden, wobei ein Reichszuschuss von 40.000 RM erwartet wurde. Es war notwendig, die Hydranten umzustellen und mit neuen Hinweisschildern zu versehen, wofür mehrere Jahre hintereinander je 10.000 RM veranschlagt wurden. Die freiwillige Feuerwehr Broich/Speldorf erhielt ein neues Gerätehaus, das 16.000 RM kostete, hier trug das Reich 8.000 RM. Für den Ausbau des Flughafens war die Restrate von 440.000 RM aufzuwenden. Die Stadt unterstützte auch den Werksluftschutz. Der

11 Ebd.
12 StAMH, 1404/90.
13 StAMH, 1206/89, Blatt 19–21.
14 StAMH, 1206/20, Teil V.
15 StAMH, 1404/90, Ausgaben 1939.

dafür vorgesehene jährliche Ansatz von 1.000 RM wurde auf 5.500 RM erhöht.[16] Weitere zunächst ungeplante Ausgaben machten einen Nachtragshaushalt notwendig. Für zusätzliche Ausgaben im Bereich des Luftschutzes setzte man 73.680 RM an. Dem folgte noch einmal ein Zuschlag von 325.000 RM. Die Familienunterstützung für Wehrpflichtige und ihre Angehörigen, die die Kommune zu einem Fünftel tragen musste, verschlang Mehrausgaben von 3.203.086 RM, ein Beleg dafür, dass die Familien der Soldaten gut versorgt waren, was ein besonderes Anliegen der Staatsführung war. Der Polizeipräsident Oberhausen/Mülheim verlangte eine Aufstockung der städtischen Mittel an die Polizei auf Grund des Reichsluftschutzgesetzes von 1.000 RM. Die zusätzlichen Mittel für Verdunklungsmaßnahmen in den städtischen Gebäuden machten hingegen nur 750 RM aus. Die Stadt erhielt aber auch Zuwendungen vom Reich. So gab es eine Reichssonderbeihilfe für Rentenempfänger der Sozialversicherung und Kleinrentner von in Höhe von 24.000 RM. Das Versorgungsamt zahlte an die Stadtkasse einen Zuschuss von 9.000 RM für die Krankenversicherung der Kriegshinterbliebenen, für die zunehmend Mittel benötigt wurden.

Alle diese Posten machen deutlich, dass während des Krieges die Haushaltswirtschaft der Stadt Mülheim immer mehr von kriegsbedingten Ausgaben dominiert wurde. Insbesondere mit der Ausweitung des Bombenkrieges ab 1943 steigerten sich diese Belastungen noch einmal, auch wenn festgehalten werden muss, dass der Ausgleich für Bombenschäden im Wesentlichen Sache des Reiches war. In einem ausführlichen Vorbericht zum Rechnungsjahr 1943 wird ein Fazit der bisherigen Entwicklung der städtischen Finanzen während des Krieges gezogen, die im Folgenden zusammenfassend vorgestellt werden soll.[17] Der Anteil der kriegsbedingten Kosten stieg von 1940 mit 45% auf 46% im Rechnungsjahr 1941 und wurde für 1943 auf rund 52% beziffert. Schon im zweiten Kriegsjahr hatte das Innenministerium Vereinfachungen in der Haushaltsplanung angeordnet. Neue Haushaltspläne sollten ab 1942 gar nicht mehr aufgestellt, sondern nur noch „Veränderungsnachweise" zusammengestellt werden. Auf diese Weise sank auch der Verwaltungsaufwand, was unbedingt nötig war, weil immer mehr städtische „Gefolgschaftsmitglieder" ihren Einberufungsbefehl erhielten und für Verwaltungsaufgaben fehlten. Allerdings machte der Oberbürgermeister darauf aufmerksam, dass zahlreiche öffentliche Bau- und Unterhaltungsmaßnahmen zurückgestellt worden waren, was einen aufgestauten Ausgabebedarf zur Folge hätte. Die Schulbautätigkeit war völlig eingestellt worden. In anderen Bereichen waren der Stadt durch Verkäufe erhebliche finanzielle Mittel zugeflossen. Der Übergang der Schifffahrtswege auf die Reichswasserstraßenverwaltung hatte 4,65 Millionen RM in die Stadtkasse gebracht, der Verkauf der städtischen Gasversorgung an die Rhenag erbrachte 2,06 Millionen RM. Auf diese Weise konnte der Haushalt 1942 mit identischen Reinausgaben und Reineinnahmen von 30.331.284 RM ausgeglichen abschließen. Ein interessantes Detail am Rande mag beweisen, dass die Bürger sich nicht wie heute oft „abgezockt", sondern gerecht behandelt fühlen konnten. Wegen der kriegsbedingten Einschränkung der Straßenreinigung wurde die Straßenrei-

16 StAMH, 1404/82 enthält die im Folgenden beschriebenen Posten.
17 StAMH, 1404/90. S. I–VII.

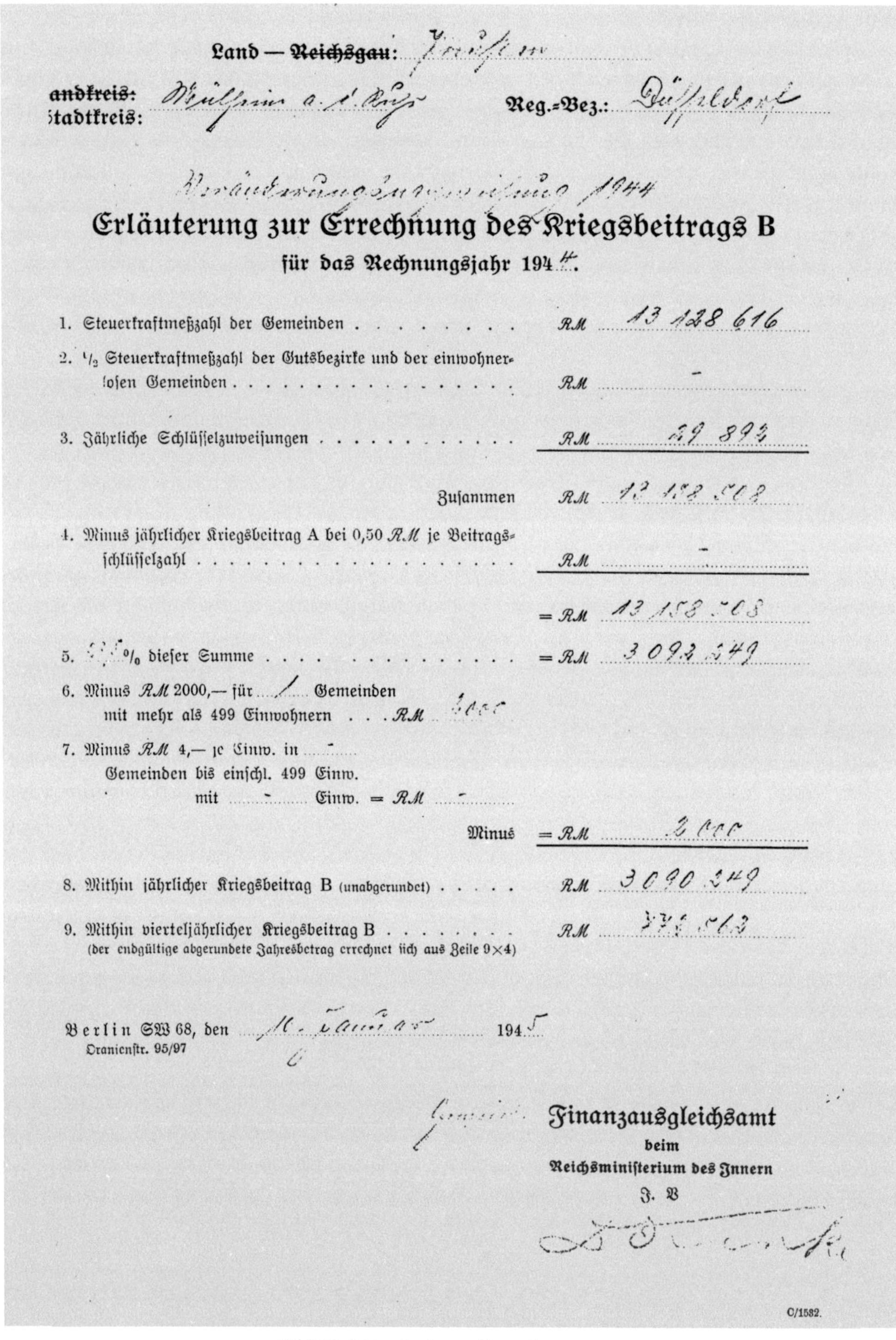

Land — ~~Reichsgau~~: Preußen

~~Landkreis~~: Mülheim a. d. Ruhr
Stadtkreis:

Reg.-Bez.: Düsseldorf

Veränderungsbescheid 1944

Erläuterung zur Errechnung des Kriegsbeitrags B

für das Rechnungsjahr 1944.

1. Steuerkraftmeßzahl der Gemeinden	RM	13 128 616
2. ½ Steuerkraftmeßzahl der Gutsbezirke und der einwohnerlosen Gemeinden	RM	–
3. Jährliche Schlüsselzuweisungen	RM	29 892
Zusammen	RM	13 158 508
4. Minus jährlicher Kriegsbeitrag A bei 0,50 RM je Beitragsschlüsselzahl	RM	–
	= RM	13 158 508
5. [illegible] % dieser Summe	= RM	3 092 249
6. Minus RM 2000,— für 1 Gemeinden mit mehr als 499 Einwohnern . . . RM 2000		
7. Minus RM 4,— je Einw. in – Gemeinden bis einschl. 499 Einw. mit – Einw. = RM –		
Minus	= RM	2 000
8. Mithin jährlicher Kriegsbeitrag B (unabgerundet)	RM	3 090 249
9. Mithin vierteljährlicher Kriegsbeitrag B (der endgültige abgerundete Jahresbetrag errechnet sich aus Zeile 9×4)	RM	772 562

Berlin SW 68, den 10. Januar 1945
Oranienstr. 95/97

Finanzausgleichsamt
beim
Reichsministerium des Innern
J. V.

C/1582.

Bild 21: Kriegsbeitrags-Veranlagung 1944

nigungsgebühr nur zur Hälfte erhoben.[18] Im gleichen Jahr sank der Schuldenstand auf 20,9 Millionen RM, das war eine Jahrestilgung von fast 7 Millionen RM. Auch das Jahr 1943 stand ganz im Zeichen einer Haushaltskonsolidierung. Auf der Aus- und Eingabenseite erhöhten sich die Summen um rund eine Million. Die städtischen Unternehmen konnten ihre Verschuldung zurückführen. Die Stadt profitierte auch davon, dass für ihre Grundstücke in Folge der Kriegsverhältnisse nur noch der halbe Steuersatz zu zahlen war. Die industrielle und gewerbliche Aktivität in der Stadt ließ die Gewerbesteuereinnahmen um 1.375.000 RM höher als 1942 geschätzt ausfallen. Die Bürgersteuer, von der die Kommunen einen Anteil erhielten, war am 1.7.1942 zugunsten einer reichseinheitlichen Steuer verändert worden, doch erhielt die Stadt einen Ausgleichsbetrag, der allerdings niedriger als die letzten entsprechenden Einnahmen ausfiel.

Die Stadtverwaltung und die Bewältigung der Kriegsfolgen

Im außerordentlichen Haushaltsplan tauchten 1943 zum ersten Mal Posten für den Bau von Volkswohnungen auf. In Folge des Bombenkrieges bestand die Notwendigkeit für die Ausgebombten zumindest behelfsmäßige Unterkünfte zu schaffen. Ein Führererlass vom 9.9.1943 ordnete die sofortige Durchführung eines deutschen Wohnungshilfswerkes (DWH) an. Der Kämmerer stellte 250.000 RM für Darlehen zum Wohnungsbau und 300.000 RM für eine Übernahme von Darlehenshypotheken in der Zwangsversteigerung von Grundstücken in den Haushalt ein. Ob es sich bei der Zwangversteigerung von Grundstücken auch um solche der deportierten Juden oder anderer Verfolgter handelte, lässt sich nicht mehr rekonstruieren. Ungefähr 300.000 RM flossen für Wohnungsbaumaßnahmen im weiteren Sinne in den Nachtragshaushalt ein. Auf der Habenseite wurden diese Ausgaben hauptsächlich durch Geldrückflüsse und die Reichsentschädigung für Kriegsschäden ausgeglichen. Museum und Stadtbücherei erhielten einen städtischen Kriegsschadenzuschuss von 20.000 RM, und die Leonhard-Stinnes-Stiftung steuerte noch einmal 30.000 RM für den Ersatz von Büchern und Zeitschriften bei. Die zerstörte Rundfunkübertragungsanlage im Rathaus wurde für 3.500 RM wiederhergestellt. Das Fürsorgeamt unterhielt einen größeren Bestand an Särgen, und es musste Miete für deren Unterbringung gezahlt werden.

Im Jahr 1944 wurde deutlich, dass die Kriegsfolgen die Stadtverwaltung zwang, auf verschiedenen Gebieten aktiv zu werden. Das zeigt sich bei den städtischen Ausgaben. So wurden für 25.000 RM Kraftwagen auf neue Antriebsarten, wie den Holzvergaser, umgerüstet. 10 Trinkwasseraufbereitungsgeräte kosteten 33.000 RM. Eine schwimmende Ersatzbrücke, die für die mögliche Zerstörung der Schlossbrücke gedacht war, verursachte Anschaffungskosten von 3.000 RM. Diese Brücke wurde 1945 tatsächlich eingesetzt, aber schnell zerstört. Weiterhin war der Bau von Wohnungen notwendig. Die Ratsherren beschlossen den Bau von 250 Behelfsheimen in Halbmassivbauweise, davon sollten 100 von Mülheimer Betrieben und 150 von der Stadtverwaltung übernommen werden. Die Kosten für den Bau eines Heimes betrugen 2.200 RM, das Reich zahlte eine Prämie von 1.700 RM pro Heim. Der Gau-Wohnungskommissar wies den Oberbürgermeister aber

18 Ebd., S. IV.

an, 300 Behelfsheime in Holzbauweise zu errichten. Diese kosteten 1.900 RM pro Einheit. Die Stadt wollte aber noch größer planen und machte den Vorschlag 450 Behelfsheime zu bauen, die, nach Erhalt der staatlichen Prämie den Etat mit 135.000 RM belastet hätten. Die Summe war gedeckt durch die Dividende der RWE-Aktien aus dem Jahr 1942. Über diese Maßnahme wurde Einigung erzielt, allerdings auf der Basis von Halbfertighäusern, und die Verwaltung schloss einen Vertrag mit der Firma Plattenwerk, die ein Betriebsgrundstück im Hafengebiet erhalten sollte. Hierbei entstanden zunächst Schwierigkeiten, da die Stadt das Grundstück zu einem Preis verkaufen wollte, der um 10 RM über dem vom Preiskommissar festgelegten Quadratmeterpreis liegen sollte. Der Preiskommissar forderte die Stadt zudem auf, eine scharfe Bau- und Betriebspflicht zu gewährleisten. Aus diesen Gründen entschloss sich die Verwaltung, einen Mietvertrag mit der Firma abzuschließen. Die Firma Plattenbau hatte sich auf den Einsatz von Naturbims beim Häuserbau spezialisiert. Der dem Rüstungsminister Speer unterstehende Ruhrstab hatte aber bereits auf Naturbimsplatten zugegriffen und die Bims-Industrie war nicht in der Lage zuverlässig zu liefern. Das Bauamt fragte beim Gau-Wohnungskommissar Lange in Essen nach und dieser befürwortete die Errichtung einer Spezialfabrik zur Herstellung von Leichtplatten im Hafengebiet. Die Firma Plattenwerk hatte bereits trotz aller Schwierigkeiten die notwendigen Arbeitskräfte sichergestellt. Als Rohstoff sollte so genannter Hüttenbims aus Hochofenschlacke dienen, der ausreichend zur Verfügung stand. Das Herstellungsverfahren hatte der Dortmunder Hüttenverein entwickelt, es war aber noch nicht erprobt worden, so dass die Firma und die Stadtverwaltung ein gewisses Risiko eingingen. Aufgrund der Kriegsereignisse konnte die Maßnahme aber nicht zu Ende geführt werden.[19]

Mit dem Jahr 1944 kam die ordnungsgemäße Aufstellung eines Haushaltes für die Stadt fast zum Erliegen. Das Innenministerium wies die Stadtverwaltung am 25.8.1944 an, weitere Vereinfachungen auf dem Gebiet des Haushaltswesens vorzunehmen. Für 1945 sollte überhaupt kein städtischer Haushaltsplan mehr aufgestellt werden. Damit sollte ein Höchstmaß an Arbeitsersparnis und damit die Freistellung so zahlreicher Arbeitskräfte wie nur möglich für Wehrmacht und Rüstung erzielt werden. Der Oberbürgermeister hatte schon angedeutet, dass bis auf Weiteres keine Sitzungen der Ratsherren mehr stattfänden, am 25.9.1944 verkündete er in der letzten Ratssitzung, dass keine Notwendigkeit zu einer gemeinsamen Sitzung mehr bestände, „da die Arbeit der Verwaltung sich einzig und allein auf den totalen Kriegseinsatz beschränken müsse." Der Barbestand der Stadtkasse sollte um 1 Million RM auf 500.000 RM vermindert werden, das Geld bei Banken angelegt werden.[20] Durch die Bombenangriffe waren in den Verwaltungsgebäuden vieler Städte Akten vernichtet worden und Bargeld verbrannt. Der Nachrichtendienst des Deutschen Gemeindetages übermittelte den Kommunen daraufhin umfangreiche Anweisungen zur Sicherstellung des Kassen- und Rechnungswesens nach Fliegerangriffen.[21] Hierin wurde deutlich, dass die sofortige Versorgung von Bombengeschädigten und Betrieben mit Bargeld die höchste Priorität erhalten sollte.

19 StAMH, 2006/22.

20 StAMH, 1181/2/30 und StAMH, 1181/1/5, S. 238.

21 Der entsprechende Text im StAMH, 1206/131.

Bild 22: Das zerstörte Rathaus

Als sich der Zusammenbruch an der Jahreswende 1944/45 andeutete, reduzierte sich das Verwaltungshandeln nur noch auf die notwendigen Sofortmaßnahmen, alles andere trat in den Hintergrund. Ungeachtet dieser Entwicklung funktionierte die Finanzverwaltung in Mülheim aber bis zum Kriegsende und darüber hinaus reibungslos.

Das Wirtschafts- und Ernährungsamt

Eines der wichtigsten Ämter während des Krieges war das Wirtschafts- und Ernährungsamt. Es bestand aus der Hauptabteilung, den beiden Wirtschaftsämtern W1 und W2, drei Ernährungsämtern, EB1, EB2 und EB3 und sechs Außendienststellen. Da die Ernährung und Versorgung der Bevölkerung einen äußerst sensiblen Bereich darstellten und alle führenden Nationalsozialisten die Hungersnot während des Ersten Weltkriegs, die wesentlich zur Niederlage beigetragen hatte, als Horrorszenario vor Augen hatten, besaßen die Wirtschafts- und Ernährungsämter weit reichende Kompetenzen. Mit der Fortdauer des Krieges verschärften sich die Bewirtschaftungsmaßnahmen auch in der Stadt Mülheim. Nach zwei Kriegsjahren waren die Vorräte des Handels erschöpft, und im privaten Bereich entstand ein erhöhter Ersatzbedarf an Verbrauchsgütern. Es kam zu regelrechten Hamster- und Angstkäufen[22] In Mülheim kursierte im Mai 1941

22 Rolf-Dieter Müller, „Die Mobilisierung der Wirtschaft für Hitlers Kriegführung“, in: *Das Deutsche Reich und der Zweite Weltkrieg.* Band 5/1. Stuttgart: Deutsche Verlagsanstalt, 1988. S. 581.

das Gerücht, eine dritte Reichskleiderkarte werde nicht mehr ausgegeben. Das führte zu vermehrten Käufen, sodass Strümpfe und Stoffe kaum mehr zu erhalten waren. Die dritte Reichskleiderkarte wurde jedoch ab September 1942 ausgeteilt. Sie entsprach dem Vorgänger und enthielt 120 Wertabschnitte, ihre Geltungsdauer betrug allerdings nicht mehr 12, sondern 16 Monate. Benötigte ein Mann zum Beispiel einen Wintermantel, so musste er zunächst einen Bezugsschein beantragen, also einen dringenden Bedarf nachweisen. Erhielt er diesen Schein, so wurden 30 Punkte der Kleiderkarte beim Erwerb des Mantels benötigt. Immerhin konnten auf diese Weise in Mülheim im Dezember 1941 448 Wintermäntel an Männer zugeteilt werden.[23] Die vierte Reichskleiderkarte mit Wirkung vom 1. August 1943 wurde dann ganz zugunsten von Bombengeschädigten gesperrt. Auch das hatte einen Massenansturm auf die Geschäfte zur Folge.

An der Zahl der Kleiderkarten lässt sich die Zahl der Mülheimer Einwohner genau bestimmen. Aus der Statistik heraus fielen aber Juden, Gefangene und Fremdarbeiter, die keinen Anspruch auf Kleiderkarten besaßen. 1941 wohnten in der Stadt 130.015 Menschen, davon 57.167 Frauen und 42.112 Männer. Dazu kamen Jugendliche, Kleinkinder und Säuglinge, an die spezielle Kleiderkarten ausgegeben wurden. Zwei Zahlen sind besonders interessant: die Abnahme der männlichen Bevölkerung im Vergleich zu 1940 um 4.804 Personen, eine Folge der Einberufungen zum Militär und der Anstieg der Geburten in einem Jahr um 750 Kinder.

Das Wirtschaftsamt führte Punkteverrechnungskonten, nahm Gutschriften und Abbuchungen vor, setzte Vorgriffstermine fest und hielt alle Transaktionen statistisch fest. Aus diesem Grund wurden die Kompetenzen der Wirtschafts- und Ernährungsämter gestärkt, das Reich gewährte ihnen pro Monat und Kopf der Einwohnerschaft einen Zuschuss von 0,15 RM, das waren für die Stadt Mülheim im Monat April 1941 20.524,20 RM. Erstattet wurden auch die Kosten für den Druck von Lebensmittelkarten, amtlichen Bekanntmachungen und anderen Schriftstücken, was im Jahr noch einmal ungefähr 100.000 RM ausmachte.[24] Das Amt unterhielt auch deshalb eine Hauptabteilung, weil im Krieg eine Fülle von Gesetzen und Verordnungen den Wirtschafts- und Versorgungsbereich betreffend erlassen wurden. Außerdem war Kontakt zu den Gauwirtschaftsämtern und dem staatlichen Preiskommissar zu halten. Die Verbrauchsregelungs-Strafverordnung wurde im November 1941 wesentlich ergänzt und erweitert. Im gleichen Jahr setzte das Wirtschafts- und Ernährungsamt in Mülheim 174 Ordnungsstrafen fest, die einen Gesamtbetrag von 14.404 RM ausmachten; ein Indiz dafür, dass es in diesem Bereich Unregelmäßigkeiten gab. So waren von einer damit beauftragten Druckerei missbräuchlich zusätzliche Fettkarten ausgegeben worden. Dass dies keine Bagatelle war, zeigt die Tatsache, dass der Fall vor dem Landgericht Duisburg verhandelt wurde und vier Angeklagte zu Freiheitsstrafen von insgesamt zwei Jahren und vier Monaten und ein anderer zu einer Geldstrafe von 600 RM verurteilt wurden.[25] Mit der am 5. September 1939 erlassenen Volksschädlings-Verordnung stand den Gerichten ein allgemein formuliertes Instrument zu Aburteilung solcher Vergehen zur Verfügung.

23 StAMH, 1181/2/26, S. 8.
24 Ebd., S. 2.
25 Ebd., S. 3.

Die Mangelsituation in bestimmten Bereichen tritt im Verwaltungsbericht des Wirtschafts- und Ernährungsamtes klar zutage. Leder war außerordentlich knapp und kontingentiert. Allerdings schien sich die Bevölkerung nur widerwillig an holzsohliges Schuhwerk als Alternative gewöhnen zu wollen. Manchmal half aber auch schon eine einfache Maßnahme, um Probleme zu beseitigen, so wie die Einführung von Kundenlisten bei Schuhmachern, die ab September 1940 obligatorisch wurden. Hierdurch konnten die zur Verfügung stehenden Ledermengen besser verteilt und die Reparaturzeiten verkürzt werden. Ebenso wie Leder taten sich im Textilbereich gravierende Engpässe auf. Aus diesem Grund sorgte Hans Kehrl, der Verantwortliche im Wirtschaftsministerium, nicht nur für rigorose Einsparungen, sondern auch für die Umstellung von der „Zivilproduktion" der Textilbetriebe auf die Fertigung für die Wehrmacht oder die Schließung von Betrieben, um Arbeitsplätze in anderen Bereichen zu schaffen. Davon waren auch etliche Mülheimer Firmen betroffen.

Den Versuch, bei Möbeln zu einer gerechten Bedarfsdeckung zu kommen, sah das Amt als gescheitert an.[26] Diese Situation verschärfte sich ab 1943, als viele Möbel für Ausgebombte benötigt wurden. Der nationalsozialistische Staat hatte sich mit der 11. Verordnung zum Reichsbürgergesetz vom 25. November 1941 die Möglichkeit geschaffen, auf das Mobiliar der deportierten Juden und „Fremdvölkischen" zurück greifen zu können, sodass dieses an bedürftige „Volksgenossen" weiter gegeben werden konnte. Im Möbellager der Firma von der Linden befanden sich zum Beispiel gepfändete Möbel aus jüdischem Besitz. Die Zuteilung der Möbel erfolgte allerdings durch die Kriegsschädensämter, die im Verein mit der NSV aktiv wurden. Riesige Mengen so genannter „Judenmöbel" gelangten zum Beispiel aus den besetzten Niederlanden in das Ruhrgebiet. Die Gauleitung in Essen wies noch 1944 die Firma Thyssen an, mit einem Trupp russischer Fremdarbeiter nach Arnheim zu fahren, um aus der evakuierten Stadt Wohnungseinrichtungen und Hausrat nach Mülheim zu schaffen.[27] Von Anfang 1942 bis Mitte 1943 ließ die Dienststelle Westen des Reichsministeriums für die besetzten Ostgebiete, die Rosenberg unterstand, 22.623 Wohnungen in den Niederlanden räumen und auf 586 Lastschiffen und 178 Güterwagen in den Westteil des Reiches, aber auch in das schwer getroffene Hamburg transportieren. Es ist allerdings nicht bekannt, was aus diesen Lieferungen im Einzelnen nach Mülheim gelangte.[28]

Ganz besonderer Mangel herrschte auf dem Gebiet der Treibstoffe, Öle und Fette, aber auch bei Kautschuk und Asbest. Die Wehrmacht hatte hier absolute Priorität. In Mülheim musste deshalb die Zahl der mit Treibstoff betriebenen Fahrzeuge an der Jahreswende 1941/42 von 1.364 auf 1.125 reduziert werden, selbst dringend benötigte Behelfslieferwagen waren darunter. Die LKW und Personenwagen, die eine Fahrgenehmigung besaßen, zeigten das durch einen roten Winkel an der Windschutzscheibe an. Ab 1942

26 Ebd., S. 12.

27 Barbara Kaufhold, *Erinnerungen werden wach. Zeitzeugenberichte aus Mülheim a.d. Ruhr, 1933–1945*, S. 35. Vgl. dort Anm. 22. Und *Styrum – Ein starkes Stück Stadt*, Teil 3, hg. vom Geschichts-Gesprächskreis Styrum e.V. O.O., 2003, S. 93.

28 Ralf Blank, „Kriegsalltag und Luftkrieg an der „Heimatfront", in: *Das Deutsche Reich und der Zweite Weltkrieg.* Band 9/1. München: Deutsche Verlagsanstalt, 2004, S. 425–429.

musste Motorenöl beim Wirtschaftsamt beantragt werden, das die benötigten Mengen an das Reichsamt für Mineralöl in Berlin meldete. Für die Neuzulassung von Nutzfahrzeugen war ein nachzuweisendes öffentliches Interesse notwendig, das der Bevollmächtigte für den Nahverkehr beim Regierungspräsidenten in Düsseldorf nach Antragstellung feststellte. 1941 wurden in Mülheim 200 Anträge gestellt, von denen 65 nicht genehmigt wurden.[29] Knapp waren auch Reifen und Schläuche. Das Wirtschaftsamt unterhielt einen eigenen Abholdienst, um Reifen, Decken und Schläuche nicht mehr fahrtüchtiger oder stillgelegter Fahrzeuge vom Fahrrad bis zum Lastkraftwagen, abzuholen. Die Reichsstelle für Kautschuk und Asbest in Berlin hatte 1940 in einer Anordnung die Meldepflicht für die oben genannten Wirtschaftsgüter eingeführt, und es bedeutete einen erheblichen Aufwand für die Wirtschaftsämter, alle mit der Meldepflicht zusammenhängenden Tätigkeiten von der Erfassung, Kontrolle, Überprüfung bis zur Abholung der Güter auszuführen. 1942 hatte das Amt 2.733 Bereifungen abgeholt und im Reichsreifenlager in Essen abgeliefert. Das war aber nicht alles, denn den Einlieferern stand eine Vergütung zu, die für Mülheimer durch den Feststellungsausschuss des Landeswirtschaftsamtes in Düsseldorf ermittelt wurde.[30] Günstiger sah es für Kohle aus. Für Mülheim stand 1941 eine Menge von 142.000 Tonnen Hausbrandkohle zur Verfügung, 84% des für 1940 festgestellten Bedarfs. Die Reduzierung von Seife und Waschmitteln für Privatleute von 745.378 auf 720.414 Stück/Kilogramm war noch akzeptabel. Ein wesentlicher Faktor der Rohstoffgewinnung bestand in den Altmaterialsammlungen, die das Wirtschaftsamt in enger Abstimmung mit der Kreisleitung der NSDAP und der HJ durchführte, wobei besonders die Schulsammlungen hervorgehoben werden. Auf diese Weise kamen beispielsweise im Jahr 1941 20.718 Tonnen Eisen, 2.087 Tonnen Papier, 169 Tonnen Knochen, 14.363 Flaschen und noch elf Tonnen Lederabfälle zusammen. Die Schule am Steinknappen erzielte das beste Sammelergebnis im Bezirk Düsseldorf, sodass der Schulleiter Kuhlmann und drei Schulkinder für drei Tage zu Göring nach Berlin eingeladen wurden. Darüber hinaus erhielten sie eine Buchspende, die der Kreisleiter Camphausen persönlich in einer kleinen Feierstunde überreichte.[31]

Von zentraler Bedeutung war das Ernährungsamt in der Stadt Mülheim, das das Rationierungssystem der Kriegswirtschaft umzusetzen hatte. Im Ersten Weltkrieg hatte es nur geringfügige Unterschiede in der Versorgung unterschiedlicher Berufsgruppen gegeben, jetzt wurde das System stark ausdifferenziert, zunächst einmal nach Alter der Bezieher, dann aber auch nach dem Leistungsprinzip: Normal-, Schwer, Schwerstarbeiter und Zuschläge für Lang- oder Nachtarbeit und nach sozialen Komponenten: Kranke, Schwangere, stillende Mütter. Das aber machte einen hohen bürokratischen Aufwand notwendig und schuf auch Probleme, zum Beispiel nach welchen Kriterien eine Arbeit als Schwerstarbeit zu definieren sei. Da die Zuteilung proportional zur Personenzahl einer Familie anstieg, eine Familie mit vier Kindern erhielt die dreifache Menge im Ver-

29 StAMH, 1181/2/26, S. 14.
30 Ebd., S. 15.
31 Ebd., S. 18.

gleich zu einer kinderlosen Familie,[32] konnten Familien mit niedrigem Einkommen so mehr zugeteilt bekommen, als sie überhaupt kaufen wollten.

Die Lebensmittelkarten wurden in Mülheim von Privatdruckereien unter Aufsicht städtischer Beamter gedruckt. Für einen Versorgungsabschnitt von vier Wochen betrug das Papiergewicht der Karten zwischen 2 und 2,5 Tonnen. An dem Sonntag vor Beginn der Zuteilungsperiode wurden die Karten in 89 Ausgabestellen von 490 städtischen Mitarbeitern verteilt.[33] Die entsprechenden Informationen waren der örtlichen Presse zu entnehmen.

An Beispielen sollen einige der Besonderheiten bei der Versorgungssituation in Mülheim aufgezeigt werden.[34] In 1.100 Betrieben im Stadtgebiet wurden zum Beispiel Schwer-, Schwerst- und Zulagenarbeiter beschäftigt. Bei der Einstufung in die entsprechende Kategorie wirkten die Betriebe, Betriebsobleute und das Gewerbeaufsichts- bzw. Berg- oder Forstamt mit. Im September 1941 gab es in der Stadt 13.431 Schwerarbeiter. Landwirte mit ihren Familien und Arbeitskräften waren von der Zuteilung generell ausgenommen. Allerdings wurde zwischen Vollselbstversorgern und Selbstversorgern unterschieden, wobei den Letzteren noch bestimmte Lebensmittel auf speziellen Karten zustanden. Auch konnten die bäuerlichen Betriebe beim Ernährungsamt für ihre nichtständigen Aushilfskräfte Zulagen beantragen. Das waren täglich 150 Gramm Brot, 50 Gramm Fleisch und 25 Gramm Butter oder Schlachtfette. Für die Zeit der Ernte im Jahr 1941 gingen bis zu 167 solcher Anträge monatlich ein, im Dezember waren es nur noch 13. Zur Erhöhung der Förderleistung im Bergbau nach betrieblichen Notständen stellte der Beauftragte für den Vierjahresplan dem Mülheimer Bergwerksverein Marken zur Herstellung belegter Brote zur Verfügung. Im Jahr 1941 bis Mitte 1942 hielten sich 97 Ausländer in Mülheim auf, die eine Bedarfsbescheinigung für Lebensmittel erhielten. Bei Familienfeiern wie Trauung, silberne, goldene oder diamantene Hochzeit wurden für maximal zwölf Teilnehmer je Person unter anderem 150 g. Fleisch, 50 g. Fett, 100 g. Zucker, 25 g. Kaffee-Ersatz und 1 Ei gewährt. Dies aber nur bei Vorlage der Aufgebotsbescheinigung oder des Familienbuchs. Die Soldaten der Wehrmacht wurden im Heimatdienst besser als Schwerarbeiter versorgt, im Feldeinsatz betrugen die Rationen je nach Nahrungsmittel das Zweieinhalb- bis Fünffache eines Normalverbrauchers. Wenn sie auf Urlaub waren, stand Soldaten die Reichskarte für Urlauber zu, die ihre Versorgung sicherstellte. Da zwischen Dezember 1941 und Januar 1942 3.919 Wehrmachtangehörige in Mülheim Urlaub machten, richtete das Ernährungsamt über Weihnachten eine Kartenausgabestelle in der Standortkommandantur ein. Zwischen Januar 1941 und Februar 1942 befanden sich auch 120 Angehörige des fliegenden Personals, des Deutschen Afrikakorps, der Front-U-Boote, Handelszerstörer und der Fallschirmjäger in Mülheim. Diese erhielten, „um sie körperlich und geistig besonders leistungsfähig“[35] zu erhalten, in der Woche noch 400 g. Fleisch, 125 g. Speck und Margarine und 1.400 g. Brot zusätzlich. Bei den Ausgebombten wurde die Versorgung mit Waschmitteln und Lebensmitteln von

32 Zur Gesamtproblematik vgl. Rolf-Dieter Müller, *a.a.O.*, S. 396–405.

33 StAMH, 1181/2/26, S. 20.

34 Alle Beispiele Ebd., S. 21–32.

35 StAMH, 1181/2/26, S. 25.

der NSV durchgeführt. Sie erhielten Verlorengegangenes ersetzt und mussten Anträge auf Ersatz verloren gegangener Karten stellen. Seit Juni 1941 waren auch Kartoffeln zuteilungspflichtig. Wer früh seine Winterkartoffeln eingekellert hatte, hatte Glück gehabt, denn ab November gab es Probleme mit der Kartoffelversorgung, da man einen Verbrauch von 400.000 Zentnern in Mülheim veranschlagt hatte, wovon nur 30.000 durch Erzeuger in der Stadt geliefert werden konnten. Im Februar 1942 waren noch mehr als 20.000 Personen nicht mit Winterkartoffeln versorgt. Trotzdem gelang es dem Ernährungsamt, ein Reservelager mit 21.000 Zentnern Kartoffeln in einigen ausgedienten Ziegeleiringöfen anzulegen, mit dem Engpässe ausgeglichen werden konnten. Auch bei Mehl, Fetten und anderen Bedarfsgütern gelang es der Stadtverwaltung immer wieder, an bestimmte Kontingente zu kommen, was sich besonders in den beiden letzten Kriegsjahren als vorteilhaft erwies. Im Jahr 1941, als es den Menschen immer klarer wurde, dass der Krieg noch länger andauern würde, gingen viele Haushalte dazu über, verstärkt Obst und Gemüse als Vorräte einzukochen. Das führte am 17.11.1941 dazu, dass in Mülheim und den rheinischen Großstädten ein Bezugsausweis für Mangelgemüse und Obst eingeführt wurde, wobei Mangelgemüse je nach Jahreszeit Blumenkohl, Rosenkohl, Gurken, Tomaten und Zwiebel waren. Da Mülheimer Händler Obst und Gemüse auch auf auswärtigen Großmärkten einkauften, hatte das Ernährungsamt keinen genauen Überblick über Menge und Herkunft der Waren. Aus diesem Grund richtete die Stadtverwaltung in Zusammenwirken mit der NSDAP-Kreisleitung und dem Gartenbauwirtschaftsverband Rheinland im Februar 1942 einen Großmarkt mit vier hiesigen und einem auswärtigen Großhändler in den Bahnbogen zwischen Ruhr- und Hindenburgstraße (heute Friedrichstraße) ein. Dort konnten die 144 Mülheimer Kleinhändler ihre Waren beziehen. Seefisch, von dem im Monatsmittel 1941 40 Tonnen zur Verfügung standen, konnte als Frisch- oder Räucherfisch gegen Vorlage einer Fischkontrollkarte durch den Käufer angeboten werden, und zwar nach einer bestimmten Buchstabenaufteilung, die in der Presse bekannt gegeben wurde.

Das war aber nur eine Seite des Bewirtschaftungs- und Bezugssystems, denn die Kartenabschnitte, Bestell- und Berechtigungsscheine, die in den Läden und Verkaufsstellen vom „Letztverbraucher" abgegeben worden waren, mussten vom Ernährungsamt in Bezugscheine umgewandelt werden, um den Händlern und Verkäufern den entsprechenden Warenbezug zu ermöglichen. Das Bezugscheinwesen war am 20.6.1940 reichseinheitlich geregelt worden.[36] Hierbei ging es um 28 verschiedene Lebensmittel bzw. Lebensmittelgruppen und 10 verschiedene Sonderzuteilungen, zu denen noch sechs verschiedene Seifenerzeugnisse gehörten. Immerhin wurden im Berichtszeitraum 1941/42 370.353 Bezugscheine ausgestellt. Die vom Ernährungsamt vorgenommene statistische Auswertung gibt auch einen genauen Überblick über die Verkaufsstellen in Mülheim: 755 Lebensmittelgeschäfte, 178 Bäckereien, 105 Milchhandlungen, 87 Metzgereien, 188 Gemüse- und Obstverkaufsstellen, 220 Kartoffelverkaufsstellen und 636 Seifenverkaufsstellen.[37]

Vollselbstversorger und Selbstversorger, mussten Mahl- und Schlachtkarten beantragen, die für ihre Versorgung notwendig waren. 10 landwirtschaftliche Selbstversorger

36 Vgl. StAMH, 1181/2/24.
37 Ebd., S. 34.

in Mülheim besaßen Röstgenehmigungen für Kaffee-Ersatz. 7.500 Geflügelhalter in der Stadt wurde ein Ablieferungssoll von 556.440 Eiern auferlegt, wovon nur 415.173 Eier abgeliefert wurden, ein Zeichen, dass die Abgabe schwer zu kontrollieren war. Natürlich wurden Bezugscheine auch an Institutionen wie Krankenhäuser, Alters- und Kinderheime und Strafanstalten ausgegeben, auch die 110 Mülheimer Gaststättenbetriebe erhielten Bezugscheine. Die Bezugscheine für Kindertagesstätten gingen an die NSV. Schulen, DAF und Frauenwerk, die auch im Krieg Kochschulungen anboten, konnten dies in vollem Umfang aufrechterhalten und erhielten Lebensmittelmengen für monatlich 1.380 Kochschülerinnen. Die Anzahl der Werkküchen stieg bis 1942 auf 26 an. Hier verpflegte man durchschnittlich 2.420 Personen am Tag. Wenn Betriebe Luftschutznachtwachen aufstellten, erhielten sie ebenfalls Bezugscheine. 1942 war die Zahl der in Mülheim in Industriebetrieben und dem Bergbau eingesetzten Fremdarbeitern und Kriegsgefangenen noch relativ gering, wie aus den Bezugscheinangaben des Ernährungsamtes ersichtlich wird. Es existierten vier Gemeinschaftslager für so genannte Dienstverpflichtete, insgesamt 435 Personen und acht Kriegsgefangenenlager mit einer Durchschnittsbelegung von 1.495 Menschen täglich, dazu kamen 89 Mann Bewachungspersonal, die alle verpflegt werden mussten. Die in der Landwirtschaft eingesetzten 135 Gefangenen wurden durch die Landwirte versorgt und erhielten dazu noch Lebensmittelkarten für Normalverbraucher. Ihnen ging es oft relativ gut.

Schon zu Beginn des Jahres 1942 wusste die nationalsozialistische Führung um eine ausgeprägte Ernährungskrise, denn die Lieferungen aus den besetzten Gebieten, hauptsächlich aus denen im Osten, entsprachen nicht den Erwartungen. Zunächst wurden im Januar die Rationen des Feldheeres gekürzt und dann, am 6.4.1942 die Kürzung der Rationen um 200 Kalorien am Tag angekündigt, sodass die Zuteilungen verringert werden mussten. Die Stadtverwaltung konnte jedoch auf Grund der Finanzlage immer wieder Lebensmittel und andere Vorräte einkaufen. Am 22.12. 1942 beschlossen die Ratsherren zum Beispiel eine außerplanmäßige Ausgabe in Höhe von 42.000 RM für Lebensmittel, die bei verschiedenen Firmen eingelagert wurden, meist im Hafengebiet.[38] Weil dort schon früher schützenswerte Güter eingelagert worden waren, hatte die Verwaltung im März des Jahres zwei Feuerlöschboote angeschafft, die die Ratsherren besichtigten. Für das sich anschließende gesellige Beisammensein im Wasserbahnhof mussten die Teilnehmer übrigens 100 g Brotmarken, 50 g Fleisch- und 10 g Fettmarken mitbringen. Es gab einen kleinen Imbiss.[39]

Durch rigorose Maßnahmen verbesserte sich die Ernährungslage für Deutschland am Übergang 1942/43, aber nur auf Kosten der Bevölkerung in den besetzten Gebieten. Göring führte im März 1943 vor den Reichskommissaren der besetzten Gebiete und den Militärbefehlshabern aus: „Sie sind weiß Gott nicht hingeschickt, um für das Wohl und Wehe der ihnen anvertrauten Völker zu arbeiten, sondern um das Äußerste herauszuho-

38 StAMH, 1181/1/3.
39 StAMH, 1181/2/26.

len, damit das deutsche Volk leben kann."[40] Das führte zum massenhaften Hungertod von Millionen Menschen dort, eingeschlossen der Kriegsgefangenen.

Davon erfuhr die Bevölkerung in Mülheim nichts. Im Gegenteil, zu Weihnachten 1943 druckte das Ernährungsamt vier Weihnachtssonderkarten für vier Empfängerkategorien. Normalverbraucher und nichtlandwirtschaftliche Selbstversorger erhielten eine Sonderzuteilung, die für die Weihnachtsfeier wichtig war, nämlich 500 g Weizenmehl, 125 g Butter, 125 g Süßwaren oder 100 g Zucker, 50 g Bohnenkaffee und 0,35 l Spirituosen. Kinder und Jugendliche bis 18 Jahre erhielten an Zucker sogar 250 g und an Süßwaren 250 g. In der Anweisung für das Ernährungsamt hieß es, dass „Ausländer, Zivil- und Kriegsgefangene, sowie Polen und Juden bei der Zuteilung unberücksichtigt zu lassen" seien.[41]

In Mülheim so wie im gesamten Deutschen Reich veränderte sich zumindest die Verpflegungslage nur wenig zum Schlechteren. So ging der Kalorienwert der Normalverbraucherzuteilung von 1.990 Kalorien im Jahr 1941 auf 1.930 Kalorien im Jahr 1944 zurück. Die Fleischrationen betrugen 1939 2 Kilogramm im Monat, 1943 1,2 Kilogramm und im September 1944 sogar 1,4 Kilogramm. Erst nach dem totalen Zusammenbruch, zum Beispiel im April 1945, sank die Menge Fleisch auf nur noch 150 Gramm.

Die Stadt Mülheim finanziert Hitlers Krieg

Ein wichtiges Ziel der Führung des nationalsozialistischen Staates war die Finanzierung des Krieges auf eine Art und Weise, die die „Volksgenossen" nicht zu stark belastete. Götz Aly hat in seiner Darstellung des „nationalen Sozialismus" an Beispielen dargestellt, welche kreativen Möglichkeiten Fachbeamte, Minister und Parteiobere entwickelten, um die deutsche Kriegskasse zu füllen. Dabei verwandelte sich der Staat für alle, die nicht dazugehörten oder ausgeschlossen wurden, zu einer gigantischen Raubmaschine.[42] Doch entwickelten sich die Planungen erst allmählich und radikalisierten sich mit zunehmender Kriegsdauer. Im Stadium der konkreten Kriegsplanungen im Frühjahr 1939 waren das Reichsfinanzministerium, der Stab des Beauftragten für den Vierjahresplan und der Generalbevollmächtigte für die Wirtschaft mit vielfältigen Plänen an Hitler und Göring herangetreten, die alle hohe Zuschläge auf die Lohn- und Einkommenssteuer, die Körperschafts- und Vermögenssteuer beinhalteten. Tatsächlich dauerte die Diskussion um Steuererhöhungen aber bis zum Kriegsende an, ohne dass eine dauerhafte Lösung gefunden wurde. Ohnehin trafen Hitler und Göring lieber Ad-hoc-Entscheidungen. Das Finanzministerium konnte sich mit gleichmäßig breiten Steuererhöhungen, die auch die unteren Schichten belasteten, nicht durchsetzen.[43] Aber schon relativ früh während des Krieges kristallisierten sich drei Quellen heraus, aus denen die Kriegskosten gedeckt werden sollten: die eroberten Gebiete, die vermögenden Schichten und die Unternehmen und Körperschaften.

40 Rolf-Dieter Müller, „Albert Speer und die Rüstungspolitik im totalen Krieg", in: *Das Deutsche Reich und der Zweite Weltkrieg.* Band 5/2. Stuttgart: Deutsche Verlagsanstalt, 1999, S. 488.

41 StAMH, 1400/5. S. 498/99.

42 Götz Aly, *Hitlers Volksstaat.* Frankfurt/Main: Fischer, 2005. Hier besonders Teil II.

43 Ein Überblick über die Planungen: Edb., S. 66–77.

Wenn Vermögen da war, griffen die Nazis auch bei Bürgern und Institutionen im eigenen Staat auf dieses zurück. Das betraf auch die Stadt Mülheim, die ein beträchtliches Vermögen in Stiftungen, Beteiligungen und bestimmten Rücklagen besaß. Die Wertpapierbestände der Stadt wurden am 9. September 1943 bei einer Erfassung durch das Rechnungsprüfungsamt aufgelistet.[44]

Ein beträchtliches Aktienvermögen war in Stiftungen angelegt. In der Leonhard-Stinnes-Stiftung Aktien der Allgemeinen Elektrizitäts-Gesellschaft im Nominalwert von 147.100 RM und weitere Posten Aktien der Deutschen Erdöl-AG (12.000 RM), der Atlaswerke (67.300 RM), Feldmühle Papier AG (45.000 RM), Ilseder Hütte (9.600 RM), des Mülheimer Bergwerks-Vereins (14.700 RM), des Rheinisch-Westfälischen Elektrizitätswerks (RWE Namens- und Inhaberaktien)(3.684.415 RM), der Thüringischen Gasgesellschaft (111.600 RM), dazu noch kleinere Aktienpakete der Rheinischen Stahlwerke Essen-Ruhr, der Elektrizitätswerke Schlesien und der Schlesischen Elektrizitäts- und Gaswerke. Dazu kamen Goldpfandbriefe der Hypothekenbank Weimar (12.000 RM) und der Hypothekenbank Mannheim (6.000 RM). Weiterhin besaß die Stiftung Guthaben auf mehreren Sparbüchern der Stadtsparkasse in Höhe von mehr als 8.000 RM. Weitere Aktienbestände, Pfandbriefe und Guthaben befanden sich bei der Gretchen-Leonhard-Stiftung, der A.u.J.-Thyssen-Stiftung, der Schorndorff-Stiftung, dem Klönne-Stift, der Coupienne-Stiftung, der Rosorius-Stiftung, der Steinhaus-Stiftung und der Leo-Becker-Gedächtnis-Stiftung. Das Reichsfinanzministerium hätte gerne die aus den Gewinnen der Stiftungs-Wertpapiere fließenden Einnahmen steuerlich belastet, und so meldete sich 1940 das Finanzamt bei der Stadtverwaltung, um zu prüfen, inwieweit die Stiftungen einen rein mildtätigen Zweck verfolgten, der sie steuerlich freistellte. Die Prüfung ergab, dass das Steuerprivileg auf Grund der Allgemeinnützlichkeit der Stiftungen nicht angetastet werden konnte. Anders sah es beim Vermögen der Stadt selbst aus. Das waren 1943 zunächst einmal verschiedene Reichsschatzanweisungen im Wert von 3.055.500 RM in verschiedenen Depot und Aktien des RWE in einem Nominalwert von 2.409.200 RM sowie Genussscheine der gleichen Firma im Wert von 67.556,30 RM. Die Anteile am Rheinisch-Westfälischen Wasserwerk betrugen 1.960.000 RM, wobei durch eine Kapitalerhöhung noch einmal der gleiche Betrag zustande kam. Weiterhin gehörten zum städtischen Vermögen Aktien der Thüringischen Gasgesellschaft über einen Wert von 1.091.600 RM und AEG-Aktien. An Schuldverschreibungen des Umschuldungsverbandes Deutscher Gemeinden hielt die Stadt Anteile von 2.769.600 RM. Die Rücklagen, die auf verschiedene Konten der Stadtsparkasse verteilt waren, betrugen 6.36263,48 RM, weitere Schatzanweisungen, die teilweise gesperrt waren, beliefen sich auf eine Summe von 358.000 RM. Die städtischen Betriebe besaßen Aktien der Süddeutschen Eisenbahngesellschaft (28.700 RM), des RWE (222.000 RM) und der Thüringischen Gasgesellschaft (22.100 RM).

Das Finanz- und das Wirtschaftsministerium wollten aus mehreren Gründen den Aktienbesitz im Rahmen der Kriegsfinanzierung belasten. Dabei trafen sie auf die Zustimmung der Nazi-Führung, die das Großkapital und die Spekulanten auch gerne stärker zur Kasse gebeten hätte. Ein Grund für den staatlichen Zugriff auf den Aktienbesitz war die

44 StAMH, 1206/23.

Hausse an den Börsen. In den ersten beiden Kriegsjahren hatten sich die Aktienkurse um durchschnittlich 50% erhöht, wohl in der Vorwegnahme eines sicheren Sieges. Deshalb führte man Anfang 1941 eine Spekulationssteuer auf Aktiengeschäfte ein. Später wurde jegliche Gewinnausschüttung auf 6% begrenzt, der Überschuss fiel an den Staat. Im Jahr 1942 erfolgte die Meldepflicht für alle seit September 1939 gekauften Aktien und Kuxe (Anteil an Unternehmen, die Bodenschätze ausbeuten) und am 9. Juni 1942 schließlich verbot der Wirtschaftsminister den Aktienhandel und unterwarf diese Börsenpapiere der Verkaufspflicht.[45] Der Staat wollte die Aktien erwerben, um damit das Börsengeschehen zu beeinflussen und Kurssteigerungen zu verhindern, was aber nicht funktionierte, sodass 1943 die Kursfestsetzung an den Börsen auf Anordnung des Wirtschaftsministers eingestellt werden musste und nur noch Reichswerte wie Anleihen und Obligationen gehandelt werden konnten, mit denen der Staat den Krieg finanzierte.

Auch die Stadt Mülheim sah sich damit konfrontiert, Rücklagen in Staatsanleihen umwandeln zu müssen. So wurde die Stadt angewiesen, von den für 1940 erwarteten Rücklagen in Höhe von 2.572.352, 81 RM 75% in Reichsanleihen anzulegen.[46] Vorher schon hatte die Stadt die Rücklage für den Schulneubau der Berufsschule und die Versorgungsrücklage für die städtische Verwaltung aufgelöst und dafür 4,5%-Reichsanleihen im Wert von 284.960,50 RM gekauft, die bis zum 1.4.1940 gesperrt waren, aber 1941 zu einem Teil ausgelöst wurden. Die Stadt suchte aber auch nach Möglichkeiten, ihr Geld anderweitig anzulegen, was dadurch gelang, dass die Verwaltung dem RWW am 5.2.1941 ein Darlehen über 490.000 RM mit 4% Verzinsung gab, wodurch eine Kapitalerhöhung finanziert wurde. Die erste Zinszahlung am 27.6.1941 brachte auf diese Weise 4.900 RM in die Stadtkasse.[47] Ansonsten war die Stadt gezwungen, fällige Reichsanleihen sofort wieder in neue anzulegen. In Saarn sollte für die Exerzierplatzsiedlung an Elsenborner Weg und Pfälzer Straße eine neue Schule gebaut werden. Die Mittel dafür waren schon bewilligt worden. Auf Grund der Kriegsereignisse wurde die Maßnahme zurückgestellt und von den vorhandenen Geldern 3,5%-Schatzanweisungen für 200.000 RM und 4%-Schatzanweisungen im Wert von 45.000 RM gekauft und bis 28.2.1943 gesperrt. So flossen die Schulbaumittel indirekt in die Kriegsfinanzierung. Im April wurde die Stadtverwaltung durch eine Verordnung des Reichswirtschaftsministeriums gezwungen, eine Rücklage für Volksschulen, Berufsschulen, das Klönnestift, die Ruhrbrücken und Straßenreinigung und den Schlacht- und Viehhof, die durch RWE-Aktien und Aktien der Thüringer Gasgesellschaft gedeckt war, umzuwandeln und den erzielten Betrag in Reichsschatzanweisungen zu stecken. Möglich war dies durch die Verordnung über den im Krieg erworbenen Aktienbesitz geworden und weitere Bestimmungen aktienrechtlicher Art. Die Kämmerei lieferte also die entsprechenden Aktien zu einem Umschichtungsbetrag von 201.134,31 RM bei der Reichsbank ein und erhielt dafür spesen- und umsatzsteuerfrei zu einem Kurs von 99,25 % Reichsschatzanweisungen im Wert von 200.488 RM. Der Unterschiedsbetrag wurde der Stadtkasse gutgeschrieben. Aus anderen Rücklagen tauschte die Stadt gezwungenermaßen RWE-Aktien im Kaufwert von 171.200

45 Götz Aly, a.a.O. S. 83.

46 StAMH, 1206/20. Teil V.

47 StAMH, 1206/23.

RM, die allerdings einen Buchwert von 231.200 RM repräsentierten, in Reichsschatzanweisungen für 230.260 RM um und wies 940 RM dem städtischen Sparguthaben an.[48] Im Mai 1943 übertrug die Stadt Aktien der Wasserwerke Gelsenkirchen auf die Leonhard-Stinnes-Stiftung und entzog sie so dem Zugriff der Reichsbank. Ende 1943 ergab sich aber das Problem, dass die Stiftungen aus kriegsbedingten Gründen ihre Erträge gar nicht mehr vollständig verausgaben konnten. 1944 erzielten die Stiftungen einen Überschuss von 1.000 RM, der sie bei fehlender Ausgabe wieder körperschaftssteuerpflichtig gemacht hätte. Aus diesem Grund buchte die Stadtverwaltung zum Beispiel geplante Zuwendungen an die Leonhard-Stinnes-Stiftung in den städtischen Haushalt.[49] Selbst Rückflüsse aus Hauszinssteuerdarlehen, die die Stadt am 19.7.1944 erhielt, mussten auf Anordnung des Wirtschaftsministeriums in 3,5%-Reichsschatzanweisungen für 180.000 RM angelegt werden. Jetzt kamen auch noch Provisionen, Spesen und die Börsenumsatzsteuer von 683,10 RM dazu. Auf diese Weise flossen dem Reichsfiskus erhebliche Mittel zu, die für die Finanzierung des Krieges gebraucht wurden. Ab 1943 zeigte sich die Tendenz, dass langfristige Anlagen kaum nachgefragt wurden und die Reichsbank immer mehr Kurzläufer auflegte. Das Vertrauen in den Endsieg war auch den Finanzmärkten abhanden gekommen. Das hinderte aber parteitreue Finanzexperten nicht daran, die Situation schön zu reden. In einem Artikel der Deutschen Allgemeinen Zeitung vom 3.1.1945 wurde die Situation positiv geschildert. Der Artikel hat in einer Akte der Stadtverwaltung überdauert, dort heißt es:

> *Kurzfristige Anlagen treten langfristigen gegenüber in den Vordergrund. Das Kriegsfinanzierungssystem machte es notwendig, dass stets genügend kurz- und langfristige Anleihen zur Verfügung standen. 1943/44 überstieg der Zugang der kurzfristigen den der langfristigen Reichsschuld um mehr als 100%. Vom 30.9.1943–30.9.1944 erhöhte sich die langfristige Reichsverschuldung um 27,3 Milliarden, die kurzfristige um 61,3 Milliarden. Da der Kreditbedarf des Reiches immer mehr an die Stelle des privaten Kreditbedarfs trat, brauchten auch keine Veränderungen durch Zinsbedingungen vorgenommen werden, um Ausgleich zu schaffen. Die entstandene überflüssige Kaufkraft wird gebunden durch die Kreditaufnahme des Staates.*[50]

Der Krieg verschlang riesige Summen, die weder durch eine Erhöhung der Körperschaftssteuer und der Gewinnbesteuerung, die ab 1943 einsetzte, kompensiert werden konnten, noch durch den Zwang, Aktien gegen Reichstitel einzutauschen. Erst durch die Plünderung der eroberten Gebiete und die Nutzung und Ausbeutung weiter Landstriche und der dort ansässigen Menschen konnte das perfide Kriegsfinanzierungssystem bis Kriegsende funktionieren.

Zum Schluss soll ein Blick auf zwei Banken in Mülheim an der Ruhr geworfen werden. In den Geschäftsberichten der Stadtsparkasse, die für die Zeit von 1939 bis 1943 existieren,

48 Ebd.
49 StAMH, 1181/2/30.
50 StAMH, 1206/90.

lässt sich ein weiterer finanzieller Aspekt der Kriegssituation erschließen.[51] 1939 waren die Spareinlagen um 2,4 Millionen Reichsmark, das waren 8%, gestiegen. Durch bestehende Vorschriften sah die Sparkasse ihr Hypothekengeschäft beeinträchtigt, und das änderte sich auch bis zum Ende des Krieges nicht, obwohl der Hypothekenzins leicht von 5% auf 4,5% sank. Die allgemeine Siegeszuversicht der Menschen in Mülheim zeigte sich in den Sparanlagen, die von 14.675.368 RM im Jahr 1940 auf 21.717.679 RM 1943 stiegen. 1940, im hundertsten Geschäftsjahr der Sparkasse, gab es 81.143 Sparer, die Zinsgutschriften von 1.172.990 RM erhielten. In diesem Jahr sah die Sparkassenführung noch Vertrauen in die Stabilität der Währung und eine Stärkung des Spargedankens, ein Gedanke, den die NSDAP förderte, da so überschüssige Kaufkraft abgeschöpft werden konnte. Auch die Stadtsparkasse beteiligte sich an der Kriegsfinanzierung, indem sie 1940 Reichsanleihen und Schatzanweisungen für 17.653.250 RM kaufte. Auch später wurden Mittel in solche Staatspapiere investiert, da die Nachfrage nach Krediten und Hypotheken stetig nachließ, was auf die Kriegsereignisse zurück zu führen ist. Mit dem Jahr 1943 spiegelte sich im Geschäftsbericht die Verschlechterung der allgemeinen Lage. Trotz einer Steigerung der Sparrate um 30,7% wurde der Rückgang des Schulsparens durch die Schließung der Schulen beklagt. Eine Todesanzeige wies auf den „Heldentod" des Vorstandsmitglieds W. Breuers hin, der als Major und Bataillonskommandeur im Osten starb.

Die Commerzbank beklagte, was sicherlich auf alle Geldinstitute zutraf, dass kriegbedingt viele Filialen schließen mussten. Der riesige öffentliche Finanzbedarf engte natürlich das privatwirtschaftliche Geschäft ein. Auch die Commerzbank war gezwungen, weil zu wenig investiert wurde und die Verbrauchsgüterindustrie schrumpfte, das anwachsende Einlagenguthaben in Reichstitel anzulegen. Dazu drängte der Staat die Bank in den besetzten Gebieten aktiv zu werden. Das geschah in den Niederlanden, in Belgien, in Riga und Reval. Die Bank konnte auch ihr Eigenkapital erhöhen und von 1933 bis 1944 eine Dividende von 6% erwirtschaften, obwohl Unternehmensgewinne überproportional hoch besteuert wurden.[52] Aber gerade bis zu 6% blieben die Gewinne unangetastet. Noch 1944 erhöhten sich die Kreditoren und Spareinlagen um 890 Millionen RM auf 4.866 Millionen RM und die Commerzbank stockte den Erwerb von Schatzwechseln und unverzinslichen Schatzanweisungen um 971 Millionen RM auf 3.269 Millionen RM auf, die in die Kriegsfinanzierung fließen konnten. Im zweiten Halbjahr 1944 allerdings fiel die Sparquote bei der Commerzbank wegen verstärkter Geldabhebungen dramatisch.[53] Man kann davon ausgehen, dass dies auch bei der Sparkasse Mülheim, für die entsprechende Hinweise fehlen, und im gesamten Reich bis 1945 so blieb. Die Menschen wussten, dass der Krieg verloren war und versuchten zu retten, was noch zu retten war.

51 StAMH, 1326/1/2, Geschäftsberichte 1939, 1940, 1943.
52 Geschäftsbericht der Commerzbank in: StAMH, 1326/4/1.
53 Ebd.

Eine Stadt im Krieg

Die Organisation der Polizei

Unter dem Oberbegriff Polizei lassen sich verschiedene Formationen und Sparten zusammenfassen. Der bekannteste Zweig der Polizei im Nationalsozialismus war sicherlich die Geheime Staatspolizei (Gestapo), doch wird ihre Größe und Bedeutung meist überschätzt und Mythos und Realität klaffen hierbei weit auseinander.[1] Im Großen und Ganzen kann man drei wesentliche Polizeigliederungen unterscheiden: die Verwaltungspolizei mit der Verkehrs-, Gewerbe-, Baupolizei und ähnlichen Einheiten, die Ordnungspolizei, in der sich im Nationalsozialismus ein tief greifender Wandel zu einer paramilitärischen Organisation vollzog, und die Kriminalpolizei mit der politischen Polizei, auch Sicherheitspolizei genannt. Im Zuge der Gleichschaltung geriet auch die Polizei aus der Länderhoheit in die Befehlsgewalt des Staates. Eine einheitliche Reichspolizei entstand aber erst mit dem Führererlass vom 17.6.1936, der die Polizei dem Geschäftsbereich des Innenministeriums zuordnete. Die unmittelbare Leitung erhielt Heinrich Himmler, der Chef der Deutschen Polizei und Reichsführer SS. Er versuchte zunehmend die gesamte Polizei in den Einflussbereich der Staatspartei und ihrer Organisationen – hauptsächlich der SS – zu führen. Mit Kriegsbeginn wurde die Personalergänzung vor allem der geschlossenen Polizeiverbände in der Regel über SS-Stellen vorgenommen.[2] Ab 19.3.1937 erfolgte die Finanzierung der bisher von den Ländern besoldeten Polizeigliederungen durch den Reichshaushalt. Damit wurden auch die Mitglieder der Schutzpolizei Beamte. Knapp ein Jahr vorher hatte Himmler zwei Hauptämter als oberste Polizeiorgane geschaffen: das Hauptamt Ordnungspolizei unter der Führung des SS-Obergruppenführers Kurt Daluege und das Hauptamt Sicherheitspolizei mit SS-Gruppenführer Heydrich an der Spitze.

Die Ordnungspolizei umfasste ab 1937 die staatliche Schutzpolizei, die Gendarmerie, die Feuerschutzpolizei, den Sicherheits- und Hilfsdienst, die während des Krieges aufgestellte Stadt- und Landwacht und die technische Nothilfe. Zur Sicherheitspolizei gehörten die Gestapo, die Kriminalpolizei und die Grenzpolizei. Der Wehrkreis VI, der von Münster aus verwaltet wurde, und zu dem Mülheim gehörte, war der bevölkerungsreichste Polizeibereich im damaligen Deutschen Reich. Er umfasste das heutige Nordrhein-Westfalen, den Raum Osnabrück sowie später Teile Belgiens. Am 16. März 1940 beförderte Himmler die „Inspekteure der Ordnungspolizei" in den besonders luftgefährdeten Industriegebieten zu „Befehlshabern der Ordnungspolizei" (BdO). Der BdO Münster befehligte vom Kaiser-Wilhelm-Ring aus eine etwa 200.000 Mann starke Polizeitruppe. Er war auch der oberste Vorgesetzte der Ordnungspolizei im Bereich des Polizeipräsidiums Oberhausen/Mülheim.

1 Gerhard Paul und Klaus-Michael Mallmann, *Die Gestapo. Mythos und Realität*. Darmstadt: WBG, 1995.

2 Stefan Noethen, *Alte Kameraden und neue Kollegen. Polizei in Nordrhein-Westfalen 1945–1953*. Essen, 2003, S. 32.

Dieser Polizeibezirk – in Mülheim gab es offiziell nur ein Polizeiamt – umfasste zwei recht unterschiedliche Städte, Mülheim, in der das Bürgertum tonangebend war, und Oberhausen, in der die Industriearbeiterschaft gesellschaftlich dominierte. In beiden Städten spielten allerdings auch der Kohlebergbau und die Mentalität der „Kumpel" eine große Rolle. Als der zu Kriegsbeginn amtierende Polizeipräsident Wysocki, der anfangs sein Amt nur kommissarisch ausgeübt hatte, im Oktober 1938 endgültig bestätigt wurde, notierte der Regierungspräsident in Wysockis Personalakte, er habe sich in die „schwierigen Verhältnisse" seines Präsidialbezirks mit „anerkennenswertem Eifer" eingearbeitet.[3] Die Polizeipräsidien umfassten sowohl die Ordnungspolizei als auch die Sicherheitspolizei und die Feuerlöschpolizei mit ihren Untergliederungen. Gerade in Luftschutzorten I. Ordnung wie Mülheim und Oberhausen kam dem Polizeipräsidenten, der gleichzeitig auch Leiter des Luftschutzes war, eine große Bedeutung zu.

Die Sicherheitspolizei

Bis zum Kriegsbeginn waren der Sicherheitsdienst der SS (SD), die Gestapo, die Grenzpolizei und die Kriminalpolizei zusammengefasst und dem Reichssicherheitshauptamt (RSHA) unterstellt worden. Diesen Einheiten oblag die Überwachung der Bevölkerung und die Ausschaltung der Regimegegner. Für Mülheim war die übergeordnete Dienststelle der Oberste Polizei- und SS-Führer und Chef der Sicherheitspolizei in Düsseldorf mit der Staatspolizeileitstelle. Von hier aus ergingen die Befehle an die politische Polizei und die Kriminalpolizei in der Stadt. Mit dem Instrument der „Schutzhaft" konnte die Sicherheitspolizei jederzeit und unkontrolliert Menschen verhaften und ihren Verhörmethoden unterwerfen, dabei hatte sie auch unbeschränkt Zugang zur städtischen Meldekartei. Besonders Ausländer, soweit sie sich noch im Reichsgebiet aufhielten, wurden intensiv überwacht. Nach Beginn des Russlandkrieges erhielt die Gestapostelle in Mülheim den Befehl, die Meldepflicht aller Sowjetbürger in Mülheim zu überprüfen, alle Einkommen russischer Staatsangehöriger festzustellen oder sie in polizeilichen Gewahrsam zu nehmen. Am 11.11.1939 wurde die Internierung aller feindlichen Ausländer in das Stammlager XIII in Nürnberg-Langwasser befohlen. Ab 22.12.1941 betraf dies auch USA-Angehörige, die über 15 Jahre alt waren. In Mülheim handelte es sich um drei Personen.[4]

Die Gestapo war besonders stark von der Reduzierung der Stellen in der Verwaltung betroffen, weil viele Beamte in den besetzten Gebieten eingesetzt wurden. Am 20.5.1940 erhielten 84 Beamte und Angestellte der Staatspolizei-Leitstelle Düsseldorf den Befehl, sich für den auswärtigen Einsatz bereit zu halten.[5] Im August 1941 waren von den 1.333

3 Dieter Kusenberg, *Lucian (Lutz) Damianus Wysocki. Der ungesühnte Aufstieg vom Polizeipräsidenten zum SS-General im Osten.* Schriftenreihe der Gedenkhalle Oberhausen, Band 2, Oberhausen: Laufen Verlag, 1999, S. 22. Wysocki wohnte ab November 1937 in der Wilhelmstr. in Mülheim. Er verlegte den Sitz der SA-Brigade 73, die er befehligte, ebenfalls nach Mülheim, erst in die Von-Bock-Str. und ab 1941 in die Ruhrstr.

4 StAMH, 1201/1/1.

5 Gabriele Lotfi, *KZ der Gestapo. Arbeitserziehungslager im Dritten Reich.* Stuttgart, München: Deutsche Verlags-Anstalt, 2000, S. 96.

Bediensteten der rheinisch-westfälischen Gestapo rund die Hälfte abwesend und teilweise durch Ersatzkräfte wie SS-Reservisten ersetzt.

In der Gedankenwelt vieler Deutscher verbanden sich mit der politischen Polizei verschiedene, meist emotional bedingte Vorstellungen. Im subjektiven Erleben mancher Menschen in Mülheim war die Gestapo überall. So zum Beispiel urteilte die Styrumerin Käthe Korn über ihre Eindrücke während des Krieges.[6] Gerade dieses „Image“ der Omnipräsenz lag der politischen Polizei am Herzen. Es fällt aber nicht leicht, verlässliche Aussagen über die wirkliche Einschätzung der politischen Polizei in der Stadt zu treffen. Denn es war gefährlich, seine eigene Meinung offen zu äußern. Doch konnten die meisten Menschen recht gut zwischen öffentlich und im Freundeskreis geäußerter Meinung unterscheiden. Die Untersuchung von Johnson und Reuband über die populäre Einschätzung der Gestapo macht deutlich, dass die meisten durchschnittlichen Deutschen wenig Angst vor Repressalien oder Verhaftung hatten.[7] In Mülheim scheinen viele Menschen die Gestapo zwar als mächtig und gefährlich betrachtet zu haben, jedoch keineswegs als allgegenwärtig und allwissend. Es kann davon ausgegangen werden, dass „der Nimbus einer perfekten Geheimpolizei zunächst vorrangig ein propagandistisch geschaffenes Image [war], das einschüchtern, aber auch die eigenen strukturellen Defizite kaschieren sollte.“[8] Viel gefährlicher war das Denunziantentum, für das es viele Beispiele in Mülheim gab. In der Entnazifizierungsakte des Mülheimer NSDAP-Kreisleiters Camphausen ist sogar von „massenhaft eingehenden Denunziationen“ die Rede.[9] Bemerkenswert ist auch, dass die Gestapo viel eher bereit war bei „kleinen“ Leuten zuzuschlagen. So im Fall des Zeitschriftenverteilers Gerhard Scholl, der sich beim Schuster kritisch über den Krieg äußerte, prompt denunziert[10] und schließlich auf Grund des Heimtückegesetzes zu einer Haftstrafe verurteilt wurde. Mit Personen, die in der Öffentlichkeit bekannt waren, ging man wesentlich „behutsamer“ um. Der katholische Schulgeistliche der Langemarckschule, dem vorgeworfen wurde, er habe den Hitlergruß nicht vorschriftsmäßig ausgeführt, kam nur eine Verwarnung zu. Dem Schulleiter derselben Schule, der sich standhaft geweigert hatte, in die NSDAP einzutreten und deshalb dem Kreisleiter Camphausen ein Dorn im Auge war, wurde mehrfach die vorzeitige Pensionierung nahe gelegt, verbunden mit Beschuldigungen aus dem Kollegium, er lese verbotene Bücher. Gestapo-Inspektor Kolk, der zwei Haussuchungen bei Direktor Dr. Brüggemann vornahm – auf sehr humane Weise, wie Dr. Brüggemann Kolk bei dessen Entnazifizierungsprozess bescheinigte – versuchte die Angelegenheit diskret zu bereinigen. Doch Camphausen lies nicht locker und erreichte im Juli 1944 die Zwangspensionierung wegen angeblicher

6 *Styrum – Ein starkes Stück Stadt.* Dritter Teil. Hg. vom Gesprächskreis Styrum e.v.. O.O., 2003, S. 87.

7 Gerhard Paul und Klaus-Michael Mallmann, *a.a.O.*, S. 417–420 u. S.431.

8 Ebd., S. 437.

9 StAM, 1570/75. S. 3.

10 Barbara Kaufhold, *Erinnerungen werden wach – Zeitzeugenberichte aus Mülheim a.d. Ruhr 1933–1945*. Essen: Klartext Verlag, 2001, S. 58–65.

Dienstunfähigkeit. Der Schulleiter wurde durch ein Parteimitglied, den Oberstudienrat Baumhoer, den der Kreisleiter vom Militär her kannte, ersetzt.[11]

Als eine unmenschliche Terror- und Gewaltinstitution begegnet uns die Gestapo allerdings in ihrem bevorzugten Tätigkeitsfeld, der Überwachung, Drangsalierung und Verfolgung von Juden, Fremd- oder Zwangsarbeitern und „harten“ Gegnern des NS-Regimes. Eleonore Helbach, die als Dolmetscherin in Mülheimer Zwangsarbeiterlagern tätig war, berichtete in ihren Aufzeichnungen von der Arbeit der Gestapo-Dienststelle in Mülheim in Zusammenhang mit den Zwangsarbeitern in der Stadt.[12] Namentlich sind nur Inspektor Kolk und sein Nachfolger Kriminalsekretär Pohlke bekannt. Die Gestapo war der Ordnungspolizei, die sich im gleichen Gebäude an der heutigen Von-Bock-Str. 50 befand, weisungsbefugt. Über Gestapo-Mann Karl Kolk, urteilte bei seinem Entnazifizierungsverfahren am 20.4.1947 die 3. Spruchkammer des Spruchgerichts Recklinghausen nach Auswertung der Entnazifizierungsakte: *„Er tat, was in seinen Kräften stand, um die verbrecherischen Taten der Gestapo zu verhindern und Opfer der Gestapo vor ihrem Zugriff zu retten.“*[13] Ihm kam sicherlich auch zugute, dass er schon 1944 von dem wesentlich härteren Kriminalsekretär Pohlke abgelöst worden war. Viele politische und kirchliche Widerstandskämpfer in Mülheim setzten sich nach Kriegsende für Kolk ein, wie die Akte deutlicht macht. Polizei-Obermeister Körber erhielt von Kolk zum Beispiel die Anweisungen, Häftlinge nicht in das Arrestbuch einzutragen bzw. frühzeitig zu entlassen.[14]

Die Luftschutzpolizei

Am 1.9.1939 umfasste die Feuerwehr in Mülheim 240 Mann. Dazu gehörten einige dienstverpflichtete Zivilisten und Mitglieder der freiwilligen Feuerwehr, die sich zu langfristigen Notdiensten verpflichtet hatten. Die Feuerwehr gliederte sich in acht Züge zu je zwei Gruppen. Trotz des Kriegsbeginns waren bis zum November 1939 teilweise bis zu 160 Mann beurlaubt. Im Winter 1939/40 kam es zu einer Angliederung der Entgiftungsdienste in die Feuerwehr. Die bisherigen Züge wurden in FuE-Bereitschaften (Feuerschutz und Entgiftung) umbenannt. Am 10. Mai 1940 erfolgte eine Umstrukturierung des Luftschutzes. Im Bereich des Polizeipräsidiums Oberhausen/Mülheim bildete man drei Abschnitte, Mitte (Oberhausen), Nord (Sterkrade) und Süd (Mülheim) mit insgesamt 650 Mann, davon 184 für Mülheim.[15] Die zentrale Leitstelle für den Luftschutzort befand sich in Münster und später in Recklinghausen. Der Polizeipräsident als Luftschutzleiter war auf die enge Zusammenarbeit mit dem Reichsluftschutzbund angewiesen, der über circa 20 Millionen Mitglieder verfügte und den Luftschutz in der Bevölkerung populär machen sollte. Im Jahr 1944 wurde er Teil der NSDAP. Von vornherein hatte die NSDAP

11 Archiv der Otto-Pankok-Schule, Bericht StR Unbehau, 1966, S. 8.

12 *Das Zwangsarbeitersystem im Dritten Reich. Als Dolmetscherin in Mülheimer Lagern. Die Erinnerungen der Eleonore Helbach*, hg. vom Geschichtsverein Mülheim. Mülheim: Verlag an der Ruhr, 2003, S. 116–117 und 124–130.

13 StAM, 1570/8.

14 HStAD, NW 1013 II, 889.

15 StAMH, 1471/2/1. 25 Jahre Städtische Berufsfeuerwehr.

Bild 23: Zerstörtes Löschfahrzeug in der Limburgstr., 22.6.1942

ein großes Interesse daran, im Luftschutz eine aktive Rolle zu spielen. Mit der Zunahme der Bombardierungen ab 1943 und der notwendigen Betreuung von Bombenopfern sah sich die Partei besonders gefordert, den Durchhaltewillen der Bevölkerung zu stärken und effektive Hilfe zu leisten.

Eine Anordnung aus dem Führerhauptquartier vom 25.4.1941 hatte bereits festgelegt, dass sich an Schadenstellen, die durch Luftangriffe entstanden waren, nur Brandbekämpfer, deren Vorgesetzte und Hoheitsträger der Partei (Gauleiter, Kreisleiter und Ortsgruppenleiter) aufhalten durften.[16] So versuchte der Reichsverteidigungskommissar (RVK) in Person des stellvertretenden Gauleiters Schleßmann, neben der regulären Feuerwehr noch eine „Parteifeuerwehr" aufzustellen. Dies sollte auch in Mülheim geschehen. Der Referent beim RVK, Oberführer Nitzsche ordnete an, dass in Mülheim die NSDAP-Ortsgruppen Trupps mit tragbaren „Kraftspritzen" aufstellen sollten. Dafür war im städtischen Haushalt eine Summe von 200.000 RM aus einem Haushaltsüberschuss des Jahres 1942 ausgewiesen worden. Einige so genannte FuE-Trupps mit Kraftspritzen mit einer Leistung von 800 l/min befanden sich bereits in den Ortsgruppen, weitere Parteimitglieder sollten ausgebildet werden. Die Stadt jedoch zögerte mit der Ausgabe der Summe, da sie die Ausrüstung als Angelegenheit der Reichsverteidigung sah und deshalb eine

16 StAMH, 1201/5/47.

Erstattung der Kosten aus Reichsmitteln forderte. Major Freter, der Chef der Mülheimer Feuerwehr, der gleichzeitig als Hauptsturmführer der SS angehörte und natürlich Parteigenosse war, forcierte aber den Plan einer parteieigenen Feuerlöschtruppe für den gesamten Gau Essen. Freter kam dabei auf die Idee, sich an den Mülheimer Ratsherren Fiebig zu wenden, der eine führende Stelle in der Wirtschaftsabteilung des Reichskommissars für die besetzten Niederlande in Den Haag bekleidete. Dort waren die Spritzen, die im Reichsgebiet nicht zu erhalten waren, einfacher zu beschaffen, nur glaubte Freter, dass die Kosten in Holland das Dreifache betragen würden. Auf Druck der NSDAP übergab die Stadtverwaltung Freter einen Reichsbank-Verrechnungsscheck über 200.000 RM, mit dem er nach Den Haag fuhr.[17] Dabei zeigten sich Freter und die Stadtverwaltung allerdings als recht naiv, was die Möglichkeit einer solchen Transaktion außerhalb des Reichsgebietes betraf. Freter kam unverrichteter Dinge zurück, und trotzdem kam der Kauf der Feuerwehrausrüstung über Fiebig in Den Haag zustande, allerdings durch eine vom Reichsluftfahrtministerium beauftragte Firma, die natürlich den Kauf über Reichskreditkassenscheine tätigte, die über das Clearingkonto der Niederländischen Staatsbank liefen. Die Kosten für die Löschgeräte wurden von der deutschen Wirtschaftsverwaltung in den Niederlanden als sonstige Besatzungskosten gebucht, was nichts anderes bedeutete, als dass der niederländische Staat die Mülheimer Feuerspritzen bezahlte. Die Stadt blieb aber auf den Kosten für das Kleingerät sitzen, das waren Löscheimer, Feuerpatschen, Äxte und Verbandmaterial, deren Kosten 57.999,30 RM betrugen. Im Mai 1943 gab der Kreisleiter auf eine Anfrage des Ratsherrn Lemmer in einer Ratssitzung bekannt, dass in den Außenbezirken der Stadt 32 Löschstellen zur Selbsthilfe eingerichtet worden waren.[18] Die Feuereinsatzkommandos waren allerdings nur für Kleinbrände zuständig. Ihre persönliche Ausrüstung bestand aus Stahlhelm und Gasmaske, einer Signaltaschenlampe, einer Staubschutzbrille, einem Verbandpäckchen, Koppel und einer weißen Armbinde mit der Aufschrift „LS". Immerhin konnten diese Trupps die Feuerwehr entlasten, die nicht nur immer häufiger nach Großangriffen tagelang im Einsatz war, sondern auch in weit entfernten Städten aushelfen musste, so in Bochum, Dortmund, Emmerich, Hagen, Gelsenkirchen und Köln.[19] Die noch erhaltenen Akten der Feuerwehr weisen auch Merkwürdiges auf. So gab es in den zwei Mülheimer Bereitschaften stadteigene C-Schläuche von insgesamt 3.480 m und reichseigene C-Schläuche in einer Länge von 5.295 m. Insgesamt befanden sich 1.740 Unterflurhydranten, ein Hochwasserbehälter mit einem Fassungsvermögen von 3.500 cbm und 38 Feuerlöschteiche in Mülheim. Seit 1942 hatte man mit dem Bau einer Großalarmanlage für Feuerfernmeldung und Sirenenfernsteuerung begonnnen.[20] Der letzte Organisationsplan der Luftschutzpolizei während des Krieges stammt vom 26.8.1944. Die erste Bereitschaft (rechts der Ruhr) umfasste vier Züge unter dem Kommando von Leutnant Grewenhaus in der Hauptfeuerwache. Er verfügte über sieben Feuerlöschwagen, zwei LKW, von denen einer ein überalterter Chevrolet war, und zwei Sonderfahrzeuge zur Nachrichtenübermittlung. Die zweite Bereitschaft

17 StAMH, 1206/149, S. 1–10.

18 Ebd., S. 19. Und StAMH, 1181/1/5

19 Die Einsatzprotokolle der Feuerwehr: StAMH, 1471/4/1 und 1471/4/2.

20 StAMH, 1471/4/8.

Bild 24: Einsatzwagen der Feuerlöschpolizei in Mülheim

(links der Ruhr) unter Leutnant Rothe besetzte die Nebenwache Speldorf mit fünf Feuerlöschwagen und drei LKW. Die Führung des gesamten FuE-Dienstes beim öffentlichen Luftschutzleiter im Polizeipräsidium Oberhausen oblag Major Hasselmann, der Führer des FuE-Dienstes im Luftschutzabschnitt Süd (Mülheim) war Major Freter, sein Stabs- und Bereitschaftsführer war Oberleutnant Kock.[21]

Der Bunkerbau

In Mülheim war das Luftschutzbauamt für den Bunkerbau zuständig. Es bildete die größte Abteilung des Bauamtes der Stadt. Im Laufe des Jahres 1941 errichtete man die beiden Hochbunker in der Hammer- und Meißelstraße in Styrum, ganz in der Nähe der Industriebetriebe, dazu kamen die Tiefbunker am Marienplatz und am Schloss Broich. Weitere Luftschutzanlagen waren die Hochbunker an der Salierstraße, an der Duisburger Straße und an der Josefstraße, dazu kam der Flughafenbunker zum Schutz der Bevölkerung der Richthofen-Siedlung und der am Flughafen stationierten Soldaten und Luftwaffenhelferinnen. Es stellte sich heraus, dass die Keller in den Häusern meist nicht genug Schutz boten, selbst wenn die Bomben nur in der Nähe fielen. Schon frühzeitig waren Hausbesitzer von der Stadtverwaltung beim Ausbau und der Verstärkung ihrer Keller unterstützt worden, aber während des Krieges mangelte es häufig an Material. Der Mülheimer

21 StAMH, 1201/3/1

Baudezernent Weegmann forcierte die Luftschutzvorbereitungen durch Bereitstellung von Holzstempeln zur Deckenabstützung. Man empfahl Durchbrüche zum Nachbarhaus herzustellen, was oftmals jedoch den Flammen eine weitere Zugöffnung verschaffte und auch das Nachbarhaus in Mitleidenschaft geraten ließ.[22] Auch sollen Leute im Keller ertrunken sein, weil sie vergessen hatten, vor dem Gang nach unten das Wasser im Haus abzustellen. Anscheinend kam es immer wieder auch zu Schäden durch Nachlässigkeit trotz der Überwachung durch die Blockwarte. Für viele Menschen wurde der Bunker ab 1943 zu einer Art Ersatzwohnung. Das spiegelte sich auch in alltäglichen Begriffen wider. So wie die „Entwarnungsfrisur", die sich schnell stecken ließ, nämlich alle Haare nach oben, sodass die Frauen nach längerem Bunkeraufenthalt wieder passabel aussahen. Von Ende 1943 an begann man in Mülheim verstärkt mit dem Bau von Stollen, wie dem an der Leybank, der von Bergleuten gegraben wurde, oder bei Siemens-Schuckert parallel zur Mellinghofer Straße, der weniger dem Personenschutz als der Unterbringung von Werkzeugmaschinen diente, um die Produktion zu sichern. Bei dem Bau der neuen Gebäude des Technoparks, die teilweise auf diesen Stollen stehen, stellte man die solide Qualität dieser unterirdischen Produktionsanlage fest. Stollenbunker, die man in Hänge trieb oder tief in das Erdreich grub, mussten permanent durch Pumpen entwässert werden. Nachbarschaftshilfe wurde groß geschrieben. In Styrum, im Bereich der Oberhausener- und Verbandstraße, beschlossen die Anwohner in Eigenleistung einen Bunker zu bauen. Dabei wurde ein Arbeitsbuch geführt, aus dem aber auch hervorgeht, dass die Hälfte der Nachbarn bei dieser mühevollen Arbeit absprang. Ohne die Verbindungen einiger Männer zur Firma Thyssen wäre dieser Bau allerdings nicht möglich gewesen. Von dort kamen der Zement, die Mischmaschine, das Transportband und das Eisen; Steine und Schalholz fanden sich in schwer beschädigten Häusern. Natürlich musste alles behördlich genehmigt sein und den Vorschriften entsprechend nach Zeichnung ausgeführt werden, auch ein Notausgang und eine Schleuse gehörten dazu. Nach den Recherchen von Hans-Georg Hötger gab es in Mülheim ca. 50 größere öffentliche Luftschutzanlagen und ungefähr 500 private Luftschutzkeller.[23] Trotz aller Bemühungen des Regimes, jedem Volksgenossen einen sicheren Platz im Bunker zu gewährleisten, konnte dieses Versprechen nie eingelöst werden, auch nicht in Mülheim. An der Oberstraße 56 sieht man an einer Hauswand noch den 25cm breiten runden Kreis aus fluoreszierender Farbe, der in einer Höhe von 1,50 bis 1,70 m rechts neben dem Hauseingang angebracht werden musste und einen Schutzraum anzeigte.[24] Davon gab es aber viel zu wenige. Es fehlte an Material und auch an Personal. Die Stadt veranschlagte im ersten Halbjahr 1945 44.597 RM Eigenmittel für den Luftschutz, dem Luftgaukommando stellte man 659.790 RM in Rechnung.[25] Am 9. Januar 1945 machte die Mülheimer Zeitung noch einmal darauf aufmerksam, dass es sich empfehle vor dem Bombenalarm die Fenster zu öffnen, um Glasbruch durch Druckwellen zu vermeiden.

22 Barbara Kaufhold, *a.a.O.*, S. 51.

23 Vgl. Hans-Georg Hötger, „Eine Reise in die Mülheimer Unterwelt – Planung und Bau von Bunkern unter dem NS-Regime", in: *Jahrbuch der Stadt Mülheim an der Ruhr*, 2007, S. 205.

24 Liste von heute noch erhaltenen Luftschutzkellern bei Hans-Georg Hötger, *a.a.O.*, S. 210.

25 StAMH, 1404/90.

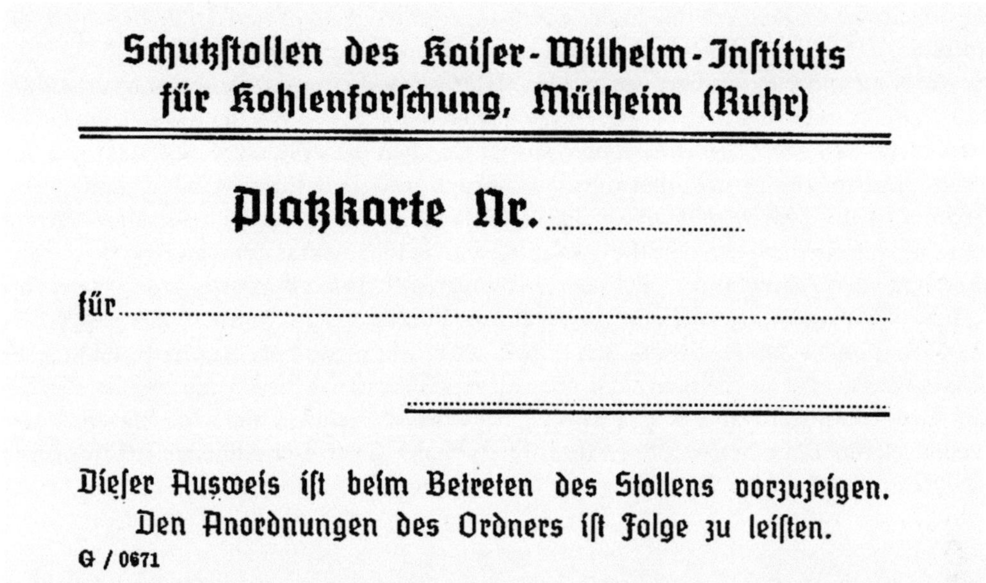
Schutzstollen des Kaiser-Wilhelm-Instituts
für Kohlenforschung, Mülheim (Ruhr)

Platzkarte Nr. ....

für ....

....

Dieser Ausweis ist beim Betreten des Stollens vorzuzeigen.
Den Anordnungen des Ordners ist Folge zu leisten.

G / 0671

Bild 25: Bunkerausweis für das Max-Planck-Institut für Kohlenforschung, 1944

Für die großen Bunker gab es für Anwohner Bunkerausweise, die einen festen Platz – wenn man Glück hatte sogar eine Zelle mit Liegeplatz – reservierten, so im Bunker an der Josefstraße in Styrum. Die Blockwarte verfolgten das Verhalten der Menschen im Alarmfall sehr genau. Nur so ist es verständlich, dass der Bunkerausweis, der immer noch im Besitz von August Weiland ist, den Zusatz enthielt: „Demjenigen, der von diesem Recht bei Fliegeralarm mehr als dreimal keinen Gebrauch macht, wird der Ausweis entzogen."[26] Oft wurden die Bunker im Alarmfall mit viel mehr Personen als vorgesehen belegt, das wiederum führte zu mangelnder Hygiene und im schlimmsten Fall zu Fleckfieber und dem Auftreten von Läusen und Wanzen.[27] Im Bunker am Marienplatz in Styrum durften Mütter ihre Kinder nicht im Kinderwagen mitbringen, um Platz zu sparen. Frau Potschien brachte deshalb ihren Sohn in den letzten Kriegsmonaten in einem Persilkarton ins Innere. Im Bunker Meißelstraße packte man in die für acht Leute vorgesehenen Zellen auch schon einmal 25 Menschen.[28] Im Bunkerstollen unter dem Kaiser-Wilhelm-Institut für Kohlenforschung, der im Sommer 1944 von der GHH und Bergleuten der Zeche Osterfeld angelegt wurde – man verbaute 500 Kubikmeter Beton[29] – trafen die Amerikaner bei ihrem Einmarsch in die Stadt wissenschaftlich arbeitende Mitarbeiter

26 Barbara Kaufhold, *a.a.O.*, S. 45.

27 Hans-Georg Hötger, *a.a.O.*, S. 207–208.

28 Ebd., S. 207.

29 Manfred Rasch, „Baugeschichte des Kaiser-Wilhelm-Instituts für Kohlenforschung", *Zeitschrift des Geschichtsvereins Mülheim a.d. Ruhr*, Heft 65, 1993, S. 9–120.

des Instituts vor. Das war der *Evening Post* sogar einen Artikel wert, in dem es hieß, die Mülheimer hätten anscheinend gar nicht gemerkt, dass der Krieg zu Ende sei.[30]

Auf Befehl der Parteidienststellen der NSDAP war die perfide Anordnung ergangen, dass nur deutsche Staatsbürger ein Anrecht auf einen Platz im Bunker haben sollten. Das bedeutete, dass Fremdarbeiter, Juden, soweit sie noch in der Stadt waren, oder generell Menschen fremder Nationalität keinen Anspruch auf relativ sicheren Schutz hatten. Aus Styrum ist überliefert, dass eine italienische Familie, die in der heutigen Moritzstraße (damals: Herbert-Norkus-Straße) wohnte, den Familienvater und drei Söhne verlor, weil diese den Schutzbunker nicht betreten durften.[31] Große Bunker besaßen meist eine kleine Notstromanlage, wie z.B. die Styrumer Bunker an der Josef- und Meißelstraße und der Bunker am Schloss Broich. Doch selbst die meterdicke armierte Betondecke konnte die Insassen bei einem Volltreffer nicht schützen, wie die Zerstörung des Flughafenbunkers am Heiligabend 1944 beweist, bei der zwischen 220 und 280 Menschen ums Leben kamen. Ein Überblick über die Zahl und baulichen Besonderheiten der Bunker in Mülheim findet sich in Wiedekings Bericht über den Kriegsalltag in der Stadt.[32]

30 Ebd., S. 108.

31 Styrum, S. 99.

32 Elmar Wiedeking, „Kriegsalltag einer Stadt. Mülheim an der Ruhr", in: *Mülheimer Jahrbuch*, 59. Ausgabe, Mülheim, 2004, S. 242–246.

Die Kriegswirtschaft

Die Kriegswirtschaftsverordnung

Das Dilemma bei der Gewichtung des Stellenwertes der Ökonomie im Kontext des Nationalsozialismus lässt sich auf das besondere Verhältnis, das die NS-Führungskräfte zu den ökonomischen Rahmenbedingungen und Entwicklungen ihrer Zeit an den Tag legten, zurückführen. Es ist heute eine selbstverständliche Annahme, dass die Wirtschaft entscheidend und stets dominant die gesamten politischen, gesellschaftlichen und auch kulturellen Lebenszusammenhänge durchdringt, und Entscheidungen der politischen Akteure in diesen Bereichen in erster Linie ökonomisch motiviert sind. Für die Nationalsozialisten war die Wirtschaft jedoch immer einem rassenbiologischen, national-chauvinistischen und aggressiven machtpolitischen Kalkül unterworfen, sodass wirtschaftliche Zwänge und die überaus prekäre Rohstoff- und Arbeitskräftesituation im Dritten Reich, die der NS-Führung durchaus bewusst waren, allenfalls eine sekundäre Rolle in den Entscheidungsprozessen spielten.[1] Trotzdem beinhaltet Hitlers Lebensraumraumkonzept, das faktisch die Beherrschung Kontinentaleuropas und weiter Teile der asiatischen Sowjetunion voraussetzte, um auf diese Weise eine sichere Rohstoffbasis für das arische „Volk ohne Raum“ zu schaffen, eine im Grunde wirtschaftspolitische Denkweise. Sie war für Hitler und seine Mitkämpfer, die die Hungerkrisen und die mangelnde Versorgung mit Rohstoffen im Ersten Weltkrieg selbst erlebt hatten, ein starkes Handlungsmotiv, sozusagen auf einer ideologischen „Makro-Ebene“ der Wirtschaft. Dass die Realisierung dieses Wunschtraums aber auch ganz konkrete Maßnahmen auf der Ebene der Volkswirtschaft und der betrieblichen und produktionstechnischen Abläufe notwendig machte, interessierten Hitler und den Mann, der ganz entscheidend die Wirtschaft im Sinne des Staates lenkte, Hermann Göring, kaum, wenn auch Hitler gerade an bestimmten technischen Entwicklungen großes Interesse zeigte.[2] Die Ziele der Wirtschaft bestimmte der Staat, die Arbeitswelt ordnete und durchdrang die Staatspartei, und hier besonders die

1 An der Jahreswende 2006/07 ist die Diskussion um den Stellenwert der Wirtschaft im NS-Staat wieder heftig entbrannt. Auslöser war der britische Wirtschaftshistoriker Adam Tooze, der in Auseinandersetzung mit Götz Alys Buch *Hitlers Volksstaat* nun eine umfangreiche Darstellung über die Wirtschafspolitik des Dritten Reiches verfasst hat: Adam Tooze, *Ökonomie der Zerstörung. Die Geschichte der Wirtschaft im Nationalsozialismus.* München: Siedler, 2007. Wichtig hier besonders S. 387–391, 410. Tooze kritisiert Alys These, nach der das Reich eine „friedensmäßige Kriegswirtschaft“ betrieben habe, um die „Heimatfront“ nicht zu gefährden, jedoch nimmt Tooze die Kriegswirtschaftsverordnung überhaupt nicht zur Kenntnis. Die gut lesbare und kenntnisreiche Darstellung des Wirtschaftshistorikers aus Cambridge deckt zwar viel Hintergründiges auf, sie kann aber die Thesen von Aly und Müller, auf die noch eingegangen wird, nicht entkräften.

2 Zu nennen sind neben Hitlers Interesse an Architektur auch die Entwicklung von Kraftfahrzeugen und Flugzeugen. Auch in waffentechnischer Hinsicht verfügte Hitler über besondere Kenntnisse.

Deutsche Arbeitsfront unter Robert Ley, das betriebswirtschaftliche und unternehmerische Handeln bestimmten die Führungskräfte der Wirtschaft, die während es Krieges den Einfluss des Militärs auf Wirtschaftsprozesse immer mehr zurück drängen konnten und so den großen Unternehmen stattliche Profite verschafften.

Hitlers Ziel war es, ein kontinentaleuropäisches Großreich zu schaffen, wenn nicht mit, dann auch gegen Großbritannien. Dafür musste zunächst im Osten der Lebensraum und die Rohstoffbasis für das Reich geschaffen werden. Die politischen Konstellationen vor Beginn des Krieges hatten es aber notwendig gemacht, nach dem erfolgreichen Polenfeldzug zunächst den Westen Europas und den Balkan zu erobern. Das war mit einem großen Risiko behaftet, da die Rüstungsindustrie Deutschlands gerade die fehlenden Rohstoffe aus dem Osten brauchte, die dann später die Auseinandersetzung mit dem Westen und letztendlich mit den Vereinigten Staaten möglich gemacht hätten. Die erfolgreichen Blitzkriege der Jahre 1939 und 1940 schöpften das ökonomische Potenzial des Reiches schon völlig aus. Als dann der „notwendige" Krieg gegen den „bolschewistischen Erzfeind" in der Sowjetunion um Lebensraum und Rohstoffquellen begann und nicht in schneller Blitzkriegsmanier – nur solche Rüstungsanstrengungen konnte die deutsche Wirtschaft ökonomisch schultern – gewonnen wurde, machte dies den Zusammenbruch der Wirtschaft und des Staates unvermeidlich, erstaunlich ist allenfalls, dass Deutschland überhaupt bis 1945 durchhalten konnte, nachdem ab 1941 auch noch das schier unerschöpfliche Kriegspotenzial der USA gegen das Reich in den Kampf geworfen wurde.

Um die wirtschaftliche Entwicklung in den Kriegsjahren zu verstehen, ist es notwendig, die ökonomische Situation zu Beginn des Krieges kurz zusammen zu fassen, dabei müssen drei ökonomische Grundgrößen berücksichtigt werden: der Import, der Export und die Zahlungsbilanz. Die Autarkieforderung der Nationalsozialisten, also die Unabhängigkeit vom Ausland, konnte nur erreicht werden, wenn zunächst Importe und Exporte ausgeglichen wurden, um später immer mehr reduziert zu werden. Diese Entwicklung zeigte sich deutlich während der nationalsozialistischen Zeit. Das Reich als rohstoffarmes Land brauchte jedoch Importe, und diese mussten durch entsprechende Exporte finanziert werden, um eine ausgeglichene Zahlungsbilanz zu gewährleisten. In der Vorbereitungsphase des Krieges setzte Mitte der Dreißiger Jahre mit dem Vierjahresplan die wirtschaftliche Konzentration auf den Krieg ein. Die Importe wurden vom Staat reglementiert und kontingentiert. Die Reichsbank ging zu einer radikalen Devisenbewirtschaftung über, nach der allen Importeuren nur nach Prüfung Devisen zugeteilt wurden, was die Importe stark einschränkte und die Produktion beeinflusste. Auf diese Weise konnte aber der Staat besonders jene Unternehmen fördern, die im Rüstungsbereich produzierten. Bei der seit der Weltwirtschaftskrise 1929, der folgenden Rezession und den Zahlungsverpflichtungen des Reiches gegenüber den ausländischen Gläubigern chronischen Devisenknappheit der Reichsbank, war es notwendig, dass Deutschland Waren gegen Devisenzahlungen exportierte. Im Einvernehmen mit Hitler und Göring setzte Hjalmar Schacht, der Reichsbankpräsident, ab 1936 ein Exportsubventionssystem durch, das Ausfuhren mit 0,30 RM pro 1 RM Wert subventionierte. Solche Subventionen wollte der Staat aber nur in geringem Maße durchführen, da eigentlich alle Güter, die exportfähig waren, auch für den Verbrauch im Inland wichtig waren. Schacht hatte bereits kurz nach Beginn der nationalsozialistischen Machtübernahme die Einstellung der Bedienung der deutschen Auslandsschulden verkündet und weitere Schuldenzahlungen von bilateralen, also zweiseitigen, Handelsabkommen mit Deutschland abhängig gemacht. Dies war auf den entschiedenen Widerstand der USA, dem Hauptgläubiger Deutschlands und Europas und Verfechter des freien Welthandels, gestoßen. Seit dieser Zeit hatte sich das Verhältnis zu den Vereinigten Staaten abgekühlt und es sollte sich immer mehr verschlechtern. Hitler verbot kategorisch jegliche Abwertung der Reichsmark, um die Exporte zu verbilligen und damit anzukurbeln. Alle Versuche, in Deutschland ab 1936 die Rüstung auszuweiten, scheiterten wegen der Unzulänglichkeiten in den drei oben geschilderten Bereichen. Weder das ambitionierte, von General Fromm entwickelte Rüstungsprogramm der Wehrmacht von 1936 noch das 1938 vom Reichsverteidigungsrat unter Vorsitz Görings und General Thomas', dem Chef des Wehrwirtschaftsamtes, verabschiedete Rüstungsprogramm, ließen sich vollständig umsetzen.

Hitler war dies letztendlich aber egal, er operierte in seiner geheimen Denkschrift zum Vierjahresplan aus dem Jahr 1936 mit ganz konkreten Zahlen, die jedoch zeigten, wie wenig Deutschlands Wirtschaft wirklich „kriegstauglich" war. Trotzdem forderte er: Die deutsche Armee sollte in vier Jahren kriegsbereit sein und die deutsche Wirtschaft sollte im gleichen Zeitraum kriegsfähig werden. Göring war zum Beauftragten für den Vierjahresplan ernannt worden, weil er genau wusste, wie er die Vertreter der Wirtschaft ansprechen musste. Aber auch er fand kein Interesse an detaillierten Planungen oder an einer Auseinandersetzung mit den komplexen Bedingungen der Rüstungspolitik. Und so entwickelte er 1936 vor den versammelten Wirtschaftsführern, die er auf die nationalsozialistische Vision eines kriegsbereiten Staates einschwören wollte, ein allgemeines Konzept, das allerdings eine große Verheißung enthielt: „Die Auseinandersetzung, der wir entgegen gehen, verlangt ein riesiges Ausmaß an Leistungsfähigkeit. Es ist kein Ende der Aufrüstung abzusehen. Alles entscheidend ist hier der Sieg oder Untergang. Wenn wir siegen, wird die Wirtschaft genug entschädigt werden."[3] Das weckte in der Wirtschaft genügend Initiative, in der Rüstungsproduktion aktiv zu werden. Der Publizist Hans Priester erfand übrigens schon im Jahr 1936 das Schlagwort vom Wirtschaftswunder, allerdings im Zusammenhang mit dem von der Nazi-Führung angestoßenen Aufschwung im Rahmen der Aufrüstung in Deutschland.[4] In dieser Zeit kann man von einer „Kriegsvorbereitungswirtschaft" oder auch „friedensmäßigen Kriegwirtschaft" sprechen. Es gelang in dieser Phase aber nicht, die Grundlage für ein langfristiges Aufrüstungsprogramm zu legen, und das lag an den getroffenen wirtschaftlichen Grundsatzentscheidungen der NS-Führung, den fehlenden Rohstoffen und den beschränkten Ressourcen im Bereich der Arbeitskräfte. Weil Hitler keine Abwertung wollte, war die Reichsmark gegenüber anderen Währungen überbewertet. Hitler sah sich deshalb gezwungen zu handeln. Ganz pragmatisch-ökonomisch suchte er das Bündnis mit der Sowjetunion, die er in der Denkschrift zum Vierjahresplan noch einer jüdisch-bolschewistischen Weltverschwörung zugeordnet hatte, eine Vorstellung, die das Buch „Mein Kampf" durchzieht und die Hitler niemals revidierte. Dies macht aber auch deutlich, dass die Verbindung

3 Klaus Hildebrand, Das Dritte Reich. München: Oldenbourg, 1980, S. 49. Zur Gesamtproblematik Adam Tooze, *a.a.O.*, S. 335-427.

4 Philip Plickert, „Männer mit Vergangenheit", in: *FAZ*, 23.4.2007.

zum Diktator in Moskau nur eine vorüber gehende sein konnte, denn Hitler musste mit dem seiner Meinung nach relativ schnell notwendigen Eroberungskrieg im Osten die dringend benötigte Rohstoffbasis für das Reich schaffen. Im Übrigen sah auch Stalin, der sich zu dieser Zeit intensiv mit Lenins Imperialismustheorie auseinandersetzte, das Bündnis mit dem Deutschen Reich nur als Übergangslösung, bis nach der Schwächung der kapitalistischen Staaten nach dem Krieg, der Sozialismus in die Offensive gehen könnte.

Nach Kriegsbeginn änderte sich am wirtschaftlichen Gefüge aber kaum etwas, vielmehr wurden die vorhandenen Kräfte nur zögerlich und nur für gewisse Zeitabschnitte vom Staat mobilisiert in der Form einer „Blitzkriegswirtschaft" mit dem Zweck, dass der Krieg den Krieg für gewisse Zeiträume ernähre. Das war ein Spiel mit hohem Risiko, fiel mit Kriegsbeginn der Import von Kupfer und Rohöl doch zunächst auf Null, die schwedischen Eisenerzlieferungen über den norwegischen Hafen Narvik wurden sogar komplett eingestellt. Das Importvolumen reduzierte sich um 80%.[5] In die Bresche sprang nun aber die Sowjetunion, ansonsten wurden die vorhandenen Rohstoffreserven rücksichtslos aufgebraucht, in der Hoffnung, später durch Eroberungen neue zu erhalten oder alte Importmärkte zurück zu gewinnen. Tatsächlich gelang dies durch die Eroberung Frankreichs und die Besetzung Norwegens, sie beseitigten das Rohstoff- und Arbeitskräfteproblem kurzfristig, weil der Eroberungsraum aber eben auch immer größer wurde und Rüstungsgüter und Soldaten band, nicht nachhaltig. Nach einem anderen Forschungsansatz scheiterte das Aufrüstungskonzept in der Anfangsphase an Fehlplanungen und chaotischen Kompetenzverhältnissen, bis mit der Einsetzung von Speer als Rüstungsbeauftragten die brachliegenden Energien und Ressourcen geweckt wurden, worauf sich zumindest das „Rüstungswunder" der Jahre 1942 bis 1944 zurückführen lässt,[6] das jedoch die vereinigte Wirtschaftskraft der Gegner des Reiches nicht mehr ausgleichen konnte.

Die Kriegswirtschaftsverordnung (KWVO) vom 4.9.1939 basierte auf dem Gedanken der strikten Steuerfinanzierung des Krieges. Im Einkommenssteuerrecht trafen die Steuerzuschläge aber fast ausschließlich die Besserverdienenden, da die Freibeträge die unteren und mittleren Schichten schonten. Trotzdem reagierte auch die große Masse der Arbeitenden unwillig auf die getroffenen Maßnahmen, denn ihnen wurde der Urlaubsanspruch gestrichen, neben dem Wegfall aller Zuschläge für Mehrarbeit, Sonn-, Feiertags- und Nachtarbeit. Hitler hatte durch die Einsetzung eines Reichskommissars für Preisbildung, dem Gauleiter Josef Wagner, gehofft, dieser könne der Industrie gegenüber durchsetzen, die ersparten Lohnkosten zu Preissenkungen zu verwenden, doch scheiterte dieser Gedanke, da Maßnahmen gemäß § 22 der KWVO (Preisbildung nach den Grundsätzen der kriegsverpflichteten Volkswirtschaft) nur gemeinsam mit den Arbeitgebern und Unternehmern getroffen werden konnten, diese aber hinhaltend verhandelten.

5 Adam Tooze, *a.a.O.*, S. 387.

6 Rolf-Dieter Müller, „Die Mobilisierung der deutschen Wirtschaft für Hitlers Kriegführung", in: *Das Deutsche Reich und der Zweite Weltkrieg.* Band 5/1. Stuttgart: Deutsche Verlags-Anstalt, 1988, S. 349-405. Rolf-Dieter Müller, „Albert Speer und die Rüstungspolitik im totalen Krieg", in: *Das Deutsche Reich und der Zweite Weltkrieg.* Band 5/2. Stuttgart: Deutsche Verlags-Anstalt, 1999, S. 545-692. A. Tooze, *a.a.O.*, S. 751-775.

Bild 26: Die Friedrich-Wilhelms-Hütte

In Essen hatte der Reichstreuhänder der Arbeit für Westfalen-Niederrhein seinen Sitz, er war auch für Mülheim zuständig. Die 13 Reichstreuhänder, je einer für jeden Bezirk der Deutschen Arbeitsfront (DAF), traten nach der Zerschlagung der Gewerkschaften als Vermittler zwischen Arbeitgebern und Arbeitnehmern auf. Dabei waren sie nichts als staatliche Befehlsempfänger, die jegliche Konflikte und mögliche Arbeitskämpfe frühzeitig verhindern sollten. Sie unterstanden der Dienstaufsicht des Reichsarbeitsministeriums, ihre Loyalität galt der Staatsführung und nicht dem arbeitenden Volk, obwohl sie wichtige Aufgaben wie die Festlegung von Tarifordnungen, Betriebsordnungen und die Kontrolle von Kündigungen wahrnahmen. In nationalsozialistischer Terminologie hieß ihre Aufgabe: „Überwindung des Klassenkampfes" oder „Ausschaltung aller einseitiger Interessen". Auf Anweisung des Reichsarbeitsministers hatte der Reichstreuhänder in Essen die Löhne nach dem Abschnitt III der KWVO anzupassen, d.h. einzufrieren, mit katastrophalen Auswirkungen auf die Arbeitsbereitschaft der Beschäftigten. Allein im Essener Bezirk waren über 1.000 Verfahren gegen Arbeiter wegen Disziplinlosigkeit, Verärgerung und Überreizung anhängig.[7] Der Reichstreuhänder schaltete sogar die Gestapo ein, um Arbeiter zu disziplinieren. Von Februar bis Mitte 1940 wurden 90 Bergleute wegen Bummelei und Undiszipliniertheiten in „Schutzhaft" genommen. Der Bergbau war ein sensibler Bereich, denn die Kohle deckte ungefähr 80% des Energiebedarfs in Deutschland. 70% der Kohle und fast die gesamte Koksproduktion, ohne die die Eisen- und Stahlerzeugung nicht möglich war, produzierte das Ruhrgebiet. Von Januar bis Juni 1940 stellte der Reichstreuhänder in Zusammenarbeit mit der Kriminalpolizei gegen Arbeiter allein 208 Strafanträge bei Gericht und 767 Anträge auf Schutzhaftver-

7 Wolfgang Franz Werner, *Bleib übrig*. Düsseldorf: Schwann Verlag, 1983, S. 38.

hängung, und das erst nachdem die „Bummelanten“, wie es hieß, mehrfach verwarnt worden waren.[8] Anscheinend wussten viele Arbeiter, dass man auf sie angewiesen war, und widersetzten sich, obwohl bereits am 17.11.1939 die Urlaubssperre wieder aufgehoben worden war, was besonders den Bergleuten entgegenkam, die ihre Feierschichten auf diese Weise wieder erhielten. Auch die Arbeitszeiten wurden erhöht, für Frauen und Jugendliche über 16 Jahre auf bis zu zehn Stunden täglich bei einer 56-Stunden-Woche. Jugendliche unter 16 hatten 48 Stunden in der Woche zu arbeiten, wobei ihnen allerdings in der Ausbildung die Berufsschulzeit angerechnet wurde. Die Betriebe, insbesondere wenn sie in der Rüstungsindustrie arbeiteten, konnten individuell die Arbeitszeit bis auf 60 Stunden in der Woche hinaufsetzen, in der letzten Kriegsphase sogar auf 72 Std. Oft wurde der Lohnstopp umgangen, indem Überstunden aufgeschrieben wurden, diese aber gar nicht abgeleistet wurden. Um die Mehrarbeit auch lohnenswert zu machen, erhöhte das Wirtschaftsministerium die Kriegssteuerfreigrenze auf 234 RM im Monat. Im September 1940 fielen mit der Wiedereinführung der Mehrarbeitszuschläge die steuerlichen Vergünstigungen wieder weg. Das führte zu weiterer Verstimmung der Arbeiter, denn einem Facharbeiter, der zum Beispiel 60 statt 56 Stunden in der Woche arbeitete und brutto 15,24 RM mehr verdiente, blieben am Ende nur 6 RM mehr in der Tasche.[9]

Auf einer anderen Seite wachte die Preisbildungsstelle beim Oberpräsidenten der Rheinprovinz in Essen darüber, dass die Verordnungen über Preisauszeichnung und Preisbindung vom November 1940 genau eingehalten wurden, denn die Lebenshaltungskosten sollten nicht steigen. Im Polizeiamt Mülheim ging eine eigens dafür eingerichtete Preisbehörde Beschwerden nach. So gab es zum Beispiel ein Verfahren gegen eine Frau Brake aus Styrum wegen des Verkaufs überteuerter Apfelsinen. Gegen die Firma Tengelmann lief eine Ermittlung wegen zu teurem Weinbrandverschnitt, der in einer Filiale in Grünberg/Schlesien verkauft worden war.[10] Mülheimer Händler sollten Pferde zu überteuerten Preisen an die Wehrmacht geliefert haben. Die zulässige Gewinnspanne lag bei 40 RM über dem Taxpreis. Auch in den Gaststätten achtete man genau auf Einhaltung der Preise. In Betrieben der Preisgruppe I durfte ein Stammgericht höchstens 0,60 RM kosten, das der teuersten Preisgruppe III belief sich auf 0,80 RM.[11] Da der Preiskommissar und die ihm unterstellten Behörden, peinlich auf die Einhaltung der Preise achteten, war es vielen Betrieben, besonders den Klein- und Mittelbetrieben und dem Handel, nicht möglich, die erhöhten Produktionskosten für Verbrauchsgüter, die insgesamt immer knapper wurden, an die Kunden weiterzugeben. Hatten sich einmal Gewinne eingestellt, wurden diese von den Finanzämtern „abgeschöpft“. Die unternehmerische Initiative erlahmte.

Den Großbetrieben, besonders denen der Rüstungsindustrie, in Mülheim die Röhrenwerke und die Deutschen Eisenwerke mit der Friedrich-Wilhelms-Hütte, fiel es leich-

8 Ebd., S. 77. Die Mitteilung des Reichstreuhänders an den HSSPF in Düsseldorf in: Doetsch et al., *1933 bis 1945. Widerstand und Verfolgung in Mülheim an der Ruhr.* Mülheim: Eigenverlag, 1987, S. 338 f., Dokument 38.

9 Wolfgang Franz Werner, *a.a.O.*, S. 109.

10 StAMH, 1201/4/4, S. 124 f.

11 Ebd., S. 170.

Bild 27: Veranstaltung der DAF in den Vereinigten Stahlwerken, Mülheim

ter, ihre Kriegsgewinne über diverse Abschreibungsmöglichkeiten zu „verstecken". Ein im Laufe der Kriegsjahre immer stärker auftretendes Problem war aber der sinkende Personalstand, da immer mehr Männer zum Kriegsdienst eingezogen wurden. In einem komplizierten Verfahren, an dem die Arbeitsämter, die Vertrauensleute der Deutschen Arbeitsfront (DAF), die Gau-Wirtschaftsabteilungen und die Betriebe beteiligt waren, wurde geprüft, ob der Arbeitsplatz so kriegswichtig war, dass die dort beschäftigte Person vom Wehrdienst freigestellt werden konnte. Eine totale Kontrolle der Arbeitskräfte ließ sich mit Hilfe des Arbeitsbuchs vornehmen, das jeder Berufstätige führen musste. Auf diese Weise versuchten die staatlichen Arbeitsämter immer mehr, Arbeitskräfte aus der Konsum- und Verbrauchsgüterindustrie abzuziehen und den Rüstungsbetrieben zuzuweisen. Parallel dazu legten die Arbeitsämter eine Arbeitsbuchkarte an, in die auch körperliche Gebrechen, Nationalität, politische Vergangenheit und Bemerkungen zur allgemeinen Lebensführung eingetragen wurden. Seit dem Juli 1940 mussten auch betrieblich verhängte Ordnungsstrafen vermerkt werden. Mit zunehmender Kriegsdauer gelang es vielen Firmen nur unter großen Schwierigkeiten, ihre Spezialisten im Betrieb zu halten. Auf der Gaukonferenz in Essen am 2.3.1944 legte der stellvertretende Gauleiter die Beschäftigungszahlen für den Gau Essen vor. Es gab 670.000 Beschäftigte, eine Zahl, die durch Einberufungen der Wehrmacht wöchentlich abnahm, davon waren 203.000 Deutsche weiblichen Geschlechts. Ebenfalls dazu gehörten 170.000 weibliche und 87.400 männliche ausländische Arbeitskräfte. Es fehlten mindestens 12.000 Arbeiter, die nur durch ausländische Kräfte ersetzt werden konnten. Angefordert waren bei der

Gau-Wirtschaftsabteilung in Essen 1.000 Holländer, 500 Belgier, 900 Franzosen, gestellt wurden 194 Holländer, 23 Belgier und 27 Franzosen. Der Markt für Arbeitskräfte war leer gefegt. Als einzige Möglichkeit schlug der Gau-Wirtschaftsberater Betriebsstilllegungen der zivil fertigenden Industrie zugunsten der militärisch fertigenden vor. Deutlich wurde auch, dass die Sozialpolitik, obwohl die Gauleitung hier dringenden Handlungsbedarf sah, nicht verbessert werden konnte. Besonders das Lohnniveau im Baugewerbe und der Eisenindustrie war ihrer Meinung nach verbesserungsbedürftig. Schleßmann, der den Gauleiter vertrat, wies auch darauf hin, dass „unsere Frauen an Arbeitsplätze heranzuführen seien, die ihnen bisher unbekannt und unbequem waren", womit die Anforderungen des Krieges das ideologisch geforderte Frauenbild weitgehend zerstörten.

Arbeiten im zerstörten Mülheim

In der „Ersten Ruhrschlacht" des britischen *Bomber Command*, 1943, die gegen die Bevölkerung des Ruhrgebiets und nicht so sehr gegen die Rüstungsbetriebe geführt worden war, kam es natürlich auch zu Beeinträchtigungen betrieblicher Abläufe, oft aber nicht wegen der Zerstörungen der Produktionsanlagen, sondern weil die Beschäftigten persönlich betroffen waren, sei es, dass Wohnungen beschädigt oder zerstört, sei es, dass Angehörige zu Schaden gekommen waren, oder auch nur, weil die Verkehrsmittel nicht mehr einsatzbereit waren. Nur durch die enge Verbindung vieler Menschen mit der Firma, in der sie arbeiteten, ließen sich die Probleme des Alltags lösen. Mein Großvater, dem bei einem Bombenangriff die Vorderfront seines Hauses an der Hauskampstraße eingestürzt war, konnte mit Hilfe zweier Fremdarbeiter, die wie er bei Siemens arbeiteten und für diese Arbeiten freigestellt wurden, das Haus reparieren. Firmen und Betriebe verstanden sich durchaus auch als soziale Gebilde mit einer Verantwortung für die Beschäftigten, die sich auch auf den privaten Bereich bezog. Einzige Auflage für meinen Großvater war übrigens, dass an die Stelle der zwei zerstörten Fenster nur eines eingebaut wurde, da es schwierig war, Rahmen und Glas zu erhalten. Natürlich hatten die Firmen auch ein Eigeninteresse daran, dass ihre Mitarbeiter schnell persönliche Dinge regeln konnten, um dann wieder dem Betrieb zur Verfügung zu stehen. So waren private Reparaturen im Jahr der „Ersten Ruhrschlacht" im Ruhrkohlenbergbau der Grund für häufiges Fehlen.[12] In den Mülheimer Betrieben betrug die wöchentliche Arbeitszeit 1943 in der Regel 60 Stunden. Albert Speer, der 1942 als neuer Rüstungsminister die wirtschaftliche Gesamtführung übernommen hatte, versuchte flexibel auf Mangelsituationen, die sich besonders ab Mitte 1944 einstellten, zu reagieren und erhöhte die wöchentliche Arbeitszeit schließlich auf 72 Stunden, wobei im Bergbau weniger gearbeitet werden musste. Dazu kamen noch weitere Verpflichtungen. So war der Werksluftschutz vom Betrieb zu organisieren und wurde von Polizei und Partei überwacht. Eine Untersuchung für das Ruhrgebiet stellte fest, dass die Zahl der Einsätze, die 1942 bei sechs im Monat lag, 1944 auf bis zu zehn Einsätze angehoben wurde.[13] Betrachtet man die Gesamtsituation im Ruhrgebiet,

12 Borsdorf und Jamin (Hg.), *Überleben im Krieg. Kriegserfahrungen in einer Industrieregion 1939–1945*. Hamburg: Rowohlt, 1989, S. 35.

13 Ebd., S. 38.

so ist es erstaunlich, dass trotz der schweren Luftangriffe die Arbeit relativ zügig wieder aufgenommen wurde und nach den notwendigen Reparaturen die Produktion zumindest bis zum letzten Drittel des Jahres 1944 zügig wieder in Gang kam. Es gab gute Gründe für Arbeiter und Angestellte, ihrer Arbeit nachzugehen, abgesehen vom Arbeitszwang und der Überwachung durch Arbeitsämter und Parteidienststellen. In den großen Betrieben erhielten viele Beschäftigte ihre Zulagekarten, die neben den von den Ernährungsämtern ausgegebenen Karten wichtig waren. Auch Werkskantinen in größeren Betrieben – in Mülheim z.B. die Eisen- und Röhrenwerke, Wissoll, Siemens und das Eisenbahnausbesserungswerk – stellten die Verpflegung der Beschäftigten sicher. In einem Großbetrieb wie den Deutschen Eisenwerken (Thyssen) stand sogar ein Laden mit Dingen des täglichen Bedarfs zur Verfügung. Besonders für diejenigen, die allein lebten, weil ihre Familien evakuiert waren, stellte dies eine große Erleichterung im täglichen Leben dar. Insgesamt war in Mülheim die seit 1943 durch das Reichswirtschaftsministerium verfügte Reduzierung von Betrieben des Handwerks und des Gewerbes, die Arbeitskräfte für den Kriegeinsatz freimachen sollte, kaum bemerkbar, da auch die Gauleitung dies nicht mit Nachdruck verfolgte. Wenn man für die Konsumgüterindustrie 1939 einen Index von 100 festlegt, lag dieser für Ende 1944 immerhin noch bei 85,4 Prozent, wobei allerdings der Anteil der Wehrmachtsaufträge daran etwa 50 Prozent betrug. Das ist aber ein Indiz dafür, dass es dem Wirtschaftsministerium nicht gelungen war, die totale Dominanz der Rüstungsgüterindustrie durchzusetzen. Als Speer auf einer Tagung der Gauleiter im Oktober 1943 verkündete, er wolle in Übereinkunft mit dem Chef des SS-Sicherheitsdienstes, Obergruppenführer Ernst Kaltenbrunner, Betriebe der Verbrauchsgüterindustrie still legen, um die so gewonnenen Arbeitskräfte der Schwerindustrie zuzuführen, stieß er auf den entschiedenen Widerstand der Parteiführer, die der Bevölkerung eine noch schlechtere Versorgung mit Dingen des täglichen Bedarfs nicht zumuten wollten. Aus diesem Grund konnte auch der neu ernannte „Generalbeauftragte für Betriebsumsetzungen" nicht erfolgreich genug arbeiten.

Viele private Kleinbetriebe in Mülheim hatten für das Militär zu arbeiten. Elli Küppers beschreibt, wie beim Schneidermeister Brutschin in der Bahnstraße Uniformhosen aus schweren Stoffen mühevoll genäht werden mussten. Doch blieb auch Zeit für private Aufträge, die allerdings, weil es entweder gar keine Materialien gab oder nur solche minderwertiger Qualität, nur dann abgewickelt wurden, wenn die Kunden selbst Stoffe mitbrachten.[14] Der elektrotechnische Betrieb Schimann am Kassenberg, der Bunkerinstallationen vornahm und für einige kleine Lederfabriken wie Funcke und Nöllenburg die Betriebselektriker stellte, verlegte auch Stromanschlüsse für Wehrmachtstellen in Mintard. Dort befanden sich in Scheunen und Bauernhöfen Funkstationen. Die Pferdeställe, in denen sich Offizierspferde befanden, wurden mit Schwachstromanlagen versehen.[15]

Mittel- und Großbetriebe waren ohnehin stark in die Rüstungsindustrie eingebunden, die seit Dezember 1944 durch Speers Generalbevollmächtigten für Rüstungs- und Kriegsproduktion im Rhein-Ruhr-Gebiet, Albert Vögler, geleitet wurde. Typisch für das NS-

14 Barbara Kaufhold, *Erinnerungen werden wach – Zeitzeugenberichte aus Mülheim a.d. Ruhr 1933–1945*. Essen: Klartext Verlag, 2001, S. 50 f.

15 Ebd., S. 155.

System war allerdings auch, dass sich eine konkurrierende Behörde bei der Gauleitung befand, für Mülheim war dies der in Essen beheimatete und für die Industrie zuständige Gauhauptstellenleiter Hörner. Betriebe konnten diese „Parallelbehördenstruktur" ausnutzen, wenn es darum ging, wichtige Arbeitskräfte „uk" (unabkömmlich) zu stellen. 1943 waren schon 35 Prozent der männlichen deutschen Belegschaften zum Wehrdienst eingezogen,[16] eine Zahl, die im Laufe der Zeit immer weiter anstieg.

Die kriegswichtigen Betriebe in Mülheim stellten verschiedene Rüstungsgüter her: Die Lederindustrie Koppel, Tornister, Stiefelleder, aber auch Treibriemen für Panzermotoren. Die Lederfabrik Tholl erhielt Aufträge über Sitze und Gurte für Panzer.[17] Die Deutsche Eisenwerke AG mit der Friedrich-Wilhelms-Hütte produzierte Panzerbleche. Der Panzer Hummel wurde in diesem Werk fertig montiert. Auch die Deutschen Röhrenwerke (Thyssen) erzeugten Panzerbleche, dazu noch Rohlinge für Granaten- und Bombenhüllen. Bei einem schweren Bombenangriff auf das Werk am 2. November 1944 fiel die gesamte Produktion aus, sie konnte aber zwischen dem 9. und 12. November wieder aufgenommen werden, da es gelang, mit eigenen Kräften die Schäden zu reparieren. Auch mittlere und kleinere Betriebe arbeiteten in der Rüstung. In der Markenstraße wurden Zünder hergestellt, bei Neumann in der Reichstraße Granaten gezogen. Auch das Karosseriewerk Weißgerber in der Viehgasse arbeitete für die Wehrmacht.

Trotzdem hatten die schweren Luftangriffe auf das Ruhrgebiet, die ab Mitte 1944 auch mit einem neuen Schwerpunkt auf die Infrastruktur und die Industrie zielten, zur Folge, dass der Wirtschaftsraum an der Ruhr regelrecht abgeriegelt wurde. Die Hauptbahnstrecken waren unterbrochen, die Frachtladungen der Reichsbahn sanken allein zwischen August und September 1944 um mehr als 40%. So kamen weder dringend benötigte Halbfertig- und Investitionsgüter in das Ruhrgebiet noch Ruhrkohle in das Innere des Reiches. Seit Februar 1945 fiel die Ruhrkohle für die deutsche Kohleversorgung praktisch aus.[18] Selbst Speer war es nicht mehr möglich, immer in direktem Kontakt mit dem so genannten „Ruhrstab", der alle kriegswichtigen Entscheidungen in dieser Region direkt treffen sollte, zu bleiben. Deshalb hatte er Albert Vögler, den früheren Vorstandsvorsitzenden und zu diesem Zeitpunkt Aufsichtsratsvorsitzenden der Vereinigten Stahlwerke in Essen zu seinem Rüstungsbeauftragten ernannt, der ad hoc entscheiden sollte, wenn sich Probleme ergaben, was permanent der Fall war.

Die fortwährenden Alarme und Angriffe, später auch durch Jagdbomber, zwangen immer mehr zu Notreparaturen, die nicht nachhaltig waren. Ein noch größeres Problem als die Zerstörungen war die permanente Beschädigung der Infrastruktur, der Schienenwege, Straßen, Oberleitungen und Transportmittel. Beschäftigte mussten dadurch lange Wege zu Fuß zurücklegen und gerieten dabei oft noch in einen Fliegeralarm. Die Mülheimer Straßenbahn litt besonders unter den Kriegsumständen. Der Wagenpark reduzierte sich fortwährend und war reparaturanfällig. Im Winterverkehr des Jahres

16 Borsdorf und Jamin, *a.a.O.*, S. 41

17 Simone Neumann, *Leben in Mülheim an der Ruhr. 1914–1965*. Erfurt: Sutton Verlag, 2000, S. 44.

18 Klaus-Dietmar Henke, *Die amerikanische Besetzung Deutschlands*. München: Oldenbourg-Verlag, 1995, S. 437–439. Tooze, *a.a.O.*, S. 304 ff., 398.

1944/45 wurden Strecken zeitweise komplett stillgelegt. Zum Personentransport kamen noch vielfältige andere Aufgaben, wie der Abtransport des Schutts der zerstörten Häuser, für den man spezielle Loren an den Triebwagen anhängte. In der Nähe des Straßenbahndepots an der Steinkampstraße befand sich eine Schuttkippe. Auf vielen Wagen fanden sich Schilder mit der Aufschrift „Nur für Berufstätige", und Zeitzeugen berichten, dass die Bahnen meistens überfüllt waren. Viele Arbeiter wurden längere Zeit zum Schutträumen, Schanzen, zu Flak-Übungen und anderen Dienstverpflichtungen abgezogen. Es traf neben Arbeiter und Angestellte, die schon seit 1938 durch Behördenentscheid „zugewiesene Arbeiten" auf unbestimmte Zeit verrichten mussten, sogar Geschäftsbesitzer. Anneliese Menning, die als kaufmännische Angestellte im Porzellangeschäft Bewersdorf arbeitete, berichtete, dass ihr Chef bei der Friedrich-Wilhelms-Hütte dienstverpflichtet war.[19] Ab 1943 wurde die Dienstverpflichtung mit der „Verordnung über die Meldung von Männern und Frauen für Aufgaben der Reichsverteidigung" auch auf Frauen zwischen 17 und 45 Jahren ausgedehnt.

Besonders sensibel reagierten die Bergleute auf Veränderungen ihrer Arbeitsbedingungen. Das lag auch an der Privilegierung dieses Berufsstandes. Die DAF hatte zu Kriegsbeginn weit reichende Pläne zu einer generellen Umgestaltung des Lohnsystems in die Diskussion gebracht. Dabei sollten Bergleute und Metallarbeiter an der Spitze der Lohnskala stehen. Durch die KWVO mussten diese Pläne aber auf Eis gelegt werden. Die Kohleförderung lief zwar in Teilen bereits mechanisiert ab, die Arbeitskraft der „Kumpel" gab aber immer noch den Ausschlag bei der Produktion, die als besonders kriegswichtig eingestuft war. Die schwere Arbeit der „Kumpel" unter Tage honorierten die Arbeitgeber durch bestimmte Sondervergünstigungen, die oft auch den Angestellten über Tage zugute kamen. Bei Sonderschichten, die im Krieg fast schon zur Regel geworden waren, erfolgten auch Sonderzuteilungen in Form von Schnaps, Ölsardinen und Zigaretten. Als am 1.11.1943 der Bezirksausschuss Ruhr der Reichsvereinigung Kohle in seinen Richtlinien den Begriff Sonderschicht neu definierte, war den Bergleuten klar, dass dies zu einem weitgehenden Wegfall der Zuteilungen führen würde. Es kam zu Protesten, die Bergarbeiter hielten mit ihrer Meinung nicht hinter dem Berg, in einem Bericht der DAF für die Gauleitung in Essen hieß es: „in den bisherigen 4 Kriegsjahren ist die Empörung der Kumpel nie so krass gewesen, wie jetzt. Man befürchtet, dass bei der nächsten Pflichtschicht 30-40% der Gefolgschaft nicht anfährt."[20] So wurden die Beschränkungen zum größten Teil wieder zurück genommen.

Rüstungsminister Speer und die Wirtschaftsführer an der Ruhr

Eine bisher noch nicht angesprochene Dimension der Ausrichtung von Arbeit und Produktion auf die Bedingungen des Krieges lässt sich in Bezug auf die Rolle der Führungskräfte der Wirtschaft erkennen. In der Anfangsphase des Krieges hatte sich für die nationalsozialistische Führung gezeigt, dass die Militärverwaltung mit ihren Planungsstäben nicht in der Lage war, die Rüstung den militärischen Anforderungen anzupassen,

19 Simone Neumann, *a.a.O.*, S. 41.

20 Stimmungsberichte sind zusammengefasst in: StAOB, 2000/8. Band 2, S. 56–60.

das hatte zu einem Rückgang der Kriegsproduktion und einer Munitionskrise geführt. Hitler ernannte deshalb am 17.3.1940 einen Zivilisten, Fritz Todt, den „Star" des Autobahn- und des Westwallbaus zum Chef des neuen Reichsministeriums für Bewaffnung und Munition. Dieser pflegte besondere Kontakte zu führenden Männern der Privatwirtschaft und entwickelte zusammen mit ihnen ein Konzept, dass den militärisch-industriellen Komplex den Anforderungen des Krieges anpassen sollte, und tatsächlich konnte die Rüstungskrise mit den neu geschaffenen Strukturen überwunden werden. Auf diese Weise fiel den Wirtschaftsführern an der Ruhr mehr Macht und Einfluss zu als je zuvor im 20. Jahrhundert. Todt ermunterte die Industriellen zum Aufbau von Kartellen und Zusammenschlüssen jeglicher Art, gleichzeitig dezentralisierte er Munitions- und Rüstungsaufträge, sodass die Industriellen mehr Möglichkeiten gewannen, sich auf bestimmte Produkte zu konzentrieren und in engen Absprachen miteinander Aufträge zu bearbeiten. Die Koordination geschah in Ausschüssen, die den Wehrkreisen und ihren Rüstungsinspektionen zugeordnet wurden. Ernst Poensgen von den Vereinigten Stahlwerken legte eine Liste mit allen „rüstungsaffinen" Betrieben vor. Walter Borbet, als Chef des Bochumer Vereins, übernahm den Vorsitz des Munitionsausschusses im Wehrkreis VI, zu dem das gesamte Ruhrgebiet gehörte.[21] Als Speer 1942 nach Todts plötzlichem Tod dessen Amt übernahm, ging er mit Nachdruck daran, in enger Kooperation mit den Wirtschaftsführern die vorhandenen Kapazitäten, die alle Bereiche von der Munitionsherstellung bis zur Panzer- und Flugzeugproduktion betrafen, zu verbreitern. Bei Speer spielte Geld überhaupt keine Rolle, was zählte, war ausschließlich das Produktionsergebnis. Vor diesem Hintergrund profilierte sich mancher Unternehmer und steigerte die Gewinne trotz der steten Versuche der Finanzverwaltung, Gewinne abzuschöpfen. So lernten die „Manager" die entscheidenden Führungsqualitäten, die sie auch in der Nachkriegszeit erfolgreich werden ließen, „das Planen in großen Dimensionen, ein drakonischer Managementstil, der Hindernisse mit Phantasie und Brutalität überwand und der unbekümmerte Umgang mit Risiken."[22] Dabei rückte ein Mann in den Vordergrund, der, nachdem er 1941 in den Vorstand der Vereinigten Stahlwerke berufen worden war, schon 1943 zu dessen Vorstandvorsitzenden ernannt wurde, Walter Rohland. Rohland war zu diesem Zeitpunkt erst 45 Jahre alt. Die in Mülheim ansässigen Thyssen-Firmen mit der Friedrich-Wilhelms-Hütte gehörten zu den Vereinigten Stahlwerken. Zusammen mit den Röhrenwerken befand sich ein Rüstungskomplex in der Stadt, der für Speer von großer Wichtigkeit war. Anfang Juni 1942 wurde die Reichsvereinigung Eisen ins Leben gerufen, in der Rohland zusammen mit Alfried Krupp und dessen Entwicklungsleiter der Waffenproduktion, Erich Müller, die zentrale Rolle spielten.[23] Die Mülheimer Betriebe gehörten der Bezirksgruppe Nordwest der Wirtschaftsgruppe Eisen an, die der Reichsvereinigung unterstand, und deren Vorsitz wiederum Rohland innehatte. Der Stab dieser Vereinigung war in den Schlössern Landsberg und Hugenpoet zwischen Kettwig und

21 Adam Tooze, *a.a.O.*, S. 403- 410.

22 Zur Problematik, die die Nachkriegszeit mit einschließt: Nina Grunenberg, *Die Wundertäter. Netzwerke der deutschen Wirtschaft 1942 bis 1966*. München: Siedler Verlag, 2006.

23 Dietrich Eichholz, *Geschichte der deutschen Kriegswirtschaft, 1939–1945*. Band 2: 1941-1945. Berlin, 1985, S. 65–172. Adam Tooze, *a.a.O.*, S. 406 und 408.

Mülheim untergebracht.[24] Durch Analysen, direkte Eingriffe in die Produktion, die bis zur Kontrolle der Direktorien durch einen Kommissar gehen konnte, versuchten Speer und Rohland die Rüstungsanstrengungen zu forcieren.[25] Das betraf auch die Firma Mannesmann, der der Vorwurf gemacht wurde, „sich nicht genügend in das Munitionsprogramm eingebracht zu haben.[26] Rohland erhielt den Beinahmen „Panzerdiktator", auch auf seine Veranlassung erfolgte die Endmontage des Panzers Hummel ab 1944 in der Friedrich-Wilhelms-Hütte. Am Jahresübergang 1944/45 verschärfte sich aber die Lage. Das Zentrum der Deutschen Stahlwerke, die Thyssen-Hütte in Duisburg-Hamborn, die doppelt soviel Rohstahl produzierte wie der gesamte Krupp-Konzern, war im Oktober 1944 schwer von Bomben getroffen worden und fiel am 22.1.1945 ganz aus, die Thyssenschen Röhrenwerke in Mülheim hingegen, die ungefähr ebenso viel Walzstahl hergestellt hatten wie Mannesmann, waren zwar beschädigt, konnten aber repariert werden, es fehlte aber häufig an den notwendigen Rohstoffen, sodass die Produktion kurz vor Kriegsende auf 50% sank.[27] Hitlers „Nero-Befehl vom 9. März 1945, der beim Herannahen des Feindes die Zerstörung aller Anlagen der Industrie und Infrastruktur vorsah, wurde von Speer unterlaufen. Er redete sogar in Berlin mit Hitler, um den Befehl abzuschwächen. Nur in einigen Mülheimer Betrieben machten die Betriebsleiter überhaupt Anstalten, Produktionsanlagen unbrauchbar zu machen, wie zum Beispiel in der Friedrich-Wilhelms-Hütte, doch hier unterlief die Belegschaft teilweise die Anordnungen. Im Eisenbahnausbesserungswerk in Speldorf hatte Fritz Müllerstein bereits seit 1937 eine antifaschistische Widerstandsgruppe gebildet. Diese hielt Kontakt mit einer Gruppe christlicher Sozialisten im Werk.[28] Als die Betriebsanlagen Anfang April immer mehr unter Artilleriebeschuss gerieten, plante die Direktion die Evakuierung der Facharbeitskräfte nach Schwerte an der Ruhr. Müllerstein überredete den Pförtner, Stanislaus Sass, der seit langer Zeit der SA angehörte, aber den Glauben an den Endsieg verloren hatte, ihm eine Schreibmaschine zu leihen. Auf dieser tippte Anneliese Laumans ein Flugblatt folgenden Inhalts: „*Werte Kollegen, keiner folgt dem Aufruf der Werkleitung zur Verlagerung nach Schwerte. Der Krieg ist verloren, wir wollen nicht die unvermeidliche Überrollung auf der Landstraße erleben, sondern zu Hause, bei der Familie. Nochmals, keiner fährt, alle bleiben hier.*"[29] Von 600 Marschbefehlen wurden nur 120 befolgt. Andere Betriebe hielten die Belegschaften zusammen. Es wurden sogar noch Guthaben bei Banken aufgelöst, um die Arbeitskräfte bezahlen zu können. Das war einer der Gründe, warum wichtige Mülheimer Betriebe nach Kriegsende relativ schnell weiter arbeiten konnten.

Hugo Stinnes jun. verfügte während des Krieges über ein Konglomerat von Firmen, die von Reedereien, Bergbau und Kohlenhandel bis zur Glasfabrikation alles Mögliche umfassten. Er wohnte in Mülheim, war Ratsherr und leitete die Geschäfte teilweise von der Stadt aus. Seine Zechen gehörten dem Rheinisch-Westfälischen Kohlensyndikat an, das

24 Klaus-Dietmar Henke, *a.a.O.*, S. 516.
25 Ebd., S. 518 f.
26 Ebd., S. 519.
27 Vgl. Mannemann-Archiv, R 15080.
28 Doetsch et al., *a.a.O.*, S. 216 f.
29 Ebd., S. 218.

ab 1930 0,07 RM pro Tonne geförderter Kohle an die NSDAP spendete. Ein bezeichnendes Bild auf seine Einstellung lässt sich aus den Aufzeichnungen des Amerikaners Bayles vom *US-Bombing Survey* entnehmen, der Stinnes 1945 in seiner bescheidenen Behausung – die Amerikaner hatten sein Anwesen requiriert – besuchte.[30] Ganz offen gab er zu, niemals Juden in seinen Betrieben beschäftigt zu haben und äußerte sich überaus positiv über das nationalsozialistische Prinzip der Betriebsordnung, in der sich die DAF in der Rolle sah, die Konflikte zwischen Firmenleitung und Gefolgschaft (Belegschaft) schnell beizulegen, was Stinnes sehr entgegen kam. Andererseits versuchte er dem Amerikaner zu beweisen, dass der Vierjahresplan kein kriegswirtschaftliches Programm enthalten habe. Bei Kriegsanbruch soll Stinnes aber das Oberkommando des Heeres wirtschaftlich beraten haben.[31] Welche Rolle er gegenüber den vielen Fremdarbeitern in seinen Firmen spielte, lässt sich nicht mit Sicherheit festlegen. In seiner Entnazifizierungsakte findet sich eine Aussage zu seinen Gunsten, er habe ab 1943 einen Dolmetscher beauftragt, Kontakt mit seinen ausländischen Arbeitern zu halten und deren Beschwerden zu melden.[32] Das Interview mit dem amerikanischen Offizier endete mit der Feststellung: „Ich bin ein Deutscher, in bin immer ein Deutscher gewesen und ich möchte nie etwas anderes sein als ein Deutscher. Ich bin ein Optimist, sonst hätte ich Selbstmord begangen."

Ein anderer Ansatz lässt sich im Hinblick auf die Firma Siemens-Schuckert erkennen, deren Firmenleitung in Berlin am Anfang des Jahres 1945 gezielt auf eine geordnete Weiterführung der Geschäfte nach Kriegsende hinarbeitete. Die Firmenleitung des Unternehmens in Berlin entschloss sich, die über ganz Deutschland verstreuten Betriebe in dezentralen Führungsorganisationen zusammen zu schließen. Der Vorstandsvorsitzende der Siemens & Halske AG, Heinrich von Buol schrieb dazu in einer internen Mitteilung an die Führungskräfte: „Ihr Ziel muss sein: In der Übergangszeit durchhalten, den Wiederaufbau in der Zukunft vorbereiten."[33] Das war angesichts der Präsenz von Rüstungskommandos und Mitgliedern der Gauwirtschaftskammern in den Betrieben eine riskante Äußerung. Doch gelang es dem Vorstand, den Hauptausschuss für Elektrotechnik in Berlin von der Dezentralisierung im Interesse der Landesverteidigung zu überzeugen. So entstand eines der drei selbständigen Lenkungsorgane, die Gruppenleitung West, in Mülheim an der Ruhr unter dem Direktor Friedrich Bauer. Das Werk arbeitete im Rahmen des ab Januar geltenden Rüstungsnotprogramms weiter. Da die Alliierten aber immer weiter an den Rhein vorrückten, verzichtete die ehemalige Berliner Zentrale darauf, die zur Auslagerung bestimmten Pläne und Fertigungsunterlagen nach Mülheim zu transportieren. Sie gingen nach Erlangen und bildeten dort den Grundstock für die spätere Konzernzentrale.[34] Mitte März entstand eine weitere Schwierigkeit für das Werk in Mülheim, als sich Militär, das in Richtung Rhein-Herne-Kanal unterwegs war, in den Firmenbüros einrichtete. Die Firmenleitung erreichte aber, „weil sie alle Hebel in Bewe-

30 Meine Ausführungen beziehen sich im Wesentlichen auf die Darstellung in: Klaus-Dietmar Henke, *a.a.O.*, S. 482 und 493 f.

31 Doetsch et al., *a.a.O.*, S. 23.

32 StAMH, 1570/120.

33 Siemens-Archiv, 11/Lg 690. Von Buol.

34 Klaus-Dietmar Henke, *a.a.O.*, S. 455–456 und 463.

gung setzte", den Abzug der Soldaten.[35] Was in den Firmengebäuden hätte passieren können, zeigte sich wenig später im Werksgasthaus der Gutehoffnungshütte in Oberhausen, das von betrunkenen und randalierenden Fallschirmjägern verwüstet wurde.

Die Auswirkungen des Krieges auf die Wirtschaft in Mülheim

Es lässt sich am Ende festhalten, dass die Kriegseinwirkungen für die meisten Mülheimer Betriebe nicht gravierend waren. Ein Jahr nach Kriegsende funktionierte das meiste wieder. Wenn auch in den Großbetrieben Mülheims die Arbeit ab Ende März 1945 zum Teil eingestellt worden war, machte man sich schnell an die notwendigen Reparaturen, wenn die Besatzungsmacht dies erlaubte. Bei den Deutschen Röhrenwerken zählte man 222 Einschläge von Artilleriegranaten, hier beklagte man 19 Tote und 40 Verletzte durch diese Kriegseinwirkungen. Einige wichtige Produktionsanlagen waren ausgefallen. Wo also sollten dort Arbeiter und Angestellte arbeiten? Vom 18. April an schickte die Betriebsleitung zunächst einmal vier Vorarbeiter und 90 Mann für dringende Arbeiten zur Stadtverwaltung.[36] Für notwendige Reparaturen veranschlagte das Röhrenwerk Tausende von Stunden, allein für die Ausbesserungsarbeiten am Kraftwerk schätzte man 24.000 Arbeitsstunden.[37] Trotzdem stand nicht genügend Arbeit für die vorhandenen Betriebsangehörigen zur Verfügung, da die normale Produktion nicht aufgenommen werden durfte. So mussten Arbeiter und Angestellte entlassen werden, die Arbeitszeit für Angestellte betrug ohnehin nur 6 Stunden (von 8 – 12 Uhr). Schon am 17. April überprüften die Amerikaner das Werk mittels einer Fragebogenaktion. In Frage vier ging es um die Rüstungsfertigung. In der Antwort der Werksleitung hieß es dazu: *„Wir haben im Rahmen unserer Normalfabrikation nur Teilstücke für Rüstungsgegenstände angefertigt, aber in keinem Falle fertige Gegenstände."*[38] Rüstungsteile sollten 10% der Gesamtfertigung betragen haben! Das war zweifellos eine Zweckbehauptung. Im Mai wurde der Werksleiter Dr. Winterhoff verhaftet. Es erging ihm wie Hugo Stinnes und 39 weiteren Mitgliedern des Rheinisch-Westfälischen Kohlensyndikats. Die Röhrenwerke bemühten sich fortwährend um Betriebserlaubnis, um die Produktion wieder aufnehmen zu können, doch erteilten die Briten nur eine befristete vom 25. September bis zum 26. November 1945. Dazu begann man noch mit der Demontage eines Schweißautomaten. Als die endgültige Genehmigung zur Aufnahme der Röhrenproduktion am 20 Januar 1946 im Werk eintraf, konnte sofort losgelegt werden, da alle wesentlichen Verkehrswege und Produktionsstätten repariert waren.

Was für die Deutsche Röhrenwerke AG zutraf, galt für die gesamte Wirtschaft, den Handel, den Versorgungs- und Transportbereich überall in Mülheim. Bei Kriegsende war die Wasserversorgung in Ordnung, die Pumpenhäuser besaßen aber nur für vier Wochen Kohle, das Kanalnetz funktionierte. Die Gasversorgung Mülheims war vollständig unter-

35 Siemens-Archiv, 11.43/Lm 394. Von Witzleben.

36 Horst A. Wessel, „Als der Krieg zu Ende war – Mülheim und sein Röhrenwerk vor 40 Jahren", in: *Zeitschrift des Geschichtsvereins Mülheim a.d. Ruhr.* Heft 59, 1985, S. 19.

37 Ebd., S. 11.

38 Ebd., S. 19.

brochen. Die Rohrverbindung zur Kokerei in Hamborn wurde zwar schnell repariert, ein befriedigender Gasdruck ließ sich aber im Leitungsnetz am Anfang nicht aufrecht erhalten, zudem waren die Lieferungen nach Mülheim kontingentiert. Von außen konnte für die Stadt keine Elektrizität bereitgestellt werden, aber zwei Wasserkraftwerke und die Energiezentrale der Röhrenwerke waren in Betrieb. Die Dampfzentrale der Deutschen Eisenwerke AG konnte erst wieder funktionsbereit gemacht werden, als die Kokerei dort arbeitete und Wassergas produzierte. So übernahm das Kraftwerk der Röhrenwerke zunächst einen Großteil der Stromversorgung in der Stadt. Die Amerikaner erteilten dazu ohne Zögern die notwendigen Genehmigungen. Die Anlage erzeugte 2.500 bis 5.000 KW, bei guter Kohle – in Mülheim wurde nur Magerkohle gefördert – auch 9.000 KW. Dazu musste aber erst einmal die Bahnstrecke nach Heißen instand gesetzt werden, die durch die Sprengung der Bruchstraßen-Brücke unbefahrbar geworden war. Auch die Bahnstrecke über Styrum zu den Oberhausener Zechen wurde repariert, doch verhinderten die Trümmer der gesprengten Thyssen- und Siegfriedbrücke eine durchgängige Verbindung. Als am 23. Juni das RWE die Stromversorgung wieder aufnehmen konnte, hatte das Kraftwerk der Röhrenwerke 3 Millionen KW an Energie geliefert.[39] Der Hauptenergieträger im Nachkriegsdeutschland war die Kohle. Transport- und Förderprobleme in diesem Bereich belasteten die Bevölkerung noch mehrere Jahre.

Zwangsarbeit in Mülheim

Die deutsche Führung gedachte nicht nur, die eroberten Gebiete als Rohstoffbasis zu nutzen und finanziell auszuplündern. Als die durch gewaltige Produktionsanstrengungen vom Arbeitskräftepotential her überforderte Wirtschaft dringend Arbeitskräfte benötigte, reiften Pläne, die eroberten Gebiete auch als Reservoir für die Gewinnung von Arbeitern zu nutzen. Als die Anwerbeaktionen von Arbeitsämtern und Rüstungskommandos in den besetzten Gebieten aber nicht den erhofften Erfolg brachten, griffen die verantwortlichen staatlichen Stellen immer mehr auf Kriegsgefangene und KZ-Häftlinge zurück, außerdem verschleppten sie viele arbeitsfähige Menschen zur Zwangarbeit in das Reichsgebiet.

Das Jahr 1941 ist in Zusammenhang mit der Problematik von Fremd- und Zwangsarbeitern von entscheidender Bedeutung, weil im Russlandfeldzug eine große Anzahl Gefangener gemacht wurde. Bis zum 25.9.1941 arbeiteten 1.627.890 zivile Arbeitskräfte aus den besetzten Gebieten in Deutschland.[40] Teilweise waren sie unter falschen Versprechungen zum Arbeitseinsatz ins Deutschen Reich gelockt worden. Die zivilen Westarbeiter aus Frankreich und den Beneluxstaaten, das waren im September 1941 mehr als eine Viertelmillion, wurden als Facharbeiter ähnlich entlohnt wie die deutschen und mussten nicht in eigens für sie eingerichteten, streng bewachten Lagern untergebracht werden. Dazu gezählt werden müssen auch noch die 30.000 niederländischen Grenzgänger. Die

39 Ebd., S. 26.

40 Vgl. dazu mit detaillierten Zahlen Hans Umbreit, „Auf dem Weg zur Kontinentalherrschaft", in: *Das Deutsche Reich und der Zweite Weltkrieg.* Band 5/1. Stuttgart: Deutsche Verlagsanstalt, 1988, S. 258–264.

Bild 28: Plakat für die Anwerbung französischer Arbeiter zum Arbeitseinsatz in Deutschland, 1943

mehr als eine Million Polen, die als Zivilarbeiter in deutschen Diensten standen, galten von vornherein als Menschen zweiter Klasse.

Mit Beginn des Russlandfeldzuges im Jahr 1941 gerieten dann Millionen von Soldaten der Roten Armee in deutsche Gefangenschaft. Gleichzeitig erklärten Rüstungskommandos und die Außenstellen deutscher Arbeitsämter in Weißrussland und der Ukraine die dortige Bevölkerung zu Freiwild. Hitler plante zunächst, die Gefangenen nur in Osteuropa für Arbeitsvorhaben der Wehrmacht einzusetzen, aber die prekäre Lage auf dem deutschen Arbeitsmarkt stimmte ihn um, und er erlaubte den Masseneinsatz von sowjetischen Kriegsgefangenen im Deutschen Reich. Das brachte viele dieser Menschen auch nach Mülheim. Zusätzlich warben deutsche Arbeitsämter, die mit Außenstellen in den besetzten Gebieten vertreten waren, Metallarbeiter im Baltikum, Bergarbeiter in der Ukraine und Landarbeiter in Nordrussland an. Auch solche Angeworbenen fanden den Weg nach Mülheim. Sie sahen in Deutschland eine Perspektive, da ihr eigenes Land hemmungslos ausgebeutet wurde und Arbeitsmöglichkeiten dort knapp waren. Zunächst funktionierte der Transport der russischen Kriegsgefangenen in das Reich nur sehr schlecht. Obwohl die zukünftigen Arbeitskräfte vor dem Abtransport besser ernährt wurden, behinderte eine Flecktyphusinfektion in den Lagern und fehlender Transportraum die Aktion.[41] Ab 1942 versuchte der neu ernannte Generalbevollmächtigte für den Arbeitseinsatz, Fritz Sauckel, durch brutale Erfassungsaktionen, bei denen die Bewohner ganzer Dörfer in der Sowjetunion kurzerhand „eingesammelt“ wurden, Arbeitskräfte für den Reichseinsatz zu rekrutieren. Auf diese Weise deportierte man über zwei Millionen Menschen zur Zwangsarbeit in das Deutsche Reich. Auch solche Menschen arbeiteten in Mülheim. Nimmt man Kriegsgefangene, Zivilarbeiter und Häftlinge zusammen, so arbeiteten während der nationalsozialistischen Diktatur mehr als 13 Millionen davon in Deutschland. Für die Menschen aus dem altsowjetrussischen Gebiet, so hieß es offiziell, bürgerte sich die diskriminierende Bezeichnung „Ostarbeiter“ ein. Sie waren gezwungen ein Stoffabzeichen mit dem Wort „OST“ auf der rechten Brustseite der Kleidung zu tragen, dessen Aussehen durch Erlass des Reichsführers SS und Chefs der Deutschen Polizei, Himmler, bis in die Einzelheiten festgelegt wurde. Die Staatspolizeileitstelle in Düsseldorf erstellte ein Merkblatt für Betriebe, die „Ostarbeiter“ beschäftigten.[42] Im Vordergrund der Behandlung dieser Menschen stand das Bestreben, diese isoliert in Lagern unter strenger Bewachung zu konzentrieren, um zu verhindern, dass sie „Sabotageakte organisieren“, „in Zusammenhang mit deutschen Volksgenossen kommen“ oder „ihr bolschewistisches Gift verbreiten“. So stand es jedenfalls im Merkblatt. In Mülheim arbeiteten während des Krieges ungefähr 25.000 ausländische Arbeiter vieler Nationen, die meisten davon Zwangsarbeiter. Die Mehrzahl der registrierten Personen, nämlich 9.934 Menschen, waren „Ostarbeiter“, zum größten Teil Ukrainer. Sie arbeiteten in Mülheim in verschiedenen Industriebetrieben, dem Wasserwerk, dem Reichsbahnausbesserungswerk, mittelständischen Firmen, wie der Schuhfabrik Otterbeck oder bei Neumann, aber auch auf den Mülheimer Zechen Rosenblumendelle, Wiesche und Humboldt und als Hilfswillige bei der Flak. Das Sauerstoffwerk der Deutschen Röhrenwerke konnte nur mit

41 Dietrich Eichholz, *a.a.O.*, S. 190 f.
42 StAMH, 1570/81.

Bild 29: Ostarbeiterinnen aus einem Lager an der Bergstraße

Hilfe von „Ostarbeitern" in Gang gehalten werden.[43] Allein schon auf Grund der Zahlen wird deutlich, dass ohne Fremdarbeiter auch in Mülheim die Produktion nicht aufrecht zu erhalten war. Umso weniger verständlich ist es heute, dass man in den Betrieben jegliche Integration der „Fremden" in die Betriebsgemeinschaft verhinderte, was angesichts einer gedeihlichen Zusammenarbeit notwendig gewesen wäre. Es gibt viele Beispiele, dass Parteimitglieder der NSDAP in Mülheim alles taten, um die „Fremden" zu diskriminieren, als „Untermenschen" zu disqualifizieren, um sich selbst als „Herrenmenschen" hinzustellen. Das führte auch dazu, dass Fremdarbeiter drangsaliert, beleidigt, geschlagen und schlecht verpflegt wurden. Selbst an Betriebsfesten, die auch während des Krieges stattfanden, durften sie nicht teilnehmen, bei Luftalarm war es vielen von ihnen untersagt, Bunker aufzusuchen. Speer, der eigentlich in wirtschaftlichen Effektivitätskategorien dachte, war ideologisch dermaßen verblendet, dass auch er den Herrenstandpunkt nicht ablegen konnte, wenn er behauptete, „bei einer Aufgabe war nur ein deutscher Arbeiter da, und der hat fünfzehn Ausländer unter sich gehabt, er hat mit ihnen eine wunderschöne Baustelle aufgezogen, das hat hier ein Herrenbewusstsein entwickelt, wie man es sich schöner gar nicht vorstellen kann. Wir haben hier ein Durchschnittsverhältnis von einem deutschen zu zwanzig ausländischen Arbeitern. Daraus kann man ersehen, wie stark der deutsche Arbeiter in der Lage ist, seinen Führungsanspruch durchzusetzen."[44]

Im Krieg war es möglich, dass kinderreiche und unter den Kriegsfolgen leidende Haushalte sich beim zuständigen Arbeitsamt um ein Dienstmädchen, genannt „Hauswirtschaftshilfe", bewarben und dann eine „Fremdarbeiterin" zugewiesen bekamen. Zu Beginn des Krieges waren solche Plätze meist mit deutschen Mädchen, die das Pflichtjahr ableisteten, besetzt worden, ab 1943 sollten ausländische Zwangsarbeiterinnen aus Polen und Russland diese ersetzen, da man die Deutschen für den Kriegshilfsdienst brauchte. Für Sauckel, der um die nationalsozialistische Integrität solcher Familien, die eine „Ostarbeiterin" beschäftigten, fürchtete, bedeutete dies, detaillierte Richtlinien für den Umgang der Deutschen mit den „minderwertigen" hauswirtschaftlichen Hilfskräften zu erlassen, die kaum einzuhalten waren und den perfiden Charakter der NS-Ideologie widerspiegeln. So sollten die jungen Frauen möglichst niedrige Arbeiten verrichten, mit Deutschen nicht in Kontakt kommen, gesondert untergebracht werden und keinen Einfluss auf die Kindererziehung haben.[45] In manchen Familien entwickelte sich aber ein enges Verhältnis zu den „Ostarbeiterinnen", die die gleichen Ernährungssätze wie die Deutschen erhielten und nach ihrer Arbeitszeit, normalerweise von 6 Uhr bis 21 Uhr auch noch ausgehen durften. Auch im Haushalt des Oberbürgermeisters arbeiteten zwei solcher Hauswirtschaftskräfte, eine Holländerin und eine Ukrainerin. Olga, die Ukrainerin, blieb bis Kriegsende und führte den Haushalt für den Oberbürgermeister und seine

43 Mannesmann-Archiv, R 2 5106, Nr. 2.

44 Nach einer stenografischen Mitschrift zitiert bei: Bernhard R. Kroener, „‚Menschenbewirtschaftung'. Bevölkerungsverteilung und personelle Rüstung in der zweiten Kriegshälfte", in: *Das Deutsche Reich und der Zweite Weltkrieg.* Stuttgart: Deutsche Verlags-Anstalt, 1999, S. 809.

45 *Das Zwangsarbeitersystem im Dritten Reich,* S. 102–105. Dort auch einige aufschlussreiche Episoden.

Tochter, als die Ehefrau evakuiert war, was auch bedeutete, dass sie einkaufte und Kontakt zu vielen Deutschen hatte, was eigentlich verboten war. Dabei soll sie auch heimlich Landsleute mit Essen versorgt haben. Bei Kriegende hinterließ sie einen Zettel, auf dem stand, „ich habe etwas Lebensmittel und etwas Besteck mitgenommen und will versuchen, nach Hause zu kommen." Die Familie hörte nichts mehr von ihr.[46] Diese etwas idyllische Schilderung soll aber nicht davon ablenken, dass die Lebensumstände vieler „Ostarbeiterinnen" in Mülheim schlecht waren. Deshalb sei aus einem Brief zitiert, den Ludmilla Iwanowna Woronitzkaja im Jahr 2002 nach Mülheim schrieb, wo sie im Krieg im Alter von 24 Jahren in einem Stahlwerk arbeiten musste:

> *„Meine Schwester und mein Bruder arbeiteten an Werkzeugmaschinen, ich arbeitete auf dem Kran im Warmwerk. Es war ein Stahlwerk, so meine ich. Es gab dort Hochöfen und Arbeiter standen da mit langen Eisenstangen. In die Hochöfen warfen sie Eisenrohlinge, wo sie zu großen Stahlblechen gewalzt wurden. Im Werk befanden sich Eisenpfähle mit Rädern. Ich musste sie mit dem Kranhaken wegziehen. Ich habe sehr geweint. Auf dem Kran war es sehr heiß, die Arbeiter haben mit mir geschimpft, mir sogar die Fäuste gezeigt. Ein alter Deutscher brachte belegte Brote, hat sie aber so übergeben, dass sie keiner sah.*
> *Ich arbeitete 12 Stunden pro Tag, Tag- und Nachtschichten. Für mein Alter, meine ich, war das eine Sklavenarbeit. Wir bekamen innerhalb von 24 Stunden zweimal zu Essen, vor allem gab es Spinat. Wir waren so hungrig, dass ich dachte, dass wir nie genug Brot essen werden, von anderen Lebensmitteln ganz zu schweigen. Wir hatten keine medizinische Versorgung."*[47]

Der Einsatz von Kriegsgefangenen entwickelte sich während des Krieges zu einem bedeutsamen Faktor, ohne den wesentliche Arbeiten im Infrastrukturbereich, aber auch in der Rüstungsindustrie, gar nicht mehr hätten ausgeführt werden können. Auch die Stadtverwaltung griff auf solche Arbeitskräfte zurück. Schon 1940 sollte ein Kriegsgefangenenlager in der ehemaligen Coupienne-Lederfabrik eingerichtet werden. Der Verwaltung waren 150 Kriegsgefangene aus dem Kriegsgefangenen-Stammlager in Bocholt avisiert worden. Der Umbau hätte 12.600 RM gekostet, für Verpflegung der Gefangenen und der Wachmannschaft sollten aus dem städtischen Haushalt 44.000 RM zur Verfügung gestellt werden. Die Zuweisung wurde aber wieder in Frage gestellt und es lässt sich nicht mehr feststellen, ob sie realisiert wurde, es spricht aber vieles dafür.[48] Im Jahr 1942 befanden sich auf städtischem Gebiet acht Lager, in denen Kriegsgefangene untergebracht waren. Die Durchschnittsbelegung betrug 1.495 Personen, für die noch ungefähr 90 abkommandierte Wehrmachtsangehörige für Bewachungszwecke eingesetzt waren. Nach dem großen Bombenangriff auf Mülheim 1943 hätten wichtige Reparaturen ohne den Einsatz von Maurern, Zimmerleuten und Glasern aus Kriegsgefangenen-Bataillonen,

46 Barbara Kaufhold, *a.a.O.*, S. 98.

47 *Das Zwangsarbeitersystem im Dritten Reich*, S. 194. Dort viele weitere Details, zum Beispiel aus der Landwirtschaft, S. 179–182.

48 StAMH, 1182/2/22.

die sich in Berlin, in Westdeutschland, dem Rhein-Main-Gebiet und im Bereich der Küstenstädte befanden, gar nicht erfolgen können. Sie unterstanden dem Oberkommando der Wehrmacht und konnten von den Oberbürgermeistern in Absprache mit den zuständigen Wehrmachtstellen angefordert werden, wonach die Handwerker-Gefangenen von den Obermeistern der zuständigen Innungen verteilt wurden. Die Stadt hatte dabei für Unterkunft, Verpflegung und Bewachung zu sorgen. Nach den großflächigen Zerstörungen in Mülheim und Oberhausen forderte der Luftschutzleiter im Vernehmen mit den Kreisleitungen und den Oberbürgermeistern solche qualifizierten Arbeitskommandos an. Der Luftschutzleiter teilte dann diese Kriegsgefangenen auf die Städte Mülheim und Oberhausen auf, er erhielt dazu noch für Mülheim französische Kriegsgefangene für Aufräumarbeiten, diese wurden in einem Barackenlager am Schildberg untergebracht.[49] Ab 1943 war der Luftschutzleiter, in Mülheim also der Polizeipräsident, nur noch für die Aufräumarbeiten und die Leichenbergung zuständig, der Wiederaufbau lag in der Hand des Oberbürgermeisters in Zusammenarbeit mit der örtlichen NSDAP. An der Jahreswende 1942/43 optimierte das Wehrkreiskommando VI das Kriegsgefangenwesen in seinem Bezirk, zu dem auch Mülheim gehörte. Die Krieggefangenen wurden bestimmten Stammlagern (Stalag) zugeordnet: Stalag VI/D in Dortmund mit 30.000, Stalag VI/F in Bocholt mit 35.000, Stalag VI/B in Fichtenhain bei Krefeld mit 40.000 und das neue, ausschließlich für den Arbeitseinsatz im Ruhrbergbau zuständige Stalag VI/A in Hemer mit 30.000 Kriegsgefangenen. Die Mülheimer Betriebe erhielten von diesen Lagern auf Antrag eine gewisse Anzahl von Arbeitskräften, die als militärische Arbeits-Kommandos bezeichnet wurden. Es war sogar möglich, dass die Betriebe Gefangene mit speziellen Berufsqualifikationen anfordern konnten, die dann auch „berufsrichtig" eingesetzt werden mussten, doch machen die Dokumente deutlich, dass dies nicht immer funktionierte.[50]

Im Herbst 1942 einigten sich Himmler und Speer darauf, „die im Konzentrationslager vorhandene Arbeitskraft nunmehr für Rüstungsaufgaben im Großformat" einzusetzen.[51] Nun errichteten die Konzentrationslager Außenlager, um dort Arbeitskräfte zusammen zu fassen. Damit entgingen die KZ-Insassen für diesen Zeitraum der Vernichtung, doch forderte der rücksichtslose Arbeitseinsatz ebenfalls viele Opfer. Standen die Konzentrationslager vor dem Krieg ganz im Zeichen des rassistischen NS-Gesellschaftsmodells und sicherheitspolitischer Erwägungen, so entwickelte die SS als Träger der Lager immer mehr wirtschaftspolitische Ambitionen. In Duisburg gründete das KZ Sachsenhausen eine Außenstelle, in dem eine Abteilung der SS-Baubrigade I und später der Baubrigade III unter dem Kommando von SS-Obersturmführer Völkner untergebracht wurde. Die Häftlinge dieser Brigade waren auch in Mülheim bei Aufräum-, Bergungs- und Löscharbeiten nach Bombenangriffen im Jahr 1943 und 1944 eingesetzt.[52] Der Einsatz gestaltete

49 MT, 1955, im StAM, 1440/32.40.

50 Vgl. Schriftverkehr und Listen in Doetsch et al., S. 317-321. Dokumente 22-26. Befehl des WKK VI zur Errichtung der Stalags in StAGü, LRWD, F45/9/1.

51 Karola Fings, „Sklaven für die Heimatfront", in: *Das Deutsche Reich und der Zweite Weltkrieg.* München: Deutsche Verlags-Anstalt, 2004, S. 212.

52 Einsatzplan: BA, NS 19/14, Blatt 29.

Bild 30: Kriegsgefangene bei Aufräumarbeiten in der Stadtmitte, 1943

sich brutal und menschenverachtend. Stundenlang waren die Häftlinge beißendem Rauch ausgesetzt, sie mussten mit unzureichendem Schuhwerk über die Trümmer laufen, erlitten Schürf- und Brandwunden. Wenn sie völlig verschmutzt waren, stand kein Wasser für die Reinigung zur Verfügung, auch nicht bei der Rückkehr ins Lager; auf der Haut bildeten sich so Ekzeme und Furunkel. An den Torturen während des Arbeitseinsatzes starben immer wieder Häftlinge.[53] Die Baubrigade III stellte einen Sanitätsdienst zusammen, der die Bergung der Leichen durchführte, eine Notmaßnahme, weil es politisch nicht erwünscht war, dass Menschen außerhalb der Volksgemeinschaft deutsche „Gefallene“ bargen, teilweise ihnen sogar das Leben retteten, wenn sie an die Verschütteten, die noch lebten, heran kamen. Auch nach dem Juni-Angriff 1943 in Mülheim barg der San.-Dienst der Brigade Leichen aus der Trümmerwüste. Wie es dabei zuging, macht ein Dokument deutlich: „Die Leichen waren zum Teil stark aufgedunsen und verbreiteten einen unerträglichen Gestank. Viele der eingesetzten Kräfte mussten sich übergeben und machten schlapp. Um die Männer einsatzfähig zu erhalten, war es notwendig, an diese Kräfte Alkohol auszugeben.“[54]

Noch weitaus gefährlicher lebten die Häftlinge, die zusammen mit professionellen Feuerwerkern die Sprengkommandos bildeten. Das Sprengkommando Kalkum, das in erster Linie aus politischen Gefangenen des Justizgefängnisses Remscheid-Lüttringhausen bestand und später mit KZ-Insassen verstärkt wurde, befand sich zwischen 1941 und 1944 wiederholt in Mülheim und anderen Städten des Ruhrgebietes im Einsatz. Diese Männer mussten Blindgänger aufspüren, die Zünder entfernen oder die Bomben weg transportieren und an einem sicheren Ort zur Explosion bringen. Handelte es sich um

53 Karola Fings, *a.a.O.*, S. 232.

54 HStAD, BR 1131/87.

Bild 31: Russische Zwangsarbeiter bei der Freilegung des Bau des Ibingschen Stollens, 1943

Zeitzünder, entschieden oft Minuten über Leben und Tod. Meist hatten sich die Bomben in das Erdreich eingegraben und mussten freigelegt werden. Bei dieser Arbeit hielten sich die Feuerwerker meist abseits, da man nie wissen konnte, wann der Zünder losging. Für diese lebensgefährliche Aufgabe erhielten die Häftlinge nach zehnmaligem Einsatz Hafterleichterung, die darin bestand, dass sie sich die Haare länger wachsen lassen durften oder in der Häftlingskantine einkaufen konnten. Auf den Trümmergrundstücken konnten die Kommandos auch nach Lebensmitteln suchen, wobei sie manchmal fündig wurden. Abends, wenn der Einsatz beendet war, fuhren die Häftlinge meist in ihr Lager zurück, das sich in einem ehemaligen Schulgebäude in der Kirchfeldstraße bei Kalkum befand.

Man darf nicht vergessen, dass dieser unmenschliche Arbeitseinsatz auch einen Wirtschaftsfaktor darstellte, der eine gewisse Bedeutung hatte und gerade im Fall der KZ-Arbeitslager sowohl für die SS als auch für die Kommunen bedeutsam war. Für die Arbeit der Häftlinge stellten die Verwaltungen der Konzentrationslager monatliche Rechnungen aus, die die Zahl der eingesetzten KZ-Arbeiter und die Anzahl der Arbeitstage auswiesen. Die Tagessätze waren am 1.10.1942 einheitlich für alle im Rahmen der SS erfolgenden Außeneinsätze festgelegt worden und betrugen für Facharbeiter 6 RM, für Hilfsarbeiter 4 RM. Die Städte konnten ihre Kosten über die Kriegsschädensämter beim Reichsfinanzministerium geltend machen, die Einnahmen der KZ-Verwaltungen gingen an die Reichskasse, den Häftlingen blieb praktisch nichts.

Bild 32: Das Arbeitserziehungslager am Flughafen Mülheim/Essen

Zum Schluss soll der Blick auf die Lager fallen, die von der Gestapo betrieben wurden, die Arbeitserziehungslager (AEL). Eines davon befand sich auf dem Gelände des Flughafens Essen-Mülheim. Schon 1940 hatte der Reichstreuhänder der Arbeit, als es um die massenhafte Arbeitsverweigerung im Ruhrgebiet ging, dem zuständigen HSSPF in Düsseldorf die Errichtung solcher Lager vorgeschlagen, in denen renitente Arbeiter, Ausländer und der „schlechte Teil der deutschen Arbeiterschaft", wie es in einem Aktenvermerk hieß,[55] diszipliniert werden sollten. Da auch die Industrie ein Interesse daran hatte, dass

55 Doetsch et al., S. 340-341. Dokument 39.

„Arbeitsunwillige" bestraft wurden, um für reibungslose Betriebsabläufe zu sorgen, entwickelte sich eine enge Zusammenarbeit zwischen der Wirtschaft und der Polizei. Dabei fiel es immer mehr in den Kompetenzbereich der örtlichen Gestapo, „Bummelanten", Zwangsarbeiter und Kriegsgefangene zu kontrollieren und auf Grund der Schutzhaftbestimmungen in Lager einzuweisen. Dies konnte völlig willkürlich geschehen, da die Gestapo für diese Einweisungen keine Schutzhaftanträge in Berlin stellen musste.

Die Geschichte des Mülheimer Lagers beginnt mit einem Gespräch zwischen dem Düsseldorfer Inspekteur der Sicherheitspolizei, Nockemann, und dem Essener Reichstreuhänder der Arbeit. Gemeinsam beschlossen beide die Errichtung eines Arbeitserziehungslagers zunächst für vertragsbrüchige „Westarbeiter". Diese stellten ein großes Problem dar, da zum Beispiel von den 100.000 im Reich arbeitenden Niederländern schon bald 7.000 unerlaubt in die Heimat zurückgekehrt waren, eine Zahl, die sich 1941 auf rund 42.000 erhöhte. Auch viele Zivilpolen versuchten ihre Arbeitsstätte im Ruhrgebiet zu verlassen.[56] Die Flughafenverwaltung verhandelte mit dem Chef der Sicherheitspolizei, der die Errichtung des AEL genehmigte. Es ging um den Ausbau des Flughafens zu einem militärischen Fliegerhorst mit Verlängerung der Startbahn. Um die notwenigen Arbeitskräfte unterzubringen, mietete die Flughafenverwaltung Baracken der Luftwaffe vom Luftgaukommando VI an. Die Flak-Untergruppe Essen-West I/44 räumte daraufhin ihre Stellung und die Fliegerhorstkommandantur Düsseldorf vermietete die Grundstücke mit Bauten für 3.450 RM im Jahr.[57] Die Verwaltung des Flughafens stellte das Lager mit Inventar der Sicherheitspolizei kostenlos zur Verfügung und verpflichtete sich, die nach dort überstellten Häftlinge zwei Jahre zu beschäftigen. Die Flughafengesellschaft zahlte den Hilfsarbeiterlohn und sorgte auch für die Verpflegung des Polizeipersonals. Ab 9.6.1941 erhöhte sich die Zahl der Gefangenen auf 500, ohne dass die Wachmannschaften zunächst entsprechend verstärkt wurden, worüber sich die Flughafenverwaltung beschwerte. Seit diesem Zeitraum zog man die deutschen Gefangenen nach Recklinghausen ab und brachte nur noch ausländische Arbeiter in das Lager. Bis Ende des Krieges leitete der Kriminalobersekretär Möltgen das Lager, ihm standen letztendlich zur Seite 26 Wachmänner des Essener Polizeipräsidiums. Insgesamt durchliefen 6.000 bis 8.000 Häftlinge das Lager. Schaut man sich an, welches ihre Vergehen waren, stößt man in den Akten meist auf Diebstahl und Umhertreiben.[58]

Das Lager befand sich in der Nähe der Brunshoffstraße. Es war mit Stacheldraht und einer hohen Hecke umgeben, im Inneren stand ein Wachturm. Im Lager waren die Insassen schlimmen Repressalien ausgesetzt. Beim Ankunftsappell mussten sie sich nackt ausziehen. Sie trugen graue Arbeitskleidung, einen Essnapf am Mann, im Winter Holzschuhe, und im Sommer waren sie meist barfuß. Die Haftzeit, zunächst drei Wochen, erhöhte sich im Verlauf des Krieges auf mehr als 50 Tage. Die Arbeitszeit betrug zwölf Stunden, in denen im Flughafenbereich Erdbewegungen und Tiefbauarbeiten durchgeführt werden mussten. Es herrschten unmenschliche Bedingungen, die Häftlinge wurden gefoltert,

56 Gabriele Lotfi, *KZ der Gestapo. Arbeitserziehungslager im Dritten Reich.* Stuttgart: Deutsche Verlags-Anstalt, 2000, S. 109.

57 Ebd. S. 112 und Doetsch et al., S. 342 f.. Dokumente 40 und 41.

58 StAMH, 1570/97.

Bild 33: Häftlinge bei der Arbeit im Arbeitserziehungslager am Flughafen Mülheim/Essen

wenn ihre Arbeitsleistung schlecht war. K. G. Lickfeld, der als Junge in der Nachbarschaft des Lagers wohnte, sah wie eine Gruppe von Gefangenen zuschauen musste, als einer von ihnen von einem Bewacher zusammengeschlagen wurde. Die Schläge trafen den Körper und Schädelbereich mit voller Wucht, sodass das Opfer zu Boden ging.[59] Strafmaßnahmen reichten von Prügel über Peitschenhiebe und Essensentzug bis zur Erschießung. Bis zur Schließung des Lagers im März 1945 sollen dort 130 Menschen zu Tode gekommen sein. Kein Angehöriger der Wachmannschaften ist dafür je zur Rechenschaft gezogen worden.[60]

Fazit

Eine Darstellung der Ökonomie im Nationalsozialismus hat sich auf sehr unterschiedliche Aspekte zu konzentrieren und muss der Frage nachgehen, wie die Umgestaltung der Wirtschaft auf die Belange des Krieges möglich war. Sie gelang, wenn auch nur unzulänglich, weil nach der Wirtschaftskrise Anfang der dreißiger Jahre die Industrielobby eine starke Führung in Deutschland wünschte und insbesondere die Innenpolitik und der Antimarxismus der Nazis für die Unternehmer attraktiv erschienen. Geschickt ermöglichte die Staatsführung der Wirtschaft einmal die Konzentration auf starke Einheiten, Kartelle und Konglomerate, auf der anderen Seite unterstützten die nationalsozialistischen Entscheidungsträger aber auch Eigeninitiativen im betrieblichen und technischen Bereich und gaben den arbeitenden Menschen das Gefühl wichtig zu sein. Nicht zuletzt

59 K. G. Lickfeld, „Geheimnisse hinter einer Weißdornhecke", in: *Mülheimer Jahrbuch*. Jahrgang 52, 1997, S. 160–163.

60 Gabriele Lotfi, „Das Arbeitserziehungslager Flughafen Essen-Mülheim, in: *Mülheimer Jahrbuch*, Jahrgang 52, 1997, S. 151–159.

sprudelten die Gewinne der Unternehmen während des Krieges und selbst der Versuch des Finanzministeriums, diesen Mehrwert abzuschöpfen, ließ zumindest den Groß- und Mittelunternehmen noch genügend Profite übrig.

Was die arbeitende Bevölkerung angeht, darf nicht verkannt werden, dass im NS-Staat erst die Anfänge einer Modernisierung stattfanden. Noch 15 Millionen Menschen verdienten ihren Lebensunterhalt in traditionellem Handwerk und der Landwirtschaft. Ihr Konsumstandard war bescheiden, das Pro-Kopf-Einkommen in den dreißiger Jahren in Deutschland entsprach dem des heutigen Iran und lag hinter dem vieler westeuropäischer Staaten zurück.[61] Die Vorstellung, in einem gewaltigen Ringen um die Vorherrschaft in Europa eine verbreiterte Grundlage auch für die eigenen Lebensumstände zu schaffen, wirkte motivierend. Und gerade die Gegenposition des Nationalsozialismus zur liberalen von Großbritannien und den Vereinigten Staaten angeführten ökonomischen Weltordnung stärkte das eigene Selbstwertgefühl und gab den Entbehrungen im Krieg einen Sinn. Ein Krieg, der doch gerade die Grundlagen für späteren Wohlstand und Überlegenheit legen sollte, schien deshalb vielen als gerechtfertigt.[62]

Jeder Volksgenosse konnte aber auch wahrnehmen, dass die Wirtschaft auf Sklavenarbeit und Ausbeutung Fremder beruhte und dass diesen Fremdarbeitern fundamentale Menschenrechte vorenthalten wurden. Also schaute man weg oder bemühte den Herrenstandpunkt, um sich ins Recht zu setzen. Erst mit der Entschädigung ehemaliger Zwangsarbeiter durch betreffende Firmen unter der Ägide der Bundesregierung, die im Jahre 2007 auslief, ist dieses Unrecht gegenüber den Betroffenen anerkannt und in Teilen kompensiert worden.

Während des Krieges setzte sich zumindest bei realistisch denkenden Menschen die Einsicht durch, dass Hitler für das Projekt Lebensraum mit höchstem Risiko gespielt hatte. Die Gegner Deutschlands konnten mit zunehmender Kriegsdauer ihr wirtschaftliches Potenzial besser einsetzen, die deutsche Wirtschaft war nicht in der Lage mit vergleichbaren Steigerungsraten in der Rüstung mitzuhalten. Als sich im Frühjahr 1941 die NS-Führung auf drei Kriege gleichzeitig vorbereitete – den gegen die Rote Armee, den gegen die Anglo-Amerikaner und einen rassenideologischen gegen die „Ostvölker" und Juden[63] – war der Krieg nicht mehr zu gewinnen. Dass er noch bis zum Mai 1945 dauerte, ist unter wirtschaftspolitischen Aspekten erstaunlich, obwohl sich das Adjektiv auf Grund der Millionen Menschen, die dieser Krieg das Leben kostete, eigentlich verbietet und nur in einer formalen Wirtschaftsbetrachtung gerechtfertigt ist.

61 Adam Tooze, *a.a.O.*, S. 16.
62 Ebd., S. 12 f.
63 Ebd., S. 765.

Kinder- und Jugenderziehung

Institutionen der Erziehung und Ausbildung

Die wichtigste Zielgruppe des Nationalsozialismus war die Jugend. Alles das, was die Parteiideologen und ihre Helfer den Erwachsenen aufgrund von deren Lebenserfahrung und Persönlichkeitsentwicklung nicht mehr beibringen und indoktrinieren konnten, war den Heranwachsenden im Verlauf des Erziehungsprozesses, wenn er nur unter der Leitung und Kontrolle des Staates stand, viel leichter zu vermitteln, ihnen sollte das Wert- und Normensystem des Nationalsozialismus gleichsam in Fleisch und Blut übergehen. Immer stärker mischten sich die Staatspartei und ihre Institutionen in das Leben der jungen Menschen ein. Die Nazis verstanden Erziehungsarbeit als totalitär und streng reglementiert, in einem für sie positiven Sinne und in Abgrenzung zum Liberalismus, der dem Individuum alle Freiräume zum Lernen und zur Lebensgestaltung eröffnen wollte. Die Nationalsozialisten sahen den Menschen als Ganzheit. Ganz war er aber nur, wenn er dem Ganzen diente, und das war der nationalsozialistische Führer-Staat. Trotzdem gelang es den Nationalsozialisten niemals, den totalen Zugriff auf die Menschen zu erlangen. In den Familien gab es Freiräume, die außerhalb des staatlichen Einflussbereichs bleiben konnten. Und doch versuchten die Nazis nach Kräften, auch ganz junge Kinder ihrem Einfluss zu unterwerfen. Wenn es um die Familien, die Eltern und Kinder ging, sah sich die Nationalsozialistische Volkswohlfahrt (NSV) in einer wichtigen Rolle, denn es ging darum, schon die Kleinsten mit den Grundsätzen des Nationalsozialismus vertraut zu machen. Die Vertreter der NSV wollten keiner Familie die staatliche Fürsorge – in der vollen Bedeutung des Wortes – vorenthalten, um so Einfluss zu gewinnen. Auch gegenüber der Stadtverwaltung setzte sich die NSV oft durch, wenn es um die Zentralisierung von Aufgaben der Kinderbetreuung ging. In diesen Zusammenhang ist zum Beispiel der Verkauf der städtischen Kinderheilstätte in Keitum auf Sylt einzuordnen, die die NSV für 60.000 RM erwarb, ein Preis, den das Zentralamt für Vermögensverwaltung der britischen Zone später als viel zu niedrig bezeichnete.[1]

Kindergärten in Mülheim

Dabei kam den Kindergärten eine wichtige Rolle zu. In Mülheim bemühte sich die Nationalsozialistische Volkswohlfahrt, die gesamte Kindererziehung unter ihre Kontrolle zu bringen. Eine beträchtliche Aktivität in dieser Hinsicht entfaltete der Kreisamtsleiter der NSV in Mülheim, Schmitz, der seine Vorstellungen immer wieder im Rat der Stadt thematisierte, wenn er den Kreisleiter vertrat. Seine Vorstellung, alle konfessionellen Kindergärten zu schließen und durch NS-Kindergärten zu ersetzen, wurde erleichtert durch einen Erlass des Reichsministeriums des Inneren vom 29.11.1938, dass Aufwendungen des

1 StAMH, 1206/93.

Bild 34: Dienststelle der HJ Ruhr-Niederrhein (Südfront) Herbert-Howarde-Platz, heute Reichspräsidentenstraße

NSV nach § 54 des Finanzausgleichgesetzes als „allgemein genehmigt gelten solllten".[2] Die Stadtverwaltung, die die Kosten übernehmen musste, wartete aber zunächst ab. Aus diesem Grund wandte sich die Parteileitung der Stadt an den Oberpräsidenten der Rheinprovinz und gleichzeitigen Gauleiter Terboven. Die Mülheimer NSDAP ging davon aus, dass 120.000 RM für Neubauten bereit zu stellen und sachliche und personenbezogene Verwaltungskosten von 48.000 RM pro Jahr von der Stadt zu tragen seien. Terboven antwortete zunächst der Gauamtsleitung und den untergeordneten Dienststellen allgemein, „die Jugendbetreuung ist nach nationalsozialistischer Auffassung eine der wesentlichsten gemeindlichen Aufgaben. Ihre Finanzierung ist durch die Landräte und Oberbürgermeister sicher zu stellen."[3] So wurden im städtischen Nachtragshaushalt für 1939 36.000 RM für den Neubau von zwei Kindergärten in Heißen und Speldorf ausgewiesen. Da sie als kriegswichtig eingestuft waren, lieferte die Organisation Todt die notwendigen Materialien. In einer Sitzung des Stadtrates 1939 beschloss dieser der NSV zwei Grundstücke in Heißen am Fünter Weg und in Raadt zu überlassen, um dort Kleinkindergärten zu errichten. Für das Etatjahr 1940/41 bewilligte der Stadtrat 18.000 RM für den Kindergarten Fünter Weg, sodass der Bau bis zum 31.3.1941 fertig gestellt werden konnte,[4] gleichzeitig erhielt Kreisamtsleiter Schmitz die Zusage eines Zuschusses von 18.000 RM für drei Kindergärten im Haushaltsjahr 1941.

Mit fortschreitender Kriegsdauer rückte die NS-Führung von ihrem propagierten Ideal ab, die Frau habe sich zu Hause um den Haushalt und die Kindererziehung zu kümmern, schon alleine deshalb, weil zunehmend Arbeitsplätze von Frauen übernommen werden mussten. Diese Neudefinition der Frauenrolle machte es nötig, Kindertagesstätten in aus-

2 Text des Erlasses in StAMH 1201/5/20.
3 Ebd.
4 Ebd. und StAMH, 1181/2/19.

reichender Zahl zu schaffen. Am 30.6.1940 hieß es in einer Anweisung des Regierungspräsidenten in Düsseldorf an den Oberbürgermeister in Mülheim: „Die Errichtung der Kindergärten gewinnt in der heutigen Zeit, in der es gilt, der wieder berufstätig werdenden Mutter während ihrer Berufsarbeit die Betreuung der Kleinkinder soweit wie möglich abzunehmen, besondere Bedeutung."[5] Im Weiteren bestimmte die Behörde „für die Dauer des Krieges", dass Kindergärten durch die NSV mit Hilfe der Gemeinde zu errichten seien, städtische Beihilfen 50% der Kosten für bauliche Herrichtung, Instandsetzung und Mobiliar abdecken sollten, die Betriebs- und Personalkosten von der NSV getragen werden mussten. Im März 1941 regelte das Innenministerium die Zusammenarbeit zwischen Gemeinden und NSV. Jetzt sollten die Kindergärten im Gemeindeeigentum verbleiben, aber von der NSV betrieben werden. Auf diese Weise hoffte man, dass die Kinder im Sinne der nationalsozialistischen Ideologie erzogen würden. Trotz dieser Versuche, die Kirchen aus der Kinderbetreuung und -erziehung heraus zu drängen, scheiterte dieser Versuch. Man hätte bei der Übernahme der konfessionellen Kindergärten Entschädigungen zahlen müssen und wollte auch keine Konflikte mit den Eltern riskieren. 1942 stellte das Reichsministerium für Wissenschaft, Erziehung und Volksbildung die Beihilfegewährung an Kindergärten und Horte ein, die über die städtischen Kassen liefen. Konsequenter Weise erhielt die Mülheimer NSV den bereits zugesagten Zuschuss von 54.000 RM nicht, auch eine Übertragung auf das Rechnungsjahr 1943 erfolgte nicht. Eine Parallele zu heute drängt sich auf. Damals wie heute wird der Kindererziehung eine hohe Priorität eingeräumt, wenn es dann aber um deren Finanzierung geht, bleibt es oft bei Lippenbekenntnissen.

In der Endphase des Krieges rückten die Kindergärten noch einmal in den Blickpunkt der Stadtverwaltung. Der Regierungspräsident in seiner Funktion als geschäftsführende Behörde des Reichsverteidigungskommissars (RVK) hatte für den Gau-Bezirk Essen die generelle Schließung der Kindergärten wegen Luftgefährdung beschlossen. Was sollte jetzt mit den Kindern der im Arbeitseinsatz stehenden Erziehungsberechtigten werden? Der Oberbürgermeister wandte sich im Februar 1945 an die NSV, und man kam gemeinsam auf die Idee, die Kinder in besonders gut gesicherten Einrichtungen unterzubringen, weil auf die Arbeitskräfte nicht verzichtet werden konnte. So legte die Abteilung Wohlfahrtspflege und Jugendhilfe in Absprache mit dem Polizei-Abschnittskommando Süd als Luftschutzleitung fest, dass folgende Kindergärten geöffnet blieben: Werdener Weg 40, Löhstr. 49, Hagdorn 25, Eppinghofer Str. 183, Adolf-Stöcker-Platz 9–10, Düsseldorfer Str. 151, der Saal der Wirtschaft „Königin Luise", der Kindergarten Heerstr und Schubertstr und die Hilfsschule Kaiser-Wilhelm-Str. Aus der Liste geht auch hervor, welche Kindergärten überhaupt noch in der Stadt vorhanden waren. Es handelte sich um 28, davon 15 in Trägerschaft der NSV, 5 in katholischer und 6 in evangelischer Trägerschaft, zwei befanden sich im Besitz des Westdeutschen Gemeindeverbandes.[6] Die evangelische Gemeinde in Styrum hatte bis zu diesem Zeitpunkt einen Kindergarten offen gehalten, weil die Erzieherinnen glaubten, bei Voralarm rechtzeitig den Eiskellerbunker in der Oberhausener Straße erreichen zu können. Es wird berichtet, dass die Eltern die Jugend-

5 Ebd., S. 7.
6 Ebd., S. 7 ff.

leiterin geradezu bedrängt hätten, die Kinder in die Betreuung zu nehmen. Andererseits wird auch klar, dass der Besuch in anderen Kindergärten stark zurückgegangen war. In den evangelischen Kindergarten Hohestraße gingen kaum noch Kinder, obwohl in unmittelbarer Nähe, in der Mittelstraße, ein Bunker mit einer 2-Meter-Betondecke zur Verfügung stand. Ein anderer Kindergarten, wie der am Humboldthain, war bereits am 12.12.1943 durch Bombenabwurf total zerstört worden. Im April 1945 hatten trotz der Anordnung des RVK noch 14 Kindergärten in Mülheim geöffnet.

Die Erfassung der Jugend in den Formationen der Hitler-Jugend

Schon früh hatte Hitler die Bedeutung einer Jugendorganisation für seine Partei erkannt und das Amt des Reichsjugendführers geschaffen, das dem Chef des Stabes der SA unterstand. Baldur von Schirach, der die Position bekleidete, gelang es, Hitler davon zu überzeugen, das Amt direkt dem Führer und Reichskanzler zu unterstellen, was am 17. Juni 1933 per Erlass geschah. Von diesem Zeitpunkt an gab es den Jugendführer des Deutschen Reiches oder kurz den Deutschen Jugendführer. Hitler gefiel es, von „seiner" Jugend zu sprechen. Die totale Vereinnahmung der jungen Menschen wurde deutlich in einer Rede, die er am 4.12.1938 vor der Reichenberger Hitlerjugend hielt:

> *„Diese Jugend, die lernt ja nichts anderes als deutsch denken, deutsch handeln! Und wenn diese Knaben mit 10 Jahren in unsere Organisation hineinkommen und dort zum ersten Mal überhaupt eine frische Luft bekommen und fühlen, dann kommen sie vier Jahre später vom Jungvolk in die Hitlerjugend, und dort behalten wir sie wieder vier Jahre Und dann geben wir sie erst recht nicht zurück in die Hände unserer alten Klassen- und Standeserzeuger (Lachen), sondern dann nehmen wir sie sofort in die Partei, in die Arbeitsfront, in die SA oder in die SS, in das NSKK usw. Und wenn sie dort zwei Jahre oder anderthalb Jahre sind und noch nicht ganze Nationalsozialisten geworden sein sollten (Lachen), dann kommen sie in den Arbeitsdienst und werden dort wieder 6 oder 7 Monate geschliffen, alles mit einem Symbol, dem deutschen Spaten (Beifall). Und was dann nach 6 oder 7 Monaten noch an Klassenbewusstsein oder Standesdünkel da oder da noch vorhanden sein sollte, das übernimmt dann die Wehrmacht zur weiteren Behandlung auf zwei Jahre (Beifall), und wenn sie nach zwei, drei oder vier Jahren zurückkehren, dann nehmen wir sie, damit sie auf keinen Fall rückfällig werden, sofort wieder in die SA, SS usw., und sie werden nicht mehr frei ihr ganzes Leben."*[7]

Um die jungen Leute „nicht mehr frei" sein zu lassen, bedurfte es Organisationen, die die Individuen erfassten, kontrollierten und anleiteten. Das Gesetz über die Hitlerjugend vom 1.12.1936 hatte die bisherige staatliche Jugendpflege wegfallen lassen und bedeutete praktisch das Ende aller anderen Jugendverbände. Trotz dieser Eingriffe des Staates in die Jugendorganisationen, bestanden Formationen der bündischen Jugend aber weiter, ab 1939 lässt sich eine steigende Anzahl nicht-konformer Jugendlicher beobachten, die

7 Nach: Lautarchiv des Deutschen Rundfunks, Nr. C 1326. Zitiert bei: Thomas Berger, *Der Nationalsozialismus*. Frankfurt: Hirschgraben Verlag, 1990. S. 37.

Bild 35: Vorbeimarsch der Mülheimer HJ, Werdener Weg

meist aus dem Arbeitermilieu stammten. Mit aller Macht versuchten die Parteiideologen ein einheitliches, nationalsozialistisches Erscheinungsbild der Jugend durchzusetzen. Das ging so weit, dass das Rheinische Jugendherbergswerk seit dem 5.7.1939 nur noch Jungen als Gäste aufnahm, die in der Uniform der HJ erschienen. In der Begründung dazu hieß es: „Lieber kann die Übernachtungsziffer zurückgehen, als das zurück zu nehmen…, alle sollen endlich gezwungen werden, sich einzuordnen."[8] Einige Monate zuvor, am 25.3.1939 war die Jugenddienstpflicht per Gesetz eingeführt worden, auf Grund derer während des Krieges immer neue Aufgaben auf die Hitlerjugend zukamen. Das Gesetz führte aus: „Die gesamte deutsche Jugend ist außer in Elternhaus und Schule in der Hitler-Jugend körperlich, geistig und sittlich im Geiste des Nationalsozialismus zum Dienst am Volk und zur Volksgemeinschaft zu erziehen. Die Aufgabe der Erziehung der gesamten deutschen Jugend in der Hitler-Jugend wird dem Reichsjugendführer der NSDAP übertragen."[9] Dahinter stand die Idee, innerhalb von acht Jahren – 1940 war als erster schulpflichtiger Jahrgang der gesamte Geburtsjahrgang 1929/30 aufgerufen worden – lückenlos alle 10- bis 18-Jährigen jugenddienstpflichtig gemacht zu haben. Die Aufnahme der Jungen oder Pimpfe in das Jungvolk oder die Jungmädel erfolgte in einer feierlichen Zeremonie, oft am 20. April, Hitlers Geburtstag. Dabei wurde eine Eidesformel gesprochen, die die jungen Leute dem Führerwillen unterwarf: „Ich verspreche in der Hitler-Jugend allezeit meine Pflicht zu tun in Liebe und Treue zum Führer und zu unserer Fahne, so wahr

8 *Die Rheinprovinz*, Jahrgang August 1939 (StAMH, Signatur 900/23), S. 600.
9 H. W. Koch, *Hitlerjugend*. München: Moewig Verlag, 1981, S. 85.

mir Gott helfe."[10] Pflicht und Pflichtbewusstsein standen an erster Stelle. Aber gerade das setzte eine große Dynamik in Gang, bei der der Einzelne sich wichtig genommen fühlen konnte, und wo sich der eigene Stellenwert nach dem Dienst an der Gemeinschaft und nicht nach sozialer Herkunft bemaß. Gerade der Jugend gegenüber suggerierte die HJ-Führung, dass der Krieg Deutschland von außen aufgezwungen worden war und als Kampfansage an die Jugend zu verstehen sei:

> *„Friedvolle Weiterführung aller Pläne, Gestaltung eines freien, frohen und pflichtbewussten Jugendlebens, dem Führer und Deutschland dienen, das waren nach wie vor die Richtlinien der Hitler-Jugend, als eine absterbende Welt versuchte, das jeglichen plutokratischen Ideen und allen konservativen Anschauungen hohnsprechende nationalsozialistische Deutschland zu zerschlagen. Die Ursachen hierzu und die „liebevoll-verständigen" Absichten unserer Gegner sind jedem Deutschen inzwischen hinreichend klar geworden. Für die Hitler-Jugend gab es in diesem Augenblick nur einen Wahlspruch: „Leben und Tod für den Führer und für Deutschland!", dem in den ersten Tagen des Krieges hundert und tausend aus ihren Reihen folgten."*[11]

Dass der Staat völlig über die Jugend verfügte, wurde von dieser oft gar nicht richtig wahrgenommen, denn das Leben der jungen Leute war weitgehend verplant und bestand aus einem ausdifferenzierten Pflichtprogramm: Dienstpflicht in der HJ, Pflichtjahr für

Bild 36: BDM-Lager in Mülheim

10 Ebd., S. 84.
11 Karl-Heinz Ternes, „Hitler-Jugend in der Bewährung", *Heimatkalender für den Gau Essen*, Essen, 1942, S. 217 f.

Mädchen nach Beendigung der Schulpflicht, Arbeitsdienstpflicht, Wehrpflicht. Es hieß, die Jugend solle sich bewähren und dann ständen für jeden nach seinen Verdiensten um die Volksgemeinschaft alle Möglichkeiten offen. Gleichzeitig drängten die Nazis aber die jungen Menschen in bestimmte Rollenmuster, die eindeutig auf den Einsatz im Krieg abzielten, auch wenn das nicht immer sofort zu erkennen war. Das Gemeinschaftserlebnis sollte den Einzelnen begeistern und als Teil des Ganzen hervorheben. So zu sehen ist eine Großveranstaltung in Mülheim kurz vor Kriegsausbruch. Der Bericht über das Dritte Führer- und Führerinnenlager der HJ vom 7.–11. Juni 1939 stand unter der Überschrift: „Kraftvolle Geschlossenheit der Jugend".[12] 2.400 HJ-Mitglieder in Führungspositionen nahmen daran teil, von denen die Mädchen in Privatquartieren und die Jungen in einem Zeltlager auf der Sternenwiese in 160 Zelten untergebracht waren. Es stand ein Postzelt zur Verfügung, in dem ein Sonderstempel verwandt wurde, den jungen Menschen ein Zeichen für die Bedeutsamkeit des Ereignisses. Obergauführerin Hilde Meerkamp referierte über die Erziehungsaufgaben des BDM, Oberbannführer Dr. Vögler über den wirtschaftlichen Anspruch Deutschlands auf den Donauraum. Im Mülheimer Stadion fand ein Führerinnenfünfkampf und ein Unterführerinnendreikampf statt. Abends ging die Mülheimer Schar als Sieger eines Wettstreites der Untergauspielscharen in der Stadthalle hervor. Die Gauführerin Dr. Ulla Kuhlo war eigens vom Gesundheitsamt der Reichsjugendführung aus Berlin angereist und sprach über die Notwendigkeit für Führerinnen, biologisch, das heißt im Sinne der Rassenlehre, zu denken. Nach diesem ideologisch „harten" Thema stand dann am Abend Blasmusik in der Freilichtbühne und ein lustiger Liederabend der HJ auf dem Programm. Eine große Abschlusskundgebung auf dem Rathausmarkt, bei der der Mülheimer Kreisleiter Camphausen über die Rolle des Führers, die Aufgaben der Jugend und die Überlegenheit der nationalsozialistischen Doktrin sprach, rundete die Schulungsveranstaltung ab. In Mülheim fanden häufig überregionale Veranstaltungen der Hitler-Jugend statt, denn in der Stadt befand sich mit der Dienststelle der HJ-Gebietsführung Ruhr-Niederrhein dort, wo heute das Ruhrreederhaus in der Reichspräsidentenstraße steht, der einzige Neubau für eine HJ-Dienststelle im Reichsgebiet. Das Gebäude war erst 1937 unter Anwesenheit von Gauleiter Terboven, Stabsführer Lauter und Oberbürgermeister Hasenjäger eingeweiht worden.

Bei Kriegsbeginn gab es knapp neun Millionen Jugendliche im Alter zwischen 10 und 18 Jahren, erfasst in einer weit verzweigten Organisation, die dem Reichsjugendführer unterstand. Diese gliederte sich in Gebiete, Banne, Stämme und Gefolgschaften. Dazu erfolgte eine Unterteilung nach Altersgruppen. Jungen von 10 bis 14 Jahren bildeten das Jungvolk, dem schlossen sich die 14- bis 18-Jährigen in der Hitlerjugend (HJ) an. Mädchen von 10 bis 14 waren Jungmädchen oder -mädel, danach taten die 14- bis 18-Jährigen Dienst im Bund Deutscher Mädchen (BDM) mit der Unterorganisation „Glaube und Schönheit".

Der Krieg führte beim Bann 159 in Mülheim zu bestimmten Veränderungen, die Stabsführer Hartmann Lauter als Vertreter der Reichsjugendführung bekannt machte und die als Kriegsdienstplan der HJ für das Jahr 1940 in der Presse veröffentlicht wurden.[13] Ein-

12 *Die Rheinprovinz*, Jahrgang August 1939 (StAMH, Signatur 900/23), S. 593 ff.
13 Der Kriegsdienstplan in: *Nationalzeitung Mülheim*, 4.2.1940, Nr. 35.

mal wöchentlich am Mittwoch oder Donnerstag fand die weltanschauliche oder politische Schulung statt, meist in einem Schulgebäude oder einem Jugendheim. Gab es einen fünften Mittwoch oder Donnerstag im Monat, dann wurde ein Heimatabend abgehalten für die HJ und ein Heimmittag für das Jungvolk (JV). Die Dauer dieser Veranstaltungen sollte maximal zwei Stunden betragen. Das BDM-Werk „Glaube und Schönheit" bot am Dienstagabend verschiedene Arbeitsgemeinschaften an. Hauptsächlich handelte es hierbei um Erste-Hilfe-Kurse, Handarbeiten, Haushalts- und Säuglingspflegeseminare. Die kulturelle Arbeit bezog sich im Sommer auf öffentliches Singen, Proben und Auftritten der Fanfaren- und Spielmannszüge bei Versammlungen und Filmvorführungen. Für die Leibeserziehung der 16- bis 18-Jährigen waren wöchentlich zwei Stunden Sportdienst vorgesehen, die auch am Sonntag stattfinden konnten, für die 14- bis 15-Jährigen fand zweimalig im Monat die „Grundschule der Leibesübungen" statt. Für den freiwilligen Leistungssport war der zweite und vierte Sonntag im Monat vorgesehen. Ganz besonderen Stellenwert erhielt die Ausbildung in vormilitärischer Ertüchtigung für Sechzehn- bis Achtzehnjährige, die von sechs auf zwölf Monate verteilt wurde. Sie bestand aus sonnabendlichem Unterricht alle 14 Tage und Schieß- und Geländedienst an zwei Sonntagen im Monat. Deutlich wird auch, dass großer Wert auf die Schulung des Führernachwuchses gelegt wurde, denn von der mittleren Führerschicht waren Anfang 1940 schon 60% eingezogen.[14] Appelle der Gefolgschaften und Fähnlein sollten im Sommer einmal pro Monat, im Winter nur alle zwei Monate durchgeführt werden. Die Zahl der Fahrten und Zeltlager wurde reduziert. Die dreizehn bis vierzehnjährigen Pimpfe und Jungmädel sollten eine Luftschutzausbildung erhalten, die acht Doppelstunden im Jahr umfasste.

Diese umfangreichen Aktivitäten kollidierten manchmal mit schulischen Anforderungen, auch war eine umfangreiche Logistik notwendig, um alles zu ermöglichen. Nicht zuletzt kosteten die Veranstaltungen der HJ auch Geld. In diesem Bereich musste die Stadtverwaltung tätig werden. Sie stellte im Winter nicht nur Kohlen für das HJ-Heim in der Hindenburgschule zur Verfügung, sondern gab Zuschüsse für den Kauf von Fahnen und unterstütze die HJ-Verwaltung.[15] 1939 zahlte die Stadt insgesamt 42.800 RM an die HJ, darunter 1.620 RM für den Erwerb von Riemenkuttern für die Marine-HJ in Mintard, für den Kauf von Zelten 1.453 RM und schließlich für Kleinkalibergewehre und Munition 1.871,50 RM, womit die Rechnung der Mülheimer Firma Pips beglichen wurde.[16] Die städtischen Zuschüsse zur HJ betrugen 1940 35.000 RM und vom 1.4.1941 bis zum 31.3.1942 38.000 RM.[17] Die Heimnachmittage oder –abende verliefen aber nicht immer reibungslos, es handelte sich eben um Kinder, die ihren Aktivitätsdrang nicht immer zügeln konnten. Im Oktober 1940 verursachten Mitglieder des Jungvolkes Schäden an den Grünanlagen in einem Jugendheim an der Holzstraße, das der Sparkasse gehörte und der HJ überlassen worden war, hier war der Hausmeister eingezogen worden. HJ-Stammführer Lauter erhielt Beschwerden über das Verhalten von Einheiten in der Mittelschule an der Kaiser-/Adolfstraße. Hier hatte der Schulleiter sogar das Schulgebäude

14 *Nationalzeitung Mülheim*, 16.2.1940, Nr. 45.
15 StAMH, 1201/5/3, S. 9–6 6.
16 Ebd., S. 106.
17 Ebd., S. 162 und 178.

Nationalsozialistische Deutsche Arbeiterpartei

Hitler-Jugend, Gebiet Ruhr-Niederrhein (10)

Briefanschrift:
Mülheim-Ruhr, Herbert-Howarde-Platz 1
Postschließfach 427
Telegrammanschrift: Gebietsführung Mülheim
Fernsprech-Sammel-Nr. 441 61

NATIONAL-SOZIALISTISCHE D.A.P.

Bankkonto:
NSDAP. Hitler-Jugend, Gebiet Ruhr-Niederrhein (10)
Städtische Sparkasse, Mülheim-Ruhr
Hauptstelle Viktoriaplatz Nr. 8780
Postscheckkonto: Essen Nr. 36665

Hauptabteilung V
Heime u.Herbergen

Zeichen und Datum sind bei der Antwort stets anzugeben!

Mülheim-Ruhr, den 16. Mai 1942

An den
Herrn Oberbürgermeister der Stadt Mülheim-Ruhr
M ü l h e i m a.d.Ruhr

Stadt Mülheim a. d. Ruhr
19. MAI 1942

Betr.: Übernahme der Mietkosten für HJ-Unterkünfte.
Bezug: O h n e .

Nach dem Gesetz zur Förderung der Hitler-Jugend-Heimbeschaffung vom 3o.1.1939 sind die Gemeinden und Städte bekanntlich verpflichtet, der Hitler-Jugend die erforderlichen Heime kostenlos zur Verfügung zu stellen.

Da trotz der getroffenen finanziellen Vorsorge es längere Zeit dauern wird, bis die erforderlichen Heime errichtet sein werden, wurden durch den Erlaß des Herrn Reichsministers des Innern vom 27.3.1942 - V.St.44o/VII/4o/53o4 - die Gemeinden angewiesen, vorläufige Unterkünfte der Hitler-Jugend zu beschaffen.

Nach dem Grundgedanken des Heimbeschaffungsgesetzes bitte ich daher, in den Vertrag der NSDAP., Hitler-Jugend, mit den Vermietern der überlassenen Unterkünfte einzutreten und die Miete zu übernehmen, ohne daß hierfür die für Jugendertüchtigung bereits bereitgestellten Haushaltmittel in Anspruch genommen werden.

In Frage kommen folgende in Mülheim-Ruhr befindliche Unterkünfte:

Einheit:	Vermieter:	Betrag: RM
Stamm V , Ortsgruppe Mellinghofen		25.-- monatliche
(Fliegergef.Ring I, Ortsgruppe Platz der SA)		-
Motor-HJ (Werkstatt)	Firma Franz Hartmann, Mülheim-Ruhr,	40.--

Ich bitte nochmals, die Angelegenheit mit der Verwaltungsstelle des dortigen Bannes zu regeln und mir von dem Geschehenen Mitteilung zu machen.

Heil Hitler!
Der K.-Leiter der Hauptabteilung V

Nationalsoz. Deutsche Arbeiterpartei Gebiet Ruhr-Niederrhein (10) 1 Hitler-Jugend

(A.Albert)
Bannführer

Höflichkeitsformen fallen bei allen parteiamtlichen Schreiben fort!

Bild 37: Die Stadtverwaltung übernimmt die Mietkosten für HJ-Heime, 1942

sperren lassen, weil Wände beschmiert worden waren und Splittergräben beschädigt wurden.[18] Der Grundsatz der HJ lautete: Jugend wird durch Jugend geführt, doch wegen der vielen kriegsbedingten Abgänge, mussten die immer jünger werdenden Führer sich erst einmal als Vorgesetzte beweisen. Bannführer waren im Krieg meist um die 24 Jahre alt, Gefolgschaftsführer manchmal erst 17 und Fähnleinführer oft nicht älter als 15 Jahre. Zu Kriegsende konnte ein Jungzugführer, der 40 Jungen unter sich hatte, auch erst elf bis zwölf Jahre alt sein.

Bild 38: Jungvolk in Mülheim

Die HJ in Mülheim war auf vielen Gebieten aktiv. Das ging vom Einsatz in der Landwirtschaft, bei dem zum Beispiel Kartoffelkäfer gesammelt wurden,[19] bis zum Sammeln für das Winterhilfswerk, die Jugendherbergen und die Altkleider, Altpapier- und Altmaterialsammlungen, bei denen selbst ausgequetschte Zahnpastatuben noch wegen des Altmetalls wichtig waren. Für die Reichsstraßensammlung am 10. und 15. Mai 1941 erbat die HJ die Freigabe der Schüler am Samstag, überhaupt fehlten am Samstag mehr und mehr Schüler wegen ihrer Verpflichtungen in der HJ. Am Samstag fand oft der Jungvolkdienst statt, viele Jungen freuten sich darauf. Man erschien in Uniform, es wurden Lieder gesungen, gelegentlich fanden Aufmärsche am Südplatz statt. Vormilitärische Übungen umfassten neben dem 60-Meter-Lauf, Weitsprung und Schlagballwurf auch Geländespiele, zum Beispiel am Auberg oder der Sternwiese. Hierbei wurden Karten gelesen und Meldungen weiter gegeben. Den Jungen gab man das Gefühl wichtig zu sein und eine

18 StAMH, 1201/5/8, S. 3 und 7.

19 *Styrum – Ein starkes Stück Stadt*, Teil 3, hg. vom Geschichts-Gesprächskreis Styrum e.V. O.O., 2003. S. 76.

notwendige Aufgabe zu erfüllen. Um dies noch zu überhöhen, lernte jeder Pimpf die 10 Gebote für Jungvolksjungen auswendig, die Folgendes beinhalteten:

„*1. Deine Ehre heißt Treue …*
2. Sei gehorsam und achte den Befehl, denn wer sich nicht unterordnen kann, ist auch zum Führer ungeeignet.
3. Sei schweigsam und bedenke, dass du durch unbedachte Reden zum Verräter deiner Kameraden werden kannst.
4. Sei stark und eisig kalt nach außen, jedoch im Inneren sei durchglüht von heißer Liebe zu deinem Vaterland.
5. Sei Kamerad …
6. Sei stolz, dass du ein Streiter Adolf Hitlers sein kannst …
7. Achte deine Kameraden …
8. Prahle nicht mit deiner Uniform …
9. Hasse den Feind deiner Gesinnung …
10. Glaube an den obersten Führer und seine Sendung.“[20]

Die Mülheimer Kinos eröffneten im September 1940 die Spielzeit 1940/41 der Jugendfilmstunden. Eine Festveranstaltung für den Obergau Ruhr-Niederrhein der HJ fand in Mülheim statt. Dort wurde der Film „Der Herrscher“ mit Emil Jannings gezeigt. Die Jugendfilmstunden sollten laut Goebbels und von Schirach, dem Reichsjugendführer, die jungen Menschen an den guten – das bedeutete: ideologisch wertvollen – Film heranführen. Für die HJ standen billige Eintrittskarten zur Verfügung. Der Inhalt dort gezeigter Filme sollte bei den Heimatabenden behandelt werden.

Ein großer Lehrgang für Obergauführerinnen mit 60 Teilnehmerinnen fand im Juli 1940 in Mülheim-Menden statt. Etliche der älteren Mädchen aus Mülheim begaben sich in den Sommerferien in ein Ernteeinsatzlager, über das die Nationalzeitung folgendermaßen berichtete: „freiwillig ist der Einsatz unserer BDM-Mädel, freiwillig in Erfüllung einer Pflicht, die ihnen das stolze Bewusstsein gibt, Mithelferinnen zu sein an der kriegswichtigen Arbeit der Bauern.[21] Ob die Mädchen das genauso sahen, oder nur wegen des Gruppenzwangs ihre Ferien bei der Landarbeit verbrachten, wird sich nicht mehr feststellen lassen. In der Forschung ist es ohnehin umstritten, welche Auswirkungen auf die Sozialisation der Dienst in der Hitler-Jugend hatte, obwohl relativ klar herausgestellt wird, dass ein hohes Maß an Konformität erreicht wurde.[22] Gerade für viele Mädchen war die Mitgliedschaft im BDM ein Mittel, sich vom Elternhaus zu emanzipieren.[23]

20 *Der Neue Tag*, 3.3.1940, Seite 62.
21 *Nationalzeitung Mülheim*, 8.8.1940. „Stadtjugend hilft dem Bauer“.
22 Arno Klönne, *Jugend im Dritten Reich. Die Hitler-Jugend und ihre Gegner*. Düsseldorf, Köln, 1982, S. 127–142. Armin Nolzen, „Die NSDAP, der Krieg und die deutsche Gesellschaft. München: Deutsche Verlags-Anstalt, 2004, S. 122.
23 Martin Klaus, *Mädchen im Dritten Reich. Der Bund Deutscher Mädel (BDM)*. Köln, 1983, S. 200 f.

Bild 39: Das Lied der Hitler-Jugend

Für den BDM fand im September 1940 ein Musiklehrgang in der Mülheimer Obergauführerinnenschule statt. Eingeladen waren die so genannten Singwartinnen des BDM. Sie lernten dort Singschulung, Programmgestaltung, Blockflötenspiel, Rhythmik, Laien- und Kasperlspiel, deutsche Prosa und Poesie, Frühsport und Gymnastik, eine typische Mischung für Mädchen,[24] die deutlich macht, welche Rolle von der kulturtragenden Volksgenossin erwartet wurde. Ganz im Sinne der Volksgemeinschaft gestaltete sich eine Aktion von BDM-Führerinnen aus Mülheim, die einige Zeit bei Tengelmann arbeiteten, um dadurch Arbeiterinnen einen zusätzlichen Urlaub zu ermöglichen, denn die Kriegswirtschaftsverordnung hatte die Urlaubsansprüche abgeschafft. Dabei arbeiteten die Mädchen bzw. jungen Frauen acht bis zehn Stunden am Tag und lernten nicht nur das Arbeitsleben kennen, sondern übernahmen gleichzeitig eine soziale Aufgabe. Das war aber auch ein erster Schritt hin zum Kriegshilfsdienst, der später Mitglieder des BDM in Flakscheinwerferstellungen und Fliegerhorste führte, in denen sie die Aufgaben von Soldaten übernehmen mussten, die zum Kampf mit der Waffe abkommandiert worden waren. Letztendlich bedeutete dieser Einsatz regulären Kriegsdienst, oft in Verbindung mit oder im

24 *Nationalzeitung Mülheim*, 7.6.1940, Nr. 157.

Anschluss an das für alle Schulabgänger verbindliche Pflichtjahr. Auch die ganz jungen Mädchen lernten, was es hieß, die „innere Front“ zu stärken. Die Jungmädel-Gruppenführerin Mia Palm aus Mülheim wählte bewusst diese Formulierung, als sie mit ihrer Gruppe von zehn- bis dreizehnjährigen Kindern im Winter 1940 1.350 Pulswärmer für die Soldaten im Feld strickte.[25]

Die Reichsjugendführung hatte die untergeordneten Organe darauf hingewiesen, immer dann, wenn dringender Personalmangel überbrückt werden musste, die in der HJ organisierten Jugendlichen zu Arbeitseinsätzen zu mobilisieren. Die Notwendigkeit dazu bestand besonders in der Erntezeit für die Landwirtschaft. Direkt nach Kriegsbeginn 1939 hatte das Oberpräsidium der Rheinprovinz über die nachgeordnete Behörde des Regierungspräsidenten Düsseldorf die Schulen darauf aufmerksam gemacht, dass dem Einsatz der Schuljugend bei landwirtschaftlicher Hilfsarbeit absolute Priorität eingeräumt werden müsste. Um mögliche Einwände der Pädagogen zu entkräften, sollte dieser Einsatz „hauptsächlich“ in den Ferien stattfinden. Hierbei zeigte sich, dass die Landwirtschaft am effektivsten auf den Krieg vorbereitet worden war. Der überzeugte Nationalsozialist Herbert Backe, der die Organe des Reichsnährstandes leitete und der Geschäftsgruppe Ernährung des Vierjahresplans vorstand, war zwar als Staatssekretär seinem Minister Darré unterstellt, in Wirklichkeit leitete er das Ministerium und galt als sehr durchsetzungsfähig. Da die Volksernährung für Hitler überaus wichtig war, unterstützte er alle Initiativen, um den Agrarbereich zu stärken. So war die Erntehilfe in Absprache mit dem Innenministerium, dem Reichsministerium für Ernährung und Landwirtschaft, dem Arbeitsministerium, dem die Arbeitsämter unterstanden, und der Reichsjugendführung zustande gekommen. Da per Gesetz alle Verwaltungsbehörden untergeordnete Behörden der Reichsjugendführung waren, gingen die entsprechenden Verordnungen der Regierungspräsidien an die Schulen. Für die Schulen in der Rheinprovinz, Mülheim gehörte dazu, bedeutete dies, dass die Ferienordnung geändert wurde, sodass die großen Ferien verkürzt und die Herbstferien verlängert wurden. Die Erntehilfe war von den Arbeitsämtern und der örtlichen HJ-Führung zu koordinieren. Die Arbeitsämter sollten spätestens einen Tag vor dem Einsatz den betroffenen Schulleitungen Anforderungsverzeichnisse schicken. Die Schulleiter führten Verzeichnisse über Einsatz, Dauer und Gleichgewichtung bei der Auswahl von Schülern, die in der Regel 14 Jahre oder älter sein sollten. Eine Beurlaubung konnte höchstens bis zur Dauer von eineinhalb Unterrichtswochen ausgesprochen werden.[26] Diese Ernteeinsätze wiederholten sich jedes Jahr für Mülheimer Schulen. Sie zeigen im Besonderen die Panik, die an der Jahreswende 1940/41 im Agrarministerium herrschte, da die deutschen Brotgetreidevorräte fast in ihrer Gesamtheit aufgebraucht worden waren und die Ernte unter allen Umständen vollständig eingebracht werden musste. Die Befürchtungen, dass mit zunehmender Dauer des Krieges weitere Engpässe zu erwarten waren, hatten Auswirkungen auf den von Gerlach so genannten „Hungerplan“, die rücksichtslose Beschlagnahme von Getreide, Ölsaaten und Mineralöl in den Ostgebieten mit der stillschweigenden Billigung, Mil-

25 StAMH, 1300/1/20: Der neue Tag, 3.3.1940, Nr. 62.

26 *Die Rheinprovinz*, Jahrgang August 1939 (StAMH, Signatur 900/23), S. 596.

lionen dort lebende Menschen verhungern zu lassen.[27] Im Jahr 1942 befand sich eine Gruppe der Mülheimer Hitler-Jugend ab dem 22.7. für einige Zeit sogar beim Ernteeinsatz im Sudetengau.[28] Die eingesetzten Jungen erhielten für ihre Arbeit den Lohn nach der landwirtschaftlichen Tarifordnung. Seit dem 15.10.1940 war mit einem Runderlass des Reichsinnenministeriums der monatliche Beitrag zur Hitler-Jugend für Jungen und Mädchen weggefallen.

Der BDM-Einsatz im Warthegau

Einen anderen auswärtigen Einsatz erlebten die BDM-Führerinnen des Obergaus Ruhr-Niederrhein im Warthegau, dem Gebiet, das nach dem Ersten Weltkrieg zu Polen gekommen und 1939 wieder dem Deutschen Reich angegliedert worden war. Damit gerieten die jungen Frauen, die zum Teil aus Mülheim stammten, in politisch recht brisante Vorgänge, die sie aber wohl kaum verstanden haben werden. Die Duisburger Nationalzeitung titelte am 20.10.1940: „BDM-Führerinnen des Obergaus Ruhr-Niederrhein helfen im Warthegau 20 Jahre Polenherrschaft überwinden. Wer als Frau beruflich oder als Familienmutter in den deutschen Osten kommt, wird und muss Kulturträgerin sein."[29] Warum wurden die jungen Frauen gerade in dieses Gebiet geschickt? Um dies zu verstehen, ist es notwendig, die Hintergründe zu beleuchten, besonders den deutsch-sowjetischen Nichtangriffpakt vom 23. August 1939. Wichtiger als der offizielle Vertag selbst war für Hitler und Stalin aber das dazu gehörige, geheime Zusatzabkommen, das die beiderseitigen Interessensphären im Osten abgrenzte. Die grobe Interessengrenze bildeten die Flüsse Narew, Weichsel und San. Im Baltikum gelangte Litauen in den deutschen Interessenbereich, Lettland und Estland wurden der Sowjetunion zugeschlagen. Bessarabien und andere benachbarte Gebiete gingen ebenfalls an Stalin. Das bedeutete die Aussiedlung ungefähr einer halber Million ethnischer Deutscher aus diesen Gebieten. Sie sollten vorrangig in die neu geschaffenen deutschen Ostgebiete umgesiedelt werden, doch zunächst fielen sie dem Reich zur Last, denn sie wurden von den Sowjets abgeschoben, allerdings gegen russische Lieferungen von Erdöl und Lebensmitteln im Wert von drei Milliarden RM, mit dem der Besitz der ehemaligen „Deutschrussen" mit der Sowjetunion verrechnet wurde. Um diesen Umsiedlern zu helfen und ihnen Bauernstellen zu vermitteln, erhielt Himmler kurz nach Kriegsbeginn das Amt des Reichskommissars für die Festigung deutschen Volkstums, dem eine tausendköpfige Administration zuarbeitete. Im Warthegau sollten vorrangig wolhyniendeutsche Bauern angesiedelt werden. Auf deren zukünftigem Siedlungsgebiet lebten aber noch die angestammten Polen. Also brachte man die Deutschstämmigen zunächst in verschiedenen Lagern unter, in denen sie mehr schlecht als recht hausten und auf ihre Ansiedlung warteten. Andere Umsiedlerfamilien erhielten auf Abruf Unterkünfte in verschiedenen Orten im Reichsgebiet. In Mülheim lebten am 26.8.1940 Umsiedler aus Lettland und Estland, denen die Stadt Unterstützungsleistungen

27 Christian Gerlach, *Krieg, Ernährung, Völkermord*. Zürich: Pendo Verlag, 2001, S. 15–27.

28 StAMH, 1201/5/52 S. 123–130.

29 *Nationalzeitung, Duisburg*, 20.10.1940, Nr. 292.

Bild 40: Karte von Polen 1940/41

zahlte, die bis zu diesem Zeitpunkt insgesamt 2.500 RM betrugen Die Kosten wurden vom Reich erstattet.[30]

Als die ersten wolhyniendeutschen Siedler 1940 in den annektierten Westen Polens, den Warthegau, umgesiedelt wurden, standen acht Millionen Polen, darunter mehr als eine halbe Million Juden als unerwünschte Bevölkerungsteile den Planern der Himmler-Behörde, zu der später noch Rosenbergs Ministerium für die besetzten Ostgebiete hinzu kam, im Weg. Noch war nicht richtig klar, was man mit dieser menschlichen Verfügungs-

30 StAMH, 1181/2/22.

masse anstellen sollte. Die Planer, unter ihnen Dr. Theodor Schieder und Dr. Werner Essen, hatten als Sofortmaßnahmen die Enteignung einer ersten Auswahl von Polen und ihre Umsiedlung vorgeschlagen,[31] was auch tatsächlich geschah, nur dass man den meisten Polen keine Bleibe verschaffte, sodass sie umherirrten oder versuchten, bei Verwandten unterzukommen. Schieder schlug vor, den Volksdeutschen Aufbaukredite und Parzellen zur Verfügung zu stellen, gleichzeitig dürfe man „die Ansetzung deutscher Menschen ... unter keinen Umständen einer ungeregelten Entwicklung überlassen."[32] Und an diesem Punkt kamen die BDM-Mädchen ins Spiel, die als Kulturträger, wie es in der Zeitung hieß, das Deutschtum verbreiten sollten, ganz im Sinne Himmlers. Bevor auf Einzelheiten dieses Einsatzes eingegangen wird, soll noch bemerkt werden, dass die Umsiedlungsaktion der Polen und polnischen Juden scheiterte und damit neue Planungen in Gang gesetzt wurden, das Problem durch Verschleppung der Bevölkerung zur Zwangsarbeit oder durch deren Tötung in eigens dafür errichteten Vernichtungslagern zu lösen.

Die Führerinnen des Obergaus Ruhr-Niederrhein hatten sich auf ihre Reise vorbereitet und in Mülheim zum Beispiel Säuglingswäsche gesammelt, die sie mitnahmen und auf den Bauernhöfen den Neusiedlern übergaben. Die wolhyniendeutschen Bauern hatten nur eine vage Vorstellung von deutschem Leben, da sie ausschließlich in großen Umsiedlungslagern gelebt hatten, „aber sie fühlten sich geborgen und wieder zum großen Vaterland gehörig"[33], heißt es im Propaganda-Ton der Nationalzeitung. An Stelle der „polnischen Misswirtschaft" sollte nun „höchste Fruchtbarkeit" treten. In Wirklichkeit fehlte es an allem Notwendigen, auch die Infrastruktur war völlig unzureichend, aber im Sinne der Blut-und-Boden-Ideologie sollte nun alles besser werden, da das Deutsche ja dem Polnischen überlegen sein musste. Die Realität wurde verschleiert durch Formulierungen wie „das Aufbauwerk ist schwer und kann in wenigen Wochen nicht abgeschlossen werden". Für die Leser in der Heimat war die idyllische Schilderung des Landlebens selbst im fernen Warthegau gedacht: „Wir sehen die Bauern beim Erntedankfest zum ersten Male alle zusammen. Man fühlte das Zusammensein mit den Männern and Frauen aus dem Wartheland und aus Wolhynien, ihre Gläubigkeit, ihr ganzes großes Vertrauen auf den Führer und auf das Reich in seiner Kraft und Stärke." In Wirklichkeit geriet die deutsche Verwaltung von einer Schwierigkeit in die nächste und wusste kaum, wie die Umsiedlungsaktionen in Einzelheiten zu planen waren. Die nächste Kleinstadt lag drei Stunden Fuhrwerkfahrt entfernt, Ärzte und einen Kindergarten gab es nicht. Besonders beklagt wurde von den BDM-Führerinnen, dass es weder HJ noch BDM gab, und dann wurde auch in der Nationalzeitung deutlich, warum die deutschen Behörden keine Skrupel hatten, die polnische Bevölkerung rücksichtslos zu behandeln, wenn es heißt, „da fehlt ein Kindergarten, so dass die deutschen Kinder auf den einsamen Höfen nicht in Versuchung kommen mit polnischen Nachbarkindern zu spielen." Abschließend fassten die BDM-Frauen ihre Eindrücke so zusammen: „Wir haben ein Arbeitsfeld gefunden, das uns Aufgaben stellt, die wir nur zu einem kleinen Teil in diesen wenigen Wochen lösen

31 Götz Aly, *„Endlösung". Völkerverschiebung und der Mord an den europäischen Juden*. Frankfurt a. Main: Fischer, 2005. S. 16.

32 Die Denkschrift Schieder ist überliefert bei Götz Aly, *a.a.O.*, S. 16 f.

33 *Nationalzeitung, Duisburg*, 20.10.1940, Nr. 292. Alle folgenden Zitate daraus.

können …, einige hat die große Sache so gepackt, dass sie später hierher zurückkehren wollen." Der Warthegau konnte in landwirtschaftlicher Sicht niemals die Erwartungen erfüllen, die sich die NS-Führung erhofft hatte. Die deutschen Bevölkerungsplaner in der Region wurden jedoch zu den Vollstreckern des Holocausts, als ihre Umsiedlungsaktionen scheiterten. Die kumulative Radikalisierung, von der Hans Mommsen spricht, lässt sich besonders deutlich in diesem Bereich erkennen.

Die HJ unter dem Einfluss des Krieges

Unter dem Eindruck des Krieges war der erste Kriegsdienstplan der HJ für das Jahr 1940 entworfen worden, und am Ende des Jahres zog die Mülheimer HJ ein Resumee der geleisteten Arbeit, die folgende Schwerpunkte umfasst hatte: Altmaterialsammlung, Ernteeinsatz, Reichsstraßensammlung, Sammlung von Heilkräutern, vormilitärische Ausbildung, Feldscherausbildung (Rotes Kreuz) und Reichssportwettkampf.[34] Mit zunehmender Dauer der Kriegsauseinandersetzungen wurden auch im amtlichen Sprachgebrauch Weichenstellungen für eine Ausrichtung der HJ auf die Anforderungen des Kriegseinsatzes getroffen. Auf einer Tagung der HJ-Sachbearbeiter des Gaues in Essen am 20.2.1941 legten die Verantwortlichen fest, dass nicht mehr von Jugendpflege, sondern nur noch von Ertüchtigung in körperlicher, sittlicher und geistiger Hinsicht die Rede sein durfte, der Ausdruck „Verwahrlosung der Jugend" durfte überhaupt nicht mehr benutzt werden.[35] In diese Kategorie wäre sicherlich ein Vorgang gefallen, der in dem Brief eines Schulleiters an den Mülheimer Schulrat Guthardt geschildert wurde. Der Schulleiter hatte die Räume seiner Schule 14 Tage lang für den Jungzug I des Fähnleins 25/159 sperren lassen, denn bei einem Heimnachmittag waren die frisch gestrichenen Außenwände des Schulgebäudes mit Bleistift beschmiert worden, die Mitglieder des Jungvolks waren lärmend in die Klassenräume eingedrungen. Für das alles machte man den Jungzugführer Helmut Teffensen verantwortlich. Er musste 5 RM Strafe an die Stadtkasse bezahlen.[36] Die Jungen hatten in der Schule ihrem Übermut freien Lauf gelassen. Also war mehr ernste Unterhaltung notwendig. Die Bann- und Standortführer der HJ sollten sich mehr bei der Planung kultureller Veranstaltungen engagieren. Man dachte an Filmvorführungen und Konzerte, die aber nicht länger als anderthalb Stunden dauern sollten. Dazu arbeitete die HJ mit dem Deutschen Gemeindetag zusammen. Etliche solcher Veranstaltungen fanden in der Mülheimer Stadthalle statt. Es ist aber zu bezweifeln, ob das hauptsächlich klassisch ausgerichtete Musikprogramm die jungen Leute begeisterte.

Im Januar 1942 erfasste die HJ-Führung in Mülheim drei Wochen lang alle männlichen Jugendlichen der Jahrgänge 1924–1929, um einen umfassenden Überblick über die Altersgruppen zu gewinnen, von denen die meisten jungen Leute bereits in der Staatsjugend organisiert waren, aber man registrierte nun alle, ungefähr 1.200 Jungen. Für die älteren fand gleichzeitig eine Werbeaktion für die Waffen-SS durch den frisch beförderten SS-Sturmbannführer Freter statt, der gleichzeitig Chef der Feuerwehr in Mülheim

34 Nationalzeitung, *Mülheim*, 7.9.1940.
35 StAMH, 1201/5/52, S. 28 f.
36 StAMH, 1201/5/3, S. 142.

war. Überhaupt trat die Feuerwehr immer mehr in den Fokus der HJ-Aktivitäten. Schon Ende 1940 hatten 88 Hitlerjungen das HJ-Feuerwehrabzeichen gemacht. Die theoretische Prüfung hatte hierbei ebenfalls Freter abgenommen. Da viele reguläre Feuerwehrmänner zum Wehrdienst eingezogen wurden, bildete die Hitler-Jugend ein Reservoir, um Ersatz zu schaffen. In einem Runderlass legte das Innenministerium fest, unter welchen Voraussetzungen Jugendliche mit Vollendung des 17. Lebensjahres Dienst in der freiwilligen Feuerwehr ableisten konnten. Ein Einsatz war auch in der Pflichtfeuerwehr möglich, doch prüfte die Bannführung dann genau, ob sich die Feuerwehrdienstpflicht nicht mit den Dienstpflichten in der HJ überschnitt. Im Zweifelsfall hatte der Dienst in der HJ Vorrang. In Mülheim verknüpfte die Bannführung den Feuerwehrdienst mit dem Streifendienst und legte Ausbildungsteile für beide Unterorganisationen zusammen. Die Feuerwehrausbildung betrug 35 Stunden im Jahr.[37] Mit der Dienstpflicht der Jugend wurde es immer dringlicher, zu kontrollieren, ob und inwieweit sich die Betroffenen auch an ihre Dienstobliegenheiten hielten. Aus diesem Grund bildete die HJ den so genannten Streifendienst (SRD) als Sonderformation. Die im Streifendienst zusammengefassten Jugendlichen sollten öffentliche Plätze, HJ-Heime, Kinos, Jugendherbergen und bekannte Treffpunkte aufsuchen und dort das Verhalten der jungen Leute kontrollieren. Im Jahr 1942 schien es in Mülheim auch immer wieder Übergriffe auf Mitglieder der HJ gegeben zu haben. Der SA-Sturm in Saarn beklagte sich zum Beispiel darüber, dass „die HJ auf der Straße ihres Lebens nicht mehr sicher sei."[38] Die Gegner der HJ hatten sich zu Kriegsbeginn formiert und sich nach der Einführung der Jugenddienstpflicht noch enger zusammengeschlossen. Bekannt sind die „Edelweißpiraten", 14- bis 18-jährige ehemalige Mitglieder der bündischen Jugend oder der sozialistischen Arbeiterjugend. Sie trugen in der Freizeit karierte Hemden, dunkle, kurze Hosen, weiße Strümpfe und ein Edelweiß aus Blech am Kragen. Das Lied, das sie sangen, enthielt ihr Programm: „An Rhein und Ruhr marschieren wir / Für unsere Freiheit kämpfen wir / Den Streifendienst, schlag ihn entzwei / Edelweiß marschiert, Achtung die Straße frei!"[39] Ende 1942 schlug die Gestapo zu und löste 28 solcher Gruppen mit 750 Jugendlichen im Rheinland auf. Die Polizei verbot Anfang 1943 alle geschlossenen Wanderfahrten und Wanderungen von Jugendlichen außerhalb der HJ, um eine oppositionelle Gruppenbildung zu unterbinden.[40] Trotzdem konnte es bis Kriegsende immer noch passieren, dass Hitlerjungen überfallen und verprügelt wurden. Das war ein Grund, warum viele Hitlerjungen, die als Flakhelfer eingesetzt waren, ungern in Uniform ihre Stellungen verließen oder zumindest die Armbinde ablegten. Der Streifendienst diente aber überwiegend der Kontrolle der eigenen Jugendorganisationen. Im Laufe der Zeit entwickelte sich eine enge Zusammenarbeit zwischen der Hitler-Jugend-Führung und der Polizei. Ein umfangreicher Runderlass vom 30.1.1944 legte detailliert fest, was „zur Bekämpfung der Jugendgefährdung und Jugendkriminalität" als notwenig erachtet wurde, dabei teilte man die Kompetenzen zwischen Polizei,

37 StAMH, 1201/5/18.

38 Bericht in WAZ, 15.1.1993.

39 Ebd.

40 Matthias von Hellfeld, *Bündische Jugend und Hitlerjugend*. Köln: Verlag Wissenschaft und Politik, 1987, S. 194.

Streifendienst und Jugendführung auf.[41] Dass es Jugendliche gab, die die Ausweitung der Dienstpflichten als Belastung empfanden, der sie sich, wenn möglich, entziehen wollten, kann aus der Tatsache geschlossen werden, dass ein Runderlass des Innenministeriums über Jugenddienstarrest und Jugendarrest gerade solche Fälle thematisierte.[42] Der Essener Gaustabsleiter sah sogar die Gefahr, das durch die vielfältigen Aufgaben der HJ und die vielen Sondereinheiten die Einheit der Jugend zerschlagen würde. Er empfahl den Bannführungen, durch gemeinsame Aufmärsche mehr Verbundenheit unter den jungen Leuten zu erzeugen.[43] Das geschah dann auch am 14.5.1942 zumindest für die HJ-Führer und –Führerinnen. In der Stadthalle fand eine „Morgenfeier" statt, bei der gemeinsam Lieder gesungen wurden und der Kreisleiter eine Rede unter dem Motto „Nie wieder schwach werden" hielt.[44] Eine andere Veranstaltung, die das Zusammengehörigkeitsgefühl verbessern sollte fand im Juli des gleichen Jahres auf dem Ehrenfriedhof statt, dort gedachte man der gefallenen Soldaten an den frischen „Heldengräbern". Nach dem Lied von guten Kameraden hielt Bannführer Lauter eine Ansprache, der sich die Rezitation von Gedichten und das Absingen der Nationalhymnen (Deutschland- und Horst-Wessel-Lied) anschloss. Danach schmückten BDM-Mädchen die Gräber.

Bild 41: Vorbeimarsch des BDM in Mülheim

41 StAMH, 1201/5/47. Dort: MBliV. 1944, Nr. 6. (Sonderabdruck aus dem Ministerialblatt des Reichs- und Preußischen Ministeriums des Innern), S. 119–126.

42 Ebd. S. 38. Dort: Bezug auf RdErl. vom 23.12.1940.

43 StSMH, 1201/5/47.

44 *Generalanzeiger, Duisburg*, 14.5.1942, Nr. 129.

Das Jahr 1942 und die folgenden Kriegsjahre machen deutlich, dass die männliche HJ immer mehr auf einen Kriegeinsatz ausgerichtet wurde. Mitte des Jahres traf das Oberkommando der Marine und die Reichsjugendleitung eine Vereinbarung, die in der Marine-HJ Ausgebildeten auch zur Marine einzuziehen. Die Führerschule der Marine-HJ in Menden bildete dort zukünftige Marinesoldaten aus. Die Zeitung berichtete darüber, dass an der Ruhr der A-Seesportlehrgang stattfände,[45] der schon eine notwendige Qualifikation für den Kriegseinsatz darstellte. In die gleiche Richtung ging der Runderlass des Reichsinnenministeriums über die Wehrertüchtigung der Hitler-Jugend vom 30.5.1942, der 1943 noch einmal ergänzt wurde.[46] Die Lehrgänge umfassten drei Wochen in einem Wehrertüchtigungslager der HJ, einem Reichsausbildungslager oder auf Führerlehrgängen. Die Einberufung zu solch einem Lehrgang erfolgte schon durch einen offiziellen Einberufungsbefehl. Ein Jahr später erweiterte man die Lehrgänge auf drei bis sechs Wochen, und sie sollten im Regelfall der Einziehung zum Wehrdienst vorgeschaltet sein.

Während der Dienst in der HJ einen immer größeren Stellenwert bekam, sank die Bedeutung der Schule immer mehr. Viele Schüler und Schülerinnen waren nach einem anstrengenden Dienstprogramm übermüdet, der Bombenkrieg verschärfte die Situation noch einmal. Durch die Kinderlandverschickung, den Flakhelfer-Einsatz und die Einziehung vieler Lehrer zum Kriegsdienst war ab 1943 ein geordneter Schulunterricht nicht mehr möglich, Mitte 1944 wurden alle Schulen in Mülheim geschlossen, obwohl bis Kriegsende ein schulisches Notprogramm eingerichtet wurde, sodass selbst noch im Frühjahr 1945 in Mülheim das Abitur abgelegt werden konnte. Vor dem endgültigen Zusammenbruch mobilisierte der nationalsozialistische Staat die Jugend für den Kampf auf Leben und Tod. Die Bannführungen stellten Einberufungsbescheide aus. In einem letzten fanatischen Einsatz wollte Hitler „seine Jugend" auf den Feind hetzen. Ein völlig sinnloses Unterfangen angesichts der alliierten Überlegenheit. Darauf wird in den entsprechenden Kapiteln eingegangen.

Die Rolle der Schule im nationalsozialistischen Erziehungskonzept

Aus der Tatsache, dass die NSDAP einen möglichst großen Einfluss auf die Erziehung junger Menschen ausüben wollte, lässt sich bereits ableiten, dass die Bedeutung der Schulen für den Erziehungsauftrag im Krieg sank. Hitler selbst äußerte sich immer wieder abfällig über den Lehrerberuf, den er am liebsten nur Frauen vorbehalten hätte. Auch der Nationalsozialistische Deutsche Lehrerbund (NSLB) konnte niemals so viel Einfluss gewinnen, wie andere NS-Organisationen. In einem Bericht aus dem Jahr 1943 über die allgemeine Lage auf dem Bildungssektor drückte der Verfasser, Bannführer Albert Müller, Mitglied der Reichsjugendführung, Folgendes aus: die Raumnot infolge von Kriegszerstörungen behindert den Unterricht, die Zahl der zur Verfügung stehenden Lehrkräfte sinkt und die Lehrerausbildung ist mangelhaft.[47] Von hundert an Oberschulen benötigten Lehrern standen im Durchschnitt nur 35 zur Verfügung. Die Lehrer hatten neben

45 *Nationalzeitung, Mülheim*, 26.6.1942, Nr. 171.
46 StAMH, 1201/5/47, S. 81f. und 90.
47 H.W. Koch, *a.a.O.*, S. 112f.

ihren unterrichtlichen Tätigkeiten häufig auch noch Aufgaben in der HJ oder der Partei zu erfüllen. Ab 1943 fand der Unterricht für verschiedene Klassen, die Flakhelfer stellten, in den Geschützstellungen statt, wohin sich das Lehrpersonal begeben musste. Verschiedene Lehrer waren für längere Zeiträume zur Kinderlandverschickung abgeordnet. Die NSDAP versuchte das gegliederte Schulsystem mit Volks-, Mittel- und Oberschulen dadurch aufzuweichen, dass zur Heranbildung einer Elite die Schultypen „Nationalpolitische Erziehungsanstalten" (NPEA oder Napola) und die „Adolf-Hitler-Schulen" gebildet wurden, wobei die letztere Nachwuchs für die Partei heranbilden sollte und mit der Reifeprüfung abschloss. In Mülheim nahm am 10.2.1942 der stellvertretende Gauleiter Schleßmann zusammen mit dem Gebietsführer Dr. Vögler gemeinsam die Auslese der zehn tüchtigsten Pimpfe für die Adolf-Hitler-Schule vor.[48]

Gleich nach der Machtübernahme der Nazis waren die Schullehrpläne der NS-Ideologie angepasst worden. Im Deutschunterricht standen die Klassiker im Vordergrund, der Geschichtsunterricht stellte das Wirken bestimmter historischer Persönlichkeiten in den Vordergrund und besaß ganz anderes als heute einen hohen Stellenwert. Der geschichtliche Ansatz konzentrierte sich aber entweder auf die Zeitgeschichte, und hier auf die Geschichte der NSDAP mit starker Beimischung von Heldenverehrung und Mythologie,[49] oder auf politisch-militärische Abläufe mit dem Schwerpunkt auf dem ständigen Ringen des deutschen Volkes um Selbstbehauptung. Zwei Themen, die die Richtlinien forderten und die kritisch behandelt werden sollten, waren „der politische Katholizismus als Verbündeter der marxistischen und kapitalistischen Internationale" und „Ausbau der jüdischen Weltherrschaft in Deutschland und im bolschewistischen Russland". Im Erdkundeunterricht ging es um Kolonialpolitik, Großraumpolitik, Raumordnung und Ernährungssicherheit. Das Fach Biologie stand im Zeichen von Rassentheorie und Erblehre. Selbst in einem Fach wie Mathematik sollte das „Rassengefühl" geweckt werden durch Aufgaben wie: „Ein Geisteskranker kostet täglich etwa 4 RM, ein Krüppel 5,50 RM, ein Verbrecher 3,50 RM. Nach vorsichtigen Schätzungen sind in Deutschland 300.000 Personen in Anstaltspflege. Wieviel Ehestandsdarlehen zu je 1.000 RM könnten von diesem Geld ausgegeben werden?"[50]

An den beiden Mülheimer Oberschulen, der Luisenschule und der Langemarckschule – eine dritte Oberschule war die Oberrealschule bzw. Kirdorf-Schule – standen zwei höchst unterschiedliche Schulleiter an der Spitze. Emil Vollert, seit 1925 Schulleiter der Luisenschule, war überzeugter Nationalsozialist. Er trat in Reden stets für die Werte der völkischen Ideologie ein. An seiner Schule hielt er regelmäßig Versammlungen ab, um Schulungsfilme, Führerreden und Heldengedenkfeiern mit den üblichen Ritualen zu präsentieren.[51] Das war auch an der Langemarckschule der Fall, keine Schule konnte sich solchen Veranstaltungen verweigern, Dr. Brüggemann, der Schulleiter, stand den Natio-

48 *Nationalzeitung, Mülheim*, 11.2.1942.

49 H.W. Koch, *a.a.O.*, S. 115 f.

50 Ebd. S. 116 f. Heiratswillige Deutsche konnten ein staatliches Ehestandsdarlehen erhalten, um einen Haushalt zu gründen.

51 StAMH, 1212/15. Und: www.stadt-mh.de. Dort im Kulturportal ein Aufsatzbeispiel zu Vollert.

nalsozialisten aber distanziert gegenüber, was auch zu Differenzen mit der Kreisleitung führte und schließlich seine vorzeitige Pensionierung bedeutete.

In Mülheim litt der Unterricht während des Krieges am meisten unter den räumlichen Bedingungen. Für die Jungen der Mittelschule an der Adolfstraße/Kaiserstraße, eigentlich ein Gebäude der Luisenschule, stand nur ein Luftschutzkeller für 300 Menschen zur Verfügung, sodass der Unterricht in zwei Schichten abgehalten werden musste.[52] Die Mittelschule benutzte zusätzlich noch Räume der Oberrealschule (Kirdorf-Schule, heute Karl-Ziegler-Schule) und der Langemarckschule (heute Otto-Pankok-Schule). Ab August 1943 verlegte fast die gesamte Jungen-Mittelschule nach Proßnitz und später nach Buchtaberg in Mähren. Aus vielen Volksschulen und den Oberschulen wurden die Schülerinnen und Schüler im Rahmen der Kinderlandverschickung nach Böhmen und Mähren evakuiert. Von März bis Oktober 1944 kam es dann in der Stadt zur Errichtung einer Sammelschule im Gebäude des Gymnasiums an der Von-Bock-Straße, gegenüber dem Polizeiamt. Aber auch hier war es auf Grund der Bombenangriffe kaum möglich, einen geregelten Unterricht abzuhalten, zumal hier auch noch Kinder aus den Nachbarstädten unterrichtet wurden, denen man kaum zumuten konnte, in der unsicheren Situation weite Wege zurück zu legen. Trotz allem gingen noch bis März 1945 die Schüler, die vor einem Abschluss standen, an bestimmten Terminen zu dieser Schule, um dort ihre Aufgaben abzuholen. Im Oktober 1944 waren alle Schulen in Mülheim generell geschlossen worden.[53]

52 *Realschule Stadtmitte. 75 Jahre*, hg. Von Gebhard Lürig. Mülheim, o.J., S. 29–37.

53 StAMH, 1560/10.

Jugend und Krieg

Das Landjahr

Am 29. März 1934 trat das Preußische Gesetz über das Landjahr in Kraft, das sich ausdrücklich als staatliche Erziehungseinrichtung verstand. Es schaffte die Möglichkeit, Kinder, die der gesetzlichen Schulpflicht genüge getan hatten, durch einen meist achtmonatigen Aufenthalt in einem Landjahrlager auf das Berufsleben in der „Volksgemeinschaft“ vorzubereiten.

Schon in „Mein Kampf“ hatte Hitler ein rassisch gesundes und wirtschaftlich kraftvolles Bauerntum als wesentliche Bedingung für den Wiederaufstieg Deutschlands gefordert. Der Autarkiegedanke, verbunden mit sozialromantischen Klischees vom Reichsnährstand und einer Agrarwirtschaft, die auf dem Grundsatz von „Blut und Boden“ basierte, prägte Hitlers Auffassungen. Zwar hatten die Krisen der Zwanziger Jahre gezeigt, dass die deutsche Landwirtschaft im Weltmaßstab nicht konkurrenzfähig war und Nahrungsmittel zweckmäßiger im internationalen Güteraustausch erworben werden konnten, doch dies entsprach nicht den rassistischen und völkischen Vorstellungen der Nationalsozialisten, die auf der Idee einer vom Ausland unabhängigen Landwirtschaft beruhten. Deutsches Volk und deutsche Scholle sollten eine Einheit bilden. Das Landleben wurde bewusst als Idylle dargestellt, die einen Gegenpol zu den Städten mit ihren sozialen Konflikten, dem Klassenkampf und dem jüdischen Einfluss bildete. Dabei bezogen sich die Nationalsozialisten auf eine Vorstellung aus dem Jahre 1924, als Hans Holfeder den *Bund Artam* gründete, der freiwillige Helfer für die Arbeit in Deutschlands Ostprovinzen rekrutieren wollte. Sie sollten als Siedler im so genannten Grenzland einen Keil nach Osten treiben und damit chauvinistischen Zielen dienen. Deutschlands bekanntester Geopolitiker, Karl Haushofer, hatte 1938 von der Möglichkeit gesprochen, im Großdeutschen Reich nun endlich die Städte zu entgiften, sie sonnig, weit und grün zu gestalten und sie mit dem Land zu verbinden. Der von Hitler geäußerte Gedanke eines Lebensraums im Osten, der die Ernährungsbasis einer rassisch bestimmten Volksgemeinschaft bilden sollte, basierte auf diesen Ideen.

Nach der Machtübernahme der Nationalsozialisten stand nun deren agrar-romantischen Vorstellungen die harte Realität gegenüber. Selbst die seit 1929 vorgenommene weitgehende Abschottung des deutschen Agrarmarktes durch staatliche Stützungskäufe, Schutzzölle, Subventionen und Einfuhrkontingentierungen hatte die Landflucht nicht verhindert, einzig die Preise landwirtschaftlicher Erzeugnisse waren gestiegen. Zwischen 1933 und 1939 ging die Zahl der landwirtschaftlichen Arbeitnehmer sogar um 440.000, anderen Zählungen zu Folge um 1,4 Millionen Personen zurück.[1] Das war der Ansatzpunkt für das Landjahr. In dieser Idee trafen sich nationalsozialistische Absichten mit wirtschaftskonservativen Ideen, aber auch militärischen Vorstellungen. In der Mitte der Dreißiger Jahre dachten die Nationalsozialisten, obwohl dies natürlich verschwiegen

1 Bernd Jürgen Wendt, *Deutschland 1933–1945*. Hannover, 1995, S. 225.

Bild 42: Plakat des Reichsnährstandes

wurde, an billige Arbeitskräfte für die Landwirtschaft und einen verzögerten Eintritt junger Leute in das Berufsleben, bis durch die beginnende Aufrüstung genügend Arbeitsplätze zur Verfügung stehen würden.

In §1 des Gesetzes über das Landjahr heißt es: „Zur Teilnahme am Landjahr sind alle Kinder verpflichtet, die die Schule nach Erfüllung der gesetzlichen Schulpflicht verlassen und zum Landjahr einberufen werden."[2] Damit wurde ein Ausleseprinzip eingeführt, das Leistungsbereitschaft und Befähigung und nicht soziale Herkunft in den Vordergrund rückte. Da die NSDAP sich als Vollstreckerin sozial- und nationalrevolutionärer Utopien sah, konnten soziale Schranken auch dadurch eingerissen werden, dass man besonders geeigneten Schülern der Volksschulen im Landjahr ein völkisches Bewusstsein vermittelte und sie zu den dringend benötigten Führern ausbildete, die Leitungsaufgaben übernehmen konnten. In einer Broschüre, die für die Eltern der Landjahrpflichtigen gedacht war, wird die Einberufung zum Landjahr als Auszeichnung dargestellt: „Im Landjahr sollen sorgfältig ausgelesene Jungen und Mädchen zu verantwortungsbewussten jungen Deutschen erzogen werden, die körperlich gestählt und charaktergefestigt von dem Willen erfüllt sind, im Beruf und an jeder Stelle dem Volksganzen zu dienen."[3] Im Folgenden wird die Broschüre dann noch deutlicher, wenn davon die Rede ist, dass die Landjahrlager keine Erholungsstätten für schwächliche und nur bedingt leistungsfähige Jugendliche seien. Dies entsprach ganz Hitlers pädagogischem Credo, wie er es selbst im Sinne einer Brutalisierung der Jugenderziehung formulierte:

> *„Eine gewalttätige, herrische, unerschrockene, grausame Jugend will ich. Jugend muss das alles sein. Schmerzen muss sie ertragen. Es darf nichts Schwaches und Zärtliches an ihr sein. Das freie, herrliche Raubtier muss aus ihren Augen blitzen. Stark und schön will ich meine Jugend. Ich werde sie in allen Leibesübungen ausbilden lassen... Ich will keine intellektuelle Erziehung. Mit Wissen verderbe ich mir die Jugend. Am liebsten ließe ich sie nur das lernen, was sie ihrem Spieltriebe folgend sich freiwillig aneignen. Aber Beherrschung müssen sie lernen. Sie sollen mir in den schwierigsten Proben die Todesfurcht besiegen lernen. Das ist die Stufe der heroischen Jugend."*[4]

Ganz im Einklang mit dieser Vorstellung hieß es 1940 in den Akten der Stadtverwaltung, die Landjahrpflicht gelte für Volksschüler, die die schulischen Ziele erreicht, erbbiologisch gesund, charakterlich wertvoll, deutscher Nationalität und arischer Abstammung seien. Der wichtigste Ansporn jedoch, der die jungen Menschen zum Landjahr motivieren sollte, war die „Pflicht gegenüber Führer und Volk", ein Begriff, der den Schülerinnen und Schülern in der Schule ständig eingeimpft wurde und der das gesamte öffentliche Leben der Jugend durchdrang. Die Regierungspräsidenten hatten die zu bestellenden Auswahlkommissionen zusammen zu setzen, die geeignete Schülerinnen und Schüler benannten. In Mülheim bestand diese Auswahlkommission ab 1938 aus dem Schularzt, je einem Vertreter des NS-Lehrerbundes und der NS-Volkswohlfahrt, einem Mitglied

2 StAMH, 1201/5/18, Blatt 9 ff. Merkblatt zum Landjahr.
3 Ebd.
4 Walter Hofer, *Der Nationalsozialismus. Dokumente 1933–1945*. Frankfurt, 1960, S. 88.

des Arbeitsamtes, dem Einheitsführer der Hitlerjugend und der örtlichen Führerin des Bundes Deutscher Mädel (BDM).[5] Der Einfluss der Jugend-Funktionäre der war dabei sehr groß. In einer Aktennotiz der Bannführung 159 (Mülheim an der Ruhr) wurde zum Beispiel festgehalten, dass „nach Mitteilung der zuständigen JM.-Gruppenführerin das Jungmädel B. in der Gruppe 3/159 „absolut nicht für das Landjahr in Frage kommt, da sie nur sehr selten zum Jungmädel-Dienst kommt." Es trat sogar der Fall ein, dass die JM.-Untergauführerin Mia Palm gegen die Einberufung ihrer eigenen Tochter Erika „Einspruch eingelegt hat, weil sie nur sehr selten zum JM.-Dienst kommt: Beiden Einsprüchen wurde stattgegeben, obwohl sich die Auswahlkommission schon für die Mädchen ausgesprochen hatte.[6]

Das Leben in Lagern – auch wenn es sich um feste Gebäude, Gutshäuser und Bauernhöfe handelte – von April bis Dezember, schien vielen nicht allzu verlockend. Um das Landjahr also attraktiv zu machen, wurde diese Zeit bei Mädchen mit sechs Monaten auf das Pflichtjahr angerechnet. Weiterhin, so heißt es im Merkblatt, seien viele ehemalige Landjahrjungen in Fliegertechnische Vorschulen aufgenommen worden. Das Taschengeld von 0,05 RM täglich erschien ebenfalls nicht besonders üppig, auch wenn man im Vergleich mit heutiger Kaufkraft die Summe ungefähr verzehnfachen muss. Deshalb wurde eine Vergünstigung in Aussicht gestellt, die ein wichtiges Recht der Teilnehmer bedeutete, wenn sonst immer nur von deren Pflichten die Rede war. Die Handwerkskammern und die Industrie- und Handelskammern waren gehalten, den Absolventen des Landjahres besondere Aufmerksamkeit zu schenken und ihre Berufsfindung zu unterstützen. Dazu war auch ein Vertreter des zuständigen Arbeitsamtes den jungen Leute zugeordnet, der sie und die Eltern während des Landjahres beriet und bei der Lehr- oder Lehrgangsstellenauswahl aktiv unterstützte.

Für die Kleidung und Ausrüstung ihrer Kinder im Landjahr hatten die Eltern selbst zu sorgen, wobei allerdings Uniformen und Zubehör vom Jungvolk, der HJ bzw. dem BDM gestellt wurden. Vorsorglich hieß es in einem Erlass des RMfWEV, der den Eltern zur Kenntnis gegeben wurde: „Bei Neuanschaffung ist zu berücksichtigen, dass die Landjahrpflichtigen körperlich in kurzer Zeit stark zunehmen."[7] In der damaligen Zeit enthielt für alle Eltern der Gedanke, dass ihre Kinder wohl genährt würden, etwas Positives. Das Verzeichnis der Dinge, die von den Jungen und Mädchen mitgenommen werden sollten, war überaus lang. Es umfasste für Jungen zum Beispiel von einer HJ-Sommerhose, Halstuch, Knoten, Armbinde, Unterwäsche, Näh- und Putzzeug, bis zur Schuhcreme und Schreibutensilien viele weitere Dinge. Unbedingt zu Hause zu lassen waren überflüssiges Zivilzeug und „unnötige" Toilettenartikel wie Haaröl. Für Mädchen waren es unter anderem eine vorschriftsmäßige BDM-Bluse, BDM-Schuhe, Söckchen, Leibwärmer, ein regenfester Mantel usw. Auch hier hieß es, dass Schmucksachen und Handtaschen nicht mitgenommen werden dürften. Das Lager stellte spezielle Lagerkleidung zur Verfügung. Für die Reinigung und Pflege von Kleidung und Wäsche sorgte die Lagerverwaltung. Für Eltern, deren Mittel beschränkt waren, finanzierten oder verschafften die NS-Volkswohl-

5 StAMH, 1201/5/39.
6 StAMH, 1201/5/40.
7 StAMH, 1201/5/18. Erlass des RMfWEV vom 6.6.1941.

fahrt, das Wohlfahrtsamt oder die NS.-Frauenschaft die notwendige Ausrüstung. Soziale Unterschiede durften in keinem Fall für die Teilnahme am Landjahr ausschlaggebend sein. Die Heterogenität der Herkunft, so lautete das erklärte Ziel der Nationalsozialisten, sollte in der Volksgemeinschaft überwunden werden. Und das war eben besonders einfach und nachhaltig im Bewusstsein junger Menschen zu verankern, denen man dazu noch das Gefühl einer Avantgarde vermittelte, die aktiv und prinzipienfest Deutschland zu neuen Ufern führen könne.

Bild 43: Landjahrmädchen aus Mülheim beim Appell

Diese elitäre Stimmung führte dann aber auch zu Verhaltensmustern, die wiederum unerwünscht waren. Alfred Hasselbach, ein Mülheimer Junge, wurde von der Teilnehmerliste gestrichen, weil er sich undiszipliniert seinem Fähnleinführer gegenüber verhalten hatte, und zwar nachdem er davon erfahren hatte, dass er zum Landjahr vorgeschlagen worden war. Der Fähnleinführer sagte aus, dass Alfred es abgelehnt habe, von ihm Befehle auszuführen, mit der Begründung, dass er bereits zum Landjahr einberufen worden sei und der Fähnleinführer ihm deshalb nichts mehr zu sagen habe.[8]

Das Beispiel zeigt, wie wenig rational die Vierzehnjährigen mit der Tatsache, dass sie ausgewählt worden waren, umgehen konnten. Die nationalsozialistische Pädagogik wollte allerdings auch gar keine reflektierte, eigenständige Auseinandersetzung der Kinder mit den Prinzipien, die den Eintritt in die Volksgemeinschaft vorbereiteten und die ersten Schritte ins Erwachsenenleben bedeuteten. Stattdessen orientierten sich die offiziellen Erziehungsgrundsätze an Ritualisierungen, Uniformierungen, der ästhetischen Inszenierung von Herrschaft, dem ständigen Wiederholen von Phrasen und dem Wechselspiel von Führen und Geführtwerden. Unbemerkt von den Jugendlichen liefen im Hintergrund Prozesse der Menschenplanung und Manipulation ab, vornehmlich im

8 StAMH, 1201/5/40, Blatt 33.

Bereich Berufslenkung, Arbeitseinsatz und Rollenfixierung.[9] Die NS-Pädagogen brüsteten sich immer damit, den Menschen in seiner Gesamtheit zu würdigen. Was dies realiter bedeutete, zeigt zum Beispiel der Landjahr-Personalbogen. Neben persönlichen Daten wurde nur ein einziges Gesamturteil aller schulischer Leistungen in Form einer Note aufgenommen, die wesentlichen Charaktereigenschaften und Sportzeugnisse ergänzten die Angaben. Einen hohen Stellenwert erhielten die „wichtigen Beobachtungen"; ein Urteil wie „fügt sich ein" galt dabei als besonderes Prädikat.

Im Krieg sank die Zahl der männlichen Teilnehmer am Landjahr von Jahr zu Jahr, da die Dienstverpflichtungen in der HJ eine längere Abwesenheit aus Mülheim unmöglich machten. 1939 fuhr eine Jungengruppe nach Alleinstein, 1940 an den Laacher See und 1941 nach Lüneburg. Insgesamt nahmen 160 Jungen daran teil, bis 1942 das Landjahr nicht mehr durchgeführt wurde. Die Mädchen fuhren bis 1944 in jedem Kriegsjahr in Landjahrlager, die sich bei Erfurt, Osnabrück, Kassel, Potsdam und im Bezirk Koblenz befanden.

Mit Blick auf die Jungenlandjahrlager fällt auf, dass hier mit Schwerpunkt auf Sport und viel pragmatischer „erzogen" wurde als bei den Mädchen. Rückschlüsse darauf kann man aus den Elternbriefen ziehen, die regelmäßig von den Lagerleitungen nach Mülheim geschickt wurden. In einem Brief aus Kaltenborn im Bezirk Allenstein, also relativ nahe am Kriegsgeschehen, der am 12. September 1939 über den Landjahrsachbearbeiter, Stadtoberinspektor Eumann, an die Eltern ging, hieß es: „Sie können beruhigt sein, ihr Junge ist gerade jetzt besser hier aufgehoben, als vielleicht bei Ihnen zu Haus. Hätten wir nicht Zeitungen und Radio, ich glaube so wüssten sie kaum, dass wir mit anderen Ländern im Kriegszustand leben, aber nach dem siegreichen Vorgehen unserer Truppen dürfte sich hier der Konflikt im Osten bald beigelegt haben."[10] Weiterhin bemerkt der Lagerführer, dass 20 Jungen zu „Sportskanonen" und 40 auf Bauernhöfen ausgebildet würden. Einmal pro Jahr besuchte der Mülheimer Landjahrsachbearbeiter Eumann, der gleichzeitig auch Hauptgefolgschaftsführer der HJ war, die Jungen und Mädchen in ihren Lagern. Manchmal wurde er vom Jugenddezernenten Grewe und einem Vertreter des Arbeitsamtes begleitet. Eumann informierte zum Beispiel die Eltern über die Aktivitäten ihrer Kinder in Eschede, die er am 9. Juli 1941 aufsuchte. Thema waren die Vorbereitungen zum Gebietssportfest, die Arbeit bei den Bauern und die Gewichtszunahme der Jungen. Von dem bei den Bauern erarbeiteten Geld und einem städtischen Zuschuss von 5 RM pro Person konnten die Jungen eine „Großfahrt" durchführen. Der Sachbearbeiter nahm bei seinem Besuch auch die Berufswünsche der Mülheimer Teilnehmer entgegen und übermittelte diese später an das Arbeitsamt mit der Bitte um „möglichste Berücksichtigung". Weil das Landjahr 1941 schon im Oktober beendet wurde – wegen Mangel an Landjahrerziehern – setzte eine rege Berufsvermittlungstätigkeit für die frühzeitig Zurückkehrenden ein. Für eine landwirtschaftliche Ausbildung interessierte sich aus Mülheim allerdings niemand.

9 Hierzu mit pädagogischem Schwerpunkt und einem Anhang mit allen Landjahrlagern: Reinhard Hauke, *Das Landjahr: ein Stück Erziehungsgeschichte unter dem Hakenkreuz*. Gelnhausen: Triga Verlag, 1997.

10 StAMH, 1201/5/39

Ideologisch gesättigt hingegen liest sich der am 15. September 1939 aus Großbodungen in der Nähe der Tschechoslowakei an die Eltern der Mülheimer Mädchen gerichtete Brief der Lagerleiterin Käthe Grimm:

> *„In einer Zeit, da das gewaltige Schicksal der Nation uns alle fordert, da alles Kleine, Ichbegrenzte von uns abfällt, und in unseren Herzen nur noch Raum ist für Deutschland, seinen Kampf und seinen Sieg –, kommt dieser Rundbrief zu Ihnen… Von seiner Jugend erwartet der Führer m e h r ! Wir wollen nicht nur, wenn eine große Not uns zwingt, sondern i m m e r als Glieder dieser grossen, schicksalsverbundenen Gemeinschaft uns bekennen. In diesem Weg vom „Ich" zum „Wir" liegt unsere Aufgabe! Sie anzupacken und an ihrer Verwirklichung unnachgiebig zu arbeiten, hat der Führer auch ihre Mädel in diesen ersten großen Dienst ihres Lebens gerufen."*[11]

Was lag näher, als dem hier vorgenommenen Bekenntnis Taten folgen zu lassen, die eben die „Gewaltigkeit des deutschen Ringens um die Herrschaft in Europa" widerspiegelten. So wurde eine mehrtägige Wanderfahrt unternommen, auf der die Mädchen anstrengende Märsche absolvieren mussten. Was den Soldaten abverlangt wurde, dafür sollten sich auch die Mädchen nicht zu schade sein. Um das simple Marschieren aber zu überhöhen, mussten immer wieder weihevolle Aktionen stattfinden, die die Idee von Blut und Boden und Volksgemeinschaft reflektierten. Auf ihrem Weg von Großbodungen nach Eger sangen die insgesamt 60 Landjahrmädchen ein Lied, das mit den Worten begann: „Kennt ihr das Land der Tyrannei, das w a r die Tschechoslowakei", wie das Landjahrmädel Marga Preußer in einem sicherlich „überarbeiteten" Brief an die Stadtverwaltung in Mülheim berichtete. Am Morgen hatte ein Schweigemarsch vom Zeltplatz zu einem Grenzstein an der ehemaligen deutsch-tschechischen Grenze geführt. Seit dem Münchner Abkommen von 1938 war das Sudentenland wieder Teil des Reichsgebietes geworden, der Grenzstein damit obsolet geworden. Doch gerade aus diesem Grund sollte er als Weiheplatz für den Wimpel der Mädchengruppe dienen: *„Jetzt aber standen wir im ganzen Kreis um den Stein, einem Sinnbild gleich, dass dieser Boden nun einbezogen ist in die unlösbare Gemeinschaft des großen Reiches, das alles deutsche Blut umschließt und nimmermehr loslässt. Diese Grenzsteine, die eine Welt des Hasses gegen alles Deutsche inmitten deutschen Bodens aufrichtete, stehen jetzt nur noch als stumme Mahner für uns und alle Kommenden, niemals das große Glück unserer Freiheit als gedankenlose Selbstverständlichkeit hinzunehmen."*[12]

In dieser Zeremonie kam vieles zusammen: Schauder und Idylle, eine Hochstimmung, in überwältigenden Gefühlen zu versinken. Bewusst wurde der frühe Morgen gewählt. Der Grenzstein bekam als Symbol und Altar der Vollendung großdeutscher Macht übernatürliche Bedeutung. In den schlichten Gemütern der Vierzehnjährigen setzten sich solche Inszenierungen natürlich fest. Den Kindern wurde dabei kaum bewusst, dass der Hass, der hier den Tschechen unterstellt wurde, andererseits auf sie selbst projiziert wurde als Hass allem „Undeutschen" gegenüber. Auch die aggressive Note des „Einmarsches"

11 StAMH, 1201/5/39, Blatt 198.
12 Ebd., Blatt 202.

in das vom Führer befreite Gebiet – nach der Zeremonie marschierte man weiter nach Eger – sollte klar machen, dass man sich nur das genommen hatte, was einem ohnehin gehörte, und das damit Teil des eigenen Wesens geworden war. Im Brief des Landjahrmädels heißt es weiter:

> *„Vor 20 Jahren hat man dieses urdeutsche Land (gemeint ist das Sudetenland, d. Verf.) durch das Schanddiktat von Saint Germain vom Mutterland abgetrennt, hatte es einem fremden Volk überantwortet. Mitten zwischen gemeinsamem Blut hatten sie willkürlich eine Grenze gezogen und so gleiches Volk und Blut voneinander gerissen. Ja, noch vor einem Jahr wurde hier ein erbitterter Kampf geführt, ein Kampf, der die Heimat endlich frei machen sollte. Unser Führer hat ihr die Freiheit wiedergegeben! Er hat das zertretene, am Boden liegende Land von seinem Unterdrücker befreit und ihm endlich den wahren Frieden und das höchste Glück gebracht.“*[13]

Hier übernahm das junge Mädchen das, was sich als stereotype Thematik in frühen Hitlerreden zeigte: Die Opferrhetorik mit den geschundenen und dem „Schanddiktat“ von Versailles unterworfenen Deutschen, die Besinnung auf die eigene Stärke, der positiv-destruktive Kampf, der Blut und Boden zusammenführt, und letztendlich die messianische Gestalt eines Führers, der die Gefolgschaft zu höchsten Zielen führt. Karl Haushofers These, dass es die größte geopolitische Sünde vor über tausend Jahren gewesen war, dass die Markomannen die Waldfestung Böhmen verlassen hätten, sodass das Fremdvolk der Tschechen nachdrängte, erhielt hier nationalsozialistische Substanz, denn die Tschechen mussten assimiliert oder besser noch vertrieben werden, um diese Sünde zu tilgen.[14]

Man kann sich die Frage stellen, ob solche Äußerungen auch dem wirklichen Denken der jungen Menschen zu dieser Zeit entsprachen oder ob diese nur die Parolen, die ihnen eingetrichtert worden waren, wiederholten, ohne selbst davon überzeugt gewesen zu sein. Vom Standpunkt der Jugendpsychologie her gesehen, kann man die Folgen der nationalsozialistischen Indoktrination kaum unterschätzen. Erst während und nach der Pubertät und in Auseinandersetzung mit einem eigenständigen Lebensentwurf setzt sich eine kritischere Haltung durch. Viele Heranwachsende, die etwa zwei bis drei Jahre später als die Landdienstleistenden zum Beispiel als Flakhelfer eingesetzt wurden, begegneten dem nationalsozialistischen Pathos oftmals mit offenem Zweifel bis hin zum satirischen Sarkasmus. Für die jungen Menschen zählte am meisten das Gemeinschaftserlebnis. Die Landjahrführerinnen und -führer versuchten stets, den gemeinsamen Aktivitäten eine nationalsozialistische Unterfütterung zu geben, in der sich volkstümliche, rassistische und sozialdarwinistische Muster verbargen. Dazu umfasste diese Manipulation und Ausrichtung auf die herrschende Ideologie im Landjahr einen Zeitraum von acht Monaten, in dem die Mädchen und Jungen permanent von ihren Eltern getrennt waren. Normalerweise wurde eine Elternfahrt zu dem betreffenden Lager organisiert, da aber

13 Ebd., Blatt 200, Rückseite.

14 Ernst Nolte, *Geschichtsdenken im 20. Jahrhundert*. Berlin, Frankfurt: Propyläen Verlag, 1991, S. 320 f.

die Lager zum größten Teil weit von Mülheim entfernt waren, kamen diese Fahrten oft nicht zustande. Besonders aufschlussreich ist dabei ein Brief aus Karstädt-Semlin in der Ostprignitz, der am 3. Mai 1942 von dem Mädchen Liselotte an ihre Eltern, die in der Kappenstraße wohnten, geschrieben wurde. Dieser Brief war, obwohl er nicht mit der normalen Post abgeschickt worden war, in die Hände des Landjahrsachbearbeiters in Mülheim geraten, der den Inhalt für dermaßen gefährlich hielt, dass er eine Abschrift an den Regierungspräsidenten in Düsseldorf und Potsdam schickte.

Das Mädchen schrieb:

> *„Ihr wisst, dass unsere Post durch die Hände der Führerinnen geht, und wir euch nicht alles so berichten, wie es in Wirklichkeit ist.*
> *Also, zuerst einmal zum Essen. Als wir ganz am Anfang hier waren, bekamen wir wenig zu essen. Dieses schrieben einige Mädel nach Hause. Die Briefe wurden gelesen und mussten erneuert werden. Seitdem bekamen wir sehr gutes und auch genug zu essen. Das müssen wir ja zugeben. So fett, wie wir hier essen können wir zu Hause nicht, wegen den Karten.*
> *Wenn ein Mädel unordentlich ist, wird es bestraft, indem ihm das Essen entzogen wird…*
> *Die Führerinnen sind sehr verschieden. Unsere Lagerführerin ist die beste und netteste von allen. Eine Gruppenführerin haben wir,- da ist alles dran. Rauchen tut sie, schminken ab und zu auch. Liebesbriefe lässt sie rumliegen, dass die Mädel drüber stolpern. Sie ist verlobt! Vor einer Woche war ihr Bräutigam hier. Na, da konnte man was erleben. Ich würde mich schämen, als Gruppenführerin. Ein Mädel hat ein Bild gefunden, wo sie und ihr Bräutigam am Küssen sind. Und so was nennt sich Vorbild. Ist nur gut, dass die anderen besser sind. Dann können wir uns wenigstens nach den anderen richten.*
> *Liebe Mutter, mach Dir keine Sorgen. Ich weiche nicht von meinem geraden Weg ab. Mit den Jungen lassen wir uns gar nicht erst ein, obwohl diese es versuchen…*
> *Die Bauern haben gesagt, sie würden uns bedauern in der Erntezeit. Eine Frau meinte, wir wären ja wie in einem Gefängnis. Das ist ja nun ein zu krasser Ausdruck, aber aus dem Lager sind wir noch nicht oft gewesen. Mit den Leuten kommen wir gar nicht in Berührung.*
> *Liebe Mutter, sage zu Anneliese, dass sie sich nicht ins Landjahr meldet. Das wird von Jahr zu Jahr schlimmer…*
> *Wir lassen uns nicht unterkriegen und bewahren Frohsinn… Kameradschaftlich vertragen wir Mädel uns sehr gut. In dieser Woche bin ich Mädel vom Dienst. Das ist ein sehr verantwortungsvoller Posten. Den ganzen Tag bölken. Ende dieser bin ich bestimmt heiser. Wir lassen uns nicht unterkriegen. Wir sagen immer „Dem Fröhlichen gehört die Welt“…*
> *Wir haben hier immer Kamm-Appell. Nun möchten wir immer 2 Kämme haben, einen zum Vorzeigen und einen zum Kämmen. Sonst regnet es Ordnungsstriche…“*[15]

15 StAMH, 1201/5/42. Abschrift des Briefes auf Blatt 101.

Der Brief zeigt, wie Anspruch und Wirklichkeit auseinander gingen. Die Militarisierung des Lagerlebens war gar nicht im Sinne des Mädchens. Im Lager wurde strenge Disziplin, die sofortige Ausführung von Befehlen und harte Arbeit erwartet. Die Landjahrmädchen konnten das aber ertragen, weil sie sich als Gemeinschaft fühlten und sich untereinander stützten. Es wird auch deutlich, dass das Mädchen sich ihre Führerin durchaus als Vorbild wünschte. Besonders interessant waren natürlich alle Dinge, die mit dem anderen Geschlecht zusammen hingen. Insgesamt erscheint uns im Brief ein sympathischer und offener junger Mensch, der nach Orientierung und Zielrichtung suchte, und der bereit war, die unangenehmen Dinge mit Haltung zu ertragen. Natürlich lernten die Mädchen auch eine Menge nützlicher Dinge. In Karstädt bei Potsdam zum Beispiel gab es eine Haus-, Wasch-, Küchen-, Gartengruppe und die Gruppe, die bei den Bauern arbeitete. Die Gruppen wechselten alle vierzehn Tage. So konnte die Lagerführerin den Eltern nach Mülheim schreiben: „Wenn Sie, meine lieben Eltern, Ihre Mädel im Dezember wieder sehen und sie der Mutter in ihrem Haushalt eine gute und umsichtige Hilfe sein werden, werden auch Sie mit Freude und Dankbarkeit dieser einzigartigen nationalsozialistischen Einrichtung gedenken."[16]

Bild 44: Mülheimer Landjahrmädel in Achtelsbach

Die Kinder aus Mülheim, die aus der Großstadt auf das Land geschickt wurden, mussten sich natürlich erst an das Landleben gewöhnen. Die Landjahrbezirksführerin für die Bezirke Koblenz, Aachen, Trier und Luxemburg, beklagte sich darüber, dass die Mädchen aus dem hauptsächlich städtischen Bezirk Düsseldorf nicht robust genug seien. Sie

16 StAMH, 1201/5/42, Blatt 103.

schlug vor, 1945 nur noch „Mädel aus Bauern-, Landwirts- und Landarbeiterfamilien" zu ziehen. Weiter heißt es: „In geistiger Beziehung macht sich die verminderte Anzahl der Schulstunden natürlich in einem ziemlich geringen Wissen bemerkbar, dies ist eine Kriegserscheinung und nicht abzustellen."[17] Auch waren ihrer Meinung nach die Auslesekriterien nicht mehr streng genug. Es genügten schon ausreichende schulische Leistungen, um ausgewählt zu werden. Oftmals musste sogar auf Kinder, die sich in der Kinderlandverschickung befanden, zurückgegriffen werden.

Deutlich spricht die Landjahrbezirksführerin nun von Berufslenkung. Sie will aus dem Landjahr ländlichen Führernachwuchs rekrutieren und das Landjahr im Rahmen der Hausarbeitslehre begriffen wissen. Die Teilnehmerinnen sollten auf die Rolle der Bäuerin, des Haushaltsvorstandes und der Mutter vorbereitet werden.

Für die letzte Mülheimer Mädchengruppe, die das Landjahr in Achtelsbach, in der Nähe von Birkenfeld, und Linz am Rhein zubrachte, hatten die Dinge bereits in Mülheim unter schlechtem Vorzeichen gestanden. Weil 1943 in einigen Lagern Scharlach aufgetreten war, sollten sie zuerst geimpft werden, doch konnte das Gesundheitsamt den Impfstoff für eine kombinierte Scharlach/Diphterie-Impfung nicht beschaffen. Die offizielle Benachrichtigung der Stadtverwaltung zum Landjahrdienst vom 13. März 1944 las sich jetzt wie ein militärischer Einberufungsbefehl: „Zur Entgegennahme von Weisungen für Deine Teilnahme am Landjahr 1944 hast Du am Mittwoch, 22.3.44 vormittags 9.30 Uhr in der Bannkreisdienststelle, Dohne 75, zu erscheinen. Dienstkleidung ist anzulegen. Gleichzeitig wird die Bannmädelführerin zugegen sein."[18] Zunächst wurden zu wenige Teilnehmerinnen gemeldet, dann standen plötzlich 66 auf der Liste, schließlich fuhren 40 nach Achtelsbach und 13 nach Dattenberg, wobei kurz vor Fahrtbeginn mit der Bahn acht Eltern ihre Kinder noch abmeldeten. Für den Transport zu den Lagern waren nur noch Personenzüge zugelassen, sodass die Fahrt sehr lange dauerte.

Die Sorge der Eltern um ihre Kinder verstärkte sich, als am 6. Juni 1944 alliierte Truppen an der französischen Küste gelandet waren und die deutschen Truppen kontinuierlich zurück drängten. Eine Mutter, Frau Strippgen, besuchte das Lager in Achtelsbach im Juli und kritisierte in Mülheim, dass die Lagerführerin „nicht das richtige Verhältnis zu den Mädeln gefunden habe".[19] Deshalb besuchten Oberinspektor Eumann, der stellvertretende Schulleiter der Hermann-Göring-Schule, Karl Remberg, und die Landjahrführerin Elfriede Borgmann die Mülheimer Mädchen. Alle Beschwerden wurden von diesen als haltlos bezeichnet. Am 25. August sollten die Eltern Gelegenheit erhalten ihre Kinder zu besuchen. Alles wurde geplant und vorbereitet, der zweitägige Aufenthalt, die Zugverbindung mit den dazugehörigen Fahrkarten – Abfahrt in Mülheim um 7.50 Uhr, Ankunft in Birkenfeld um 17.05 Uhr – und Formulare zur Abmeldung der Eltern bei der zuständigen Polizeidienststelle. Die Lagerleiterin bat die Eltern noch um Einkochgerät in Form von Gläsern, das dann im März 1945 von den Kindern wieder mit nach Hause genommen werden könnte. Das war ein Hinweis darauf, dass das Landjahr wohl um drei Monate verlängert werden sollte, damit also fast das gesamte Pflichtjahr umfasste. Der

17 StAMH, 1201/5/44.
18 Ebd.
19 Ebd.

Brief der Lagerleitung an die Eltern machte aber nicht nur den Mangel an wichtigen Dingen des täglichen Bedarfs deutlich, auch die Zukunft erschien nun in düsteren Farben: „Wir wissen um den Ernst der Lage, glauben aber ganz fest, wenn es auch im Augenblick so scheint, als seien die Mächte der Finsternis und Zerstörung größer und stärker, an die Kraft unseres Volkes und an den Sieg."[20] Bis auf den Glauben blieb den Menschen kaum mehr die Hoffnung auf eine Wende zum Positiven. Aber der Glaube und nicht das Verstehen, das war es ja gerade, was die Nazis immer propagiert hatten. In den Lagern schien der normale Tagesablauf eingehalten worden zu sein, die Mädchen berichten von Frühsport, Zimmerappellen, Schulung in Geschichte, Singen, Volkstanz und Vorlesen am Abend. Auch war genügend Essen vorhanden. Angesichts der Kriegsereignisse und Zerstörungen schienen die Erzieherinnen nun wieder mehr auf kindlichere Themen zu setzen. Man stellte Idylle und Märchenwelt gegen Schrecken und Chaos. So sahen die Mädchen 1943 zum Beispiel „zwei schöne Märchenspiele. Die Goldene Gans und die Bernsteinhexe", wie in einem Brief zum Ausdruck kam.[21] Am 8. September 1944 wurde das Lager Achtelsbach nach Kripp bei Sinzig am Rhein verlegt, am 10. Oktober löste die Bezirksregierung Koblenz das Lager Dattenberg bei Linz ganz auf und schickte die Kinder zurück nach Mülheim. Die alliierten Truppen standen nicht mehr weit von Aachen entfernt. Auch an den defensiven Nutzen der Siegfriedlinie zur Verteidigung des linksrheinischen Gebietes glaubten viele Menschen nicht mehr. Schließlich wurden alle Landjahrmädchen mit Verfügung vom 21. Oktober zum 1. November 1944 entlassen. Die Zeit sollte mit sechseinhalb Monaten auf das Pflichtjahr angerechnet werden.

Das Landjahr ist ein Beispiel für die Sozialisation junger Menschen im Nationalsozialismus. Das Wert- und Normensystem, das den jungen Leuten vor ihrem Berufseintritt offiziell vermittelt bzw. indoktriniert wurde, beruhte auf Disziplin, Unterordnung, Pflichterfüllung, Standhaftigkeit und Dienst an der Gemeinschaft.[22] Eigenschaften, deren Stellenwert in der heutigen Zeit, in der die individuelle Verwirklichung eigener Ziele im Vordergrund steht, stark gesunken ist, obwohl es in einem gemeinsamen Merkblatt der Industrie- und Handelskammern in Nordrhein-Westfalen und dem Westdeutschen Handwerkskammertag über Grundlagen und Werteinstellungen, die Jugendliche befähigen, den Anforderungen in Unternehmen zu entsprechen, heißt, Zuverlässigkeit, Ausdauer, Durchhaltevermögen, Belastbarkeit, Sorgfalt und Gewissenhaftigkeit seien wesentliche Kriterien im Wirtschaftsleben wie im gesellschaftlichen Kontext.[23] Dies wurde den jungen Menschen damals sicherlich eher vermittelt als heute. Andere wesentliche Aspekte, die dieses Merkblatt aber auch nennt, kamen im Dritten Reich viel zu kurz: Fähigkeit zu Kritik und Selbstkritik, Konfliktfähigkeit und Toleranz. Letztendlich ging es den Nazis primär darum, die jungen Leute in ihr Herrschaftssystem einzugliedern und dabei dysfunktionales Verhalten möglichst zu minimieren. Die Landjahrpflichtigen soll-

20 StAMH, 1201/5/43, Blatt 111.

21 Ebd.

22 Zu diesem Thema wichtig: Hans-Uwe Otto und Heinz Sünker (Hg.), *Politische Formierung und soziale Erziehung im Nationalsozialismus*. Frankfurt, 1991.

23 Merkblatt der Industrie- und Handelskammern in Nordrhein-Westfalen, „Was erwartet die Wirtschaft von den Schulabgängern". O.O., 2000.

ten der Kern einer bäuerliche Elite bilden, die später zum Beispiel als Herrenmenschen im Osten die Arbeit der rassisch minderwertigen Landbevölkerung koordinieren sollte. Den Mädchen fiel die Rolle der Bäuerin bzw. Gutsherrin zu. Dass die Übertragung solcher Prinzipien zumindest auf die Mülheimer Jungen und Mädchen nur eingeschränkt funktionierte, machen die Quellen deutlich.

Die Kinderlandverschickung

Es gibt kaum einen Bereich der Mülheimer Geschichte während des Krieges, der so intensiv bearbeitet worden ist, wie die Kinderlandverschickung (KLV).[24] Deshalb soll hier nur Grundsätzliches dargestellt werden. Im September 1940, nach den britischen Bombenangriffen auf Hamburg und Berlin trat Baldur von Schirach an Hitler heran mit der Empfehlung, die schulpflichtigen Kinder und Jugendlichen aus diesen Städten zu evakuieren. Hitler stimmte zu und das Reichserziehungsministerium und die Stabsabteilung der NSDAP entwickelten das Konzept der „erweiterten Kinderlandverschickung". Dafür konnte man auf Erfahrungen zurückgreifen, die im Rahmen des NSV-Hilfswerks „Mutter und Kind" gemacht worden waren, das Fahrten organisierte, die der Gesundheitsfürsorge dienten. Neben Berlin und Hamburg bildete das Ruhrgebiet den Schwerpunkt der Maßnahmen, durch die im Verlauf des Weltkrieges mehr als zwei Millionen Kinder zwischen 6 und 14 Jahren betroffen waren. Die Gruppe I (6- bis 10-Jährige) wurden durch die NSV verschickt, die Gruppe II (10- bis 14-Jährige) durch die HJ. Bis Ende 1940 evakuierten die zuständigen Stellen fast 400.000 Kinder und Jugendliche, teilweise mit ihren Müttern. In Mülheim liefen die Aktionen zunächst in einem kleinen Rahmen ab. Oft wurden die Kinder nur für sechs Wochen in ein ruhiges Gebiet, zum Beispiel in die Ostmark (Österreich), zur Erholung geschickt. Dort wohnten sie in Familien und gingen auch zur Schule. 1942 weitete man die Maßnahmen aus. Die Schulen erhielten die Aufgabe, Teilnehmer für die KLV auszuwählen, und einige Lehrer begleiteten dann ihre Schüler bzw. Schülerinnen, um zumindest einen Teil des Unterrichts sicher zu stellen, wenn die Jugendlichen in einem Lager untergebracht waren. Luise Hagenberg aus Styrum befand sich mit einigen ihrer Klassenkameradinnen in einer Gruppe, die zum Schwarzwald reiste. Die Fahrt zum Zielgebiet gestaltete sich schon recht abenteuerlich. Erst fuhren die Mülheimer Schülerinnen mit der Straßenbahn zum Duisburger Hafen. Von dort ging es mit dem Schiff über Königswinter, wo in einer Turnhalle auf Stroh übernachtet wurde, nach Germersheim und weiter nach Straßburg. Nach einer Stadtbesichtigung reiste man dann mit dem Zug und Pferdefuhrwerken in das Schwarzwalddorf Neuenweg. 60 Mädchen, zwei Lehrerinnen und zwei Lagerführerinnen nahmen

24 In den Ruhrnachrichten erschien im Jahre 1965 eine längere Artikelserie über die KLV Mülheimer Schulen. Als Einzeldarstellungen: Hans Fischer, „Kinderlandverschickung. Fast eine Idylle im Inferno des Krieges", in: *Mülheimer Jahrbuch*, 1989, S. 153–168. Heinz Wilhelm Auberg, „Kinderlandverschickung vor 50 Jahren", in: 900 Jahre Mülheim an der Ruhr, hg. Vom Geschichtsverein Mülheim an der Ruhr. *Zeitschrift des Geschichtsvereins Mülheim*, Nr. 66, 1993., S. 589–6 13. Gernot Knigge, „Das KLV-Ende Mülheimer Volksschüler", in: *Mülheimer Jahrbuch*, 1997, S. 205 ff.

dann für ein halbes Jahr Quartier in einem großen Haus. Alle Mädchen mussten BDM-Uniform tragen, das Lagerleben war streng reglementiert. Jeder Tag begann und endete mit dem Fahnenappell. Sport, Unterricht, politische Bildung und Wanderungen standen auf dem Programm. Die Kinder übten aber auch Theaterstücke ein und sangen viel.[25] Im November 1942 ging es nach Mülheim zurück. Luise bemerkte sofort, dass sich die Lebensumstände in der Stadt in diesem halben Jahr negativ entwickelt hatten. Nach dem großen Luftangriff auf Mülheim vom Juni 1943 organisierte die NSV zusammen mit der Bannführung der HJ in der Stadt eine große Verschickungsaktion. Die Mehrzahl der Kinder, die durch die NSV betreut wurden, fand Unterkünfte bei Familien. Die älteren Jugendlichen wurden meist in HJ-Heimen untergebracht. Diese Aktionen benötigten umfangreiche logistische Vorbereitungen, die die NSV, die Obergauführung und Bannführung der HJ stark in Anspruch nahmen. Natürlich wollte die NSDAP die Zeit, in der sich die jungen Menschen in der KLV befanden, dazu nutzen, sie politisch zu beeinflussen und ideologisch zu erziehen. Doch zeigte sich, dass der Einfluss der HJ nie so stark war, wie von ihr selbst erhofft. Die Kinder wurden fast immer von Lehrern ihrer Schule begleitet, die nur zu einem kleinen Teil fanatische Nationalsozialisten waren. Auch die schulischen Lerninhalte wurden kaum verändert.[26] Bei der Gauleitung in Essen gab es einen Gaubeauftragten für die KLV, der zusammen mit dem nationalsozialisti-

Bild 45: KLV der Langemarckschule, Weihnachten 1943, Klassen 5 und 6

25 *Styrum – Ein starkes Stück Stadt.* Dritter Teil. Hg. vom Gesprächskreis Styrum e.V. O.O., 2003, S. 67–70.

26 Armin Nolzen, „Die NSDAP, der Krieg und die deutsche Gesellschaft", in: *Das Deutsche Reich und der Zweite Weltkrieg.* Band 9/1. München: Deutsche Verlagsanstalt, 2004, S. 155 f.

schen Lehrerbund (NSLB) das Verhältnis von Lehrern zu Schülern festlegte. Schulaufsichtlich unterstanden die Lager nicht den örtlichen Schulräten, sondern neu ernannten Inspekteuren des NSLB. Der NS-Lehrerverband unterstützte die KLV im Jahr 1941 mit immerhin 7.675.950 RM.[27] Im Jahr 1943 verlor der NSLB immer mehr das Vertrauen der NSDAP, so wurde er schließlich aufgelöst. Als Beauftragter für die Schulerziehung in der KLV ernannte man Gauleiter Wächtler.

Die Hitlerjugend und beteiligte Lehrer aus Mülheim bemühten sich darum, dass Gruppen aus der Stadt Kontakt zueinander hielten. So besuchten die drei Klassen der Langemarckschule, die in der Burg von Katzenelnbogen untergebracht waren, das KLV-Lager der Luisenschule in der Jugendherberge Limburg. Es wurde eigens für diese Schüler ein Lagerlied komponiert, das ganz auf der Linie der Staatsjugend lag:

Wir sind die Pimpfe vom Niederrhein,
Wir sind die Pimpfe vom Ruhrgebiet,
Wir tragen in unseren Herzen rein
Dieses stolze, stolze Lied.
Deutschland, Dir gehören wir,
Wir Pimpfe weihen uns Dir
Und haben in unsere Herzen gebrannt
Den heiligen Glauben ans Vaterland.[28]

Die meisten Mülheimer Schüler wurden später aber viel weiter entfernt im heutigen Tschechien (Reichsprotektorat Böhmen und Mähren) untergebracht, die Gymnasien zum Beispiel in Mettau und Kloster Neureisch. Das KLV-Volksschullager befand sich zeitweise im „Haus Orlik“ in Bad Podiebrad. Hans Fischer hat einen typischen Dienstplan in der KLV festgehalten:

07.15 Uhr:	*Aufstehen*
07.45 Uhr:	*Kaffee*
08.00 Uhr:	*Schulunterricht*
13.05 Uhr:	*Mittagessen*
13.30 Uhr:	*Bettruhe*
14.00 Uhr:	*Ausmarsch*
15.00 Uhr:	*Silentium*
16.00 Uhr:	*Kaffee*
16.15 Uhr:	*Silentium*
18.30 Uhr:	*Abendessen*
19.15 Uhr:	*Singstunde*
20.30 Uhr:	*Zapfenstreich*[29]

27 Willi Feiten, *Der nationalsozialistische Lehrerbund*. Weinheim und Basel: Beltz Verlag, 1981, S. 191.

28 Archiv der Otto-Pankok-Schule, Ordner 1944/45

29 Hans Fischer, *a.a.O.*, S. 156.

Die HJ-Verantwortlichen hatten in Fischers Lager zwei überzeugte Nationalsozialisten zu Lagermannschaftsführern ernannt. Beide kamen als Schüler von einer nationalpolitischen Erziehungsanstalt und waren primär an einer vormilitärischen Schulung der Jungen interessiert, wie sich in straffem Dienst und vielfältigen Schikanen zeigte. Doch wurden sie aufgrund zahlreicher Beschwerden abgelöst. Lagerleiter war ein beliebter Englisch- und Sportlehrer, die insgesamt vier Lehrer deckten eine große Palette von Fächern ab. Auf dem Zeugnis, das Leistungsbescheinigung genannt wurde, erschien das Fach Sport an erster Stelle. Während der langen Zeit im Lager erhielten die jungen Leute zweimal Besuch von ihren Eltern, zu Weihnachten 1943 und im Sommer 1944. Im Laufe der Zeit schwand der Einfluss der HJ immer mehr, von den Lehrern trat nur einer in Uniform auf. Zu Ende des Krieges gestaltete sich das Leben in den KLV-Häusern zunehmend schwierig. Noch im März 1945 mussten die Jungen der Jahrgänge 1929 und 1928 in Kloster Neureisch antreten und der Lagerleiter forderte sie auf, sich sofort freiwillig zur Wehrmacht zu melden. Als eine entsprechende Reaktion ausblieb, drohte er mit Nichtversetzung. Die Ereignisse überschlugen sich aber und es wurde befohlen, die Lager aufzulösen und die Jungen nach Mülheim zurück zu bringen. Über die Schwierigkeiten und Probleme, die dabei entstanden, berichtet Gernot Knigge ausführlich.[30] Ein tragisches Ereignis spielte sich bei der Rückfahrt der KLV der Langemarckschule nach Mülheim am 19. April 1945 beim Bahnhof Dobschichowitsch in der Nähe von Prag ab. Um neun Uhr morgens erfolgte auf den wartenden Zug ein Tieffliegerangriff. Die Kinder gingen in Deckung auf einer dem Bahnhof gegenüber liegenden Böschung, die mit Sträuchern bewachsen war. Drei Flugzeuge kreisten über dem Bahnhof, den sie mit Bordwaffen angriffen. Danach wurden Bomben abgeworfen. Diese explodierten am Rand der Böschung und „überschütteten die Jungen mit einem Hagel von Erde und Steinen." Zwei der Jungen wurden getroffen. Ein Quintaner starb in einem Prager Krankenhaus bei einer Notoperation an Verletzungen des Hinterhaupts und Kleinhirns.[31]

Mülheimer Flakhelfer

Am 20. Oktober 1942 teilte ein Vertreter des Reichsluftfahrtministeriums in einer Dienstbesprechung mehrerer Ministerien mit, man beabsichtige, die Jahrgänge 1926 und 1927 der Höheren Schulen und der Mittleren Schulen (Realschulen) zum Hilfseinsatz bei der Luftwaffe heranzuziehen. Als Konsequenz müsse der Schulunterricht ausfallen. Dagegen protestierte natürlich das Erziehungsministerium, doch einigte man sich mit tatkräftiger Hilfe der Reichsjugendführung auf den militärischen Einsatz der Jugend als Luftwaffenhelfer – so der offizielle Begriff – mit der zusätzlichen Bestimmung, dass ein modifizierter Schulunterricht Einsatz begleitend stattfinden sollte. Die Reichsjugendführung bestand darauf, dass die Luftwaffenhelfer auch Teil der HJ seien und zu ihrer Uniform die Armbinde der Jugendorganisation zu tragen hätten. Dies sorgte bei vielen jungen Menschen

30 Gernot Knigge, *a.a.O.*, S. 207–208.
31 Archiv der Otto-Pankok-Schule, Bericht StR Unbehau zum Jahr 1945, S. 20.

für Verstimmung, da sie sich, wenn sie schon wie reguläre Soldaten Dienst taten, auch als Erwachsene fühlten.[32]

Die Flakartillerie war eine äußerst personal- und materialintensive Waffengattung. Im November 1943 bestand die Luftwaffe, zu der die Flak gehörte, aus 2,1 Millionen Soldaten und 900.000 Zivilisten und Behelfspersonal.[33] Die Flak stellte ab 1942 das Personal der 22 Luftwaffenfelddivisionen, und man griff dabei eher auf jüngere Soldaten zurück. Diese fehlten dann in den Heimatflakgebieten und mussten irgendwie ersetzt werden. Dabei griff die Luftwaffe auf 80.000 Schüler, 64.000 Reichsarbeitsdienst-Männer, 60.000 Kriegsgefangene, 4.500 Hilfswillige und 176.000 Flakwehrmänner zurück.[34] Das Alter der Luftwaffen- oder Flakhelfer schwankte zwischen 15 und 18 Jahren. Auf Grund eines Führerentscheids vom 7.1.1943 wurden die ersten von ihnen am 15.2.1943 eingezogen.

Der erste Appell der Luftwaffenhelfer aus Mülheim fand statt am 8.2.1943 in der Knabenmittelschule an der Kaiserstraße. Die versammelten Jungen hörten einen Tagesbefehl des Reichsjugendführers, danach marschierten sie zu den Klängen eines Fanfarenmarsches zum Platz der SA in der Stadtmitte, wo sich die Versammlung dann auflöste. Die Jungen wurden in Dümpten, Saarn und Menden bei verschiedenen Flak-Einheiten eingesetzt.[35] Wenig später wurden die ersten Schüler des Jahrgangs 1926 der Langemarckschule (heute Otto-Pankok-Schule) zur Flak eingezogen. Im Juli folgten weitere Schüler der Jahrgänge 1926 und 1927 aus den Klassen sechs und sieben der Oberschulen ihren Kameraden. Im vierteljährlichen Turnus wurden dann die jungen Leute zur Flak eingezogen, um dort Dienst zu tun, bis sie anschließend zum Reichsarbeitsdienst oder zur Wehrmacht eingezogen wurden. Einige der Langemarck-Schüler kamen zur 4. Batterie der Flak-Abteilung 394 in Oberhausen-Sterkrade, die mit der 5. Batterie zusammen eine Großbatterie aus 12 10,5cm-Flugabwehrgeschützen bildete. Solche Großbatterien kamen in der Nähe wichtiger Industrieobjekte zum Einsatz, in diesem Fall der Ruhrchemie in Holten, die das im Mülheimer Max-Planck-Institut entdeckte Kohlenverflüssigungsverfahren nutzte, um Treibstoffe herzustellen, die für das Militär überaus wichtig waren. Entsprechend oft griffen die Alliierten diese Ziele an. Zum Schutz der Chemieanlagen waren hoch schwebende Ballons über dem Werk angebracht, zwischen denen ein feines Drahtgitter gespannt war.[36] Es bot aber allenfalls Schutz vor Tieffliegern. Zusammen mit den Batterien an der Wedau und auf dem Schlackenberg in Meiderich hatte man einen starken Flak-Riegel zur Abwehr von Fliegerangriffen auf die Industrieanlagen in Duisburg, Oberhausen und Mülheim gebildet, dazu kam die Flak am linken Niederrhein und die zum Schutz der Städte selbst.

Am Beispiel der 4. schweren Batterie, Flak-Abteilung 394, o (ortsfest) , Feldpostnummer L 51 3 59, eine Einheit der 4. Flak-Division, soll exemplarisch auf den Einsatz der

32 Hans-Dietrich Nicolaisen, *Die Flakhelfer*. Frankfurt, Berlin, Wien: Ullstein Verlag, 1985, S. 10–12.

33 Horst Boog, „Die deutsche Heimatluftverteidigung", in: *Das Deutsche Reich und der Zweite Weltkrieg*. Band 9/1. Stuttgart, München: Deutsche Verlagsanstalt, 2001, S. 198.

34 Ebd. Zahlen gelten für den November 1943.

35 *Nationalzeitung, Mülheim*, 9.2.1943, Nr. 39.

36 Heinrich Averdunk, *Geschichte der Stadt Duisburg*. 2. Aufl., Ratingen: Henn Verlag, 1949, S. 274.

Flakhelfer eingegangen werden.[37] Batteriechef war Mitte 1943 Hauptmann Körber, ein so genannter Tapferkeitsoffizier, ein gelernter Maurer. Solche Offiziere symbolisierten im Sinne der nationalsozialistischen Ideologie das offene System, in dem nicht Standes- oder Klassenzugehörigkeit, sondern alleine das Verdienst um den Staat für die Karriere wichtig war. Der erste dieser Tapferkeitsoffiziere war übrigens ein Gefreiter, der im September 1939 für den Luftangriff auf einen Flugzeugträger zum Leutnant befördert wurde, was auch in der Mülheimer Presse Erwähnung fand.[38] Der Kompaniefeldwebel der Batterie hieß Söhngen, wurde aber scherzhaft „Peller" genannt, weil er den Luftwaffenhelfern bei einer „Sonderaktion" versuchte klar zu machen, wie man am besten Kartoffeln schält. Der Schüler Alfred Braun aus der Klasse 8 der Langemarckschule war Mannschaftsführer und Sprecher der Luftwaffenhelfer. Die Batterie schoss im Verbund mit der 5. Batterie. Das bedeutete, dass alle Geschütze, Messpunkte und die Leitstelle verkabelt waren und elektrischen Strom benötigten, der im Notfall auch mit eigenen Aggregaten erzeugt werden konnte. Die 10,5cm-Geschütze benötigten ebenfalls Strom zum Richten, zum Aufmunitionieren und zum Schießen. Die einzelnen Kanonen befanden sich in Geschützstellungen, um die ein Wall verlief, in den Unterstände und kleine Munitionsbunker für die Granaten mit den Kartuschen gegraben waren. In beiden Batterien dienten kriegsgefangene Russen als Munitionsträger. Sie waren nachts in einer eigenen Baracke untergebracht. Ernst-Gerd Fastrich, der 1944 in dieser Batterie diente, wollte kurz nach seiner Ankunft beim Tragen einer solchen Granate behilflich sei. Er schulterte sie und wollte zum Geschütz gehen, als ein Abschuss erfolgte, der ihn nach hinten auf die Munitionskisten schleuderte.[39] Der Knall und die Druckwelle beim Feuern des Geschützes waren erheblich, nur der geöffnete Mund konnte verhindern, dass das Trommelfell platzte.

Die Luftwaffenhelfer erhielten eine sechswöchige Grundausbildung, an die sich der Dienst entweder in der Geschützstaffel, der Messstaffel oder der Kommandostaffel anschloss. Die Unterkünfte befanden sich südwestlich der Ruhrchemie, die Leitstelle auf einem kleinen Schlackenberg in der Mitte zwischen beiden Batterien. Für die Geschützstaffeln standen zweistöckige Baracken zur Verfügung, die auch als Aufenthalts- und Unterrichtsraum dienten. In diesem Raum fand vormittags der Schulunterricht statt, zu dem die Lehrer in die Stellung kamen. Bei Alarm fielen die Stunden allerdings aus, das geschah im Verlauf der Zeit immer häufiger. Die jungen Männer erhielten neben der allgemeinmilitärischen Ausbildung auch Unterricht in Flugzeugerkennung, Flak-Schießlehre, Waffenkunde und Ballistik. Der Ein- und Ausbau des Verschlusses wurde mit der Stoppuhr gemessen, auf die Wartung des Geschützes großer Wert gelegt, besonders das Innere des Rohres musste stets ohne Fremdkörper sein, da sonst ein Rohrkrepierer möglich war. Fastrich beschreibt einen typischen Tagesablauf folgendermaßen: Wecken, Waschen, Frühstück, Morgenappell, Schulunterricht, Mittagessen, militärische Unter-

37 Die Ausführungen basieren auf einer Ausarbeitung von Dr. Wilhelm Rauen mit dem Titel „Erinnerung an Günter Dreeskamp. Meine Luftwaffenhelferzeit", die dem Verfasser dankenswerter Weise zur Verfügung gestellt wurde.

38 Mülheimer Zeitung, 12.10.1939.

39 Ernst-Gerd Fastrich, *Meine Erlebnisse bei der Flak*. Maschinenschriftliche Niederschrift, Mülheim, 2001. Im Archiv der Otto-Pankok-Schule.

Bild 46: Flaksoldaten und Flakhelfer der 4./Flak-Abt. 394 in Oberhausen-Holten

richte, Infanteriedienst, Waffen- und Gerätereinigen, Putz- und Flickstunde, am Wochenende Stubenreinigen. Bei Alarm wurden die Geschütze und Geräte besetzt.[40]

Schnell mussten die Flakhelfer wichtige Aufgaben an der Geschützen übernehmen, zum Beispiel als Kanonier 1 (K-1), der für die Höhemausrichtung verantwortlich war, als K-2 für die Seitenausrichtung, K-3, der Ladekanonier, oder K-6 , der die Zündereinstellschale bediente. Ein Problem bestand für die Geschützbesatzungen darin, dass die Granathülsen mehrfach gebraucht wurden und sich mit der Zeit feine Risse in der Ummantelung bildeten, die manchmal zu Hülsenklemmern führten. Klemmte die Hülse, musste sie mit einer langen hölzernen Stange, die vorn in das Rohr eingeführt wurde, herausgedrückt werden. Ein solcher Klemmer verursachte den tragischen Tod von Günter Dreeskamp aus Mülheim und zwei russischen Kriegsgefangenen. Viel zu früh gab der Geschützführer nach dem Reinigen das Kommando zur Wiederaufnahme der Feuerbereitschaft und

40 Ebd. S. 4.

eine neue Granate wurde automatisch von der Ladeschale in das Rohr geschoben und gezündet, als das Reinigungsteil sich noch im Lauf des Geschützes befand. So kam es zu einem Rohrkrepierer. Was später geschah, und wie das Ereignis ihn berührte, berichtet Wilhelm Rauen:

„Fünf Tage später fuhr eine Abordnung von Luftwaffenhelfern und Soldaten zu Günters Beerdigung. Die Fahrt ging mit einem Sonderwagen der Straßenbahn mit zwei Anhängern von Sterkrade zum Hauptfriedhof nach Mülheim. Er wurde mit militärischen Ehren begraben. Von der Begräbnisfeier habe ich kaum etwas mitbekommen.
Beim Anrücken sah ich aus der Entfernung die Eltern Dreeskamp und den Bruder zusammen mit dem Pastor am offenen Grab stehen. Meine Luftwaffenhelfer wurden aufgestellt hinter einem Zug von Flaksoldaten, die dreifach Salut schossen. Meine Gedanken gingen dabei nur in die eine Richtung: Günter war nicht getötet worden durch den Feind. Er war getötet worden von seinen Kameraden…“[41]

Ganz anders berichtete die Nationalzeitung vom Tod des Flakhelfers Karl Lippe am 12. Juli 1944. Er war ebenfalls Schüler der Langemarckschule gewesen und erst kurz vor seinem Tod aus der Kinderlandverschickung zurück nach Mülheim beordert worden. Er fiel am linken Rheinufer in einer leichten 2-cm-Vierlingsflak-Stellung. Eine Trauerfeier für Karl Lippe fand auch im KLV-Lager der Schule in Bielohrad (Böhmen) statt. Die Nationalzeitung berichtete in ihrer Ausgabe vom 16. Juli 1944 von den Trauerfeierlichkeiten im KLV-Lager und bemühte dabei das hohle nationalsozialistische Pathos, das die meisten der eingezogenen Schüler, die fast täglich den realen Krieg erlebten, kaum mehr ernst nahmen: Der Lagerleiter Kockler verlas einen Brief des Gefallenen, in dem „die Freude hervorleuchtet, als Flakhelfer dem Reich dienstbar sein zu können.“ Wörtlich wird aus einem Brief des Toten zitiert: „wir waren von der KLV schon an Disziplin gewohnt und konnten daher uns leicht an das Soldatenleben gewöhnen.“ Am Schluss folgte dann das Fazit: „Er ist der erste aus unserem Lager, vielleicht der erste aus der ganzen KLV Böhmens überhaupt, der zur Flak eilte und in der Stellung, wie das Gesetz es befahl, für Führer, Volk und Heimat sein noch so junges Leben opferte.“[42] Ein weiterer Klassenkamerad, Ferdinand Steffens, fiel im Sommer 1944 als eine Bombe seine schwere Flakbatterie in der Nähe des Gutes Daubenspeckhof bei Moers traf, Steffens, der eigentlich bei der Messstaffel eingesetzt war, vertrat an diesem Tag seinen Freund Klaus Kahlenborn aus Mülheim, der sich auf einem Offiziersbewerberlehrgang befand.

Hans-Gerd Fastrich blieb bis Kriegsende bei seiner Flakeinheit und erlebte hier die Endphase des Krieges und die schweren Luftangriffe von Briten und Amerikanern auf die Ruhrchemie in Oberhausen-Holten. Über einen Großangriff berichtet er:

„Es war ein Nachtangriff mit Leuchtkaskaden, welche die ganze Gegend in hellrotes Licht tauchten. Man hätte wirklich im Stand die Zeitung lesen können… Ich hatte richtig Angst und habe Schutz unter der Holzbank im Stand gesucht. Dann geriet auch noch

41 Erinnerungen an Günter Dreeskamp, a.a.O. S. 13.
42 Archiv der Otto-Pankok-Schule. Dort: *Nationalzeitung* vom 16.7.1944.

der Gasometer in Brand. Erst züngelten oben kleine Flammen heraus. Es sah so aus wie die Flammen in einem Gasherd. Doch dann flog nach einer gewaltigen Detonation die ganze Abdeckung des Gasometers davon. Fetzen dieser Abdeckung lagen hinterher sogar in unserer Stellung, obwohl der Gasometer fast tausend Meter von uns entfernt war. Die Hitzeentwicklung war so enorm, dass man nicht längere Zeit in das Feuer sehen konnte."[43]

Am besten schoss die Flak bei klarem Wetter, wenn die feindlichen Maschinen schon früh von den Geräten erfasst wurden und der dazugehörige Rechner schnell Ergebnisse lieferte. Dazu schaute ein Messbeobachter durch eine optische Vorrichtung, bis er die Maschine erfasst hatte und die Winkelwerte ermittelt werden konnten. Diese wurden mit den Entfernungsangaben aus den elektrischen Funkmessgeräten verarbeitet. Die Werte gab die Messstaffel dann telefonisch an die Geschützbesatzungen weiter. Man konnte dann verfolgen, wo der erste Schuss hinging, entsprechend die Werte korrigieren und anschließend auch Treffer erzielen.

Im Februar 1945 wurde die Flakstellung in Holten bereits für den Erdkampf präpariert, das heißt, die Beatzungen mussten Schützengräben ausheben, doch verlegte die Flakdivision die Einheit nach Grafenmühle zum Erdeinsatz. Gegen die massenhaft auftretenden Jagdbomber konnten die schweren Flakgeschütze nämlich nicht eingesetzt werden. So verschoss die Batterie nach einem festgelegten Feuerplan die noch vorhandene Munition auf Erdziele in bestimmten Planquadraten und anschließend sprengte man die Geschütze und die Flakhelfer und Soldaten setzten sich in Richtung Essen-Schönebeck ab. Von dort zog die Einheit zur Krähwinkler-Siedlung bei Velbert. Als Fastrich einige Tage Heimaturlaub erhielt, fuhr er mit dem Rad über Kettwig nach Saarn. Die Hermann-Göring Brücke (Mendener Brücke) war bereits gesprengt, aber für ein paar Zigaretten setzte die Flora, ein kleines Ausflugsboot, den Luftwaffenhelfer zusammen mit einigen Arbeitern über die Ruhr. Als der junge Mann nach einer ruhig verbrachten Nacht am 12. April die Rückreise zu seiner Einheit antreten wollte, sah er am Fenster bereits die vorrückenden Amerikaner, und der Krieg war für ihn vorbei.

43 Ernst-Gerd Fastrich, *a.a.O.*, S. 7 f.

Die „Heimatfront" – Mülheim unter Bomben:

Luftschutz, Luftabwehr und Luftkrieg

Bereits vor Kriegsbeginn war in Deutschland mit dem Aufbau eines Luftwarnsystems begonnen worden. Allgemeine Grundsätze des Luftschutzdienstes regelte das Luftschutzgesetz vom 26. Juni 1935, das den Reichsminister für Luftfahrt mit der Durchführung beauftragte. In Mülheim wurde zu Kriegsbeginn der Polizeipräsident für Oberhausen und Mülheim Wisocki zum Leiter des örtlichen Luftschutzes ernannt. Seit der Gründung der Bezirksgruppe Ruhr des Reichsluftschutzbundes im Jahre 1938 erfolgte im Stil einer Werbekampagne durch diesen Bund und die NSDAP und durch häufige Artikel und Anweisungen in der örtlichen Presse die Vorbereitung der Bevölkerung auf mögliche Bombenangriffe aus der Luft.[1]

Bild 47: Briefmarke: Luftschutz

Im Ersten Weltkrieg hatten bis 1918 britische und französische Flugzeuge Angriffe auch auf Städte im Ruhrgebiet geflogen, die Tote forderten, jedoch zunächst nur geringen Sachschaden anrichteten. Für 1919 hatten die damaligen Alliierten einen Bombenkriegsplan ausgearbeitet, der eine Luftoffensive mit „moralischen Auswirkungen" auf die feindliche Bevölkerung[2] vorsah, genau das, was ab Kriegsbeginn 1939 im britischen *Bomber Command* Gestalt annahm, obwohl man dort Anfang der Dreißiger Jahre vorwiegend Ziellisten für Industrie- und Infrastrukturanlagen zusammenstellte. Im *Western Air Plan* von 1939 geriet auch das Ruhrgebiet in den Fokus der britischen Militärplaner. Als Ziele wurden Kokereien und Kraftwerke definiert, später jedwede Industriebetriebe und selbst kleinere mittelständische Firmen. Im Herbst und Winter 1939/40 berichtete die Mülheimer Zeitung immer wieder von einzelnen Bombardierungen militärischer Ziele, jedoch hauptsächlich in küstennahen Gebieten.

Doch zunächst ist es wichtig, sich einmal die Überlegungen der deutschen Militärs zur Führung des Luftkrieges anzuschauen. Immerhin war es die deutsche Luftwaffe, die am 26. April 1937 im spanischen Bürgerkrieg in einem konzentrierten Bombenangriff die Stadt Guernica zerstörte und später mit den Luftattacken auf Warschau und Rotterdam die ersten verheerenden Bombenangriffe durchführte. Im kollektiven Gedächtnis

1 StAMH, 1433/55. Mülheimer Zeitung vom 2.9.1939.

2 Ralf Blank, „Kriegsalltag und Luftkrieg an der „Heimatfront", in: *Das Deutsche Reich und der Zweite Weltkrieg*, Band 9.1. München: Deutsche Verlagsanstalt, 2004, S. 361.

der Deutschen haben sich diese drei Schläge der Luftwaffe als Terroraktionen festgesetzt. Allerdings, wie die neueste militärhistorische Forschung nachweist, zu unrecht.[3] Schon Guernica war kein beabsichtigtes Terrorbombardement der deutschen Legion Condor, sondern das, was man Gefechtsfeldabschnürung nennt. Eine Brücke und die Häuser an einer nahen Straßengabelung sollten zerstört werden. Guernica war eine verteidigte Stadt, um die gekämpft wurde. Da durch einen vorhergehenden Angriff Rauchwolken über der Stadt hingen, führte der ungenaue Bombenabwurf zur Zerstörung der Stadt. Der amerikanische Historiker Corum, ein Luftkriegsexperte, nennt Guernica ein „legitimes militärisches Ziel"[4], was natürlich den Tod vieler Zivilisten nicht entschuldigt. Aus der Perspektive des Luftkriegshistorikers stehen allerdings das Ziel und die militärische Option im Vordergrund. Am 18. Juni 1939 konnten die Leser der Mülheimer Zeitung übrigens einen Bericht über den Mülheimer Oberleutnant Hans Best lesen, der 1937 in der Legion Condor in Spanien Dienst getan hatte. Die aus dem Artikel sprechende personalisierte und ideologisierte Perspektive ergibt die typische Sichtweise der damaligen Zeit. Best musste sich beim Fliegen nach Autokarten orientieren, was die Zielerkennung erschwerte. Der Artikel zeigte den Krieg in positivem Licht, er sprach von einem „interessanten Kriegsschauplatz", „die blutigen Geschehnisse um Ternel" bildeten für Best „die spannendsten, interessantesten und schwierigsten Kämpfe, die jeglicher Kriegsromantik entkleidet waren, bei denen aber die deutschen Flieger viel gelernt haben".[5] Hier erscheint der Krieg als Handwerk, das erlernt und perfektioniert werden muss. Der Aspekt von Abenteuer, Wagemut, Improvisationstalent und Härte sollte besonders junge Leute ansprechen und für die Luftwaffe gewinnen.

Die grundlegende Druckvorschrift *Luftkriegsführung* (L.Dv. 16), die bis 1940 immer wieder überarbeitet wurde, stellte in der Reihenfolge ihres Stellenwertes für den Luftkrieg drei Hauptaufgaben heraus, die sich bis 1941 nicht änderten:

1. Herstellung der Luftüberlegenheit;
2. Unterstützung anderer Wehrmachtteile;
3. Führung des operativen Luftkriegs.

Die letzte Aufgabe war die am wenigsten wichtige. Allerdings stammten diese Richtlinien noch aus der Feder von Militärexperten, die die radikale nationalsozialistische Vorstellung eines totalen Krieges noch nicht verinnerlicht hatten. Es lässt sich aber auch feststellen, dass die verantwortlichen Nationalsozialisten anfangs keineswegs an einen Vernichtungskrieg aus der Luft dachten.

Die Bombardierung Warschaus war im September 1939 allerdings unter dem Codenamen „Wasserkante" als Terrorangriff auf die Stadt geplant worden. Roosevelt hatte sich am 1. September 1939 mit der Forderung nach Schonung von Zivilisten im Luftkrieg an

3 Horst Boog, „Strategischer Luftkrieg in Europa und Reichsluftverteidigung 1943–1945", in: *Das Deutsche Reich und der Zweite Weltkrieg*, Band 7. München: Deutsche Verlagsanstalt, 2001. S. 320–356.

4 James S. Corum, „The Luftwaffe and the coalition. Air War in Spain, 1936–1939", *Journal of Strategic Studies*, 18, 1995, S. 68–90.

5 StAMH, 1433/55. Mülheimer Zeitung vom 18.6.1939.

die Öffentlichkeit gewandt. Am 4.9.1939 druckte die Mülheimer Zeitung Hitlers Antwort auf diese Forderung ab. Darin zeigte Hitler seinen „guten“ Willen und erklärte, auf die Bombardierung der zivilen Bevölkerung und unbefestigter Städte zu verzichten. Vielleicht wurde der Angriffsbefehl auf Warschau aus diesem Grund widerrufen. Als die Luftwaffe dann Ende September doch in den Kampf eingriff, war Warschau eine verteidigte Stadt, an der entlang die Frontlinie verlief. Da sie hauptsächlich durch Transportmaschinen des Typs Ju 52 und nicht durch Bomber, von denen es noch zu wenige gab, bombardiert wurde, war der Bombenabwurf sehr unpräzise. Es wurden 560 Tonnen Bomben, davon 13% Brandbomben abgeworfen,[6] eine „Mischung“, die bei rein militärischen Zielen gewählt wurde.

Rotterdam war eine verteidigte Stadt, die mehrfach zur Kapitulation aufgefordert worden war. Als dann die Nachricht der Kapitulation die deutschen Befehlsstellen erreichte, waren die Bomber schon in der Luft, um die Gegenwehr auszuschalten. Sieht man die Tatsache, dass Hitler den Krieg bewusst angezettelt hat, als alleinigen Bewertungsmaßstab aller von Deutschen begangenen Kriegshandlungen, ist keiner der drei Angriffe zu rechtfertigen. Nach den Prinzipien der Haager Kriegsordnung und allgemeinen militärischen Grundsätzen für Kriegshandlungen sieht eine Bewertung allerdings ganz anders aus und muss viel differenzierter vorgenommen werden.

Churchill nutzte hingegen diese Bombardierung im Jahr 1940 für seine Zwecke. Er übersteigerte die Opferzahl propagandistisch bewusst auf über das Dreißigfache und ordnete seinerseits Luftangriffe auf Ziele östlich des Rheins an, bei denen planlos Bomben abgeworfen wurden, auch weil man meist nachts angriff und die Ziele kaum orten konnte. Das brachte die Nationalsozialisten in Verlegenheit, die geglaubt hatten, solche Störmanöver unterbinden zu können. In seiner Weisung Nr. 17 vom 1. August 1940 behielt sich Hitler zwar als letztes Druckmittel im Luftkrieg auch „Terrorangriffe gegen reine Wohnviertel“[7] vor, aber erst als sich durch den Krieg gegen die Sowjetunion eine Radikalisierung im deutschen militärischen Denken abzeichnete, ordnete Hitler die Entwicklung von Waffen gegen Flächenziele an, die er 1939 noch zurückgestellt hatte.[8] Denn Hitler glaubte zu Kriegsbeginn noch, Großbritannien für sich gewinnen zu können. So ließ er nur verhalten Gegenangriffe auf England durchführen, doch eskalierte die Lage nach einem britischen Angriff auf Berlin, nach dem Hitler im September 1940 zum ersten Mal drohte, britische Städte „auszuradieren“. Die strategischen Planungen richteten sich nach dem siegreichen Frankreichfeldzug auf eine Invasion der britischen Insel, und dafür musste die Lufthoheit über England erreicht werden. Zunächst ging es um die Ausschaltung der gegnerischen Luftwaffe und die Zerstörung der Rüstungsindustrie. Doch nach dem September 1940 und der besagten Hitlerrede, wurden auch erste Terrorangriffe gegen London geflogen, die zwar keine Flächenbombardements waren, aber von der Zivilbevölkerung als Terror empfunden werden konnten.[9] Der Luftangriff

6 Boog, *a.a.O.*, S. 324.

7 BA-MA, RL 17/49: Dort wurde ab April 1942 die Forderung nach Terrorangriffen auf den Feind als Vergeltungsmaßnahmen gefordert.

8 Boog, S. 328.

9 A Vgl. Christian Zentner, *Schlacht um England*. Frankfurt/Main: Ullstein, 1980, S. 7–6 2.

auf die Stadt Coventry, einem Zentrum der Rüstungsindustrie und besonders der Flugzeugherstellung (17 Flugmotoren- und Rüstungsbetriebe) ließ dieser Drohung Taten folgen. Neben der Zerstörung, die alle wichtigen Fabriken traf, wurde auch die Kathedrale getroffen, 554 Zivilisten wurden getötet und 865 verletzt, obwohl im Vergleich mit den späteren britischen Bombenangriffen auf Deutschland „nur" 503 Tonnen Bomben abgeworfen wurden. Interessant ist die Meinung des britischen Luftmarschalls Harris zum deutschen Bomberkrieg der Jahre 1940/41. Er konstatierte 1947, die Deutschen hätte ihre Chance nicht genutzt, englische Städte durch konzentrierte Brandbombenangriffe zu zerstören.[10]

Der Luftkrieg gegen die Zivilbevölkerung 1939–1942/43

Zu Beginn des Krieges blieben wirksame britische Luftangriffe auf deutsches Gebiet zunächst aus. Doch nach den Erfahrungen im Ersten Weltkrieg hielt man auch im Gau Essen, zu dem Mülheim gehörte, direkte Angriffe auf Ruhrgebietsstädte für möglich. Am 2. 9. 1939 forderte Wisocki als Luftschutzleiter in der Mülheimer Zeitung die Bevölkerung auf, „macht die Straßen frei, wenn feindliche Flugzeuge in der Luft sind. Jede Neugier rächt sich bitter! Um euch vor dem Abwurf feindlicher Bomben zu schützen, muß die Flak schießen. Dabei können stets Geschützsplitter und auch größere Teile herunterfallen und Euch auf den Straßen gefährden."[11] Es sollte sich später zeigen, dass der Polizeipräsident Recht hatte, denn das Nichtbeachten seiner Mahnung kostete etliche Menschen in der Stadt das Leben. Die Zeitung wies auch in Artikeln und Bildern darauf hin, wie man primitive Luftschutzsicherungen bauen könne.

Die ersten Bomben trafen dann die Stadt um Pfingsten 1940. Die Beschädigungen, die am Kahlenberg und der Prinzess-Luise-Straße zu sehen waren,[12] konnten schnell repariert werden und boten den Mülheimern ein zunächst interessantes Ausflugsziel. Schon damals war Katastrophentourismus beliebt. Eine Bombe beschädigte die Fahrbahn der Jahnstraße. Die Stadtverwaltung meldete den Sachverhalt an das Luftfahrtministerium, um die Kosten für die Reparatur erstattet zu bekommen, denn das Reich war verpflichtet, solche Schäden zu regulieren. Auch das Sporthaus am Kahlenberg und das Jahndenkmal waren betroffen.[13] In der Literatur über Mülheim steht dann erst wieder der große Luftangriff auf die Stadt im Juni 1943 oder die Angriffe der Jahre 1944 und 1945 im Vordergrund der Beschäftigung mit dem Bombenkrieg.[14] Dies blendet aber, will man die Auswirkungen des Bombenkrieges auf die Menschen in Mülheim richtig ver-

10 Zitiert bei Boog, S. 326.

11 StAMH, 1433/55. Mülheimer Zeitung vom 2.9.1939.

12 Vgl. Heinz Hohensee, 1983, S. 30–31.

13 StAMH, 1181/2/22. Meldungen betr. 13.5. und 23.5. 1940.

14 Dazu hauptsächlich Elmar Wiedeking, „Kriegsalltag einer Stadt", in: *Jahrbuch der Stadt Mülheim*. 59. Ausgabe, 2004, S. 229–268. Ders., „Kriegsalltag einer Stadt. Mülheim an der Ruhr – Über die Menschen", in: *Jahrbuch der Stadt Mülheim*. 60. Ausgabe, 2005, S. 125–198. Elmar Wiedeking, der äußerst detailliert anhand der Opferlisten und der Feuerlöschprotokolle die Auswirkungen des Bombenkriegs ab 1943 analysiert, weist zwar auf das Vorhandensein von „Lageberichten des obersten Führers der Luftschutzpolizei" hin, hält diese Akten aber für

stehen, Wesentliches aus. Denn tatsächlich waren das Alltagsleben und die Wirtschaft in der Stadt schon viel früher vom Luftkrieg der Briten beeinträchtigt, die Unruhe der Menschen wuchs, das normale Leben geriet aus den Rhythmus. Das lag an den häufigen Überflügen britischer Maschinen, zuerst am Tag und später meist in den Nachtstunden. Schon am 4.7.1940 berichtet der Sicherheitsdienst der SS in seinen „Meldungen aus dem Reich", dass die Bevölkerung im Ruhrgebiet zum Beispiel durchaus zur Kenntnis nähme, dass britische Flugzeuge ungehindert über dem Reich patrouillieren könnten, auch wenn man darüber noch scherze wie mit dem Gruß: „Ich wünsche Ihnen eine splitterfreie Nacht." Die Erwartung der Menschen im Ruhrgebiet gehe dahin, dass England gegenüber Vergeltung geübt werden müsse.[15] Die deutsche Luftraumüberwachung beobachtete in den deutschen Luftraum eindringende Flugzeuge, die meist über der Scheldemündung einflogen, und meldete Kursänderungen an die entsprechenden Luftschutzwarnzentren; für Mülheim befand sich die unmittelbare in Essen; später in Recklinghausen. Je nach Bedrohungslage wurde dann Alarm gegeben, und zwar eher zu oft als zu selten. Das geheime Kriegstagebuch des Polizeipräsidiums Oberhausen/Mülheim gibt detailliert Auskunft über alle Vorgänge, die mit dem Luftschutz zusammenhingen.[16] Es soll einmal exemplarisch der September 1940 herausgegriffen werden, um für diesen ganz unspektakulären Monat die so genannte Luftlage für Mülheim darzustellen:[17]

> *2.10.: 1.07 Uhr Warnspruch der L.S.-Warnzentrale mit anschließender Luftwarnung. Am Morgen gegen 7.30 Uhr wurden im Bereich Boverstr. – Buggenbeck sieben abgeworfene Flugblätter gefunden. Dies führte zu einer Suchaktion der Hitlerjugend unter Aufsicht der Polizei.*
> *8.10.: Luftalarm. Zwischen 22.30 und 23.30 Uhr fielen Bomben auf ein H.J.-Heim ohne Schaden anzurichten. Zwischen 23.10. und 23.25 wurden Bomben auf den Hauptbahnhof* (heute Bahnhof Mülheim-West, der Verf.) *und die AEG abgeworfen. Ein Gleisteil und eine Schwelle wurden beschädigt.*
> *9.10.: Klares Wetter, Fliegeralarm von 21.18 Uhr–22.53 Uhr und dann noch einmal von 1.51 Uhr–3.53 Uhr am 10.10. Es wurden aber nur 16 Leuchtbomben gezählt, die keinen Schaden anrichteten.*
> *12.10.: Luftalarm von 21.22 Uhr–23.25 Uhr. 4 Sprengbomben gingen auf ein Ackergelände nieder, keine Schäden.*
> *15.10.: Alarm von 21.08 Uhr bis 23.11 Uhr. Beginn des Angriffs 21.19 Uhr. Vollmond. Auf die Friedrich-Wilhelms-Hütte wurden 5 Sprengbomben abgeworfen, davon war eine ein Blindgänger. Die Werkshallen 5 und 6 wurden getroffen, es entstand mittlerer Sachschaden. Teile der Oberhausener Straße mussten wegen des Blindgängers gesperrt werden.*

unauffindbar. Sie liegen als Kriegstagebuch des Polizeipräsidiums Oberhausen/Mülheim fast vollständig vor im HStAD und StAOB in Abschrift.

15 Christian Zentner, *a.a.O.*, S. 59 f.

16 StAOB, Kriegstagebuch des Polizeipräsidiums Oberhausen/Mülheim in maschinenschriftlicher Abschrift in 4 Teilen (abgekürzt Kriegstagebuch). Das Original im HStAD.

17 StAOB, Kriegstagebuch, Teil 2, Seite 536–579.

17.10.: Sprengung eines Blindgängers am Liebfrauenhof im Rumbachtal. Beim Abwurf dieser Bombe war wohl kein Alarm ausgelöst worden.
27.10.: Ein „Rückflieger“ warf zwei 120 kg-Sprengbomben und 61 Brandbomben auf die Deutschen Röhrenwerke, eine Brandbombe fiel in ein Verwaltungsgebäude der städtischen Straßenbahn und verursachte einen Kleinbrand. Es wurde kein Alarm ausgelöst.

Diese kurze Übersicht macht deutlich, dass die Sicherheit der Menschen in der Stadt nicht mehr vollständig gewährleistet werden konnte, zumindest waren viele ärgerlich über die Störungen. Die nächtlichen Alarme unterbrachen oder verhinderten die Nachtruhe, Flugzeuge konnten überraschend und ohne voraus gehenden Vor- oder Fliegeralarm auftauchen. Da in Mülheim mehrere Hochöfen in Betrieb waren, die im Alarmfall gelöscht und anschließend wieder angeblasen werden mussten, ließen sich Produktionsausfälle nicht vermeiden. Für die Stadt Dortmund meldete der Sicherheitsdienst der NSDAP bereits im Juli 1940 einen Rückgang der dortigen Bergbauförderung „infolge Übermüdung und Nachlassens der Spannkraft“,[18] die einen Monat später auf der Dortmunder Zeche *Hansa* erfolgte Schlagwetterexplosion führten Bergleute auf diese Ermüdungserscheinungen zurück. Dies war auch eine vom britischen *Bomber Command* beabsichtigte Wirkung der ansonsten wenig effektiven Angriffe. Viele Menschen fragten sich, ob es überhaupt notwendig sei, einen Schutzraum aufzusuchen oder ob man nicht besser in der Wohnung bzw. im Bett bliebe. Da bisher auch in Mülheim noch keine Menschen zu Schaden gekommen waren, sahen viele Bürger es auch nicht ein, bei jedem Alarm die Luftschutzräume aufzusuchen, obwohl die Luftschutzpolizei dies dringend empfahl. Die NSDAP-Gauleiter und Luftschutzbeauftragten waren in einem Rundschreiben Bormanns im September 1940 dahingehend informiert worden, dass die Engländer weder die notwendigen Flugzeuge noch genügend Bomben besäßen, um eine Bedrohung darzustellen.[19] Im September 1940 hatte die Luftschlacht um England begonnen, die sich bis zum Juni 1941 hinzog und 42.000 britische Opfer kostete. Dies wurde von den Nazis propagandistisch als „Vergeltung“ für die Luftangriffe auf das Reich dargestellt. Göring, der großspurig verkündet hatte, kein englisches Flugzeug würde je das Reichsgebiet überfliegen, sah sich zu Ende des Jahres zu einer Geste verpflichtet, um sein ramponiertes Ansehen in der Bevölkerung aufzufrischen. Den Kindern der in der Luftschlacht über England gefallenen Flugzeugbesatzungen schenkte er zu Weihnachten Sparkassenbücher über einen Betrag von je 1.000 Reichsmark mit einer persönlichen Widmung des Reichsmarschalls, „der es als schönste und heiligste Verpflichtung ansieht, für die Zukunft der Kinder seiner gefallenen Fliegerkameraden zu sorgen“.[20]

Eine weitere Erschwernis ihres Lebens kam für die Mülheimer dazu. Immer wenn An-, Ab- und Überflüge feindlicher Flugzeuge über Mülheimer Gebiet stattfanden, schoss die Flak. Die 2-cm- und 3,7-cm-Kanonen, die anfangs in Mülheim eingesetzt wurden, bereiteten keine Probleme, waren aber auch nicht besonders effektiv. Wenn allerdings die

18 Blank, *a.a.O.*, S. 363.
19 Bormanns Rundschreiben im StAMS, OP 5197.
20 *Völkischer Beobachter* vom 25./26. 12. 1940, zitiert bei Christian Zentner, *a.a.O.*, S. 183.

8,8-cm-, 10,5-cm-Flak oder 15,5-cm-Flak schoss, wirkte sich dies außerordentlich störend aus. Es wird berichtet, dass in der Leibnitzstraße die Fensterscheiben erzitterten, und ein lautes Echo sich in der Straße brach, wenn die Flak in der Nähe des Flughafens schoss. Dazu kam, dass Splitter von Granaten herab fielen und immer wieder Geschosse in der Luft nicht zündeten, hinunter fielen und als Erdkrepierer explodierten. So geschehen am 17.11.1940, als die Flugzeuge zwar keine Bomben abwarfen, aber fünf Flakerdkrepierer auf dem Boden explodierten, allerdings ohne Schaden zu verursachen.

An der Wende der Jahre 1940/41 verschärften sich die Luftangriffe. Am 20.11 1940 zum Beispiel fielen auf das Gelände an der Rennbahn sechs Sprengbomben, davon waren drei Blindgänger mit Langzeitzündern und 133 Brandbomben, ein erster Hinweis auf die Taktik der Briten, Wohnhäuser und Menschen zu verbrennen. Der Alarm dauerte von 3.12 Uhr–6.15 Uhr. Häuser an der Heer-, Hansa-, Duisburger- und Heerstraße wurden ebenfalls beschädigt, eine Frau dabei schwer verletzt, und drei Familien mussten anderweitig untergebracht werden, weil ihre Wohnungen unbewohnbar geworden waren. Schon am nächsten Tag fielen drei Spreng- und 35 Brandbomben auf das Haus in der Waldstraße 2, dabei gab es einen Toten und drei Verletzte. Zwei dieser Personen waren außerhalb eines Schutzraumes gewesen. Ein Blindgänger lag vor dem Haus Flurstraße 13. Er wurde erst am 29.11. zusammen mit den Blindgängern an der Rennbahn von Feuerwerker Boer gesprengt.[21] Bis zu diesem Zeitpunkt musste das Gelände weiträumig abgesperrt werden. Am 27.11. meldete die Warnzentrale fortwährend starke Ein- und Rückflüge über dem Reichsgebiet. Um 23.38 Uhr trafen dann fünf Sprengbomben, zwei davon waren Blingänger, zusammen mit 52 Brandbomben Häuser am Blötterweg. Besonders stark traf es eine Bäckerei am Blötterweg 63, die völlig zerstört wurde, wobei auch zwei Kraftfahrzeuge einen Totalschaden aufwiesen. In den nahen Gärten wurden 30 Hühner und eine Gans getötet. Auch auf den Kohlenbergbau in Mülheim erfolgten Angriffe, diese aber wohl eher ungeplant. Am 22.1.1941 wurden einige hundert Flugblätter über der Zeche Rosenblumendelle abgeworfen und am 15.2. des Jahres fielen acht Sprengbomben auf die Zeche Wiesche und fünf auf den Exerzierplatz am Auberg. Hierbei kam eine Frau ums Leben, zwei Frauen wurden leicht verletzt. Die Feuerwehr rückte mit mehreren Zügen der 2. Abteilung aus. Im Feuerschutzbericht heißt es, in der Hardenbergstraße 61 sei es zu einer „Menschbergung unter Feindeinwirkung" gekommen.[22] Es scheinen also noch beim Feuerwehreinsatz Bomben zur Detonation gelangt zu sein. Alle Opfer hatten sich außerhalb eines Luftschutzraumes befunden. Der Bau von Luftschutzräumen wurde deshalb immer dringlicher. Das „Führer-Sofortprogramm" vom Oktober 1940 sollte den Bunkerbau in großem Stil ermöglichen, Die administrative Ausführung des Programms lag in den Händen von Fritz Todt, dem Chef der gleichnamigen Organisation, die das Bauwesen im Reich dominierte. Für die erste Bauphase wählte man 61 Städte aus, die in die Kategorie *Luftschutzorte I. Ordnung* passten. Dazu gehörte auch Mülheim. Aber die Planungen und auch die konkrete Ausführung der Bauten verzögerten sich immer wieder. Die Propaganda verkündete zwar mit großen Worten, jedem Volksgenossen würde ein sicherer Schutzplatz verschafft, aber das Programm blieb weit hinter den Erwartungen zurück.

21 StAOB, Kriegstagebuch, Teil 2, S. 584–598.
22 StAMH, 1471/4/2.

Bis Januar 1942 wurden im gesamten Reich 4,8 Millionen Kubikmeter Beton verbaut, dies entsprach aber nur dem Volumen von zum Beispiel zehn U-Boot-Bunkern.[23]

Für die Brandbekämpfung waren in erster Linie die so genannten FuE.-Bereitschaften (Feuerschutz und Entgiftung) gebildet worden. Von diesen gab es im Luftschutzort Oberhausen/ Mülheim sechs. Unter dem Eindruck der sich verschärfenden Flugzeugangriffe wurde eine weitere Bereitschaft gebildet, die allerdings dem überwiegend Oberhausen zugeordneten Luftschutzabschnitt Mitte zugeordnet war mit der Option des Einsatzes auch im Abschnitt Nord und Süd (Mülheim). Ab Mai 1941 störte der häufige Luftalarm besonders bei Arbeitsprozessen aller Art und auf den Wegen, die die Menschen zurücklegen mussten. Es wurde zunächst Voralarm gegeben, drei Mal lang gezogener Ton, und dann Vollalarm, ständig auf- und abgehender Ton. Um die Alarmzeiten möglichst kurz zu halten, sodass die Arbeit schnell wieder aufgenommen werden konnte, wurde, wenn die Gefahr vorüber war, Entwarnung gegeben, auch einige Male, wie das Kriegstagebuch vermerkt, zu früh. Deshalb wurde auf die Notwendigkeit einer besseren Zusammenarbeit von Luftbeobachtern und Befehlsstellen hingewiesen, die telefonisch miteinander verbunden waren. Am 16.5. erwähnt das Kriegstagebuch, dass sich die städtische Luftüberwachung gut entwickelt habe und vorzeitige Entwarnungen deshalb vermieden werden konnten.[24] Das Stadtgebiet Mülheims war vom Luftschutzamt in 20 Bezirke eingeteilt worden, denen Luftschutzpolizisten zugeteilt waren. Die gefährliche Aufgabe der Luftbeobachtung wurde dem Sicherheitshilfsdienst (SHD) übertragen. Das waren oft ältere Männer, die auf hohen Häusern und Türmen als Beobachter eingesetzt wurden, um nach Feuer und Explosionen sprengverzögerter Bomben Ausschau zu halten. Dazu hatten sie auf die Flugrichtung der Feindmaschinen zu achten. Der Befehlsstand der Feuerschutzpolizei war bei Alarm im Polizeipräsidium an der Von-Bock-Straße, das offiziell aber nur ein Polizeiamt war. Auf dem Rathausturm war solch ein Beobachtungsposten zusammen mit einer 2-cm-Flak-Stellung eingerichtet. Die Versorgung dieser Männer, die für eine permanente Überwachung der Stadt sorgen mussten und auch bei Bombenangriffen auf ihrem Posten verblieben, übernahmen Werksküchen. Das war der einzige Vorteil, den es für sie gab.

In der ersten Hälfte des Jahres 1941 häuften sich die Fälle von Blindgängerbomben. Ein Indiz dafür, dass es noch Fertigungsmängel bei der Bombenproduktion in Großbritannien gab. Dies änderte sich erst am Ende des Krieges, aber die Entwicklung neuer und wirkungsvollerer Bomben lief neben einer gewaltigen Ausweitung der Flugzeugproduktion auf der Insel auf Hochtouren.

Im Jahr 1941 war das Sprengkommando Ratingen immer wieder in Mülheim tätig, um Blindgänger zu entschärfen. So am 13.6.41, als eine 500-Pfund-Bombe unschädlich gemacht werden musste.[25] Auch der Feuerwerker der Flak wurde aktiv, als im Mai ein Flakblindgänger abgeholt und anschließend auf freiem Feld gesprengt wurde.[26]

23 Blank, *a.a.O.*, S. 396 f.

24 StAOB, Kriegstagebuch, Teil 3, Seite 9.

25 Ebd., S. 33.

26 Ebd., S. 16/17.

Über Mülheim wurden auch ab und zu feindliche Flugzeuge abgeschossen, so am 29.8.1941 und am 26.3.1942. Die letztere Maschine war eine Wellington IV, Z 1262 GR-R, die zur polnischen Schwadron 301 der *Royal Air Force* gehörte[27] und in der Nähe der Holthauser Höfe abstürzte. Am 31.5.1943 brach eine viermotorische Lancaster III über Speldorf auseinander und stürzte im Bereich Hansastraße/Duisburger Straße ab. Sie war bereits auf dem Rückflug nach England bis Brügge gekommen und dort wohl von Nachtjägern überrascht und vom Kurs abgedrängt worden. Aber erst ein Flakgeschoss hatte die Maschine so getroffen, dass die Bordmunition explodierte und das Flugzeug auseinander brach.[28] Einen auf die persönlichen Schicksale einer Flugzeugbesatzung bezogenen Bericht über den Absturz einer Stirling BK 810 AA-G unter dem Kommando des neuseeländischen *Pilot Officers* Francis Max McKenzie, die beim großen Luftangriff auf Mülheim am 23.6.1943 von der Flak und einem Nachtjäger abgeschossen wurde, gibt Elmar Wiedeking in seiner Darstellung des Kriegsalltags in Mülheim.[29]

Am 22. Februar 1942 wurde Arthur Harris Chef des *Bomber Command*. Damit kam ein völlig skrupelloser, von der kriegentscheidenden Rolle der Luftwaffe überzeugter Militär auf einen der wichtigsten Posten. Schnell wurde klar, dass für Harris der effektive Luftkrieg in Flächenbombardements bestand, die auf die Zivilbevölkerung abzielten.[30] Harris versprach sich auch viel vom britischen Gee-Navigationsverfahren, das als Antwort auf das deutsche Wotan-Gerät gedacht war, das bei der Bombardierung von Coventry eingesetzt worden war. Bei Gee, der Name ist abgeleitet von englischen *grid*, einem Raster, das durch eine Kathodenröhre auf einen Empfänger im Flugzeug projektiert wurde und die Position erkennen ließ, wurde das Signal im Flugzeug passiv empfangen. Es erwies sich allerdings als wenig zuverlässig. Ab 1942 experimentierten die Briten verstärkt mit Luftminen, eine Waffe, die man auf Englisch auch als *blockbuster* bezeichnete. Sie sollte ganze Häuserzeilen durch das Abdecken von Dächern und Zerstören von Fensterscheiben und Türen für den anschließenden Massenabwurf von Brandbomben oder Brandkanistern präparieren. Eine weitere hässliche Wirkung von Minenbomben war, dass sie durch die Explosionswirkung die Lungen der Menschen zerreißen konnten. Der erste Angriff damit, bei dem allerdings nur eine Minenbombe von 835 Kilogramm Gewicht eingesetzt wurde, erfolgte am 25.3.1942[31] und traf besonders den Luftschutzabschnitt Mitte schwer. Schon am Nachmittag war eine rege Einflugtätigkeit aus dem Raum Düsseldorf, Dortmund, Wuppertal gemeldet worden, nächtliche Einflüge über Holland erfolgten dann ab 21.44 Uhr, Alarm wurde für den gesamten Luftschutzort um 22.12 Uhr gegeben, er dauerte bis 0.55 Uhr. Zunächst wurden Fallschirmleuchten abgeworfen, die das Gebiet in helles Licht tauchten. Flak schoss im Dauerbeschuss, viele Scheinwerfer waren im Einsatz. Es fielen eine Minenbombe, 61 Sprengbomben, 47 Flüssigkeitsbomben, 3.000 Brand- und Phosphorbrandbomben im Mischwurf; ein Blindgänger ging erst nach 94 Stunden hoch. Das Ergebnis dieses ersten schwereren Bombenangriffs waren 15 Tote und neun Verletzte. Das

27 Wiedeking, 2004, S. 232.

28 Wiedeking, 2005, S. 130–140.

29 Ebd., S. 141–145.

30 Zur Person von Harris: Frederic Taylor, *Dresden*. New York: Harper Collins, 2004. S. 115 f.

31 StAOB, Kriegstagebuch, Teil 3, S. 180 ff.

Reichsbahnausbesserungswerk in Speldorf wurde getroffen und verzeichnete für zwei Tage einen Produktionsausfall von 50%. Dort konnten aber Werkschutz und Sicherheitshilfsdienst (SHD) 29 Brände selbst löschen. In Mülheim und Oberhausen wurden sieben Häuser schwer getroffen, 119 mittelschwer, zwei Straßenbahnwagen brannten aus. 171 Personen mussten längerfristig umquartiert werden. 100 Polizisten und 100 Mann vom SHD waren zusammen mit Schnellkommandos im Einsatz.

Zu diesem Zeitpunkt waren bereits Änderungen beim Sicherheitshilfsdienst in kraft getreten. Durch einen Erlass des Oberbefehlshabers der Luftwaffe vom 19.3.1942, dem der SHD unterstand, wurde der ortsfeste SHD 1. Ordnung in die Polizeireserve überführt. Die Armbinde „Sicherheits- und Hilfspolizei" fiel weg, es wurden die Kragenspiegel der Schutzpolizei eingeführt. Diese Änderungen wurden nach dem schweren Angriff dann auch praktisch durchgeführt. Sie hatten aber nicht nur einen optischen Effekt. Göring als Oberbefehlshaber der Luftwaffe verzichtete damit auf die Befehlsgewalt über den SHD, der ab sofort Himmler, dem Chef der deutschen Polizei unterstellt wurde, womit das Geflecht zwischen Polizei, SS/SD und militärischem Arm der SS immer stärker unter Himmlers Kontrolle geriet.

Am 13.4.1942 fielen einige Bomben verstreut auf Mülheim und Oberhausen, am 13.5.1942 griffen noch einmal drei Wellington-Bomber Mülheim an. Obwohl sie nach Angaben der *RAF* fünf Tonnen Bomben abgeworfen haben sollen, berichtet das Kriegstagebuch nichts darüber.[32] Höchstwahrscheinlich ging die tödliche Fracht über unbesiedeltem Gebiet nieder. Auch im Mai waren sich Bevölkerung und Führung noch nicht klar darüber, ob die Angriffe primär dem Industriebereich der Stadt oder den Menschen galten. Das wurde aber vollends deutlich nach dem noch größeren Angriff vom 2.6.1942, dem sich am folgenden Tag noch einmal ein weiterer Angriff anschloss, der anlaufende Hilfsmaßnahmen erschweren sollte; eine Taktik, die auch bei der *Operation Hurricane* 1944 und in Dresden angewandt wurde. Die Luftraumbeobachtung meldete um 23.23 Uhr Luftgefahr 30, um 23.54 Uhr Luftgefahr 15, die Bomber waren also im Anflug auf das Ruhrgebiet. So wurde um 0.06 Uhr Fliegeralarm gegeben. Der tatsächliche Angriff lief dann von 0.30 Uhr bis 2.40 Uhr mit ungefähr 100 Flugzeugen. Dabei praktizierte die britische Luftwaffe eine sehr ungewöhnliche Taktik. Zunächst wurde das Gebiet durch die so genannten *Beleuchter* – im Englischen: Pathfinder – in helles Licht getaucht, wobei eine große Anzahl Leuchtbomben abgeworfen wurden. Die Beleuchter, aller Wahrscheinlichkeit nach Mosquitos, hatten sogar Positionslampen eingeschaltet und waren deshalb für die Flak gut zu erkennen. Die Bomber flogen dann tiefer als die *Beleuchter*, teilweise sehr tief, an, sodass sie sogar Bordwaffen einsetzen konnten, was sehr ungewöhnlich war. Im Kriegtagebuch heißt es, dass die Flak durch den Ausfall der Messgeräte beeinträchtigt war. [33] Da zu dieser Zeit noch keine Staniolstreifen zur Störung der Radargeräte im Einsatz waren, muss wohl die Witterung oder die Rauchentwicklung dafür gesorgt haben. Es wurden drei Minen, 274 Sprengbomben, 24.500 Stabbrandbomben (1,7 kg.) und 943 Phosphorkanister (14 kg.) abgeworfen. Es starben 83 Menschen, 29 innerhalb und 54 außerhalb von Schutzräumen, dazu kamen 127 Schwerverletzte, 105 Leichtverletzte.

32 StAOB, Kriegstagebuch, Teil 3, S. 218 ff.

33 StAOB, Kriegstagebuch, Teil 3, S. 219 f.

Im gesamten Luftschutzort gab es an Wohnungen 169 Totalschäden, 213 mittlere und 1.954 Kleinschäden. 6.161 Personen mussten ausquartiert werden, 377 Häuser wurden geräumt. Vier Stück Großvieh und 325 Stück Kleinvieh wurden vernichtet. Bei der Feuerwehr wurde ein KS25-Löschwagen in der Limburgstraße in Styrum beschädigt, Sieben LKW fielen aus. In Mülheim waren Heißen und Styrum besonders stark betroffen. Die 1. Abteilung der II. FuE-Bereitschaft war hier 10 Stunden ununterbrochen im Einsatz.[34] Der Ausfall der Industrieanlagen war hingegen relativ gering, Eine Großanlage fiel zu 100% für drei Tage aus, eine weitere zu 30% für zwölf Tage. Im Kriegstagebuch wurde das richtige Resümee gezogen, denn dort hieß es: „Es handelte sich um einen Terrorangriff auf die Zivilbevölkerung. Die Großindustrie wurde nur im Rahmen dieses Angriffes und erfreulicherweise nur sehr gering ... mitbetroffen."[35] Nach der Auswahl der Bomben kann man durchaus von einem Terrorangriff sprechen. Dazu wird deutlich, dass die *RAF* Ziele nun präziser anfliegen konnte und größere Bombenladungen transportiert wurden. Erstaunlich ist es, dass bei dem Wiederholungsangriff einen Tag später, am 3.6.1942, als die Feuerwehren und Hilfsmannschaften – es waren auch 364 Soldaten im Einsatz – teilweise noch tätig waren, selbst aus Münster waren Einheiten eingetroffen, kein Toter zu beklagen war. Circa 20 Flugzeuge warfen noch einmal eine Mine, 37 Sprengbomben, 1.750 Stabbrand- und 101 Phosphorbomben ab.

Ab 1943 setzte man auf alliierter Seite immer mehr viermotorige Bomber ein, dabei besonders den zuverlässigen Lancaster-Typ, der dafür sorgte, dass sich die Bombenladekapazität britischer Flugzeuge insgesamt verdoppelte. Die Zahl der einsatzfähigen Flugzeuge nahm in dieser Zeit um mehr als das Vierfache zu. [36] Die in Holzbauweise konstruierten Mosquitos, die als schnelle Jagdbomber und *Pathfinder*, also Ortungs- und Markierungsflugzeuge, eingesetzt wurden und vom deutschen Radar wegen ihrer Holzbauweise kaum entdeckt werden konnten, waren auf Grund ihrer Schnelligkeit und Präzision insbesondere den deutschen Nachtjagdflugzeugen überlegen. Inzwischen sah auch der Reichsverteidigungskommissar für den Wehrkreis VI, der den Oberpräsidenten und Gauleiter vertretende stellvertretende Essener Gauleiter Schleßmann ein, dass „in großem Stil Terrorangriffe zu erwarten seien."[37] Auch wenn die deutsche Luftwaffenführung versuchte, mit den so genannten *Baedeker Raids*, Angriffen auf Klein- und Mittelstädte in England im Herbst 1942, eine Vergeltungsaktion durchzuführen, blieben diese Aktionen ineffektiv. Propagandistisch wurden sie genutzt, um der betroffenen Bevölkerung in den Luftschutzorten das Gefühl zu geben, die deutsche Luftwaffe räche sich an den Briten. Aber Engländer und Amerikaner hatten immense Fortschritte in der Luftrüstung gemacht. Verheerend für die deutschen Städte wirkte sich die Entwicklung eines Navigationsgerätes aus, das theoretisch eine Zielgenauigkeit von bis zu 90 Metern ermöglichte. Zuvor hatte das *Bomber Command* schon bei Treffern in einem Radius innerhalb von fünf Meilen um das Ziel von Erfolg gesprochen. Möglicherweise wurde auch beim Juniangriff auf Oberhausen und Mülheim versuchsweise mit dem neuen Navigationsverfah-

34 StAMH, 1471/4/2 zum 2.6.1942.

35 StAOB, Kriegstagebuch, Teil 3, S. 216.

36 Boog, *a.a.O.*, S. 9.

37 Blank, a.a.O. S. 364.

ren, das man *Oboe* nannte, gearbeitet. Das *Oboe*-Verfahren verarbeitete starke Funksignale im 1,5-Meter-Wellen-Bereich, die von zwei Stationen in England, zum Beispiel den durch eine Direktleitung verbundenen Stationen „Katze“ und „Maus“ (*master* und *slave*) in Trimmingham und Walmer ausgesandt wurden.[38] Der Kurs der Flugzeuge führte auf einem Kreis um die Stationen. Aus diesem Grund war die Angriffsrichtung bei diesem Verfahren immer gleich. Es dauerte um die zehn Minuten, um die geführten Flugzeuge auf den richtigen Angriffskurs zu bringen. Dieser Kurs musste dann streng eingehalten werden. Die Funkimpulse kamen unregelmäßig, sodass sie von deutschen Abhör- und Radarposten nur schwer abzufangen waren. Wie beim deutschen Wotan-Verfahren gab die „Slave“-Station den Befehl zum Bombenabwurf. Als man einige Monate später die Wellenlänge auf 3cm reduzierte, war das Verfahren von den Deutschen überhaupt nicht mehr zu stören. Die mit *Oboe* ausgerüsteten Flugzeuge waren meist die schnellen Mosquitos.[39] Über dem Ruhrgebiet mussten diese Flugzeuge eine Höhe von 8.000 bis 10.000 Metern einhalten, damit das Navigationsverfahren, das bis maximal 500 Meilen weit reichte, durchgeführt werden konnte. Die Beobachtung, dass die Beleuchter beim Großangriff vom 2.6.1942 sehr hoch flogen, lässt darauf schließen, dass hier bereits mit *Oboe* experimentiert wurde. Ein weiteres noch weiter reichendes, wenn auch nicht so präzises Verfahren war H2S mit dem so genannten „Rotterdam“-Gerät, bei dem das durch einen rotierenden, abwärtsgerichteten Sender erfasste Gelände ein Panoramabild auf dem Empfänger hinterließ. Mit Erfahrung konnten so Eisenbahnschienen oder Häuser vom Bordnavigator erfasst werden. Das Verfahren wurde besonders von der amerikanischen Luftwaffe benutzt. Aber erst im Zusammenspiel mit neuen Beleuchtungstechniken wurde der Bombenabwurf genauer. Im Januar 1943 setzte man neue barometrisch gezündete Bodenmarkierungsbomben ein, die in 60 Kerzen zerplatzten und das „Gefechtsfeld“ hell erleuchteten, dazu kamen die Himmelsmarkierungsbomben, die an Fallschirmen herabschwebten. Nach *Oboe*-Navigation abgeworfene Leuchtbomben waren immer rot. Wurden sie ohne Bodensicht abgeworfen sprach man vom „Paramatta“-Verfahren. Bei diesem war es notwendig, dass anschließend weitere Markierungsflugzeuge Zielpunkte visuell aussuchten und grün markierten. Als später dann noch „Masterbomber“ eingesetzt wurden, die über der Szene kreisten, kamen noch Anweisungen durch Sprechfunk dazu. Beim „Newhaven“-Verfahren wurde das Zielgebiet zunächst durch Leuchtbomben (Christbäume) aufgehellt, und dann durch Bodenmarkierer farblich unterschiedliche (meist rote und grüne, seltener gelbe) Zielpunkte gesetzt. Die Brenndauer der Markierungsbomben konnte 1943 auf zwölf Minuten gesteigert werden.[40] Ab März 1943 spürten die Menschen im Ruhrgebiet die Auswirkungen dieser Entwicklungen.

In Mülheim war in der zweiten Hälfte 1942 als Reaktion auf den sich verschärfenden Luftkrieg einiges geschehen. Positiv vermerkte die Luftschutzleitung, dass die Brandbekämpfung stark verbessert worden war. Sie führte das auf die Schulungen des Reichsluftschutzbundes und eine verbesserte Kommunikation zwischen Beobachtern und Luftschutzpolizeileitung zurück. Gemeint waren hierbei die Luftraumbeobachter des SHD,

38 Boog, *a.a.O.*, S. 9–11.
39 Boog, *a.a.O.*, S. 12.
40 Ebd.

die Meldepunkte in den drei Luftschutzabschnitten und die Zentrale des Luftschutzortes im Polizeipräsidium Oberhausen. Insbesondere wurde in Mülheim die Zusammenarbeit zwischen dem geschulten Feuerwehrführer auf dem Rathausturm und dem Fachführer Feuerwehr in der Hauptfeuerwache gelobt.[41] Problematisch hatte sich jedoch erwiesen, dass Hydranten und Wasserleitungen nicht den erforderlichen Druck aufbauen konnten, wenn viele Brände gleichzeitig gelöscht werden mussten. In der Bevölkerung war es zwar bisher nicht zu einer Panikstimmung gekommen, doch störten die sehr häufigen Luftalarme das Leben in der Stadt nachhaltig, und Unmut darüber machte sich breit. Am 1. August 1942 war zwischen 0.28 Uhr und 16.32 Uhr mit Unterbrechungen fünfmal Fliegeralarm gegeben worden, ohne dass ein Angriff erfolgt war. Das Luftschutz-Warnkommando in Essen hatte an diesem Tag 157 Warnsignale an die Luftschutzzentrale in Oberhausen gegeben.[42] Dort äußerte man Verständnis darüber, dass viele Bürger gar nicht mehr die Schutzräume aufsuchten. Da dies wohl überall im Ruhrgebiet ähnlich war, wurde am 31.8.1942 ein neues Luftschutzsignal eingeführt, die öffentliche Luftwarnung (ÖLW), ein hoher Dauerton von dreimal 15 Sekunden. Das Signal wurde gegeben, wenn nicht mehr als drei Flugzeuge im Anflug auf die Stadt waren. Für die Luftschutzpolizei bedeutete die ÖLW jedoch, dass alle Bunker geöffnet werden mussten. Es war aber den Bürgern selbst überlassen, ob sie die Schutzräume aufsuchen wollten.[43]

Wenn einzelne Flugzeuge in der Luft waren, wurde oft gar kein Alarm gegeben, so am 22.10.1942 als zwischen 13.20 Uhr und 15.47 Flugzeuge im Luftraum über Mülheim waren. Unglücklicher Weise stieß eine dieser Maschinen durch die Wolkendecke und warf drei Sprengbomben auf die Zünderfabrik in der Markenstraße. Diese Fabrik hatte es bereits im Ersten Weltkrieg gegeben. Die Luftschutzpolizei vermutete, dass die Lage der Fabrik seit der Ruhrbesetzung 1923 bekannt war und die Franzosen entsprechende Informationen an die Briten weiter gegeben hätten. Ein Gebäude, die Schreinerei, wurde getroffen und musste geräumt werden. 39 „Gefolgschaftsmitglieder" waren betroffen, wovon einer schwer verletzt in das Evangelische Krankenhaus eingeliefert wurde. Das Sprengkommando Ratingen konnte bereits um 17.00 Uhr einen Blindgänger entschärfen, sodass die Arbeit wieder aufgenommen werden konnte. Bis auf einen kleinen Angriff am 20.12.1942 auf das Röhrenwerk mit 7 Sprengbomben und 730 Stabbrandbomben von je 1,7 kg., bei dem eine ausländische Arbeiterin verletzt und eine Gaszufuhrröhre beschädigt wurde,[44] ließ die Bombardierung aus der Luft zunächst nach, aber nur, um 1943 zu einem ersten Höhepunkt zu gelangen. Der Reichsführung war völlig klar, welche negativen Auswirkungen der Bombenkrieg auf die Stimmung in der Bevölkerung haben musste. Deshalb wurde eine zentrale Instanz, der Interministerielle Luftkriegsschädenausschuss (ILA) im Januar 1943 gebildet, dessen Aufgabe es war, alle Hilfsmaßnahmen bei größeren Luftangriffen zu koordinieren. Als Vorsitzenden bestimmte Hitler Goebbels. Der ILA hatte weit reichende Vollmachten, wie die Bereitstellung von Bekleidung, Wohnungseinrichtungen und Gegenständen des täglichen Bedarfs an betroffene Bürger. Hilfszüge brachten

41 StAOB, Kriegstagebuch, Teil 3, Seite 218 ff.
42 Ebd., S. 275.
43 Ebd., S. 295 f.
44 Ebd., S. 329 f.

diese Dinge nach den schweren Luftangriffen auf das Ruhrgebiet auch hierhin. Bei einer dieser Zugladungen handelte es sich zum Beispiel um Dinge aus dem persönlichen Besitz der aus Belgien und Frankreich deportierten Juden, mit denen Bombenkriegsopfer entschädigt wurden. Möbel aus jüdischem Besitz wurden in Mülheim bei der Firma von der Linden gelagert, es lässt sich aber nicht mehr feststellen, ob auch sie von der NSDAP bzw. Repräsentanten des ILA an Ausgebombte verteilt worden sind. Selbst Wehrmachtlager konnten requiriert werden, um die Notversorgung sicher zu stellen. Auch die neu gebildete „Reichsinspektion für zivile Luftkriegsmaßnahmen", ebenfalls unter der Führung von Goebbels und mit dem anerkannten Luftschutzspezialisten, dem Gauleiter Hoffmann aus Westfalen-Süd als Beauftragtem, sollte das Leid der Volksgenossen lindern und Luftschutzmaßnahmen in Gang setzen.

Bild 48: Luftschutzübung in Mülheim

Besonders ein britischer Präzisionsangriff schockierte viele Mülheimer. Am 9.1.1943 waren schon zwischen 11 und 15 Uhr immer wieder Störflüge erfolgt, die von 11.55 Uhr bis 12.34 Uhr zu ÖLW geführt hatten. Dann, zwischen 19.27 Uhr und 19.40 Uhr erfolgte ein Präzisionsangriff auf die Schlossbrücke. Eine Luftmine fiel nur 20 Meter von der Brücke entfernt in die Ruhr und explodierte unter Wasser. Trotz dessen Dämmwirkung kam es zu einer gewaltigen Explosion, die bis in die Stadtmitte Gebäude abdeckte und Fensterscheiben zertrümmerte. Eine Luftschutzpolizeiunterkunft in der Delle 26 wurde beschädigt und weitere Gebäude auf dem Dudel.[45] Der 1. Zug der 2. FuE-Abteilung der Feuerwehr wurde zu Aufräumarbeiten eingesetzt.[46] Einen Tag später besichtigte der stv. Gauleiter Schlessman zusammen mit Kreisleiter Camphausen am Mittag die Unglücksstelle, nachdem Oberbaurat Weegmann bereits am Vormittag nach eingehender Untersuchung die Brücke wieder frei gegeben hatte. Die Herren von der NSDAP wollten eben kein Risiko eingehen.

Der Luftkrieg verschärfte sich, nachdem *Bomber Command* in Absprache mit den Amerikanern beschlossen hatte, eine große Luftschlacht zu führen. Im Rahmen der „Pointblank"-Offensive hatten sich Amerikaner und Briten im Januar 1943 in Casablanca darauf geeinigt, den Luftkrieg zu verstärken. In den Unterredungen zeigte sich, dass die Amerikaner ähnlich wie die Deutschen zu Beginn des Krieges ausgewählte militärische und industrielle Ziele auswählen und bekämpfen wollten, und das vorwiegend bei Tag, während *Air Marshall* Harris nächtliche Flächenangriffe bevorzugte. Die Briten wiesen darauf hin, dass die Offensive die deutsche Flugabwehr 24 Stunden am Tag beschäftigen würde, was für die Amerikaner wichtig war, die gerade bei Tagangriffen unter der erstarkenden deutschen Jagdabwehr litten. Es standen sich allerdings bis zum Schluss der Unterredungen das amerikanische Selektivverfahren und das britische Flächenbombardement als mögliche Optionen gegenüber. Erst im Mai 1943 genehmigten Churchill und Roosevelt, bewusst ohne weitere Diskussionen der Vereinigten Stabschefs, das Vorgehen im Sinne von Harris, Flächenbombardierungen auf die Wohngebiete der Zivilbevölkerung durchzuführen. Wie Götz Friedrich in seinem Buch *Der Brand* ausführt, stand nun das Bestreben, „aus der Luft Vernichtungsräume auf den Boden zu setzen",[47] im Vordergrund. Präzisionsangriffe, auch wenn es nur wenige gegeben hatte, sollten von den Briten ganz zugunsten von Flächenbombardements aufgegeben werden. Der britische Stabschef der Luftwaffe, Portal, rechnete ganz formal vor, dass mit 4.000 Bombern und einer Abwurfmenge von 60.000 Bomben im Monat 43 deutsche Städte mit je über 100.000 Einwohnern zerstört werden könnten. In den Akten des Luftfahrtministeriums findet sich die Anweisung Portals für Arthur Harris, keine Industrieanlagen, sondern die Siedlungsgebiete anzugreifen. Dieses so genannte *moral bombing* sollte den Widerstandswillen der deutschen Bevölkerung brechen. Dabei hätte es Harris eigentlich klar sein müssen, dass das Brechen der gegnerischen Moral wohl kaum durch Luftangriffe möglich war, zumindest hatten gerade die deutschen Angriffe auf London 1940/41 eher zu einer Solidarisierung der britischen Bevölkerung geführt. Harris kam es jedoch darauf an, seine jetzt einsatzbereite Lufttötungsmaschinerie auch rücksichtslos zu gebrauchen, und das mit Billigung seines Premierministers, dem allerdings zu Kriegsende etwas mulmig wurde, als er auf eine Einstellung der strategisch gar nicht mehr notwenigen Bombardierungen drängte. Als besonders perfide erscheint die bei Taylor zitierte Begründung aus englischer Sicht, die eine verbreitete Denkweise in Großbritannien wiedergibt:[48]

45 Ebd., S. 367.

46 StAMH, 1471/4/2 zum 9.1.1943.

47 Götz Friedrich, *Der Brand. Deutschland im Bombenkrieg 1940–1945*. Berlin: List, 2004, S. 62.

48 Taylor, *a.a.O.*, S. 404, von mir aus dem Englischen übersetzt.

„Ein Unternehmen von solch materieller und organisatorischer Dimension wie die Bomberoffensive … hatte eine solche Eigenbewegung, dass kurzfristige Korrekturen und Kursänderungen mehr oder weniger ausgeschlossen waren, besonders, wenn drei Jahre nach dem expansiven Bau von Rüstungsfabriken die Entwicklung auf ihrem Höhepunkt angekommen war, was nichts anderes bedeutete als auf dem maximalen Zerstörungspotenzial. Wenn das ganze Material nun schon einmal da war, warum sollte die wertvolle Fracht (gemeint sind die Bomben, d. Verf.) einfach nur auf den Flughäfen herumstehen. Das entsprach nicht dem gesunden britischen Geschäftssinn.“

Während die Amerikaner diese Angriffe noch übten, startete Harris die von ihm selbst so genannte *Erste Ruhrschlacht* auf 21 Großstädte, darunter auch Mülheim. Die Offensive begann am 5. März und endete am 14. Juli 1943. Den Anfang machte die Stadt Essen am 5. März und 4. April, es folgten Duisburg, Bochum und viele andere Städte im Revier. Oberhausen wurde in der Nacht vom 14. auf den 15. Juni angegriffen. Im Rahmen der Angriffe fielen auch immer wieder Bomben auf Mülheim, auch wenn die Stadt zunächst nicht direkt angegriffen wurde.

In der Nacht vom 9. auf den 10.3.1943 war die Luftüberwachung nicht in der Lage, die Luftlage zu klären. Es waren viele Feindmaschinen in der Luft, die Aufklärung betrieben oder einzelne Bombenmissionen flogen. In Mülheim gab es in dieser Nacht fünfmal Alarm. Um 4.15 Uhr warf ein Flugzeug eine Mine und eine Sprengbombe auf Dümpten ab. Es gab zwei Tote, sieben Polizisten waren im Einsatz. Am 13.3. entzündete sich durch die Sonneneinstrahlung Phosphor im Speldorfer Wald, und es kam zu einem Waldbrand. Oberförster Schmidt konnte das Feuer allerdings mit eigenen Kräften löschen, doch verbrannten 25.000 qm Schonung und die FS-Polizei stellte Brandwachen auf. Am 8.4.1943, beim Angriff auf Duisburg, fielen zwischen 23.10 Uhr und 23.50 Uhr auf Mülheim sechs Minen, 155 Phosphor-, 2.750 Brand- und 123 14-kg-Phosphorbrandbomben. Insgesamt wurde eine Bombenlast von 846 Tonnen abgeladen. Vier Menschen starben innerhalb eines Luftschutzraumes, 13 wurden verwundet. Drei Häuser wurden total zerstört, 14 schwer, 15 mittelschwer und 360 leicht. Ein Großfeuer brach im Holzlager der Zeche Wiesche aus und ein Feuer in der Stallung Böllershof. Am 27.4. erfolgte ein Angriff auf die Stadt Oberhausen, dabei fiel die gesamte Mülheimer Wasserversorgung aus. Die NSV setzte zwölf Wasserwagen mit je 5.000 Liter Fassungsvermögen ein, die die Bevölkerung, insbesondere die Krankenhäuser, mit Trinkwasser versorgten. Erst am 30.5., nach der Reparatur einer Fernwasserleitung, konnte in den Leitungen wieder genug Druck aufgebaut werden. Auch die Straßenbahn stellte nach dem Angriff auf Oberhausen den Betrieb ein, am nächsten Tag fuhren einzelne Linien im Notbetrieb. Besonders fatal für Mülheim war, dass bei diesem Angriff die Raffelbergbrücke zerstört wurde, unter der eine Gasleitung verlief. Eine zehn Meter hohe Stichflamme schoss durch den Volltreffer in die Höhe, und erst ein aus Hamborn angeforderter Kohlensäurelöschzug der Thyssen'schen Gas- und Wasserwerke konnte das Inferno eindämmen. Insgesamt gab es 244 Tote und 552 Verletzte, einige davon auch in Mülheim. Am 1. 5. wurde der Luftschutzort Nord und Süd (Mülheim) wieder getroffen. Es gab zwei Tote und acht Verletzte. Die Mülheimer Feuerwehr half auch in Duisburg aus. Ein Bombardement, das von der *RAF* als Verlegenheitsunternehmen eingestuft wurde, erfolgte am 13. Mai 1943 und traf Mülheim. Eine

Bild 49: Nach einem Bombenangriff, Feldstraße/Neustadtstraße

eigentlich für Bochum bestimmte Bombenladung von vier Wellington-Bombern wurde, weil starke Bewölkung ein präzises Zielen nicht erlaubte, auf Mülheim und die Umgebung abgeworfen. Die für Bochum bestimmte Gesamtbombenlast betrug übrigens 1.055 Tonnen. Opfer gab es hierbei in der Stadt keine. Beim Großangriff auf Duisburg-Hamborn am 13.5.1943 wurde der Luftschutzort-Nord, also Sterkrade und Teile der Oberhausener Innenstadt, schwer getroffen. Die Schäden waren so umfangreich, dass der Meldekopf Mülheim für kurze Zeit die Führung im Luftschutzort übernehmen musste.[49] Bei allen Angriffen war auf die Siedlungskerne gezielt worden, wenn in Essen am 5. März auch die Krupp-Werke getroffen wurden, hatte dies für Harris nur untergeordnete Bedeutung. Dies stellte er in seinen Lebenserinnerungen heraus: „Während der Luftschlacht um die Ruhr zielten wir in keinem Fall, außer in Essen, auf eine Fabrik. Die Zerstörung von Werksanlagen, die trotzdem in großen Maßstab erfolgte, konnte als Bonus betrachtet werden."[50] Ob es wirklich ein „Bonus" war, ist zweifelhaft, denn die Essener Industrieproduktion machte nur 1,21% der deutschen Gesamtindustrieproduktion aus. An der gesamten Rüstungsproduktion war das Ruhrgebiet zu 25 % beteiligt, bei der Panzerherstellung zu 10%. Die Werkzeugmaschinen in den Fabrikhallen erwiesen sich als ziemlich unempfindlich gegen Zerstörungen.[51]

Beim Angriff auf die Eder- und Möhnetalsperre am 16./17.5. entstand eine hohe Flutwelle in der Ruhr. Diese verursachte in Mülheim aber nur geringe Schäden. Um der Flutwelle möglichst wenig Widerstand entgegen zu setzen, waren an der Schlossbrücke bereits vor einiger Zeit die Brüstungen entfernt worden. Tote Tiere, Holz und Hausrat

49 StAOB, Kriegstagebuch, Teil 3, S. 512 f.
50 Boog, *a.a.O.*, S. 18.
51 Ebd.

trieben mit der Flutwelle an Mülheim vorbei in den Rhein. Vom 15.6. bis zum 23.6. gab es täglich mehrere Fliegeralarme. Am 20.6. zum Beispiel die Öffentliche Luftwarnung von 12.42 Uhr bis 13.02 Uhr, von 14.56 Uhr bis 15.30 Uhr, von 18.26 bis 19.13 Uhr und dann noch Fliegeralarm von 2.01 Uhr bis 2.28 Uhr, ohne dass etwas geschah.[52]

Der große Angriff auf die Stadt 1943 und seine Folgen

Dann, am 23. Juni 1943, geriet die Stadt Mülheim in einen vernichtenden Bombenangriff der Royal Air Force (*RAF*). Die Nacht vom 22. auf den 23.6. war klar, der Himmel mit nur dünnen Stratuswolken bedeckt. Ab 0.29 wurden dem Luftschutzort feindliche Einflüge über der Scheldemündung übermittelt. Nach der Angriffsliste der *RAF* erfolgte der Einflug aber über Noordwijk und Bocholt. Die Flüge über der belgischen Küste waren anscheinend Ablenkungsmanöver. Das bedeutete, dass die Mosquitos, die schon kurz nach Mitternacht einen Angriff auf die Feuerwache und benachbarte Straßen flogen, überhaupt nicht geortet worden waren. Diese mit *Oboe* geführten und auch wegen des guten Wetters mit Sichtkontakt angreifenden Jagdbomber hatten die Aufgabe, die Feuerlöscheinrichtungen so zu treffen, dass eine wirksame Brandbekämpfung unmöglich wurde. Dazu mussten die Hauptfeuerwache an der Aktienstraße und die umliegenden Straßen zerstört werden. Dabei wurden Sprengbomben eingesetzt, die im Bereich Aktien-, Falk- und Sandstraße 90 Menschen töteten, Gebäude zum Einsturz brachten und Bombentrichter auf Straßen hinterließen. Erst um 0.45 Uhr wurde Fliegeralarm gegeben, der Großangriff dauerte von 1.10 Uhr bis 2.20 Uhr. Der Hauptangriff begann mit Mosquitos, die als Markierer, bzw. *Pathfinder* das zu bombardierende Gebiet nach dem „Newhaven"-Verfahren ausleuchten sollten. Dies funktionierte nach dem Gefechtsbericht der *RAF* sehr gut. Die Rotmarkierung erfolgte aus größerer Höhe, Sichtmarkierer flogen dann unter 2.000 Meter herunter und markierten mit Grünlicht nach. Auf dieses Lichtmuster warfen dann die Bombenflugzeuge ihre tödliche Last. Das waren 129 Luftminen bei fünf Blindgängern, 793 Sprengbomben mit 147 Blindgängern, 22.000 Phosphorbrand- und 131.000 Stabbrandbomben, teilweise mit Sprengkopf oder Zerlegerladung. Davon sollen Zweidrittel das Mülheimer Stadtgebiet getroffen haben.[53] Insgesamt wurden 1.643 Tonnen Bomben abgeworfen. Im Verlauf des Angriffs, als die Rauchentwicklung immer stärker wurde, verlegten die Markierer das Zielgebiet nach Norden und Osten, nicht weil sich dort die Industriebetriebe konzentrierten, sondern weil dort die Sicht besser war. Die von Wiedeking aufgestellte These, man habe bewusst die Industrie durch eine Verlagerung des Angriffsziels treffen wollen, lässt sich nicht beweisen.[54] Auch der Teilangriff auf Speldorf, bei die Firma Schmitz-Scholl, Tengelmann und der Hafen- und Bahnhofsbereich getroffen wurden, war zufälliger Art. Die Bombardierung selbst folgte der „bewährten" Rezeptur eines „Bombencocktails": Zunächst sollten schwere Luftminen und Sprengbomben Dachstühle abdecken und generell die Öffnung von Gebäuden und Mauern erwirken. Sprengbomben mit überschwerem Kopf und Leit-

52 StAOB, Kriegstagebuch, Teil 3, S. 495.
53 Ebd., Seite 525 ff.
54 Wiedeking, *a.a.O.*, S. 249.

flossen vervollständigten das Zerstörungswerk und rissen dazu noch tiefe Krater in Straßen. Mit chemischen Verzögerungszündern versehen stellten sie eine beständige Gefahr für die Löschmannschaften dar, die sich vor ihrer Splitterwirkung fürchteten. Durch die offenen „Kamine" der zerstörten Häuser wurden dann die Brandbomben geworfen, die ihre schreckliche Wirkung in einem Feuersturm entwickeln konnten. Man zielte deshalb auf das Stadtzentrum, weil sich die Planer von den dort vorhandenen Fachwerkbauten eine besondere Feuersbrunst versprachen. Und dieses Konzept ging voll auf. Der erwartete Feuersturm, der allen Sauerstoff der Umgebung in sich hinein sog, konnte alles vernichten und war kaum zu bekämpfen. Bei den Brandbeschleunigern gab es verschiedene Modelle wie Kanister mit einer Phosphor-Gummi-Lösung, Flammstrahlbomben und die am häufigsten eingesetzte sechseckige Stabbrandbombe. Die Flugzeuge griffen mehr als eine Stunde in mehreren Wellen an. Eingesetzt wurden auf britischer Seite 242 schwere Lancaster, 155 Halifax und 148 Stirlings und Wellingtons, dazu kamen noch zwölf Mosquitos. Davon wurden 35 Flugzeuge im Wesentlichen durch Flaktreffer abgeschossen.

Im gesamten Stadtgebiet gingen Bomben nieder, die meisten auf die Innenstadt, viele auch auf Dümpten und Styrum, doch nur wenige auf Saarn. Um 2.45 Uhr gab es Entwarnung Es war nur wenig zu retten, da auch die aus den Nachbarstädten herbei eilenden Feuerwehren im Chaos der Zerstörungen zunächst nicht eingreifen konnten, geborstene Wasserleitungen und Hydranten, aufgerissene Straßen und Trümmer machten die Arbeit fast unmöglich.[55] Insgesamt konnten die B-Stellen auf Grund der Sichtbehinderung nur wenige Brände melden. Drei Beobachtungsstellen waren durch Treffer oder Brände ohnehin ganz ausgefallen. Die Fernsprechverbindungen funktionierten gar nicht mehr, ebenso die Straßenbeleuchtung. Kontakt mit der Feuerschutzpolizeizentrale in Oberhausen-Mitte war nur durch Melder möglich, die auf den zerstörten und mit Trümmern bedeckten Straßen aber nicht vorwärts kamen und teilweise über Duisburg und Essen versuchten, zur Zentrale durchzudringen. Vom Befehlshaber der Ordnungspolizei in Oberhausen aus wurde sofort Hilfe aus anderen Städten nach Mülheim beordert, aber auch das war auf Grund der Verhältnisse sehr schwierig. Das Geheime Kriegstagebuch der Luftschutzpolizei gibt folgende Verluste und Schäden an:[56]

575 Gefallene, 485 innerhalb von Luftschutzräumen, 190 außerhalb;
1.167 Verwundete, von diesen innerhalb von Luftschutzräumen 775, außerhalb 412;
beschädigte Wohnhäuser: 1.135 total, 2.088 schwer, 2.560 mittel, 7.989 leicht;
beschädigte Behördengebäude: 6 total, 13 schwer, 6 mittel, 16 leicht;
beschädigte Krankenhäuser: 3 schwer, 3 leicht;
beschädigte Kirchen: 2 total, 3 schwer, 6 mittel, 6 leicht;
beschädigte Schulen: 2 total, 9 schwer, 6 mittel, 8 leicht.
Es hatte 216 Groß- und 966 Mittelbrände gegeben, dazu noch 3.018 Kleinfeuer;
16 Stück Großvieh war verendet.

55 Eine detaillierte Übersicht bei Wiedeking, 2006., S. 243 ff., besonders ab S. 257.

56 StAOB, Kriegstagebuch, Teil 3, Seite 525 f. Teilweise abweichende Zahlen in StAMH, 1471/2/2, S. 26 f.

Man zählte nur zwei Flakblindgänger und zwei Flakdetonierer. Insgesamt mussten 48.550 Personen dauerhaft ausquartiert werden, und zwar aus 2.688 Häusern, die nicht zu reparieren waren und sich zu einem großen Teil in der Stadtmitte befanden. Es trat ein erheblicher Verlust von Löschfahrzeugen ein.

Auch die öffentlichen Gebäude der Stadt wurden hart getroffen. Das Schwesternhaus des Evangelischen Krankenhauses war bereits am 27.4.1943 zerstört worden. Im Großangriff verbrannte nun das gesamte Dachgeschoss des Krankenhaustraktes und das Waschhaus. Glücklicherweise fiel eine Bombe in einen großen Schutthaufen und explodierte dort, wobei aber lediglich ein 10 Meter tiefer und 5 Meter breiter Krater entstand. Eine zweite Bombe zerschellte ohne Schaden anzurichten am Isolierhaus. Von den hunderten Kranken wurde niemand getötet oder verletzt. Das Krankenhaus nahm am frühen Morgen sogar noch 40 Patienten in Behandlung. Das beschädigte Kesselhaus ging am Morgen wieder in Betrieb und auf diese Weise konnten Kaffe und Butterbrote für über 1.000 Menschen ausgegeben werden. Anders sah es in der Umgebung aus. Das Alters- und Versorgungshaus des Evangelischen Krankenhauses wurde durch zwei Bomben schwer getroffen, dabei auch ein Teil des Luftschutzkellers. Dabei starben 23 Menschen. Ein Teil der dort untergebrachten gelähmten Patienten konnte nur unter großen Schwierigkeiten aus dem brennenden Gebäude gerettet werden.[57] Dieses Desaster war der Grund dafür, dass die Familie Stinnes in der Folgezeit ganz in der Nähe des Krankenhauses einen Stollen mit Untersuchungszimmer, Operationsraum, fließendem kalten und warmen Wasser und vollständiger Kanalisation für 75 bettlägerige Schwerkranke und 75 Bewegungsfähige auf eigene Kosten anlegen ließ.

Bei vier größeren Betrieben kam es zum völligen Ausfall langfristig, was tatsächlich bedeutete zwei bis drei Monate, ein Großbetrieb war zu 10% ausgefallen, Schäden an einem weiteren Großbetrieb behob man innerhalb von drei Tagen. 19 Mittelbetriebe fielen zu 100% langfristig aus, also für wenige Monate. Ebenso wirkte sich aus, dass die Belegschaften der Industriebetriebe selbst „Bomben betroffen", waren, wie es hieß, und deshalb längere Zeit der Arbeit fernblieben. Dazu kam, dass die Straßenbahn im gesamten Stadtgebiet zunächst nicht mehr fuhr, Bombentrichter in den Straßen, Blindgänger und gesperrte Straßenzüge jede Fortbewegung stark erschwerten. Tagelang lagen geborgene Leichen in der Sommerhitze vor den Häusern. Die *Bombing Survey Unit* der RAF schätzte nach dem Krieg die Zerstörung des Stadtgebietes auf 64%.[58] Auch die Verluste des *Bomber Command* waren hoch: 35 Maschinen, die durch Flak oder Nachtjäger abgeschossen wurden. In ihnen sollen 198 Besatzungsmitglieder ums Leben gekommen sein, dabei stürzte eine Halifax auf den Hauptfriedhof, eine Lancaster ging in Heißen zu Bruch.[59]

Am 26. Juni 1943 erfolgte durch einzelne Flugzeuge ein weiterer Angriff auf die Stadt. Dabei wurden noch einmal 14 Häuser mittel- und 17 Häuser leicht beschädigt,[60] Men-

57 StAMH, 1480/1/1: 100 Jahre Evangelisches Krankenhaus Mülheim a.d. Ruhr 1850–1950.

58 www.raf.mod.uk/bombercommand/jun43.html.

59 Internet-Seite des Stadtarchivs Mülheim, dort Aufsatz Hohmann, leider ohne Quellenangaben. Angaben bei Wiedeking, *a.a.O.*, S. 233.

60 StAOB, S. 545 ff.

schen kamen nicht zu Schaden. Dieser Angriff galt eigentlich Gelsenkirchen, hier aber versagte bei fünf von zwölf mit *Oboe* ausgerüsteten Flugzeugen die Bordausrüstung, so dass die Bomben eher zufällig auf Mülheim fielen.

Die Bombenopfer, die in der Opferliste der Stadt vermerkt sind,[61] zeigen, wie schrecklich der Angriff vom 23.6. gewesen sein muss. Noch wochenlang fanden Aufräumarbeiten statt. Die Trümmer waren wegen des Feuersturms noch tagelang glühend. Um verschüttete Opfer zu bergen, war es nötig, die heißen Schuttmassen erst mit Wasser zu kühlen, dazu reichte der Druck in den Hydranten oft nicht aus. 2.714 Rettungskräfte sollen in der Stadt mitgewirkt haben, die gesamte Ordnungspolizei und jeweils zwei Bereitschaften der FuE-Abteilungen des Abschnitts Süd und Mitte waren im Einsatz. Dazu noch Einheiten aus dem gesamten Wehrkreis VI. Die Stärke der im Folgenden genannten Bereitschaften, die nicht aus Mülheim waren, lag zwischen 100 und 120 Mann pro Einheit:[62]

2 Bereitschaften vom Flughafen Essen/Mülheim (FS Breslau-Kattowitz);
2 Bereitschaften der LS-Abt. mot 19, Essen-Kray;
2 Bereitschaften der LS-Abt. mot 25, Duisburg;
2 Bereitschaften der LS-Abt. mot 26, Hilden;
2 Bereitschaften der LS-Abt. mot 39, Düsseldorf;
2 Bereitschaften der LS-Abt. mot 18, Köln-Dellbrück;
2 Bereitschaften der LS-Abt. mot 17, Gelsenkirchen-Flughafen;
63 Mann der Feuerschutzpolizei-Abt. 3 aus Bochum
2 Bereitschaften der LS-Abt. F, Wuppertal;
2 Bereitschaften der der LS-Abt. F, Dortmund;
2 Bereitschaften der LS-Abt. I, Köln;
2 Bereitschaften der F. u. E-Abt. Münsterland.

Dazu kamen 30 Mann der Wachkompanie aus der Mülheimer Kaserne, eine Wachkompanie aus Gelsenkirchen, eine Sanitätsabteilung aus Hamm, ein Zug (51 Mann) des Wehrmachtersatzbatataillons 169, ein Zug Heeresflak Abt. 276 und 500 Mann eines Wehrmachthilfskommandos aus Bielefeld, dazu eine Polizeikompanie aus Gelsenkirchen. Das Kriegstagebuch nennt insgesamt sieben Kompanien von Polizeiregimentern, drei Polizei-Wachkompanien und einen weiteren Zug. Zwei große Fernsprechbautrupps waren längere Zeit im Einsatz, um die zerstörten Fernsprechleitungen zu reparieren. Die Luftschutzleitung-Süd mit Sitz in der Polizeipräsidium-Nebenstelle Mülheim übernahm die Koordination der Arbeiten zusammen mit den örtlichen Spitzen der NSDAP. Die NSV versorgte sowohl die Hilfskräfte als auch die obdachlos gewordenen Menschen mit Essen und Getränken. Die Tankwagen der NSV, die je 5.000 Liter Wasser transportieren konnten, um der Bevölkerung das notwendige Wasser zur Verfügung zu stellen, wenn die Leitungen zerstört waren, befanden sich ständig im Einsatz. Die Beseitigung der vielen Blindgänger erschien vordringlich. In Mülheim war im Jahr 1941 das Sprengkommando

61 Wiedeking, 2005, S. 161. Internet-Seite des Stadtarchivs Mülheim, dort Aufsatz Hohmann, leider ohne Quellenangaben.

62 StAMH, 1471/2/2, S. 26 f.

Ratingen im Einsatz gewesen, das zum Sicherheits- und Hilfsdienst gehörte. Mit Ausweitung der Luftangriffe konnte diese Organisation ihre Aufgaben nicht mehr erfüllen. Gleichzeitig stritten Luftwaffe und Polizei/SHD darüber, wer die Verfügungsgewalt über die Sprengkommandos erhalten sollte. Im Luftgau VI, zu dem Mülheim gehörte, entstanden drei mit speziell ausgebildeten Sprengführern versehene Sprengkommandos in Münster, Köln und Kalkum. Bei konkreten Einsätzen unterstellte die Luftwaffe den Polizeipräsidenten als Luftschutzleitern bestimmte Sprengtrupps für die Zeit der Arbeiten. Seit Frühjahr 1943 war das Sprengkommando Kalkum erheblich mit Häftlingen aufgestockt worden. Es wurde mit der Entschärfung der nicht detonierten Bomben in Mülheim beauftragt, eine lebensgefährliche Aufgabe, denn laut Anweisung des Reichsministers der Justiz und des Reichsführers SS sollten die Arbeiten auch bei Dunkelheit oder während der Alarmzeiten weitergeführt werden, zumindest von den KZ-Häftlingen. Deren Beaufsichtigung führte die Ordnungspolizei des Luftschutzortes durch. Himmler selbst sah in zynischer Weise den Einsatz der Häftlinge als eine Art Bewährung, die zu Hafterleichterungen führen konnte.[63]

Im Gau Essen war ein Gaueinsatzstab gegründet worden, der in Zusammenarbeit mit dem Reichsverteidigungskommissar die Zusammenarbeit zwischen Polizei, Behörden und Parteidienststellen sicherstellen sollte. Göring, dem als Reichsluftfahrtsminister besonders an der Einbeziehung der NSDAP in die Betreuung, Versorgung und Unterbringung der Bombenkriegsgeschädigten gelegen war, hatte am 17. Dezember 1942 angeordnet, dass die Partei durch eigene Einsatzbereitschaften die „alleinige Verantwortung" für die durch den Bombenkrieg Betroffenen wahrnehmen solle.[64] In Mülheim wurden deshalb auch Hitlerjungen eingesetzt, um das öffentliche Leben wieder in Gang zu bringen. Wiedeking berichtet von dem entsetzten Pimpf, der in der Nähe der Feuerwache die Briefe zustellen sollte und dabei mit den zahlreichen Toten auf der Straße konfrontiert wurde. Ab dem 23.6.1943 setzte die Stadtverwaltung für einige Wochen in Absprache mit dem Mülheimer HJ-Bann 159 täglich zwischen fünf und zwölf Hitlerjungen als Melder zwischen dem Rathaus bzw. dem Polizeipräsidium und den Außenstellen der Stadtverwaltung ein, denn alle Telefonverbindungen waren zerstört worden. Vier dieser Jungen wurden amtlich besonders hervorgehoben. Für ihren dreiwöchigen Einsatz wurde vorgeschlagen, ihnen eine Geldvergütung zukommen zu lassen.[65] Alle Kräfte der Stadtverwaltung waren im Einsatz. Das ging soweit, dass der Rechnungsabschluss der Stadtkasse im Januar 1944 aus diesem Grund verschoben werden musste.[66] Die Ratsherren beschäftigten sich wiederholt mit den Folgen des Luftangriffs und möglichen präventiven Maßnahmen bei weiteren Bombardierungen. Noch im Dezember 1943 berichtete Obervermessungsrat Ziemer über Materialbeschaffung für „Sofortmaßnahmen" und die Bereitstellung von Behelfsheimen, also waren die Folgen des Angriffs noch lange

63 Vgl. Karola Fings, „Sklaven für die Heimatfront", in: *Das Deutsche Reich und der Zweite Weltkrieg*, Band 9.1. München: Deutsche Verlagsanstalt, 2004, S. 238 f.

64 Armin Nolzen, „Die NSDAP, der Krieg und die deutsche Gesellschaft", in: *Das Deutsche Reich und der Zweite Weltkrieg*, Band 9.1. München: Deutsche Verlagsanstalt, 2004, S. 157 f.

65 StAMH, 1201/5/52, Blatt 160.

66 StAMH, 1181/1/5.

Bild 50: Blick auf das zerstörte Mülheim nach dem großen Bombenangriff vom Kirchenhügel aus

nicht beseitigt. Oberverwaltungsrat Poell referierte über die Einrichtung und Tätigkeit des Kriegsschädenamtes, das die Schadenregulierung vornahm und die Zahlungen des Reiches veranlasste. Das Reich kam für alle indirekten und direkten Kriegsschäden auf. Dabei wirkte auch das Wohlfahrtsamt mit, nachdem die Personenschadens- und Kriegsschadensverordnung vom November 1940 Ansprüche und Ausgleichsmaßnahmen festgesetzt hatte. Die Ratsherrensitzung musste im Gefolgschaftssaal der Reichspost am Viktoriaplatz stattfinden, weil die Räumlichkeiten im Rathaus nicht zu benutzen waren. Auch das Beisammensein der Ratsherren nach der Sitzung viel überaus bescheiden aus. Es gab nur einen kleinen Imbiss, Erbsensuppe, für den pro Person Fleischmarken über 50 Gramm abgegeben werden mussten.[67] Bestimmte Bombenschäden mussten durch die Stadtverwaltung reguliert werden. So ersetzte sie aus ihrem Haushalt ein Löschfahrzeug für 22.000 RM, der Werksluftschutz erhielt eine Entschädigung; für Ochsengespanne, die Schutt abtransportieren sollten, wurden 38.000 RM bereitgestellt, wobei der Beschlag der Ochsen mit 600 RM zu Buche schlug.[68]

Die Städte Oberhausen und Mülheim, die beide unter dem Großangriff gelitten hatten, waren gezwungen ihre Maßnahmen aufeinander abzustimmen und die vorhandenen Kräfte zu teilen. Das geschah beim Einsatz von Maurern aus Sachsen und holländischen

67 Ebd.
68 StAMH, 1181/2/30.

Maurern, Zimmerleuten und Bauarbeitern. Von der 3. Kompanie des Kriegsgefangenen-Glaser-Bataillons III aus Berlin erhielt die Stadt Mülheim 100 Männer, dazu einige Arbeiter des Kriegsgefangenen-Dachdecker-Bataillons XVI.[69] Am 18. 7. 1943 fand eine Sitzung der Kreisleiter, Oberbürgermeister und Polizeipräsidenten aus dem Gau Essen bei der Gauleitung statt, an der auch der Leiter des Stabes der Organisation Todt (OT) teilnahm, die für den Arbeitseinsatz und die Baumaßnahmen zuständig war. Dort wurde eine Prioritätenliste aufgestellt, in der folgende Reihenfolge festgelegt wurde: Zunächst die Wiederherstellung bombengeschädigter Industrieanlagen, dann die Fertigstellung bereits begonnener Stollen und Bunker, danach der Neubau von Großbunkern mit einer Deckenstärke von drei Metern und zuletzt die Deckenverstärkung schon bestehender Bunker. Die OT sagte eine monatliche Lieferung von 400.000 Tonnen Kies zu und den Einsatz von 100.000 Mann, die in Schulen oder Sälen untergebracht werden sollten. Planung und Koordination der Maßnahmen erfolgten durch Dr. Vögeler, dem Präsidenten der Gauwirtschaftskammer, der gleichzeitig im Vorstand der Hochtief-AG saß, und dem Parteigenossen Sander, der direkt dem Ministerium Speer unterstand.[70] Das Luftschutzprogramm wurde nur in Ansätzen verwirklicht, da es an Arbeitskräften und Material mangelte.

In Mülheim hatten über die nationalsozialistische Volkswohlfahrt und die NSV-Dienststellen in Zusammenarbeit mit der Stadtverwaltung Quartierbeschaffung und Versorgung mit dem Notwendigen zu erfolgen. In der Oberhausener und Mülheimer Stadtverwaltung übernahm ein eingerichtetes Quartieramt die Unterbringung der Ausgebombten. Der dort ausgegebene Quartierschein verpflichtete eine Person oder Familie zur Gewährung einer Unterkunft. Normalerweise überprüfte der Ortsgruppenleiter diese Scheine vor der Ausgabe. In Oberhausen unterlief ihm aber ein Fehler. So wurde ein allein stehender Mann bei einer Witwe einquartiert. Als er am Abend erschien, verweigerte die Frau aus moralischen Gründen die Aufnahme und beschwerte sich bei einer Parteidienststelle.[71] Das Kriegsschädenamt stellte den Bombenopfern einen Ausweis aus, in dem die Art der Schädigung – total, schwer, mittel, leicht – vermerkt war. Damit konnte man dann den eventuell verloren gegangenen Haushaltsausweis und die Lebensmittelkarten beim Ernährungsamt ersetzt bekommen. Für die Übergangszeit erhielten die Antragsteller Urlauberkarten, mit denen auch Spinnstoffwaren, Schuhe, Berufskleidung und bestimmte Haushaltswaren erworben werden konnten. In Mülheim war aber sehr viel Wohnraum dauerhaft vernichtet worden, deshalb dachte man auch an Evakuierungen in weiter entlegene Teile Deutschlands. Im Innenministerium waren vorsorglich schon Aufnahme- und entsprechende Entsendegaue für Ausgebombte festgelegt worden,[72] was konkret eine Einschränkung der Freizügigkeit bedeutete, allerdings sollte niemand gezwungen werden, den Heimatgau zu verlassen. Immerhin wurden zwischen April 1943 und Januar 1945 im Reichsgebiet fast neun Millionen Menschen durch die NSV evakuiert.[73] In Mülheim wurden im Sommer und Herbst 1943 im Zusammenwirken

69 StAOB, 2000/8. Akten der NSDAP Band 1., S. 8.
70 Ebd., S. 20 ff.
71 Ebd., S. 40.
72 A. Nolzen, *a.a.O.*, S. 158.
73 Ebd., S. 159.

von NSV und Stadtverwaltung Sonderzüge bereit gestellt, die Mütter und Kinder oder Gruppen von Jugendlichen in die Ostmark (Österreich) und nach Böhmen und Mähren (Tschechoslowakei) brachten. Schon am 24. Juni 1943 fand eine Sitzung der Stadtverwaltung mit dem Kreisleiter Camphausen statt, in der man beschloss, die vielen Toten auf einem neu anzulegenden Teil des Soldatenfriedhofs am Uhlenhorst zu bestatten, aber ohne Bestattungszwang dort. Aus diesem Grund sollte der Ehrenfriedhof auch um 420 Grabstellen erweitert werden.[74] Die Särge mussten schnell angefertigt werden und bestanden deshalb meist aus unbehandeltem Holz. Die Planung und Durchführung von Bestattungsfeiern oblag der Partei. Für solche Ereignisse gab es genaue Anweisungen für die Verantwortlichen.[75] In der Mülheimer Zeitung häuften sich die Todesanzeigen, über den tatsächlichen Ablauf des Geschehenen erfuhr man in der Zeitung jedoch nichts. Noch am 26.9.1944 stellte die Stadtverwaltung einen Zuschuss von 35.000 RM für die Aufstellung von Grabzeichen für Gefallene, gemeint waren Bombenopfer, auf dem Ehrenfriedhof zur Verfügung.[76]

Im Juli 1943, nach dem Großangriff, trafen immer wieder einzelne Bomben die Stadt. Bemerkenswert dabei ist, dass am 26.7. zum ersten Mal Staniolstreifen in großer Zahl abgeworfen wurden, die die Zielgeräte der Flak empfindlich störten. Sie waren 25 cm lang und eineinhalb Zentimeter breit. Im Polizei-Kriegtagebuch wird deutlich, wie erstaunt und entsetzt man über die Wirksamkeit dieser einfachen „Waffe“ war, die die elektrischen Zielauffassungsmittel der Flak vollständig außer Gefecht setzte.[77] Auch ein Tagesangriff fand in diesem Monat statt. Schon morgens gegen 8.45 Uhr konnten die Mülheimer mit bloßen Augen in 10 bis 15 km Höhe Bomberformationen in geschlossenen Verbänden beobachten. Dann fielen 50 Sprengbomben auf Mülheim und Oberhausen. Eine explodierte auf den Gleisen kurz vor dem Bahnhof Styrum und hinterließ einen Bombentrichter. In diesen fuhr die Lokomotive eines gerade aus Richtung Duisburg in den Bahnhof einfahrenden Zugs. Mehrere Wagen entgleisten, es gab vier schwer und 21 leicht verletzte Personen. Im Juli 1943 endete die *Battle of the Ruhr*, wie sie Harris genannt hatte, die Chaos und Demoralisierung verursachen sollte. In beidem hatte sich der Luftmarschall getäuscht. Diejenigen, die alles verloren hatten, spürten eher Wut und Hass auf die Feinde oder sie wurden apathisch und fatalistisch, aber keineswegs rebellisch. Die Opfer, so glaubten viele, sollten nicht vergeblich gewesen sein, und das trug eher zur Stabilisierung des Regimes bei, das alles versuchte, solch eine Haltung zu fördern. Die Industrieproduktion von vier bis sechs Wochen ging verloren. Die Briten setzten in 43 Großangriffen auf das Ruhrgebiet 18.500 Bomber ein mit einem Totalverlust von 872 Flugzeugen, das waren 4,7%. Dazu verloren 6.000 Mann Beatzung ihr Leben. Mehr als 2.100 Flugzeuge wurden beschädigt. Die Führung der *RAF* hatte 5% Verluste als obere Grenze für die Weiterführung des Luftkriegs kalkuliert.[78] Alle abgeschossenen Bomber wurden aber bis Juli schon wieder ersetzt. Die deutsche Luftwaffe hingegen konnte gegen

74 StAMH, 1181/2/30.

75 Nolzen, *a.a.O.*, S. 139 f. Dort wird auch ein typischer Ablauf solch einer Feier beschrieben.

76 StAMH, 1181/1/5.

77 StSOB, Kriegstagebuch, Teil 3, S. 557.

78 Boog, *a.a.O.*, S. 21.

England nicht mehr als Nadelstiche verteilen. Im gesamten Jahr 1943 fielen auf England 2.298 Tonnen Bomben,[79] etwas mehr als die 2.005 Tonnen, die im Mai an einem einzigen Tag von den Briten auf Dortmund abgeworfen worden waren. Die Verluste der deutschen Luftwaffe waren mit fast 6% auf die Dauer viel zu hoch, und nur 20% der Bomben fielen wirklich in die Zielgebiete. Erfolgreicher operierten die deutschen Jagdbomber, die fast immer am Tag im Tiefflug angriffen und eine bedeutend bessere Treffgenauigkeit aufwiesen. Aber auch hier gab es eine hohe Verlustquote von 5,7%. Statistisch überlebten die deutschen Besatzungen nur 13 bis 18 Feindflüge,[80] neue Piloten brauchten eine lange Trainingszeit und viel Einsatzerfahrung. Das war bei solchen Verlustziffern nicht mehr zu erreichen, sodass die Besatzungen immer schlechter ausgebildet wurden. Englische und amerikanische Piloten absolvierten rund dreimal so viel Übungsstunden wie die deutschen Piloten. Besonders nachteilig für die deutsche Tag- und Nachtjagd war die Tatsache, dass die Amerikaner ein Jagdflugzeug entwickelt hatten, den Mustang P-51, der eine Eindringtiefe von 760 km besaß, die im April 1944 noch auf 1.040 km erhöht wurde. Die Thunderbolts und Lightnings, weitere Jagdflugzeuge, rüstete man mit Zusatztanks aus, um deren Reichweite zu erhöhen. Damit konnten die Tagbomber wirkungsvollen Begleitschutz erhalten. Im ersten Halbjahr 1944 wurden die Verluste der deutschen Tagjagd so groß – allein im April 81,9% bzw. 1.700 Flugzeuge –, dass ab dem Sommer 1944 Briten und Amerikaner den deutschen Luftraum beherrschten, auch wenn die deutsche Flugzeugproduktion im Juli 1944 mit 4.219 Maschinen, geplant waren 4.811, den höchsten Ausstoß während des Krieges erreichte.[81] Die alliierte Überlegenheit führte zum Einsatz von Jagdbombern und Jägern des Typs Mosquito, Thunderbolt, Lightning, Sie flogen während des Tages Einsätze gegen besondere Industrie- und Infrastrukturziele, aber auch Personen und Vieh auf der Weide wurden attackiert.

Der permanente Ausnahmezustand 1944–1945

Das Jahr 1944 brachte zunächst keine Großangriffe mehr nach Mülheim, aber es gab häufig ungeklärte Luftlagen und noch viel häufigere Flieger- und Luftalarme, teilweise fünf oder mehr am Tag. Am 1.3.1944 explodierten eine Luftmine und vier Sprengbomben nahe bei einer Scheinwerferanlage, eine dieser Sprengbomben mit Verzögerungszünder ging erst nach dreizehneinhalb Stunden hoch. Vom 1. bis zum 20.3. gab es täglich Alarm, am 6.3. allein sieben Mal Öffentliche Luftwarnung. Manchmal flogen Mosquitos Störangriffe, so am 21.3. als ein einzelnes Flugzeug zwei Luftminen abwarf, damit fünf Menschen tötete und 42 verletzte. Dabei wurden neun Wohnhäuser total beschädigt und über 500 mittel und leicht. In der Stadt mussten deswegen 76 Personen dauerhaft umquartiert werden. Trotzdem wurden die Menschen in der Stadt wieder unvorsichtiger. Als am 24.3. nach einem Angriff auf Berlin eine Bomberformation deutlich sichtbar über Mülheim zurückflog, schauten sich viele Menschen das Schauspiel an. Die Bomber flogen in Pulks zu je drei Squadrons mit insgesamt 36 Maschinen, Diese Pulks bildeten Keile, die seitlich

79 Ebd., S. 369.
80 Ebd.
81 Ebd., S. 103.

in der Höhe gestaffelt waren. An der Spitze und seitlich sicherten Begleitjäger. Das war ein ungewöhnliches Schauspiel für viele Mülheimer. Die Flak schoss stark und Granatsplitter und ein Flakdetonierer töteten acht Zuschauer auf der Straße und verletzten 13 weitere. Auch am 7.4. wurden eine Frau und ein Kind durch Flakdetonierer schwer verwundet. Im April und Mai kamen bei drei kleinen Angriffen fünf Menschen zu Tode, die Werkshallen der Siemens-Schuckert-Werke und einige landwirtschaftliche Gebäude wurden leicht beschädigt. Mit der Invasion am 6.6. 1944 änderte sich auch der Luftkrieg. Immer häufiger war nun in den Berichten von Störangriffen schneller Jagdbomber die Rede. Das Ruhrgebiet galt schon als Hinterland der deutschen Truppen, sodass neben dem strategischen Luftkrieg vermehrt taktische Angriffe geflogen wurden. Das bedeutete auch Präzisionsangriffe auf kriegswichtige Anlagen. Die Einsatzbücher der Mülheimer Feuerwehr machen deutlich, wie oft Einheiten aus Mülheim von Städten angefordert wurden, in denen solche Ziele in Brand geraten waren, so am 23.4. in Hagen, am 13.6. in der Hydrieranlage Gelsenberg in Gelsenkirchen, am 19.8. in Holten bei der Ruhrchemie.[82] Ins Visier von Briten und Amerikanern geriet auch der Flughafen Essen-Mülheim, dessen Start- und Landebahn zwar ausgebaut worden war, der aber nur als Ersatzflughafen genutzt wurde. Am 13.6.1944 fielen im gesamten Bereich um den Flughafen zahlreiche Luftminen, Spreng- und Splitterbomben. Die letzteren wurden zum ersten Mal in Mülheim eingesetzt, das waren schätzungsweise 495 9kg-Splitterbomben, die je nach Bodenbeschaffenheit kleine Krater in den Boden rissen, wobei sie ein Geräusch verursachten, das an den Abschuss der leichten Flak erinnerte. Brandbomben kamen nicht zum Einsatz, es ging also nur um das militärische Ziel. Sechs Tote und vier Verwundete waren zu beklagen. Bei den Hilfs- und Aufräumarbeiten setzte die Polizei 140 Mann ein. Ein weiterer Angriff am 17.6. galt der Autobahn. Die Strecke zwischen Kaiserberg und Sterkrade-Nord musste längere Zeit gesperrt werden. Der Abwurf einer Luftmine am 19.7. blieb bis auf den angerichteten Flurschaden ohne Wirkung. Für August wurde eine rege Aufklärertätigkeit und häufiges Auftauchen feindlicher Jäger und Jagdbomber über Westdeutschland gemeldet, dann enden die Aufzeichnungen des *Geheimen Kriegstagebuchs des Polizeipräsidiums Oberhausen-Mülheim*. Laut Anmerkung des Protokollführers, des Polizeioberleutnants a.D. Glatzel wurde das Tagebuch mit Einträgen ab dem 1.7.1944 bei einem Luftangriff am 4.12.1944 vernichtet, die Ereignisse bis August 1944 aber nachgetragen. Am 16.3.1945 lagerte die Polizei alle Geheimsachen aus, und dabei ging das Tagebuch ab Dezember 1944 bis Kriegsende verloren. Aus diesem Grund werden keine weiteren Informationen zu dem zweiten Angriff auf den Flughafen zu Weihnachten 1944 zu erwarten sein.[83]

Im Oktober 1944 begann die *Zweite Ruhrschlacht*, in die auch amerikanische Bomber eingriffen. Dabei wollten die Alliierten den gemeinsamen Einsatz der 8. USAAF und des britischen *Bomber* und *Fighter Commands* beim Angriff auf ausgewählte Städte erproben. Die leichten Luftkampfverbände der britischen *2nd TAC* sollten zusammen mit den Bombern beider Luftflotten in den schon absehbaren Endkampf, in dem es auch um das Ruhrgebiet ging, eingreifen. Schon seit Anfang des Jahres 1944 wollten die

82 StAMH, 1471/4/2.
83 Wiedeking, 2005.

Amerikaner zu Angriffen auf ausgewählte Industrieziele – Hydrierwerke, Rüstungszentren – und die Drehscheiben der Infrastruktur – Brücken und Bahnhöfe – übergehen, doch Harris bestand weiterhin auf Flächenangriffen. Auch sein Stabschef Portal konnte ihn nicht umstimmen, Churchills Zustimmung hatte er ohnehin. So einigte man sich im gemeinsamen *Air Staff* auf die Auffassung, auch das *dehousing*, das Vernichten der Wohnungen der Arbeiterschaft in den Städten, das ihre physische Vernichtung einschloss, sei ein „wertvoller Beitrag" zur gemeinsamen Offensive.[84] Mit der Landung in der Normandie sollte die Bombenoffensive, und nun gewaltiger als zuvor, wieder aufgenommen werden, um das Kriegsende zu beschleunigen und das Leben der eigenen Soldaten zu schützen. Mehr als die Hälfte der Gesamttonnage, die die *RAF und die USAAF* über dem Reich abwarfen, fiel in den letzten neun Kriegsmonaten, ein Viertel davon von Januar bis April 1945. Insbesondere die amerikanischen Flugzeuge griffen gezielt Rangierbahnhöfe und Hydrieranlagen an, um die ohnehin sehr knappe Treibstoffversorgung zu unterbinden. Die Nebelanlagen, die zum Beispiel das große Hydrierwerk in Gelsenkirchen bis Mitte 1944 effektiv geschützt hatten, konnten schwere Schäden an den Anlagen nicht verhindern. Das betraf auch die Fahrzeuge der Stadt Mülheim, die bei der Feuerwehr eingesetzt waren oder Versorgungsgüter heran schafften und auf das Benzin aus Gelsenkirchen angewiesen waren. Jedoch gelang es bis zum April 1945 immer wieder, Treibstoff aus der Anlage in Scholven nach Mülheim zu transportieren. Ziele fanden die gegnerischen Bomber und Jagdbomber überall. Am 12.12.1944 wurde die Friedenskirche und das zugehörige Pfarr- und Gemeindehaus in Heißen-Ost getroffen. Am 23.2.1945 erhielt das Gemeindeamt und das Pfarrhaus der Gnadenkirche am Hingberg Treffer. Die Stadt Mülheim wurde aber in der Endphase des Krieges vor einem direkten Großangriff bewahrt, bei solchen Angriffen auf die Nachbarstädte fielen aber immer wieder Bomben auf städtisches Gebiet, so am 23.10., 25.10., 1.11., 29.11., 4.12. 12.12 und am 24.12. 1944 beim Angriff auf den Flughafen. Am diesem Heiligabend gaben die Sirenen um 14.08 Uhr Fliegeralarm. Zwischen 14.21 Uhr und 14.31 Uhr fand ein relativ kurzer Angriff statt, an dem 169 Bomber der britischen Luftwaffe teilnahmen. Der Flughafen, von dem einzelne deutsche Flugzeuge in die Ardennen-Offensive eingegriffen hatten und noch eingreifen sollten, stand also nicht mit der Stadt Mülheim, sondern mit konkreten Kampfhandlungen an der Front im deutsch-belgischen Grenzgebiet in Zusammenhang. Zudem waren auch Düsenjäger des Typs Me 262 vereinzelt von Mülheim aus im Einsatz, Maschinen, die gefürchtet waren. Der Angriff war typisch für das, was die alliierte Luftwaffe beim Krieg in den Ardennen in einer Vielzahl von Fällen durchführte. Um das Leben der eigenen Soldaten zu schützen, wurden schwere Angriffe auf alle Örtlichkeiten geflogen, in denen man feindliche Soldaten vermutete, auch wenn man wusste, dass sich noch große Teile der Zivilbevölkerung in diesem Gebiet befanden. Die US-Bombenangriffe auf Houffalize und die der *RAF* auf St. Vith und La Roche dokumentiert Peter Schrijvers detailliert.[85] Nach dem dort angewandten Muster wurde auch der Flughafen Mülheim angegriffen, in einem Tagesangriff, kurz, mit den größten Sprengbombenkalibern und nur wenigen

84 zitiert bei: Boog, *a.a.O.*, S. 71.

85 Peter Schrijvers, *The Unknown Dead. Civilians in the Battle of the Bulge*. Lexington: University of Kentucky Press, 2005, S. 141 ff., 182–185 und 261–264.

Minen und fast ohne Brandbomben. Inzwischen standen zahlreiche Spezialbomben zur Verfügung. Neben den Standardsprengbomben von 125, 250 und 500 Kilogramm noch AP-Bomben für gepanzerte Ziele, die eine Zündverzögerung von 0,25 Sekunden besaßen und erst nach Durchschlagen der Panzerung detonierten.[86] Dabei wurde der Bunker an der Windmühlenstraße durch eine 1.000-kg-Sprengbombe direkt getroffen. Sie hatte zwar keinen Verzögerungszünder, war aber so schwer, dass sie in Bruchteilen von Sekunden Beton durchschlagen konnte. Die Decke hielt nicht stand, die Bombe durchschlug ein oder sogar zwei Stockwerke, bevor sie explodierte, und tötete viele am Flughafen eingesetzte Soldaten und etliche Zivilisten. Insgesamt kamen weit über 200 Menschen ums Leben. So genannte Kollateralschäden entstanden in Saarn, Broich, Styrum und Dümpten. Zwei Bahnlinien waren kurzzeitig unterbrochen, die von Styrum nach Kettwig und die Hauptstrecke zwischen Eppinghofen und Essen-West.[87] Als am 21.3.1945 der Flugplatz noch einmal Ziel eines Luftangriffs wurde, hatte die gegnerische Aufklärung zuvor eine Menschenansammlung in seiner Nähe entdeckt. Es handelte sich aber nicht um Soldaten, sondern um Fremdarbeiter, die gerade evakuiert wurden. Unter ihnen befanden sich die meisten Opfer dieses letzten kombinierten Angriffs auf Mülheim.

Die Stadt Duisburg erlebte drei unmittelbar aufeinander folgende katastrophale Luftangriffe am 14. und 15. Oktober 1944, die mit über 2.000 Bombern durchgeführte *Operation Hurricane*, der über 2.500 Menschen zum Opfer fielen. Auch hierbei war Mülheim, wenn auch nur gering, mitbetroffen. Auch Essen traf es wiederholt schwer am 23.10., 25.10., 28.11., 12.12., 23.2.1945 und am 11.3.1945. Bei diesen Angriffen wurden insgesamt mehr als 13.000 Tonnen Bomben abgeworfen. Ab Februar 1945 beherrschten Jäger und Jagdbomber der Alliierten permanent den Luftraum über Mülheim. Auch damit arrangierten sich die Menschen. Der zehnjährige Hasso Bock entwickelte eine Methode, so im toten Winkel an den Häusern entlang zu laufen, dass er mit Bordwaffen nicht getroffen werden konnte.[88] Als dann die Amerikaner bis zum Rhein vorgedrungen waren, geriet die Stadt in das Störfeuer der gegnerischen Artillerie, das besonders den Industrieanlagen Schaden zufügte, dem aber auch zahlreiche Zivilisten zum Opfer fielen.

Der Bombenkrieg hinterließ in Mülheim eine Trümmerwüste. Mehr als 1.000 Menschen starben bei den Bembenangriffen alliierter Flugzeuge, große Teile der Innenstadt wurden unbewohnbar, total zerstört waren 1.252, leicht beschädigt 1.575 Wohngebäude. Nur 1.176 Gebäude von einem Vorkriegsbestand von 4.648 blieben unversehrt. Das Statistische Jahrbuch der Stadt Mülheim fasst mit Stichtag vom 1.3.1948 die Anzahl der im Krieg beschädigten und zerstörten Wohngebäude zusammen, wobei deutlich wird, dass die Hauptzerstörungen im Bereich der Altstadt, also reinen Wohngebieten, lagen, aber auch die Stadtteile Styrum und Dümpten hatte es stark getroffen. Die meisten leichten Beschädigungen fanden sich in Heißen und Speldorf. das, was man heute Kollateral-

86 Vgl. E. Wiedeking, 2005, S. 181.

87 Wiedeking, 2005, S. 182.

88 Simone Neumann, *Leben in Mülheim an der Ruhr. 1914–1965*. Erfurt: Sutton Verlag, 2000, S. 58.

schäden nennen würde. Die Gesamttrümmermenge belief sich auf 800.000 Kubikmeter Schutt, von dem bis 1949 knapp die Hälfte geräumt war.[89]

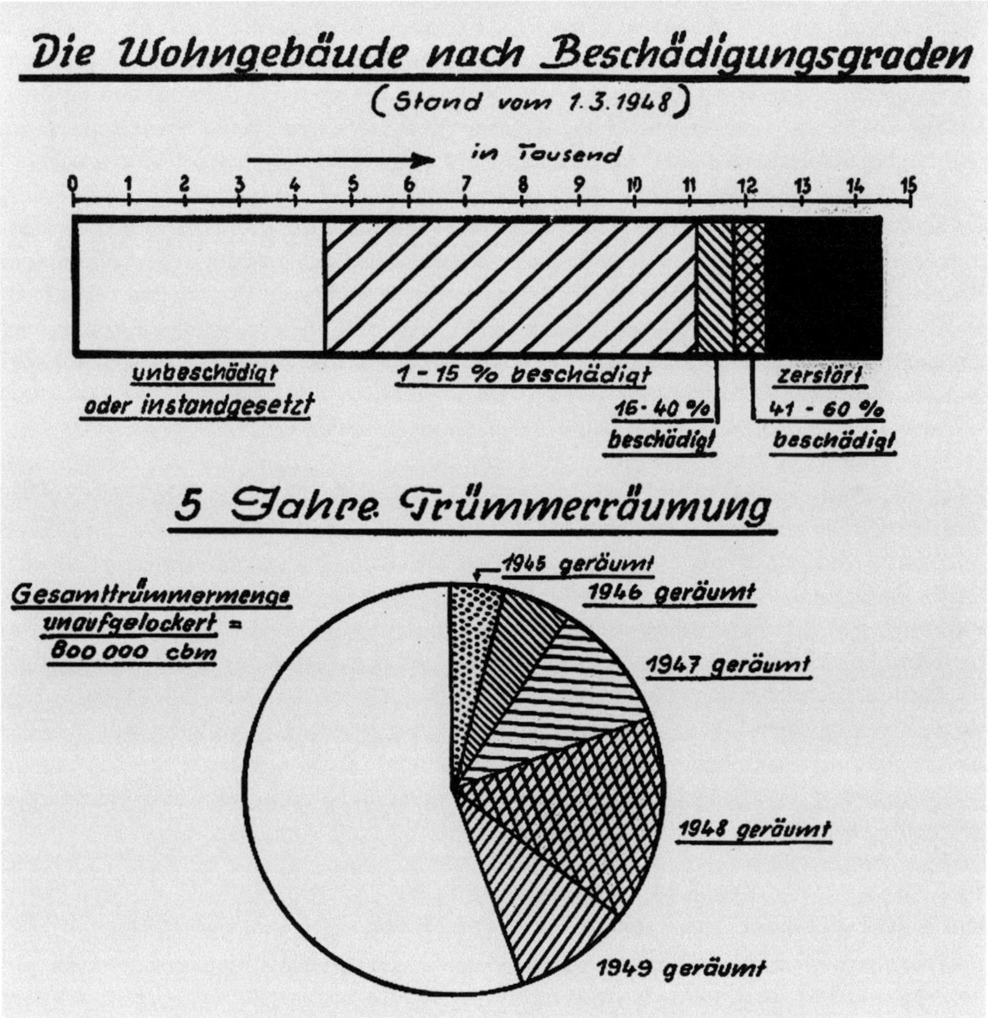

Bild 51: Statistik der zerstörten Gebäude und der Trümmerbeseitigung

89 *Statistisches Jahrbuch der Stadt Mülheim an der Ruhr für das Jahr 1949*. Hg. Vom Oberstadtdirektor. Mülheim, 1949, S. 58–61.

Mülheimer Soldaten

Soldaten aus Mülheim waren an allen möglichen Kriegsschauplätzen eingesetzt und unterscheiden sich von daher nicht von Soldaten aus anderen Städten. Einige ihrer Kriegsberichte sind erhalten und nachzulesen.[1] An vier Beispielen sollen einige ungewöhnliche „Kriegslebensläufe" nachgezeichnet werden.

Interessant ist eine Akte im Stadtarchiv Mülheim über einen Leutnant der Reserve S., der wohnhaft in Essen war und nach seiner Entlassung aus der Wehrmacht auch wieder in Essen Wohnung nahm und bei der Post in Essen Dienst tat. Warum der Vorgang der städtischen Verwaltung in Mülheim vorgelegt wurde, lässt sich nicht genau rekonstruieren. Die Akte war der Stadtverwaltung auf Veranlassung des Wehrkreiskommandos I zugekommen.[2] Leutnant der Reserve S. war Angehöriger der 166. Division. Am 4.11.1941 wurde er von einem Militärgericht wegen Wachvergehens und Volltrunkenheit im Dienst zu fünf Monaten Gefängnis und Degradierung zum Schützen verurteilt. Danach schickte seine vorgesetzte Dienststelle ihn zwecks Bewährung an die Ostfront. S. zeichnete sich tatsächlich im Fronteinsatz aus. Er erhielt am 20.4.1942 das Infanterie-Sturmabzeichen, danach das Eiserne Kreuz 2. Klasse, das Verwundetenabzeichen in schwarz und silber und die Ostmedaille. Am 1.11.1942 wurde er „sogar" zum Gefreiten befördert. Dies wirft ein bezeichnendes Licht auf die nationalsozialistische Denkweise. S hatte als Offizier und Volksgenosse versagt, aber er konnte sich im Einsatz wieder bewähren, denn in der Ideologie kam dem Krieg und dem bedingungslosen Kampf der höchste Stellenwert zu. S schien dies alles zu akzeptieren. Er kämpfte unter letztem Einsatz, was seine Verwundungen deutlich machen und wurde letzten Endes so schwer verletzt, dass ihm der linke Arm amputiert werden musste. Nun aber erwies sich der Staat als dankbar, indem S. ausgemustert wurde und als Postinspektor auf Lebenszeit am 1.1.1943 eine planmäßige Anstellung erhielt.

Es gab aber auch Soldaten, wie den Obergefreiten Friedrich Schmidt, der den größten Teil des Krieges ganz legal bei seiner Familie in der Kuhlenstraße 18 zubrachte, zumindest nach Dienstschluss.[3] Am 6. Januar 1941 war der Vierzigjährige eingezogen worden und vom Bahnhof Eppinghofen zur Ausbildung in die Lüneburger Heide gebracht worden. Von dort kam er als Ia-Schreiber zum XX. Armeekorps nach Danzig.[4] Dort blieb er auch während des Russlandfeldzuges. Um Ostern 1943 fuhr er, nun Obergefreiter, mit einem Truppenbegleitkommando nach Nimwegen und holte sich auf dem Weg dorthin eine Thrombose, die dazu führte, dass der Arzt ihn GvH – garnisonsverwendungsfähig in der Heimat – schrieb. Das war der Traum jedes Frontsoldaten. Schmidt musste sich in Berlin

1 Zum Beispiel in B. Kaufhold, *Erinnerungen werden wach. Zeitzeugenberichte aus Mülheim a.d. Ruhr 1933–1945*. Essen: Klartext Verlag, 2001.

2 StAMH, 1201/5/52 Blatt 153–156.

3 Mülheimer Morgen-Magazin als Beilage zur NRZ (Datum unbekannt).

4 Der Ia-Generalstabsoffizier war für die Personalplanung zuständig.

bei einem Oberzahlmeister im Rang eines Majors melden, der ihn auf seinen Wunsch hin tatsächlich heimatnah, nämlich in Essen, einsetzte. Er wurde einer kleinen Dienststelle, der Transportkommandantur Essen, zugewiesen, die zum OKH (Oberkommando des Heeres) gehörte. Sie hatte mit der Reichsbahnverwaltung Essen die Logistik für das Heer im Westen zu koordinieren und Zuglaufpläne und Transportabläufe für die Armee zu realisieren. Dabei tat Schmidt in der Unterabteilung Truppentransporte Dienst. Sein Vorgesetzter, ein Oberst, machte seinen neuen Schreiber darauf aufmerksam, dass die Mitglieder der Dienststelle nicht kaserniert seien, worauf Schmidt seinem Vorgesetzten den Vorschlag machte, er könne doch zu Hause übernachten. Und so fuhr Friedrich Schmidt nach Dienstschluss mit der Straßenbahn Linie 18 vom Essener Bismarckplatz zur Brückstraße in Mülheim. Die Fahrkarte bezahlte das OKH. Nach Bombenangriffen, und die häuften sich im Laufe der Zeit, musste er den Weg auch schon einmal zu Fuß zurücklegen. Bis zum April 1945 konnte die Familie Schmidt auf diese Weise Dienstplan und Privatleben relativ gut in Einklang bringen. Mit seinem Sohn Günter, der zur Flak eingezogen war, hielt er Kontakt über das Basa-Netz der Reichsbahn, damals schon ein Selbstwählsystem. Der Sohn musste nur einen Reichsbahner finden, der ihn schnell einmal mit seinem Vater telefonieren ließ, und das klappte ganz gut. Im Januar 1945 allerdings, als die Kriterien für die Fronttauglichkeit deutlich gemindert wurden, beschied ein Stabsarzt Friedrich Schmidt die Kriegsdienstverwendungsfähigkeit. Als Geheimnisträger, denn er war über alle militärischen Transporte informiert, stellte das OKH ihn aber unabkömmlich, und er wurde Mitglied der Verfügungstruppe des OKH. Kurz vor Ostern 1945 erhielt die Dienststelle den Befehl, sich aus dem schon fast geschlossenen Ruhrkessel nach Osten abzusetzen. Dafür standen vier Lastkraftwagen bereit. Da man gar nicht so viel Transportraum benötigte, nahm man auch einige Zivilisten mit, zu ihnen gehörte Schmidts Ehefrau und zwei Töchter, die bis Wadersloh mitfuhren, wo Schmidts Mutter in einem Pflegeheim wohnte. Auf abenteuerliche Weise schlug sich Schmidt dann nach Norden durch und geriet kurz vor der dänischen Grenze in kanadische Gefangenschaft.

Günther Smend, besuchte vom Jahr 1924 bis zum Abitur die Langemarckschule (heute Otto-Pankok-Schule).[5] Dort fiel er bereits früh durch hervorragende sportliche Leistungen auf, insbesondere im Bereich Rudern und Leichtathletik. Er wurde 1930 Stadtmeister im 5.000-Meter-Lauf. Da er ein besonders gutes Abitur abgelegt hatte und an einer militärischen Karriere Interesse zeigte, konnte er am 31. März 1932 als Offiziersanwärter in die Reichswehr eintreten. Im Zweiten Weltkrieg nahm er zuerst am Frankreichfeldzug und anschließend am Russlandfeldzug teil, bevor er am 1.4.1943 als Oberstleutnant zum Generalstab versetzt wurde. Schon im Juli desselben Jahres ernannte man ihn zum Adjutanten des Generalstabschefs des Heeres, Generaloberst Zeitzler. Bei seiner Tätigkeit in diesem Amt geriet er über das Allgemeine Heeresamt, in dem mit General Friedrich Olbricht einer der wichtigsten Köpfe des Widerstandes gegen Hitler saß, in Kontakt mit den Kreisen um Oberst Graf von Stauffenberg. Von Olbricht stammte der Plan „Walküre", der auf der Entmachtung von NSDAP, SS und Staatsführung durch das Ersatzheer

5 Jens Roepstorff, Oberstleutnant i.G. Günther Smend – ein Offizier aus Mülheim im Widerstand gegen Hitler", in: *Mülheimer Jahrbuch*, 60. Ausgabe, 2005, S. 213 f.

beruhte. Smend war die Aufgabe zugedacht, Zeitzler auf die Seite der Verschwörer gegen Hitler zu ziehen, denn der Generaloberst hatte sich mehrfach mit Hitler angelegt, als es um den Rückzug der 6. Armee aus Stalingrad und dem Einsatz anderer Armeen in Russland ging. Viermal bat er Hitler vergeblich um Ablösung von seinem Posten, da er von der Sinnlosigkeit der weiteren Kriegsführung überzeugt war. Das machte ihn in den Augen der Widerständler zu einem potenziellen Sympathisanten. Doch als am 20. Juli 1944 das Attentat auf Hitler erfolgte, gelang es Smend nicht, seinen Chef für die Sache der Verschwörer zu gewinnen. Da es auch nicht gelang, den Befehlshaber des Ersatzheeres, Generaloberst Fromm, für die Ausführung des Walküre-Plans einzuspannen, musste der Umsturz scheitern. Die führenden Verschwörer wurden festgenommen. Der 32-jährige Oberstleutnant Smend gehörte nicht zu den vier wichtigsten Regimegegnern Stauffenberg, Olbricht, Haeften und Mertz von Quirnheim, die im Lichte eines Autoscheinwerfers auf Befehl von Fromm gegen 23 Uhr vor dem Bendler-Block erschossen wurden. Smend verhaftete die Gestapo erst am nächsten Tag, sie ließ ihn auf Ehrenwort aber noch einmal frei, bevor sie ihn am 1.8.1944 erneut verhaftete. Inzwischen war sein vergeblicher „Anwerbeversuch" gegenüber Zeitzler bekannt geworden. Hitler hatte in einer Ansprache kurz nach dem Attentat von „einer kleinen Clique gewissenloser und zugleich verbrecherischer, dummer Offiziere gesprochen", es stellte sich aber heraus, dass der Widerstand breiter aufgestellt gewesen war, als der Führer erwartet hatte. Die Gestapo bildete eine „Sonderkommission 20. Juli", die alle Mittel von Schutz- bis Sippenhaft einsetzte, um aller Verdächtiger habhaft zu werden. Bei der Verfolgung der Opfer zeigte sich das Regime von seiner hässlichsten Seite und schlug mit brutalen Mitteln zu. Hitler hatte Roland Freisler, dem Präsidenten des Volksgerichtshofes, einen schnellen Verlauf der anstehenden Prozesse gegen die Verschwörer befohlen und Freisler hielt sich an die Vorgabe. So wurde Günther Smend am 30. August 1944 als Mitwisser des Attentates zum Tode verurteilt. Am 8. September richtete man ihn in Berlin-Plötzensee hin. Er hinterließ drei Kinder und eine Ehefrau.

Zum Schluss soll der Blick auf einen ganz „normalen" Soldaten aus Mülheim fallen. Der umfangreiche Briefwechsel, den er mit seiner Freundin und späteren Ehefrau während seiner Ausbildung im Lager Heuberg und Ulm und dem Einsatz auf der griechischen Insel Leros und weiterhin in Bulgarien führte, liegt von seiner Einberufung im Juli 1943 bis zum September 1944 vor.[6] Ernst G. wurde am 16.4.1904 in Mülheim-Styrum geboren und lebte, als der Krieg begann, in Duisburg-Hamborn, wo er als Maurer arbeitete. Seine spätere Ehefrau Irmgard Z. wohnte auf der Waldbleeke 34. Beide erwarteten, als Ernst am 1.7.1943 zum Militär eingezogen wurde, ein Kind. Dies erklärt, warum der junge Mann während seiner Ausbildung und später während des Einsatzes in Griechenland und Bulgarien immer wieder versuchte, eine Urlaubserlaubnis zu bekommen. Dies scheiterte aber jedes Mal aus den verschiedensten Gründen. Die Rekrutenausbildung im Aufstellungsstab 88 des Truppenübungsplatzes Heuberg war anstrengend und dadurch

6 Alle Briefe und Dokumente in Ablichtung wurden mir zur Verfügung gestellt von Hartmut Hermann, Mitglied des VVN-BdA in Mülheim. Meine Ausführungen beziehen sich auf diese Briefe. Rechtschreibung und Zeichensetzung sind von mir angepasst worden.

gekennzeichnet, dass häufig improvisiert werden musste und die Ausbildung wegen der Personalknappheit der Wehrmacht gestrafft durchgeführt wurde. Ernst G. spricht von hartem Dienst und mäßiger Verpflegung. Im Brief vom 25.7.1943 heißt es: „Verpflegung im Augenblick sehr mager. Aber auf den Beinen vom frühen Morgen bis zum späten Abend, oft die halbe Nacht noch. Es geht hier oft im höllischen Tempo vorwärts, uns wollen sie in acht Wochen beibringen, was anderen in zwei Jahren gelehrt wurde." In den Briefen zeigt sich auch stets die Sorge um seine Mutter und die Freundin in Mülheim wegen der häufigen Luftangriffe: „Wie ist es mit dem Fliegeralarme? Die ruhigen Nächte, wie ich sie hier habe, wünsche ich dir auch, es ist wirklich eine Wohltat." Seiner Mutter riet er, in dem Fall, dass eigene Möbel zerstört oder gesichert werden mussten, dies von der Partei bescheinigen zu lassen, in der Hoffnung, dann Heimaturlaub zu erhalten. Eine Hoffnung, die sich nicht erfüllte. In der Nähe des Truppenübungsplatzes traf er Bombengeschädigte aus Oberhausen, die in der Gegend vorläufig untergebracht worden waren. Schließlich ergab sich eine Möglichkeit, seine Freundin Irmgard zu sehen, als er zu einem Speziallehrgang nach Ulm abkommandiert wurde. Der gemeinsame Plan ging sogar dahin, in der Stadt zu heiraten, doch zeigte sich, dass es auf Grund der vorherigen räumlichen Trennung sehr schwierig war, die notwendigen Papiere zu erhalten, sodass dieser Plan aufgegeben werden musste. Immerhin trafen sich die jungen Leute in Ulm und konnten nach Dienstschluss einige Tage zusammen verbringen. Man verabschiedete sich voneinander mit dem Vorsatz, so schnell wie möglich zu heiraten, auch im Hinblick auf das gemeinsame Kind, das Ende des Jahres erwartet wurde. Ende September rückten Teile des Regimentes, zu dem Ernst G. gehörte, schon ab, sein Bataillon blieb aber zunächst noch auf dem Truppenübungsplatz. Der Briefwechsel dieser Zeit spiegelt die kontinuierlichen Bemühungen der beiden Partner, die nötigen Papiere zu besorgen, was Ernst am 29.9. zu der Äußerung veranlasste, „so hat man seine Last, um unter die Haube zu kommen, und das in einem Staat, der die Eheschließung fördern und auf einen starken Nachwuchs angewiesen ist." Ohnehin kam es zu Spannungen auf beiden Seiten. Irmgard musste auf der Rückreise von Ulm in das Ruhrgebiet im Zug die ganze Zeit stehen, die Waggons waren überfüllt, erst mit langer Verspätung erreichte die Frau Mülheim. Im September konnten einige „bombengeschädigte Kameraden" aus Hagen auf kurzen Heimaturlaub, Ernst musste im Lager bleiben. Mitte September verbesserte sich die Situation zunächst. Es gab eine Brückenbauübung an der Donau, danach einen Kameradschaftsabend und am Wochenende einen Festabend mit Hammel, Wein und Schnaps innerhalb des Pionierzuges, in dem Ernst jetzt diente. An den Abenden besuchten die Soldaten in geschlossener Formation das Kino und auch schon einmal das Varieté. Am 12.11. schrieb Ernst dann von der baldigen Abreise mit noch unbekanntem Ziel: „so sage ich dir mit dem heutigen Brief Lebewohl. Mein Weg geht von Mittwoch an ins Ungewisse." Die Einheit verlegte über Bulgarien nach Piräus in Griechenland und von dort nach Korinth. Erst am 17.12. schrieb Ernst wieder einen Brief nach Mülheim und bezeichnete darin das Meer „als unsere Waschschüssel", offensichtlich mangelte es an Süßwasser. Ein großes Problem waren die vielen Wanzen in den Kasernen. Als etwas Positives erschienen die Apfelsinen, Melonen und Korinthen, die man überall kaufen konnte, die Blumenkohlernte war im vollen Gange. Allerdings wurde die Bevölkerung als wenig freundlich geschildert. Mit dem zur Verfügung stehenden Geld, wohl Kreditkassenscheine, konnte man nichts kaufen, es blühte der Tauschhandel, Ernst bat die Mutter um Übersendung von Zigarettenpapier, da dies wie bares Geld sei. Die Soldaten des Pionierzuges erlebten das erste Weihnachtsfest außerhalb Deutschlands unter freiem Himmel. Ein Orchester trug Weihnachtslieder vor und ein Weihnachtsmann überreichte Geschenke. Erst Ende des Jahres erfuhr der Soldat von der Geburt seiner Tochter am 9. Dezember 1943. Es wird auch deutlich, dass die Nachbarn lästerten, da das Kind unehelich geboren wurde. Deutlich wird in den Briefen, die Ernst aus Griechenland schrieb, dass er besonders die Luftangriffe auf Mülheim fürchtete, er empfahl sogar seiner Mutter, sich evakuieren zu lassen. Auch in Griechenland besaßen die Engländer die Lufthoheit. So wurde die Stadt Piräus nur einen Tag, nachdem Ernst mit seinem Bataillon abgezogen war „in Schutt und Asche gelegt", seine Einheit nahm dauernde Stellungswechsel vor. Am 11.1.1944 berichtete ein Brief von einem Luftangriff, unter dem besonders die Zivilbevölkerung zu leiden hatte: „Wir haben noch eine ganze Menge Personen aus dem Schutt ausgebuddelt. Teils lebten sie noch, teils waren sie unter dem Schutt erstickt. Weißt du, was ich den ersten Moment gedacht habe, Mutti – Heimatklänge. Das Schießen der Flak und das Rauschen der niederfallenden Bomben erinnerte mich an die vielen Nächte, die wir im Keller verbringen mussten."

Am 27.1. wurde das Bataillon dann per Schiff nach Leros, einer Dodekanes-Insel, gebracht. Die Insel hatte den Briten als Kriegshafen gedient, war von den Italienern und Deutschen erobert worden und diente diesen jetzt als Flottenbasis. Das Pionierbataillon sollte beim Ausbau der Stellungen helfen und musste dies unter häufigen britischen Luftangriffen tun. Ernst erhielt eine neue Aufgabe als Koch und berichtete seiner Mutter darüber am 18.2.: „Gestern, Mutti, habe ich etwas gekocht, was dir wohl auch fremd sein wird. Tintenfischsuppe mit Gerstenmehl verdickt. Schmecken tut der Tintenfisch sehr gut. Es kostet nur viel Arbeit, um ihn sauber zu machen. Hier werde ich noch zum Kochkünstler. Was mir zur Verfügung steht, ist nicht reichlich, aber die Kameraden wollen etwas in ihrem Kochgeschirr sehen." Gleichzeitig bat er Irmgard, sich an den Fürsorgeoffizier in Mülheim zu wenden, um endlich die Heirat in die Wege zu leiten. Am 27.2. erhielt er dann schließlich die Heiratsgenehmigung, nachdem er vom Truppenarzt auf Ehetauglichkeit untersucht worden war. Vom Vormundschaftsgericht hatte er bereits die Papiere zur Anerkennung der Vaterschaft bekommen, diese mussten aber noch zum Divisionsgericht, um anerkannt zu werden. In der Hoffnung, zur Trauung in Mülheim zu sein, machte sich Ernst bereits Gedanken darüber, wie Wein und Lebensmittel nach Deutschland geschafft werden könnten. Doch wieder einmal wurde sein Urlaubsgesuch abgelehnt. Die Post kam nur noch unregelmäßig, zweimal berichtete der Soldat davon, dass das Postflugzeug, die „Postju", wie er schreibt, abgestürzt war. Die Soldaten wurden wiederholt geimpft, im feuchtschwülen Wetter gediehen die Mücken. Ernst erlitt im April einen schweren Malariaanfall mit Fieberschüben, er nannte es „Padatschifieber", dazu kamen Ekzeme an den Beinen. Der Dienst verlief eintönig. Bis auf die britischen Fliegerangriffe gab es nur Kochen und Wachestehen.

In den beiden jungen Menschen reifte allmählich der Entschluss, eine Ferntrauung zu beantragen, da auf Grund der Urlaubssperre kein Heimaturlaub zu erwarten war. Diese fand dann schließlich auch statt am 20.8. 1944 und war zumindest für Ernst G. eine feierliche Zeremonie, bei der sein Kompaniechef, Hauptmann Münch und Leutnant von

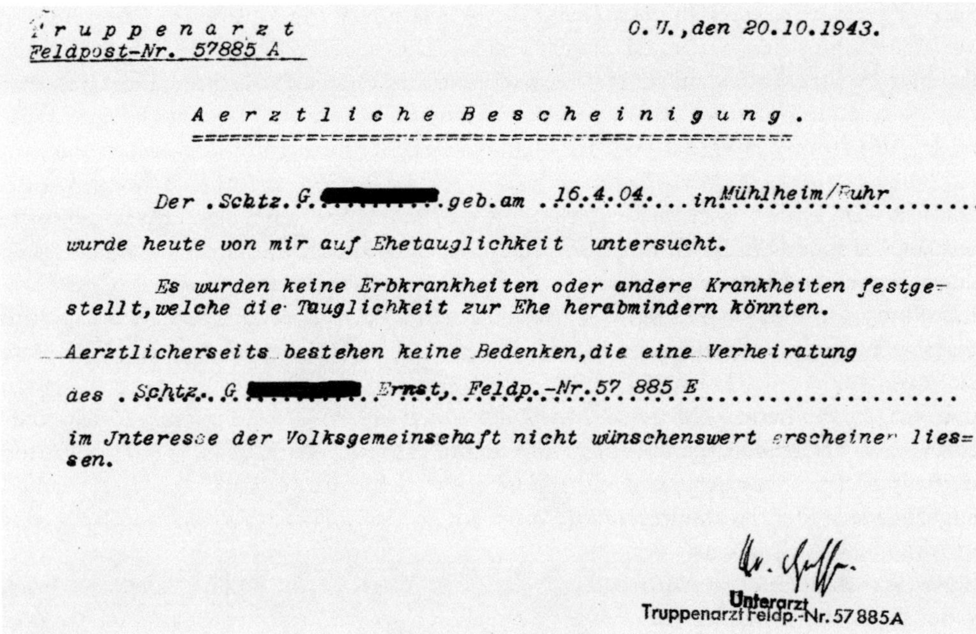

Truppenarzt O.U., den 20.10.1943.
Feldpost-Nr. 57885 A

Aerztliche Bescheinigung.

Der Schtz. G.[redacted] geb. am 16.4.04 in Mühlheim/Ruhr wurde heute von mir auf Ehetauglichkeit untersucht.

Es wurden keine Erbkrankheiten oder andere Krankheiten festgestellt, welche die Tauglichkeit zur Ehe herabmindern könnten.

Aerztlicherseits bestehen keine Bedenken, die eine Verheiratung des Schtz. G.[redacted] Ernst, Feldp.-Nr. 57 885 E im Interesse der Volksgemeinschaft nicht wünschenswert erscheinen liessen.

Unterarzt
Truppenarzt Feldp.-Nr. 57 885A

Bild 52: Ehebescheinigung

Steuben anwesend waren. Auf einem Tisch standen geschmückte Bilder der Ehefrau und der Mutter, ein Fotograf hielt Einzelheiten im Bild fest. Die Bilder sandte Ernst am 27.8. in einem Brief zu seiner Frau mit der Bitte, ein Dankesschreiben an seine Vorgesetzten zu richten. Gleichzeitig versprach er, ein Paket mit Johannisbrot und Mandeln zu schicken. Auf der Insel war für Geld nicht viel zu bekommen, alle Waren, die größtenteils mit dem Schiff angelandet wurden, erwiesen sich als sehr teuer. Wiederholte Male kam Ernst ins Lazarett wegen der Malariaerkrankung und den Hautentzündungen an den Beinen. Der letzte Brief aus Leros wurde am 9.9. geschrieben, dann setzte das Bataillon auf das Festland über und bewegte sich auf die bulgarisch-griechische Grenze zu. Erst am 27.9. konnte Ernst wieder einen Brief nach Mülheim schreiben. Die Soldaten schienen von jeglicher Information abgeschnitten zu sein. Nach dem letzten kurzen Brief am 29.9. brach die Korrespondenz plötzlich ab.

Ernst G. gehörte zu den Soldaten, die erst relativ spät zum Militär eingezogen wurden. Wie bei vielen anderen wurde auf seine persönlichen Belange keine Rücksicht genommen. Meist erhielten Soldaten, die sich nicht in ständigem Kampfeinsatz befanden, erst frühestens nach einem Jahr einen Heimaturlaub. Alle Korrespondenz musste dem Zensor vorgelegt werden, Ernst G. schreibt selbst vom „Ekelhaften der Zensur", und im Laufe der Zeit litt der Postverkehr immer mehr unter den kriegsbedingten Transportschwierigkeiten, sodass Ernst manchmal wochenlang keine Briefe erhielt und dann wieder sieben an einem Tag. Wie wichtig für die Soldaten die Verbindung mit der Heimat war, zeigt sich im angeführten Briefwechsel.

Die Zusammenbruchsgesellschaft

Der Vormarsch der Alliierten an den Rhein

Schon im Dezember 1942 rechnete die Gauleitung in Essen mit einer möglichen direkten Feindbedrohung. Für diesen Fall sollte eine so genannte „Stadtwacht“ in wichtigen Städten wie Duisburg, Oberhausen/Mülheim, Moers, Essen usw. aufgerufen werden, die hauptsächlich aus den nicht eingezogenen SA-Männern bestehen sollte. Zunächst verfolgte man die Pläne aber nicht weiter. Spätestens mit der Invasion der Alliierten in der Normandie am 6. Juni 1944 rückte der Westen Deutschlands immer näher an das unmittelbare Kriegsgeschehen heran. Fast alle Truppenteile, die bei Kriegsende im Ruhrkessel und speziell in Mülheim und der näheren Umgebung eingesetzt waren, befanden sich auch schon in der Abwehrschlacht gegen die Invasionstruppen. Es waren Einheiten der 5. Panzerarmee und der 15. Armee. Die schweren Verluste an Menschen und Material, die die deutschen Truppen in den Kämpfen ab Juni 1944 erlitten, wurden nur zu einem geringen Teil ausgeglichen, sodass in der Endphase des Krieges nur abgekämpfte und dezimierte Truppen im Einsatz waren. Das, was von den zwei deutschen Heeresgruppen und den zur Normandie herangeschafften Reserven übrig war, zog sich teilweise fluchtartig zurück. Bis zum 19. September wurden im rückwärtigen Kriegsgebiet 160.000 Versprengte aufgefangen und in bestehende Verbände bzw. Neuaufstellungen eingegliedert. Am Ende des Monats ging das Oberkommando der Wehrmacht (OKW) von einem Verlust von 516.000 Soldaten im Westen aus.[1]

Bild 53: Plakat aus der Endphase des Krieges

1 Andreas Kunz, *Wehrmacht und Niederlage*. München: Oldenbourg, 2005. S. 62.

Im September waren die alliierten Truppen bereits bis Antwerpen und Liège vorgedrungen. Der britische Feldmarschall Sir Bernard Montgomery plante in einem kombinierten Luftlande- und Infanterieunternehmen im Handstreich die Maas- Waal- und Rheinbrücken bei Arnheim und Nimwegen zu nehmen, um von dort eine gute Ausgangsposition zum Vorstoß gegen das Ruhrgebiet und den Norden Deutschlands zu gewinnen. Der alliierte Oberkommandierende Dwight D. Eisenhower, dessen Hauptquartier sich im September 1944 noch in der bretonischen Stadt Granville befand, konnte diesem Plan nicht so viel Positives abgewinnen, ohnehin harmonierte er mit dem höchsten britischen Befehlshaber überhaupt nicht. Eisenhower und sein Stab hatten die gesamte Front im Blick und wollten die Kräfte nicht an einem Schwerpunkt konzentrieren, zumal der Hafen von Antwerpen, den man dringend für den Nachschub brauchte, noch von der 15. Armee der deutschen Heeresgruppe H bedroht wurde. Um aber Montgomery nicht weiter zu verprellen, willigte Eisenhower in die so genannte Operation „Market Garden“ ein. Das bedeutete die Luftlandung der 101. amerikanischen Luftlandedivision bei Eindhoven, die Landung einer weiteren Division, der 82., bei Nimwegen und einer riskanten Landung der 1. britischen Luftlandedivision im Raum Oosterbeek bei Arnheim, ein Gebiet, das fast 100 Kilometer von der Frontlinie entfernt war. Gleichzeitig sollte das XXX. Britische Korps mit Panzern und schnellen Infanterieverbänden von Belgien aus über Eindhoven nach Arnheim vorstoßen, um sich mit den Luftlandetruppen zu vereinigen und die Brücken zu sichern. Am 17. September begann der Angriff mit dem Absprung von Fallschirmjägern und der Landung von mit Elitesoldaten besetzten WACO-Gleitern bei Arnheim.

Und nun griffen zum ersten Mal in Mülheim stationierte Soldaten direkt in die Kämpfe ein. Im jetzigen Haus der Begegnung am Uhlenhorst befand sich der Stab des Flak-Scheinwerferregiments 74, das der 4. Flakdivision unterstand. Das Regiment war über weite Teile des westlichen Ruhrgebiets verstreut eingesetzt. Etwa 15 schwere Scheinwerfer befanden sich im Raum Mülheim. Soldaten des Stabes hatten seit 1943 immer wieder den Mülheimern bei der Beseitigung von Bombenschäden geholfen. So zogen sie ein neues Dach in das beschädigte Ufa-Theater ein, reparierten eine Pumpstation in Styrum und setzten die Volksküche Schmitz-Scholl instand.[2] Im Frühjahr 1944 hatte das Regiment aus den eigenen Männern ein Schützenbataillon zusammengestellt. Solche infanteristischen Kampfeinheiten, die oft zusammengewürfelt aus Luftwaffen-, Marinesoldaten und rückwärtigen Einheiten bestanden, wurden ab 1944 verstärkt gebildet, um die hohen Verluste im Feldheer ausgleichen zu können. Dem Kommandeur des Scheinwerferregiments, Oberst Römer, war es gelungen, für seine Luftwaffeneinheit moderne Waffen zu erhalten, darunter Maschinen- und Schnellfeuergewehre. Die Männer waren gut ausgebildet worden. Am 17. September erfolgte die Alarmierung des Bataillons, dazu die erhielten beiden Grenadier-Ersatzbataillone Einsatzbefehle, sie waren in der Mülheimer Kaserne zusammengestellt und ausgebildet wurden. Ausgelöst hatte diesen Alarm Generalfeldmarschall Walter Model, der Oberbefehlshaber der Heeresgruppe B, dessen Hauptquartier sich in einem Herrenhaus bei Oosterbeek befand. Er beobachtete die alliierte Landung von seinem Frühstückstisch aus und hielt sie zunächst für ein Kommandounternehmen, das der Gefangennahme seiner eigenen Person galt. Der dreiundfünfzig Jahre alte Model war ein

2 StAMH, 1440/32.40, S. 6.

berüchtigter Soldat, er war Hitler unbedingt ergeben und hatte sich als Abwehrexperte in Russland einen Namen gemacht. Überstürzt verließ er sein Domizil, die Tafelburg, wobei ihm in der Hast noch wichtige Papiere aus seinem Aktenkoffer fielen. Dann begab er sich zur Befehlsstelle der 9. und 10. SS-Panzerdivision, die zur Auffrischung in die Nähe von Arnheim verlegt worden waren. Von dort aus wurde der Alarm ausgelöst.[3] Jede der beiden deutschen Divisionen verfügte nur noch über etwa 3.000 Soldaten, an gepanzerten Fahrzeugen konnten sie zusammen gerade einmal eine Kompanie mit Panzern IV aufstellen, die beiden Panzeraufklärungsbataillone und je ein Regiment mit Panzergrenadieren und einige Unterstützungseinheiten standen aber zur Verfügung. General

Bild 54: Feldmarschall W. Model, Befehlshaber der Heeresgruppe B, die später den Ruhrkessel verteidigte

Bittrich, der Kommandeur des II. SS-Panzerkorps schickte in Absprache mit Model die 9. SS-Panzerdivision nach Arnheim und die 10. SS-Panzerdivision auf den Weg nach Nimwegen. Im Süden Arnheims hatte bereits eine kürzlich zusammengestellte Einheit, das 16. SS-Ausbildungsbataillon, den britischen Fallschirmjägern so viel Widerstand entgegen gesetzt, dass ein Überraschungsangriff auf die Rheinbrücke bei Arnheim scheiterte. Die alliierten Luftlandeeinheiten umfassten insgesamt 20.000 Soldaten, 1.500 Flugzeuge und 425 Transportgleiter, dazu kam das gut ausgerüstete, schwer gepanzerte XXX. Korps, das den Deutschen auch in der Artillerie mehrfach überlegen war. Zusammengewürfelte

3 Max Hastings, *Armageddon. The Battle for Germany 1944–1945*. New York: Knopff, 2005. S. 40 f.

Einheiten der beiden SS-Panzerdivisionen, Teile der 1. Fallschirmjäger-Armee und der 15. Armee, dabei auch Soldaten eines Strafbataillons, insgesamt Kräfte in der Stärke von fünf Bataillonen, sollten den Vormarsch der Alliierten über Land aufhalten. Das gelang auch deshalb, weil die Panzer des XXX. Korps in der Nacht aus Angst vor Hinterhalten stoppten und wegen des schlechten Wetters die Luftüberlegenheit der Alliierten nicht ausgenutzt werden konnte.

Model ließ bei den Eisenwerken in Mülheim anfragen, ob die ihm avisierten Panzer Hummel, die im Mülheimer Werk zur Endmontage eingetroffen waren, fertig seien. Am Liebsten hätte er die Panzer direkt vom Werk an die Front fahren lassen. Die Panzer standen zwar bereit, sie waren aber noch nicht eingefahren worden, obwohl sich das Personal dafür schon im Werk befand. So scheiterte dieser Plan. Die beiden Ersatzkompanien in der Mülheimer Kaserne wurden zwar eilig aufmunitioniert, sie rückten aber letztendlich doch nicht in Richtung Arnheim ab. Dafür erhielt Römer den Befehl, mit seinem Schützenbataillon sofort in Richtung Holland aufzubrechen. Dort wurde das Bataillon gegen die 82. US-Luftlandedivision erst im Raum südlich, dann nördlich von Nimwegen eingesetzt. Die Division hatte ihre Landezone vergrößert, sodass 450 weitere Gleiter das 325. US-Infanterieregiment und die dazu gehörige Artillerie absetzen konnten. Am 19. September schloss die Vorhut des XXX. Britischen Korps zur amerikanischen Division auf. Es gelang den amerikanischen und britischen Truppen aber nicht die Waalbrücke bei Nimwegen in Besitz zu nehmen. Generalmajor Gavin, der Kommandeur der 82. Luftlandedivision befahl deshalb um 14.40 Uhr am 20. September den Fluss Waal mit Sturmbooten zu überqueren. Das kostete über 50% Verluste, am anderen Ufer metzelten die amerikanischen Fallschirmjäger die sich ergebenden zusammengewürfelten deutschen Abwehrkräfte nieder. Die Eisenbahnbrücke über den Waal gelangte in alliierte Hand. Inzwischen wurde es dunkel und die britischen Panzereinheiten, die die amerikanischen Einheiten verstärken sollten, blieben wieder stehen. So griffen die Deutschen ihrerseits an, darunter auch die Infanteristen aus Mülheim. In Nimwegen kam es zu erbitterten Straßenkämpfen. Doch am 21. September mussten sich die Deutschen auf die Straße Nimwegen-Arnheim zurückziehen. Es gelang den Amerikanern und Briten jedoch nicht Arnheim zu besetzen und eine Vereinigung mit der 1. britischen Luftlandedivision herbeizuführen. Auch eine noch eingesetzte polnische Fallschirmjäger-Brigade konnte die Lage nicht ändern, und am 26. September endeten die Kämpfe.[4] Der Brite George Turner-Cain, der ein persönliches Kriegstagebuch führte, schrieb am 26. September: „Sehr bittere Kämpfe, und sie werden immer bitterer, je öfter wir aufeinander treffen. Letztendlich schlagen wir die Hunnen (gemeint sind die Deutschen, d. Verf.) immer und ihre Ausfälle sind viel höher als unsere, aber sie kämpfen weiter, wild und ohne Hoffnung."[5] Feldwebel Erwin Heck von der SS-Unteroffiziersschule in Arnheim hingegen sagte: „Wir waren stolz auf uns, besonders weil wir mit so wenigen Mitteln erfolgreich waren."[6] Das für die Alliierten erfolglose Unternehmen, das den Deutschen aber nur eine kurze Ver-

4 Eine Darstellung der Kämpfe bei: Milton Shulman, *Defeat in the West*. London: Cassell, 1986, S. 205–210 und M. Hastings, *a.a.O.*, S. 34–62.

5 M. Hastings, *a.a.O.*, S. 55 (meine Übersetzung).

6 Ebd., S. 60.

schnaufpause brachte, kostete die Amerikaner fast 4.000 Tote. Von den 10.005 Männern, aus denen die 1. britische Luftlandedivision bestanden hatte, erreichten nur 2.163 die eigenen Reihen,[7] die deutschen Verluste waren noch höher. Anfang des nächsten Monats kehrte das Schützenbataillon wieder nach Mülheim zurück, Oberst Römer erhielt eine hohe Auszeichnung, das Deutsche Kreuz in Gold. Die Verluste der Einheit sind nicht bekannt.

Man kann sich die Frage stellen, warum angesichts der Niederlage auf deutscher Seite noch so verbissen gekämpft wurde. Viele Kampfgruppen bestanden aus eilig zusammengestellten Einheiten und besaßen keine militärische Tradition und Verbundenheit, die sich in Kameradschaft und abgestimmten Aktionen hätte äußern können.[8] Es kann aber wohl behauptet werden, dass ganz im Sinne der Vorstellung von der Volksgemeinschaft Werte wie Kameradschaft und Gehorsam einen hohen Stellenwert einnahmen. Kameradschaft aber war in Nazideutschland ein Synonym für unbedingten Gehorsam, „die widerspruchslose, auf Vertrauen in den Führer beruhende Unterordnung, die als „freiwillig" bezeichnet wurde. Nicht willenlos sollte der Kamerad sein, sondern willig."[9] Doch löste sich diese Haltung in der Endphase des Krieges auf deutscher Seite immer mehr auf. Trotz aller Brutalitäten zeigten die Kämpfe um Arnheim auch noch eine gemeinsame Basis zwischen Freund und Feind. So kam es am 19. September bei Arnheim zu einer einstündigen Feuerpause, in der die Verwundeten geborgen werden konnten, dabei sollen über 600 verwundete Briten in ein deutsches Lazarett gebracht worden sein.[10] Auf der anderen Seite machten sich auch in Holland deutsche Soldaten schlimmer Kriegsverbrechen schuldig. Die „10 Gebote für die Kriegführung", die in jedem deutschen Soldbuch nachzulesen waren,[11] enthielten den Passus, „die Zivilbevölkerung ist unverletzlich". Doch erschossen deutsche Soldaten in Arnheim Stadtbewohner, von denen sie glaubten, dass sie den Briten geholfen hatten. Ungefähr 100.000 Niederländer wurden in strömendem Regen aus der Stadt und den umgebenden Dörfern vertrieben.[12] Dies war auch als Racheakt dafür gedacht, dass die niederländischen Eisenbahner, insgesamt fast 30.000 Personen, am Tag des Angriffs auf Bitten von Eisenhowers Oberkommando mit einem Streik das niederländische Eisenbahnnetz stillgelegt hatten.[13]

Die Ereignisse um Arnheim hatten aber auch Auswirkungen auf eine weitere Mülheimer Gruppe, die sich in Weeze, nicht weit von der holländischen Grenze befand und dort zu Schanzarbeiten herangezogen worden war. Solche Arbeiten waren aufgrund der II. Durchführungsverordnung zum Gesetz über die Hitlerjugend vom 25.3.1939 möglich. Alle 10- bis 18-Jährigen unterlagen der Dienstpflicht. 1940 war in Mülheim der Jahrgang

7 Schulman, *a.a.O.*, S. 209.

8 Vgl. dazu Thomas Kühne, *Kameradschaft. Die Soldaten des nationalsozialistischen Krieges und das 20. Jahrhundert*. Göttingen: Vandenhoek & Ruprecht, 2006.

9 Rainer Blasius, „Der Kitt der Wehrmacht", in: *FAZ*, 16.8.2006.

10 Schulman, *a.a.O.*, S. 208.

11 R. Blasius, a.a.O.

12 M. Hastings, *a.a.O.*, S. 60.

13 Henri A. van der Zee, *The Hunger Winter. Occupied Holland 1944–1945*. Lincoln/London: University of Nebraska Press, 1982. S. 29–33.

1929/30 als erster schulpflichtiger Jahrgang dazu aufgerufen worden.[14] Die Hitlerjungen, die nördlich von Geldern Dienst taten, setzten sich fluchtartig nach Mülheim ab. Doch schon im Oktober 1944 wurde die nächste Gruppe der Mülheimer HJ an den Niederrhein in Marsch gesetzt. Die jungen Leute sollten Schützenlöcher graben und Panzersperren errichten, in der Hoffnung, so den Westwall verstärken zu können. Die Mülheimer, ungefähr 150 Jungen im Alter zwischen 15 und 17 erhielten eine Unterkunft mit Strohlager in der Oberschule Geldern. Klaus Kämpgen, der dabei war, beschreibt seine Gefühle zwischen Loyalität zum Regime, Glaube an Deutschland und düster-romantischer Endzeitstimmung.[15] Die Jungen arbeiteten auf freiem Feld und legten nach einem Plan Hindernisse, Gräben und Löcher an, die nach kurzer Zeit im strömenden Regen voll Wasser liefen. Eine völlig sinnlose Arbeit. Für die im März 1945 hier vorrückenden Alliierten stellten sie jedenfalls kein Hindernis dar. Im Gebiet zwischen der niederländischen Grenze und Wesel gab es keinen Zugverkehr mehr, Städte wie Geldern waren teilweise schon von den Einwohnern geräumt. Kurz vor Weihnachten wurde die Mülheimer Gruppe wieder nach Hause entlassen. Wenn die Hitlerjungen Glück hatten, wurden sie auf Wehrmachtsfahrzeugen ein Stück mitgenommen, sonst musste der Weg zum nächsten Bahnhof in Wesel zu Fuß zurückgelegt werden. Kaum war eine Gruppe der jungen Männer am Mülheimer Bahnhof angekommen, als sie ein Fliegeralarm in die Schutzräume zwang.

Die Wetterlage beeinflusste auch die militärischen Operationen und verzögerte das Vordringen der im Westen kämpfenden Amerikaner, Briten und Kanadier in Richtung Rhein und weiter in den Kern Deutschlands. Der Spätherbst war regnerisch und kühl. Nur langsam arbeiteten sich die Amerikaner südlich von Montgomerys 21. Armeegruppe vorwärts und eroberten am 21. Oktober 1944 Aachen. An den Kämpfen um Aachen nahm auch die 183. Volksgrenadierdivision teil, die später Mülheim verteidigen sollte. Diese Einheit – erst am 15. September 1944 aus Resten einer „Schatten-Division" bei Linz in Österreich aufgestellt – war überstürzt bei den Kämpfen um Aachen eingesetzt worden. Dort hatte die Division einen fürchterlichen Angriff auf das Dorf Bauchem bei Geilenkirchen über sich ergehen lassen müssen, bei dem innerhalb weniger Stunden 136 Tonnen Granaten auf ihre unbefestigten Stellungen niedergegangen waren. Nun war sie unter dem Kommando von Generalleutnant Wolfgang Lange direkt Model unterstellt. Ihre drei Infanterieregimenter, das Artillerieregiment und angeschlossene Einheiten besaßen wenig Kampfwert.[16] Um die kämpfende Truppe insgesamt zu entlasten, erging am 25. September 1944 Hitlers Erlass über die Bildung des deutschen Volkssturms, der die Sechzehn- bis Sechzigjährigen zur Entlastung der aktiven Kräfte der Wehrmacht insbesondere beim Kampfeinsatz auf deutschem Boden mobilisieren sollte. Mit diesem Erlass wurde auch die Verstärkung so genannter Volksgrenadierdivisionen ermöglicht. Das waren neu aufgestellte Einheiten, in denen die eingegliederten Volkssturmmänner in der Regel Uniform trugen oder sich durch eine Armbinde mit Aufschrift *Volkssturm – Wehrmacht* als reguläre Soldaten auswiesen. Von den Gegnern bekamen diese „Kämpfer" aber nicht immer den Kombattantenstatus zugebilligt, was sich später in der Kriegsgefangenschaft

14 Vgl. *National-Zeitung* Nr. 334 vom 1.12.1940.

15 Klaus Kämpgen, *Einmal wird es sein müssen*. Norderstedt: Books on Demand, 2005. S. 95.

16 M. Hastings, *a.a.O.*, S. 148.

negativ auswirkte. Es gestaltete sich auch schwierig, festzulegen, welche Volkssturmeinheiten Teil der Divisionen werden sollten. Einige Mülheimer Volkssturmmänner sollen später in eine Kampfdivisionen eingegliedert worden sein. Die Volkssturmeinheiten unterstanden den Gauleitungen bzw. den Reichsverteidigungskommissaren und auf der obersten Kommandoebene sowohl dem Reichsführer SS und Befehlshaber des Ersatzheeres Himmler als auch Martin Bormann, dem Leiter der NSDAP-Reichskanzlei. Neben die Wehrmacht mit ihren Kommandostrukturen traten jetzt noch die Reichsverteidigungskommissare als „Parteisoldaten", die der Dienstaufsicht des Innenministeriums unterstanden und innerhalb ihres Wehrkreises allen Behörden in Sachen Reichsverteidigung Weisungen erteilen konnten. Für den Ausnahmezustand besaßen aber auch die Oberpräsidenten und Regierungspräsidenten der Länder außerordentliche Vollmachten, was ein einheitliches Vorgehen erschwerte und auch in Mülheim abgestimmte Maßnahmen verhinderte. Für die Ideologen der NSDAP war der Volkssturm gerade nicht das „letzte Aufgebot", sondern er erfüllte in ihren Augen eine sozialintegrative Funktion, sollte doch im rassenideologischen Existenz- und Überlebenskampf die gesamte Bevölkerung im Sinne des Regimes mobilisiert werden und im Kampf um Sein oder Nichtsein seine Existenzberechtigung beweisen.[17]

Bild 55: Um Freiheit und Leben.
Deutsches Propagandaplakat für den Eintritt in den Volkssturm.
Herausgeber: Reichspropagandaleitung

In diesem Sinne versuchte im Januar 1945 die Gauleitung in Essen den Menschen Vertrauen in die Führung, Hoffnung und Kampfeswillen zu vermitteln. In einem Artikel der Mülheimer Zeitung entwickelte der stellvertretende Gauleiter und Reichsverteidigungskommissar Schleßmann die Vision von neuen Divisionen des Volkssturms, „die von der Verteidigung zum Angriff übergehen." Eine Diktion, die er wohl bei Goebbels entlehnt hatte. Doch allein schon die Aussage, „dass der Volkssturm der Front eine tief gestaffelte Rückendeckung"[18] gäbe, lässt erkennen, dass es mit dessen Offensivkraft wohl nicht weit her war. Außerdem entwickelte sich die Aufstellung des

17 A. Kunz, *a.a.O.*, S. 134 f.
18 *Mülheimer Zeitung (abgekürzt MZ)*, 8.1.1945.

Volkssturms zu einem organisatorischen Monstrum. Dem ersten Aufgebot gehörten alle Angehörigen der Geburtsjahrgänge 1884 bis 1928 an. Hier handelte es sich hauptsächlich um Männer, die über 50 waren und schon im Ersten Weltkrieg gedient hatten. Sie sollten aber nicht in kriegswichtigen Betrieben beschäftigt sein. Das erste Aufgebot konnte auch außerhalb des Heimatgaus eingesetzt, also regulären Kampfeinheiten zugeordnet werden. Dem zweiten Aufgebot gehörten dann diejenigen an, die noch uk-gestellt waren und somit auch nicht zur Wehrmacht eingezogen waren. Das dritte Aufgebot umfasste die männlichen Angehörigen der Geburtsjahrgänge 1925 bis 1928, die fast alle der HJ oder dem Reichsarbeitsdienst angehörten. Im vierten Aufgebot befanden sich die Kampfuntauglichen, die aber noch Wach- und Sicherungsaufgaben übernehmen konnten. Theoretisch hätten auf diese Weise 6 Millionen Menschen erfasst werden können, es war aber völlig unmöglich, diese auszurüsten und zu bewaffnen.[19] In der Mülheimer Zeitung häuften sich ab Oktober 1944 die Mitteilungen über Appelle des Volkssturms und Hinweise auf versicherungstechnische und organisatorische Verfügungen. Am 1. Oktober 1944 erging der Erlass über die „Wehrhaftmachung des dritten Aufgebotes des Volkssturms". Damit erhielt die HJ-Führung die Möglichkeit, die männlichen Mitglieder der HJ so in Wehrertüchtigung auszubilden, dass ein direkter Kriegseinsatz möglich wurde. Noch im März 1945 erhielten Mülheimer Jungen den Befehl dazu.

Das Scheitern der Ardennen-Offensive und die Lage in Mülheim

Im Dezember 1944 wollte Hitler noch einmal eine große Winteroffensive, dieses Mal gegen die Angriffsspitzen der Westmächte in den Ardennen, beginnen. Die letzten Reserven waren dazu mobilisiert worden, frische Ausrüstung, winterfestes Material und neue Waffen an die deutschen Truppen im Westen gegangen. Doch allein schon die Tatsache, dass die motorisierten Truppenteile nur Betriebsstoff für einen Radius von 60 Kilometern erhielten, macht deutlich, dass diese Aktion die Möglichkeiten der Wehrmacht überstieg. Trotz einer immensen Luftrüstung im Jahr 1944 war auch die deutsche Luftwaffe den alliierten Luftflotten hoffnungslos unterlegen. Der Flughafen in Mülheim, der nur als Ausweich- und Notflughafen genutzt wurde und dessen Start- und Landebahn für die neuen Me 262 kaum ausreichte, erhielt eine Verstärkung des Fliegerhorstes. Es wurden drei Maschinen Me 262, die so genannte Raadter Kette, dort stationiert. Sie gehörten zum Kampfgeschwader 51 „Edelweiß", einem neuformierten Schnellkampfverband, der für die Ardennenoffensive vorgesehen war.[20] Insgesamt konnte die deutsche Luftwaffe niemals die Lufthoheit über dem Kampfgebiet erlangen. Auch wegen der heftigen alliierten Luftangriffe auf die deutschen Truppen scheiterte die Ardennenoffensive. Der verheerende Bombenangriff auf den Flughafen Mülheim-Essen zu Weihnachten 1944 macht deutlich, dass der Übermacht der Alliierten kaum etwas entgegen gestellt werden konnte.

19 A. Kunz, *a.a.O.*, S. 136.

20 Der Archivar Wilhelm Ulrich hat versucht, alle Informationen über den Kriegsbetrieb des Flughafens Essen-Mülheim zu sammeln, konnte aber nur wenig Konkretes herausfinden. Die von mir gegebenen Einzelheiten sind entnommen einem Bericht über Ulrich in: *WAZ*, 6.1.1990.

Inzwischen war das Luftwarnsystem teilweise zusammengebrochen, weil die vorgeschobenen Posten im Westen zurückgezogen oder überrannt worden waren und eine zusammenhängende Luftabwehr mit funktionierendem Warnsystem nicht mehr existierte. Die wichtigen Flugwachkommandos in Holland für den Luftgau VI, zu dem Mülheim gehörte, waren allesamt zurückgezogen worden. Die Nachtjagdleitungen Drossel-Nord für das Ruhrgebiet und Rheinsalm für den Niederrhein und das Münsterland beendeten ihre Tätigkeit. Der Gefechtsstand der 3. Jagddivision in Deelen, der den besten und schnellsten Überblick über die Luftlage hatte, existierte nicht mehr. Das Luftlage- und Warnzentrum für das Ruhrgebiet in Recklinghausen arbeitete allerdings noch. In Mülheim konnte seit dem Dezember 1944 die Warnmeldung „akute Luftgefahr" nicht mehr gegeben werden. Das Luftwarnsystem in der Stadt selbst befand sich insgesamt jedoch noch in einem intakten Zustand. Die Mülheimer Flak verfügte aber nicht immer über genügend Munition. Einige Batterien beschränkten sich auf nur noch auf maximal acht Schuss Zielfeuer bei aufgefasstem Ziel.[21]

Mit dem Eindringen der Westalliierten in das Reichsgebiet und dem Vormarsch der Roten Armee nach Ostpreußen veränderte sich auch der Luftkrieg. Er konzentrierte sich jetzt vermehrt auf taktische Ziele der Infrastruktur und Industrieanlagen, dennoch wurde die strategische Luftoffensive gegen die Zivilbevölkerung erst am 16. April 1945 offiziell für beendet erklärt, was somit noch zu den sinnlosen Zerstörungen in Dresden und Würzburg führte.

Dass die Situation in Mülheim sich zuspitzte und die Stadt immer mehr den Kontakt nach außen verlor, lässt sich an einigen Ereignissen ablesen, auch wenn die von der Gaupropagandaleitung kontrollierte Presse den Lesern noch den Anschein relativer Normalität vorgaukelte. So ging es im Januar in der Tageszeitung noch um rechtliche Konsequenzen, die beim Überlassen eines Pachtgartens in einer Kleingartenanlage an Luftkriegsbetroffene entstehen könnten.[22] Es herrschte Mangel an Wohnraum, Bekleidung und vielen Dingen des täglichen Bedarfs. Die Lebensmittelversorgung in Mülheim funktionierte jedoch auf niedrigem Niveau, aber ohne Schwierigkeiten. Die offizielle Anordnung, dass Schnittbrot nun nicht mehr verpackt abgegeben werden dürfe,[23] lässt aber darauf schließen, dass es in einzelnen Bereichen – wie hier beim Papier – Versorgungslücken gab. Erfreulich für die Mülheimer war die Mitteilung, dass es eine Sonderzuteilung von 50 Gramm Bohnenkaffee und 0,35 Liter Trinkbranntwein an Erwachsene und einer Dose Kondensmilch an Jugendliche unter 18 Jahren geben sollte.[24] Am 22. Januar wurde dann zum ersten Mal auf die Beschränkung des Reiseverkehrs per Bahn hingewiesen. Auch bis zu diesem Zeitpunkt war es nur mit einer Bescheinigung möglich gewesen D-Züge zu benutzen, jetzt wurde diese Möglichkeit für Zivilpersonen generell eingeschränkt. Gestattet blieb nur die Benutzung von Personenzügen bis zu einer Entfernung von 75 Kilometern.[25]

21 Mülheimer Tageblatt (MT), 1955, StAM, 1440/32.40.
22 MZ, 5.1.1945.
23 MZ, 6.1.1945.
24 MZ, 12.1.1945.
25 MZ, 22.1.1945.

Der Regierungspräsident bestellte am Jahreswechsel den Mülheimer Oberbürgermeister Hasenjaeger nach Düsseldorf, um einen Evakuierungsplan für die Stadtbevölkerung auszuarbeiten. Schnell wurde aber klar, dass nicht genügend Transportmittel zur Verfügung standen.[26] Am 20. Januar sickerten in den Städten des Gaus Essen Gerüchte durch, es gäbe einen Geheimbefehl der NSDAP, den Widerstand in den rechtsrheinischen Kreisen vorzubereiten. An einigen Kreuzungen von Ausfallstraßen wurden rotumrandete Holzschilder aufgestellt. Das hieß, dass hier Panzersperren zu errichten seien. Am Sonntag, dem 28. Januar, wurde das erste Aufgebot der Volkssturmmänner zum Appell befohlen. Auch arbeitsrechtliche Fragen des Dienstes im Volkssturm wurden in der Presse erörtert.[27] Ausrüstung und Bewaffnung des Volkssturms waren völlig unzureichend. Schwere Waffen gab es gar keine, alte Karabiner mit meist nur sechs bis zehn Schuss Munition und die Panzerfaust waren das, was verteilt werden konnte. Auch die Bekleidung blieb mangelhaft. Viele Volkssturmmänner trugen Zivil und wiesen sich nur durch die Armbinde als Soldaten aus. In typisch deutscher Tradition lassen die Ausführungsbestimmungen zu den Aufgeboten, die am 23. 2. 1945 in Kraft traten, viele bürokratische Ungereimtheiten erkennen. „Einfache" Feuerwehrmänner gehörten immer zum ersten Aufgebot, Maschinisten der Freiwilligen Feuerwehr hingegen nur zum zweiten. Wer auf Antrag der Firma uk gestellt war, wurde ins zweite Aufgebot gestellt. Männer des ersten Aufgebots, die sich während der Ausbildung als krank erwiesen, gerieten ins vierte Aufgebot. Um die mehr als kümmerliche Ausstattung zu verbessern, rief die Mülheimer Zeitung am 7. Februar zu einer Sammlung der Volkopfer-Annahmestellen auf,[28] und am nächsten Tag las man die Meldung, in der Kreisfrauenschaftsleitung an der Hindenburgstraße würden Uniformen für den Volkssturm genäht.[29]

Am 8. Februar 1945 begann die Operation *Veritable* am Niederrhein,[30] die den Rheinübergang bei Wesel und Dinslaken herbeiführen sollte und die Stadt Mülheim direkt in die Auseinandersetzungen einbezog. Am gleichen Tag stellten die Parteidienststellen noch einmal Evakuierungspläne für die Zivilbevölkerung auf. Die hektischen Bemühungen der NSDAP in Mülheim um militärische Aushebungen unter dem Kommando des Kreisleiters Camphausen ließen, wie sich am Ende zeigen sollte, keine schlagkräftige Truppe entstehen; zahlenmäßig konnte die Partei in der Stadt vier Kompanien zusammenstellen.

Immer neue Gerüchte, pausenloser Fliegeralarm und Artilleriebeschuss, wenn auch meist nur Störfeuer, belasteten das öffentliche Leben in der Stadt, fast täglich starben hier Menschen an den Folgen von Tieffliegerangriffen und Geschosseinwirkung.

Als am 17. Februar die Verordnung über Standgerichte in der Zeitung bekannt gegeben wurde,[31] die per Verordnung des Justizministers Dr. Thierak schon am 15. Februar

26 MT, 1955, StAM, 1440/32.40.

27 MZ, 25.1., 26.1. und 30.1.1945.

28 MZ, 7.2.1945.

29 MZ, 8.2.1945.

30 Detaillierte Schilderung der Operation aus alliierter Sicht bei Dennis und Shelagh Whitaker, *Endkampf am Rhein. Der Vormarsch der Westalliierten 1944–1945*. Berlin, Frankfurt: Ullstein, 2001, S. 44–434.

31 MZ, 17.2.1945.

in Berlin im Rundfunk verbreitet worden war, wurde deutlich, dass die Endphase des Krieges erreicht war. Es hieß dort:

„Die Härte des Ringens um den Bestand des Reiches erfordert von jedem Deutschen Kampfentschlossenheit und Hingabe bis zum Äußersten. Wer versucht, sich seinen Pflichten gegenüber der Allgemeinheit zu entziehen, insbesondere, wer dies aus Feigheit oder Eigennutz tut, muss sofort mit der notwendigen Härte zur Rechenschaft gezogen werden, damit nicht aus dem Versagen eines einzelnen dem Reich Schaden erwächst.“[32]

Die Bildung dieser Gerichte, die aus drei Personen – dem Vorsitzenden, einem Gliederungsführer der NSDAP und einem Mitglied von Militär oder Polizei – bestanden, oblag dem jeweiligen Reichsverteidigungskommissar, im Gau Essen dem stellvertretenden Gauleiter Schleßmann. Für Mülheim ist ein solches Gericht am 8. März gebildet worden. Der Mülheimer Kasernenkommandant, Hauptmann Schmeling, ließ durch solch ein Gericht noch mehrere Todesurteile aussprechen, die aber alle nicht vollstreckt wurden. Zwei Wachsoldaten, die noch am 9. April 1945 einen Verurteilten befehlsgemäß zur Kaserne nach Essen-Kupferdreh bringen sollten, lieferten diesen zu Hause bei seiner Familie in der Südstraße ab und tauchten dann unter.[33] Zusätzlich stellte der amtierende Gauleiter eine Einheit von 60 Mann unter der Führung eines Hauptmanns auf, die versprengte und flüchtige Soldaten aufspüren sollte. Für Essen ist bezeugt, dass noch am Tag vor dem Einmarsch der Amerikaner zwei junge Menschen von einem Standgericht zum Tode verurteilt und exekutiert worden sind. Auch der Mülheimer Kampfkommandant Krause hatte einen Fahndungsdienst im Einsatz, der in Privathäusern, Wirtschaften und Geschäften nach Fahnenflüchtigen Ausschau hielt, und das alles bei ständigen Tieffliegerangriffen und Artilleriebeschuss.

Unter diesen höchst gefährlichen Umständen gingen die meisten in Mülheim Verbliebenen – es waren noch ungefähr 88.000 neben ca. 10.000 Fremdarbeitern – wenn möglich ihrer Arbeit nach, und das unter Lebensgefahr. Für diejenigen Kinder, die nicht evakuiert worden waren und noch in der Stadt wohnten, konnten die gefährlichen Lebensumstände sogar zu einer Art Räuber-und-Gendarm-Spiel im übertragenen Sinne werden. Der zehnjährige Hasso Bock berichtet darüber, dass er, wenn Tiefflieger kamen, immer hinausging und in ihrem toten Winkel lief, sodass er nicht getroffen werden konnte.[34] Auch das zweite Aufgebot des Volkssturms stand vor der Aktivierung. Der Mülheimer Kreisleiter Camphausen ging jetzt davon aus, dass er fünf Bataillone aufstellen könnte, wenn alle Werke in der Stadt geschlossen würden. Angesichts der Tatsache, dass der Mülheimer Parteizentrale Ende Februar 1945 500 holländische und dänische Gewehre und 200 Panzerfäuste zur Verfügung standen, eine absurde Rechnung. Die Kreisleitung der NSDAP wies noch einmal in der Zeitung darauf hin, dass zum Volkssturm alle Männer

32 Text bei Gerd R. Ueberschär/Rolf-Dieter Müller, *1945 – Das Ende des Krieges*, Darmstadt: WBG, 2005, S. 163 f.

33 StAMH, 1440/32.40. Aussage Karl Flischkowski.

34 Simone Neumann, Leben in Mülheim an der Ruhr 1914–1965. Erfurt: Sutton Verlag, 2000, S. 58.

gehörten, die nicht freigestellt wurden, „auch solche, die noch nicht vereidigt und einer Einheit zugewiesen sind. Sie dürfen die Heimatgemeinde nicht länger als 48 Stunden verlassen.“[35] An diese Mitteilung schloss sich ein flammender Appell des Gauleiters an:

> *„Aufruf des Gauleiters an das Ruhrvolk*
> *‚Jetzt gilt es / Der Feind steht vor den Toren*
> *Was im Osten Breslau, Glogau, Graudenz und Königsberg sind, das werden Duisburg, Oberhausen, Essen, Mülheim mit den Dörfern am Niederrhein im deutschen Westen sein: Festungen unzerbrechbarer Treue und glühenden Willens zum Kampf und Ausharren! Ehernes Bollwerk der Standhaftigkeit.“ Und dann weiter: …“der Kämpfer, ob im Waffenrock oder Arbeitskittel, wird die Stunde der letzten Prüfung bestehen und siegen. Ruhrvolk rüste dich! Auf dich schaut der kämpfende Soldat! Auf dich schaut der Führer! Auf dem Wall deiner Treue muss und wird der feindliche Rammbock zerschellen!“*[36]

Bild 56: Generaloberst Harpe, Befehlshaber der 5. Panzerarmee im Ruhrkessel

Doch die meisten Männer, die in Frage kamen, hatten wenig Lust den Heldentod zu sterben. Viele Betriebe bemühten sich überdies weiterhin darum, die „Unabkömmlichkeitsbescheinigungen“ für ihre Mitarbeiter zu verlängern. Die Lage wurde immer brisanter. An der Rheinfront ergab sich Anfang März folgende Lage: Im Norden, von der Rheinmündung bis in Höhe Düsseldorf, befand sich die 21. Armeegruppe unter Feldmarschall Montgomery mit der 1. kanadischen und 2. britischen Armee und der ihm unterstellten 9. US-Armee unter Generalleutnant Simpson. Daran schloss sich am Mittelrhein die 12. Alliierte Heeresgruppe unter General Bradley an, gefolgt von einer weiteren Armeegruppe bis zur Schweizer Grenze. Auf deutscher Seite standen von der Rheinmündung bis südlich von Wesel die Heeresgruppe H unter Generaloberst Blaskowitz, mit der 1. Fallschirmjägerarmee des Generals Student am Niederrhein und dann folgte die Heeresgruppe B unter Feldmarschall Model mit der 5. Panzerarmee Generaloberst Harpes und der 15. Armee des Generals von Zangen. Daran schlossen sich weitere Herresgruppen an. Das erschien auf den ersten Blick ziemlich imposant, doch verfügte zum Beispiel die Heeresgruppe B für ihren Frontbereich von 160 Kilometern nur über 22 Divisionskampfgruppen, die teilweise nicht einmal mehr die Stärke einer halben Division hatten. Auf dem Nord-

35 MZ, 8.3.1945.
36 Ebd.

flügel beiderseits Duisburgs standen nur 15 Mann auf einem Kilometer mit 0,3 Rohren Artillerieunterstützung. Der Kampfkommandant von Moers beschloss am 2. März die Stadt nicht zu verteidigen, und so geriet Moers am 4.3. in die Hände der Amerikaner, die sofort mehrere Häuser und Gehöfte requirierten, dort ihre Artillerie stationierten und Störfeuer auf Dinslaken und Duisburg richteten, Mülheim geriet aber noch nicht unter dieses Artilleriefeuer. Die Moerser, die vom Hunger geplagt wurden, sahen, wie reichlich die Amerikaner verpflegt wurden. Abends lag der Geruch von verkohlten Lebensmitteln in der Luft, da die Soldaten übriggebliebe Mahlzeiten verbrannten.[37] Bei Baerl rückte das 334. US-Infanterieregiment auf den Rheindeich vor. Artillerie- und Luftraumbeobachter schauten in Richtung Duisburg. Die gegenüberliegende 1. deutsche Fallschirmjägerarmee beklagte akuten Munitionsmangel und konnte deshalb das Störfeuer aus Richtung Moers kaum erwidern. Am 5.3. hielt sich nur noch ein kleiner Brückenkopf bei Düsseldorf-Oberkassel und Dormagen. Die 12. Volksgrenadierdivision, die der 15. Armee unterstand, leistete auf dem linken Rheinufer noch Widerstand, der von einigen Tiger-Panzern unterstützt wurde. Hier zerschlug die noch reichlich vorhandene deutsche Flak feindliche Panzeransammlungen, zahlreiche Stoßtrupps der Amerikaner, die auf Sturmbooten den Rhein überqueren wollten, wurden zurück geschlagen. Doch es zeigte sich, dass die Bevölkerung keine Kämpfe mehr wollte. So zerschnitten Zivilisten die Kabel zu den Feuerleitständen der deutschen Geschütze, die Zons verteidigen sollten. Bis zum 10. März war das linke Rheinufer völlig in alliierter Hand, alle Brücken waren gesprengt,[38] als letzte deutsche Truppen zogen sich Teile der 15. Panzergrenadierdivision und der 8. Fallschirmjägerdivision auf das andere Rheinufer zurück, wobei alle noch vorhandenen Brücken gesprengt wurden.

Während in Duisburg am 5.3. der Großteil der Fremdarbeiter im Fußmarsch aus der Stadt herausgebracht wurde, geschah in dieser Hinsicht in Mülheim gar nichts,[39] in der letzten Woche des Krieges blieben die Fremdarbeiterlager in Mülheim vollständig unbeaufsichtigt. Ab dem 7. März traf alliiertes Störfeuer im Rahmen der Vorbereitungen für den Rheinübergang Styrum und Speldorf, das sich den März über verstärkte und erst am Ende des Monats geringer wurde. Auch die Turmruine der Petrikirche erhielt noch einmal einen Volltreffer.[40] Die amerikanische Artillerie, die Mülheim und die Umgebung beschoss, lag hauptsächlich in Rheinhausen. Da die Amerikaner eine ruhige Nacht haben wollten, brach das Feuer meist am späten Abend ab und begann morgens pünktlich um 10 Uhr wieder. Die von Moers auf Duisburg feuernde Artillerie hingegen schoss besonders stark gegen Mitternacht.

Trotz allem versuchten Stadtverwaltung, verschiedene Organisationen und Amtsträger so etwas wie Alltagsleben in Mülheim zu ermöglichen. So trat zum Beispiel am 10.3.1945 die Prüfungskommission der Kirdorf-Schule (heute Karl-Ziegler-Schule) zusammen, um sechs Schülern die Reifeprüfung abzunehmen. Die Lateinprüfung

37 Ludwig Hügen, *Der Krieg geht zu Ende*. Kempen, 1974. S. 141.

38 Ebd., S. 122 f.

39 Heinrich Averdunk, *Geschichte der Stadt Duisburg*. 2. Auflage. Ratingen: Henn Verlag, 1949. S. 316.

40 MZ, 1955, StAM, 1440/32.40, S. 10.

begann schon um 7.30 Uhr, weil das US-Störfeuer eben erst um 10.00 Uhr begann. Bei der Mathematikarbeit erfolgte dann aber Großalarm. Die Deutsch- und Englischarbeit verlegte die Kommission kurzerhand in die Wohnung eines Lehrers in der Leonhard-Stinnes-Straße. Von dort hatte man einen weiten Blick nach Westen und Südwesten in Richtung Rheinhausen, von wo die Artillerie im Regelfall schoss. Die Abschüsse waren am Mündungsfeuer recht gut zu erkennen. Die mündliche Prüfung fand am nächsten Tag gleich im Kahlenbergbunker statt. Hans Hammer, einer der erfolgreichen Prüflinge, wurde am 13.4. 18 Jahre alt.[41] Die Tageszeitung war inzwischen wegen Papiermangels auf zwei Seiten zusammengeschmolzen. Auch sie suggerierte noch immer den Anschein von Normalität. Wer wollte, konnte nachlesen, dass Bewerbungen für die Unteroffiziers- und Offizierslaufbahn bei der Kriegsmarine weiterhin beim Wehrbezirkskommando Oberhausen-Osterfeld, Horst-Wessel-Straße 2, täglich von 8–17 Uhr erfolgen könnten[42] Die meisten Bürger Mülheims waren aber hauptsächlich mit dem eigenen Überleben befasst. Heinz Brinkmann schrieb über die amerikanische Artillerie: *„Seit Mitte März sandten Tag und Nacht die dicken Kaliber auf der anderen Rheinseite ihre eisernen Grüße. Aber man hatte sich in den vergangenen fünf Jahren an vieles gewöhnt. Grananten sind keine Bomben. Wenn man das Bett nicht gerade an der Westwand stehen hatte, ließ sich sogar bei starkem Ari-Beschuss friedlich schlafen.“*[43] Der Standortälteste, Oberst Stein, warnte auf Plakaten und in der Zeitung, dass zwar mit mittleren Kalibern geschossen würde, die Bevölkerung aber nur die oberen Stockwerke meiden müsse, da die Granaten in einer bestimmten Höhe vor dem Aufschlag explodierten. Bis auf die zwei Feldersatzbataillone, die sich noch in den Mülheimer Kasernen befanden, tauchten in Mülheim immer häufiger Fallschirmjäger auf, die ersten Einheiten der 2. Fallschirmjägerdivision, die nach Mülheim und von dort weiter an die Stadtgrenze Duisburg/Oberhausen verlegt wurde. Auch der Mülheimer Kampfkommandant, Oberstleutnant Krause, der im Bunker des „Polizeipräsidiums“ seine Befehlsstelle eingerichtet hatte, war Fallschirmjägeroffizier.

Endkampf oder Übergabe?

Es sah also zunächst so aus, als ob Mülheim verteidigt werden sollte. Dazu wäre zweckmäßiger Weise die Zivilbevölkerung evakuiert worden, doch konnten anders als nach dem großen Luftangriff vom Juni 1943 oder im Frühjahr 1944 keine nennenswerten Transporte mehr durchgeführt werden, auch wenn Schleßmann immer wieder auf diese Notwendigkeit aufmerksam machte. Die Gauleitung in Mülheim verfolgte weder Evakuierungspläne noch die Mobilisierung des Volkssturms mit genügend Nachdruck, und erst als es zu spät war, wollte man in aller Eile evakuieren, was nicht mehr gelang. Die NSDAP-Kreisleitung und die Wehrmacht trafen kaum Absprachen, die Zusammenarbeit zwischen der Stadtverwaltung und dem Militär verlief effektiver, wenn auch nicht reibungslos.

41 WAZ 15.4.1995.
42 WAZ 6.4.1985.
43 Ebd.

Die Jagdbomber der Feinde warfen über Mülheim nicht nur Bomben ab, sondern auch gefälschte Lebensmittelkarten, Passierscheine, die freies Geleit versprachen, und eine Bekanntmachung des alliierten Oberbefehlshabers, General Eisenhower. Diese Flugblätter durfte man nicht lesen, sondern man musste sie schleunigst zur Polizei oder zur Kreisleitung bringen. Der Amerikaner hatte die Stadt „Mühlheim" – wie es auf dem Flugblatt hieß – zur Kampfzone erklärt und die Zivilisten zum Verlassen des Ortes aufgefordert. Er verkündete:

> *„Ihr wohnt in dem wichtigsten Kriegsindustriegebiet Deutschlands. Jahrelang haben eure Hochöfen, Werke und Werkstätten die Waffen für den Eroberungskrieg geschmiedet [...] Um eine Verlängerung des bereits verlorenen Krieges zu verhindern, wird daher die gesamte Kriegsindustrie des Ruhrgebiets einem erbarmungslosen Bombardement ausgesetzt werden.*
> *Die Alliierten sind aber entschlossen, nicht das deutsche Volk, sondern nur die deutsche Kriegsmaschine zu vernichten."*[44]

Wenn es nach Hitler gegangen wäre, hätte die Stadt Mülheim wie jede andere auch bis zum Äußersten verteidigt, und alle wesentlichen Strukturen dort hätten zerstört werden müssen. Ob dies aber auch die örtliche Parteiführung wollte, darf bezweifelt werden. Zumindest war sie dazu nicht in der Lage. Hitlers so genannter „Nero-Befehl" vom 9. März 1945 lautete: *„Alle militärischen, Verkehrs-, Nachrichten-, Industrie- und Versorgungsanlagen sowie Sachwerte innerhalb des Reichsgebietes, die sich der Feind für die Fortsetzung seines Kampfes irgendwie sofort oder in absehbarer Zeit nutzbar machen kann, sind zu zerstören."* Und am Schluss ordnet der Diktator an: *„Dieser Befehl ist schnellstens allen Truppenführern bekanntzugeben, entgegenstehende Weisungen sind ungültig."*[45]

Auch wenn Rüstungsminister Speer, der sich gerade im Ruhrgebiet aufhielt, noch eine gewisse Abschwächung dieses Befehls gelang, war klar, was dies für Mülheim und die Verantwortlichen in Partei, Verwaltung, Wirtschaft und Militär bedeutete. Es lässt sich aber klar erkennen, wie unterschiedlich die wichtigen Akteure auf diese Befehlslage reagierten.

Die Führungskräfte der Firmen hatten kaum kein Interesse an einer Vernichtung der Produktionsgrundlagen. In den großen Betrieben war vieles durch Bomben und Artillerieeinschläge beschädigt, zu planmäßigen Zerstörungen auf Grund des Hitler-Befehls ist es dort nicht gekommen, sieht man davon ab, das z. B. in der Friedrich-Wilhelms-Hütte der Deutschen Stahlwerke, auf Anordnung des Direktors Wirtz Armaturen und Schieber gebrauchsunfähig gemacht und Verschraubungen entfernt wurden. Die vorhandenen Vorräte an Kohle und anderen Rohstoffen wurden nicht vernichtet, auch die Lederfabriken besaßen bei Kriegsende noch für ein halbes Jahr Material, um die Produktion weiterzuführen. Die Stadtverwaltung entschloss sich dazu, die Lebensmittelvorräte der Stadt weitgehend aufzulösen, dazu erging die Anordnung an die Kartenverteilungsstellen im Stadtgebiet zu Ostermontag offen zu halten. Für die Menschen damals handelte

44 MZ, 1955 StAM, 1440/32.40.
45 G. R. Ueberschär, *a.a.O.*, S. 166.

es sich um „märchenhafte“ Zuteilungen wie Kartoffeln für 5 Monate, mehrere Pfund Fleisch und acht Pfund Zucker. Die Maßnahme ließen sich auch der Gauleitung gegenüber gut begründen, denn schließlich konnten diese Güter dem Feind nun nicht mehr in die Hände fallen. Während in Duisburg bereits am 17.3. die Kreisleitung die Bevölkerung aufforderte, die Stadt zu verlassen, tat sich in dieser Hinsicht in Mülheim noch gar nichts. Die Duisburger, es meldeten sich insgesamt 2.143 Personen, erhielten Abreisebescheinigungen nach Westfalen und Lippe. Sie sollten zu Fuß an ihre Ausgangsbahnhöfe in Broich, Kettwig oder Werden gehen. Nur von dort fuhren noch Züge nach Osten.[46] Der Straßenbahnverkehr in Mülheim wurde auf Grund des permanenten Artilleriebeschusses eingestellt. Als im Namen des Kreisverteidigungskommissars auch die Krankentransporte eingestellt wurden, organisierten Schutzpolizei und Luftschutzpolizei die notwendigen Transporte. Aus der Zucht von Müller-Menden wurden Ponys beschafft, die Wagen zogen, mit denen Leichen zum Friedhof gebracht werden konnten, denn immer noch starben fast täglich Zivilisten an den Folgen der Kriegseinwirkungen. Greift man nur fünf Tage als Beispiel heraus, gab es am 17. März vier Tote, am 19. März zwölf Tote, am 20. März drei Tote am Kahlenberg, am 21. März dreißig Tote an der Oberhausener Straße. Trotz dieser gefährlichen Situation bestand die Mülheimer NSDAP-Kreisleitung noch darauf, dass am 17. März die in der Stadt verbliebenen zehnjährigen Jungen und Mädchen in bestimmten Schulen und Jugendheimen zusammenkommen müssten, um in die HJ aufgenommen zu werden. Augenzeugen berichten von einer gespenstisch anmutenden Aufnahmezeremonie im Gebäude der heutigen Otto-Pankok-Schule, die eigentlich für den Schulbetrieb geschlossen war.

Der Brief einer jungen Frau aus Heißen an evakuierte Familienmitglieder vom 20. März 1945, der dem Verfasser vorliegt, spiegelt die Stimmung in der „Frontstadt“ Mülheim wider:

> *„… Es ist schon so richtiger, schöner Frühling hier. Es ist so warm und die Sonne scheint so schön, und wenn man daran denkt, wie schön jetzt alles sein könnte, dann kriegt man das heulende Elend. Wir können uns schon gar nicht mehr auf die Straße wagen. Tiefflieger und vor allem der Artilleriebeschuss sind so stark geworden, dass man nicht mehr rausgehen kann. Alarm von morgens bis abends, und wenn wir in den Bunker müssen, dann schießt die Artillerie dazwischen, in Heißen ist es noch nicht ganz so schlimm, wie in der Stadt. Es ist auch schon sehr viel passiert dadurch. Ich möchte oft, ich wäre tot, das hält wahrhaftig kein Mensch aus. Die Hütte, Siemens, Grothe liegen fortwährend unter Beschuss und es heißt, dass die Betriebe stillgelegt werden sollen, und die Arbeiter am Kahlenberg schanzen sollen. Säßen wir nur jetzt bei euch, dann wäre uns vieles erspart. Ist es nicht Sünde, allein schon der Gedanke, hier alles bis zum letzten zu verteidigen, wenn Frauen mit Kindern und alte Leute noch hier drinsitzen, und man keine Möglichkeit hat, sie wegzuschaffen? Man sollte wahrhaftig meinen, die Menschheit sei wahnsinnig geworden. Anders findet man keine Lösung mehr dafür. Um mich brauchst du dir aber keine Sorgen zu machen. Wir werden schon vorsichtig genug sein, um alles zu überstehen. Wir wollen sehen, wie die Verbrecher verrecken. So wie sich andere Menschen*

46 H. Averdunk, a.a.O.., S. 318.

an natürlichen Dingen erfreuen, erfreuen sich die anderen blutberauscht an dem Blut, das jeden Tag in Strömen für diese Verbrecher fließt. … Änne, das sind doch alles keine Menschen mehr. Das sind Bestien, die vom Teufel geschickt sind. Du kannst gewiss sein, wir sehen hier, was los ist, was geschehen wird, wir sehen, für wen die Züge noch bereit stehen, die für uns nicht mehr fahren und wir sehen, wer an erster Stelle von hier abhaut. Die Augen sind mir offengegangen und laufen mir über. Darum bleiben wir auch ruhig. Viel schlimmer kann es für uns nicht mehr werden, und vielleicht kommt dann doch noch mal der Tag, an dem wir uns alle gesund und froh wieder sehen, dass ihr wohl wieder zu uns zurückkommen könnt, und wenn wir uns noch so behelfen müssen. Der Krieg kann ja nicht mehr lange dauern, und wenn dann auch noch nicht sofort normale Verhältnisse eintreten, vielleicht wird es dann auch noch mal wieder anders. Und was machen die Kinder, und was macht Anneliese? Versuche uns doch noch mal zu schreiben, vielleicht lässt der Tommy uns doch noch etwas in Ruhe und noch auf sich warten. Es sind ja schon viele Übersetzversuche nach Duisburg abgewiesen worden.
Alles Gute weiterhin und viele Grüße …“

Dieser Brief fasst geradezu exemplarisch die Situation in Mülheim zusammen und spiegelt zugleich die allgemeine Lage wider. Es wird auch deutlich, dass es viele Gerüchte und Vermutungen gab. Zu dieser Zeit hatten sich schon etliche Parteifunktionäre aus Mülheim abgesetzt. Kreisleiter Camphausen, der tatsächlich alle Mülheimer Betriebe schließen und die Arbeiter irgendwie zu Kämpfern umfunktionieren wollte, musste einsehen, dass dies unmöglich war. Die Arbeiter selber machten sich lieber auf den gefahrenvollen Weg zu ihrem Betrieb, wo sie sich noch relativ sicher fühlten, und längst nicht alle kamen der Aufforderung auf öffentlichen Plakaten und in der Zeitung nach, sich an bestimmten Stellen in der Stadt zum Volkssturm zu melden. Die meisten Mülheimer glaubten auch, englische Soldaten ständen bereit, um den Rhein bei Duisburg zu überqueren, obwohl hier nur amerikanische Truppen eingesetzt waren. Den Hauptangriff erwarteten aber auch die für Mülheim maßgeblichen Militärs aus Richtung Duisburg. An der Monning errichteten deshalb Polizisten, Volkssturm und Soldaten Panzersperren mit T-Trägern und Eisenstücken aus Duisburger Betrieben. Um dringende Versorgungsgüter nach Mülheim schaffen zu können, wurde dort die Müllabfuhr eingestellt, da die Fahrzeuge für Transporte benötigt wurden.

Am 20. März 1945 war der Rhein Hauptkampflinie geworden. Die Operationen „Plunder“ und „Varsity“ sollten den Alliierten den Übergang über den Rhein bei Wesel erzwingen. Dazu hatte man 40.000 Soldaten zusammengezogen, die über mehr als 6.000 Flugzeuge verfügten, darunter 1.572 Transportmaschinen und 1.326 Lastensegler, zusätzlich waren 2.153 Jagdbomber und 889 leichte Bomber im Einsatz.[47] Im Besitz der absoluten Lufthoheit gingen die Alliierten daran, die Voraussetzungen für den Rheinübergang zu schaffen, und das fast wie nach einem Fahrplan. Am 23.3. starteten ab 9.15 Uhr alle fünf Minuten schwere Bomber auf dem Flughafen Venlo und warfen den gesamten Vormittag über Sprengbomben auf Dinslaken. Von 12 bis 14 Uhr legte man eine Mittagspause ein und fuhr dann am Nachmittag mit dem Abwurf von Phosphor- und Stabbrandbomben fort.

47 D. und S. Whitaker, *a.a.O.*, S. 354 ff.

Insgesamt wurden 40 Maschinen abwechselnd eingesetzt. Dabei starben 729 Menschen in Dinslaken. Da alle Fernsprechleitungen zerstört waren, schickte die Feuerschutzpolizei von dort ein Fahrzeug los, um im Luftschutzort Oberhausen/Mülheim Hilfe anzufordern. Das Auto blieb in Sterkrade stecken und fuhr deshalb nach Recklinghausen weiter, um die Luftschutzzentrale für das Ruhrgebiet zu informieren. Von dort wurde die Feuerschutzpolizei in Mülheim alarmiert und einige Züge setzten sich mit ihren Fahrzeugen in Bewegung.[48] Auch Einheiten aus Essen und Duisburg machten sich auf den Weg nach Dinslaken. Aber es war unmöglich, nach dort durchzukommen, da Tiefflieger die Fahrzeuge angriffen und die meisten auch vernichteten. In die entgegen gesetzte Richtung flohen Menschen mit ihrer Habe oder auch nur mit dem, was sie tragen konnten, nach Osten und Süden, um sich in der Nacht in den Wäldern von Bruckhausen, Hünxe und Kirchellen zu verstecken. In diesem Gebiet gruppierten aber auch Wehrmachtseinheiten um, sodass ein großes Chaos herrschte. Einigen Feuerwehrleuten gelang es, zu Fuß nach Mülheim zurück zu kehren, alle Fahrzeuge gingen verloren. Da die deutschen Heeresgruppen H und B einen Angriff über den Rhein erwartet hatten, waren alle Einheiten in Alarmbereitschaft. Im Gebiet Duisburg/Oberhausen/Mülheim war der Himmel verdunkelt, weil ein Großbrand in den Rüttgerswerken tiefdunkle Wolken erzeugte, gleichzeitig begannen am linken Rheinufer die Amerikaner mit der Vernebelung des Ufers. Zwischen dem Lippe-Seitenkanal und Duisburg stand das LXXXVI. deutsche Armeekorps mit drei Divisionen. Die Flak war vom Rhein zurück genommen worden. Eine Scheinwerfer-Batterie mit 1,60-Meter und 2-Meter-Geräten, die eine Scheinwerferkette von Ruhrort bis Dümpten bildete, sollte bei einem Angriff die gegnerische Artillerie jenseits des Rheins blenden, eine völlig absurde Idee. Dazu waren die Scheinwerfer fast ausschließlich mit Arbeitsmaiden aus dem Sudetenland besetzt. Glücklicherweise erhielten die jungen Frauen aber in letzter Minute den Befehl, die Scheinwerfer zu verlassen. Sie wurden noch am 26. 3. in höchster Eile mit LKWs in Richtung Osten abtransportiert. Am 24. März, dem Tag der amphibischen Landung der Briten und Kanadier im Sektor Wesel nach einem verheerenden Bombardement der britischen Luftwaffe auf diese Stadt und benachbarte Orte, berichtete *Bomber Command* von „der interessanten Beobachtung", dass das Ruhrgebiet die in schweren Abwehrkämpfen begriffene 1. Fallschirmjägerarmee des Generals Schlemm – dieser hatte das Kommando übernommen – immer noch mit Treibstoff und Munition beliefern könnte. Strategisches und taktisches Bombardieren hätten sich gleichzeitig abgespielt.[49] Diese Einschätzung war aber sicherlich zu optimistisch, besonders stark mangelte es an Treibstoff. Am 23.3. um 17.00 hatte schon alliiertes Trommelfeuer auf das rechte Rheinufer eingesetzt, das zwei Stunden andauerte.

Am 24.3. landeten die 6. britische und die 17. amerikanische Luftlandedivision nördlich von Wesel mit 14.000 Soldaten, 695 Fahrzeugen, 113 Geschützen und 109 Tonnen Munition. Das 507. Fallschirmjägerregiment der US-Luftlandedivision, das später Mülheim „erobern" sollte, landete als erstes um 7.17 Uhr und machte gleich 300 Gefangene, darunter viele Generalstabsoffiziere des LXXXVI. Armeekorps. Mehr als 3.000 schwere

48 Leider lässt sich auf Grund fehlender Unterlagen nicht mehr ermitteln, welche Züge eingesetzt waren.

49 RAF History, Internet-Seiten zu 24 Mar 1945.

Bild 57: Soldaten der 17. US-Luftlandedivision am Niederrhein

und mittlere Bomber griffen das rückwärtige Gebiet an.[50] Die Mülheimer Flugbeobachter auf dem Rathausturm und an anderen Stellen meldeten der Luftschutzleitung Pulks von Jagdbombern, das Gros der Flugzeuge sahen sie aber nicht. In Mülheim war auch noch nicht bekannt, dass gegen 3 Uhr morgens am 24.3. die 79. US-Infanteriedivision bei Dinslaken und Walsum über den Rhein gesetzt hatte. Bei Dinslaken-Hiesfeld befand sich eine Großbatterie der Flak, bei der auch Mülheimer Schüler als Helfer Dienst taten. Dort legte man Feuerräume fest und die Mülheimer Jungen wurden für die Geschütze eingeteilt, die die Provinzialstraße in Walsum unter Feuer nehmen sollten. Als dann tatsächlich amerikanische Panzer auftauchten, endete der Kampf aber schnell und die Flak-Besatzung floh. Ungünstig für die deutschen Befehlsstrukturen wirkte sich aus, dass der Angriff über den Rhein an der Nahtstelle zwischen der Heeresgruppe H und B erfolgte. Verschiedene Truppenteile mussten im Verlauf der Kämpfe neuen Kommandos unterstellt werden. Die Fallschirmjäger, die teilweise in Mülheim lagen, wurden alarmiert

50 Willi Mues, *Der Große Kessel*. Erwitte/Lippstadt:Selbstverlag des Verfassers, 1984, S. 33. Dieses Buch ist das Standardwerk zu den Kämpfen im Ruhrkessel. Dazu noch Charles Whiting, *Battle of the Ruhr Pocket*. London: Ballantine Books, 1970 und Charles Whiting, '45. *Das Ende an Rhein und Ruhr*. Aachen: Helios Verlag, 2005.

und nach Norden in Marsch gesetzt. Die Mülheimer Feldersatzbataillone gehörten direkt zum Wehrkreis VI, also nicht zur Heeresgruppe B. Konsequenter Weise setzte man sie dann später auch in Richtung Bochum in Bewegung, wobei es besser gewesen wäre, sie bei der Division Hamburg, die entlang des Rhein-Herne-Kanals von Duisburg bis Essen Aufstellung genommen hatte, einzugliedern. Diese Division erhielt das Fallschirmjägerregiment 7 unter Oberst Riedel zur Verstärkung und stoppte damit zunächst gepanzerte Aufklärungskräfte der Amerikaner. Der Divisionskommandeur zog die gesamte Artillerie ostwärts der Autobahn zurück. Ein noch existierender, wenn auch geschwächter Eliteverband, die 116. Panzerdivision schloss ostwärts zur Division Hamburg auf, da die dort eingesetzte 180. Infanteriedivision formell wohl drei Grenadierbataillone einsetzen

Bild 58: Soldaten der Division Hamburg beim Anfertigen von geballten Ladungen

konnte, diese aber so schwach und dazu verstreut waren, dass keine Frontlinie gebildet werden konnte. Die Division Hamburg, auch als 324. Infanteriedivision geführt, hatte ein wechselvolles Schicksal hinter sich. Sie wurde erst am 4. März 1945 als Alarmeinheit im Wehrkreis X, Hamburg, aufgestellt und in aller Hast am 10. März bei Wesel in dortige Einheiten eingegliedert. Der Stab und die Nachrichten-Abteilung 324 befanden sich im Raum Duisburg/Oberhausen/Mülheim. Kommandeur war Generalleutnant Steinmüller. Zusammen mit der 2. Fallschirmjägerdivision des Generalleutnants Lackner bildete sie das LXIII. Armeekorps unter dem General der Infanterie Abraham, das Ende März zur Heeresgruppe B wechselte. Eine andere zur besonderen Verfügung stehende (z.b.V.) Einheit war das Pionierbataillon 613 (teilmotorisiert), das von Rumänien nach Speyer und dann zur 1. Fallschirmjägerarmee an den Niederrhein verlegt worden war und in Pionier-Brückenbaubataillon 613 umbenannt wurde. Seine Aufgabe war allerdings jetzt nicht mehr der Brückenbau, sondern die Zerstörung vorhandener Brücken. Die 3. Kompanie dieses Bataillons lag an der Mülheim-Duisburger Grenze in der Nähe des Kolkerhofs und hielt Kontakt zur Division Hamburg. Auf diese Weise stabilisierte sich die Lage am 25.3., Palmsonntag, zunächst einmal.

Die Führung der Hitlerjugend in Mülheim rief durch Briefpost alle Mitglieder der Jahrgänge 1929 und 1930, deren Einberufung als Nächstes anstand, dazu auf, sich in Ausbildungslager zu begeben. So sollte der hoffnungsvolle Nachwuchs aus dem Kessel geschafft und als letzte Reserve dem Führer erhalten bleiben. Die jungen Leute erhielten Befehl sich am Biesenbach zu sammeln, um von dort zu Fuß nach Kettwig zu marschieren. Sie sollten dann mit dem Zug nach Korbach in ein Wehrertüchtigungslager gebracht werden. In Kettwig herrschte ein großes Durcheinander und etliche Jungen aus Mülheim benutzten einen Fliegeralarm dazu, sich aus dem Staub zu machen. Manche Mülheimer Hitlerjungen kamen aber noch bis in den Harz.

Mülheim wird Frontstadt

Am 25.3. gab Schleßmann nun auch für Mülheim den Räumungsbefehl. In ihm hieß es:

> *„Der Feind hat auf dem rechten Ufer des Niederrheins Brückenköpfe errichtet. Es muss damit gerechnet werden, dass er unter Einsatz seiner schweren Bomber und schwersten Artilleriewaffen, wenn auch nur vorübergehend, weiter vorrückt und in unsere Großstädte eindringt. Der Feind wird mit brutaler Härte herausgehauen werden. Kein Mittel wird gescheut werden, unsere niederrheinische Heimat, unsere Städte an Ruhr und Niederrhein wieder freizukämpfen. In diesem Kampfgebiet dürfen Frauen und Kinder nicht mehr sein. Verpflegung, Wohnung, Brot, Milch, Wasser, Licht usw. werden ausfallen. Lebensmöglichkeiten wird es nicht mehr geben.“*[51]

Das war in Anbetracht der Lage und der Tatsache, dass sich die Situation schon lange abgezeichnet hatte, eine Lagebeschreibung, die eine menschenverachtende und rücksichtslose Haltung zum Ausdruck brachte, aus der die ganze Hilflosigkeit der Parteiführung des Gaus sprach. Am nächsten und übernächsten Tag kam es deshalb in Mülheim zu chaotischen Verhältnissen, da gar keine Evakuierungsfahrzeuge bereit standen. Frauen und Kinder versuchten auf Militärfahrzeugen einen Platz zu ergattern und Zivilisten, die noch Fahrmöglichkeiten besaßen, packten ihre Fahrzeuge bis zum Bersten voll. Es heißt, dass noch 15.000 Personen versuchten, die Stadt zu verlassen, viele ohne Erfolg.[52]

Immer mehr Soldaten zeigten sich in Mülheim. Aus Richtung Duisburg bewegten sich aber auch noch fliehende Menschen, teilweise mit ihrem Gepäck auf Handkarren, und sogar Viehtrecks nach Osten über die Schlossbrücke, aber auch in Richtung Bergisches Land über die Mendener Brücke, damals Hermann-Göring-Brücke genannt. In der Nähe

51 Zitiert bei H. Averdunk, *a.a.O.*, S. 322.

52 MT, 1955, StAM, 1440/32.40.

der Raffelberg-Rennbahn kontrollierten Posten der Feldgendarmerie Zivilisten und Soldaten gleichermaßen. Motorisierter Militärverkehr passierte die Mendener Brücke, die meisten Soldaten marschierten allerdings zu Fuß. Eine lange Kolonne von Fallschirmjägern bewegte sich entlang der Ruhr nach Norden. Das waren weitere Truppenteile der 2. Fallschirmjägerdivision, die bisher an der Rheinfront südlich von Duisburg stationiert gewesen waren und jetzt den Befehl erhielten, die Division Hamburg zu verstärken und den Rhein-Herne-Kanal von Duisburg bis Essen zu verteidigen. Ihren Platz nahmen Einheiten des XII. SS-Korps, das zur 5. Armee gehörte, ein. Der Stab dieses Armeekorps lag in Lintorf. Die zugehörige 183. Volksgrenadierdivision verlegte den Fallschirmjägern folgend Einheiten in den Raum Duisburg-Mülheim. Der Befehlsstand des Divisionskommandeurs, Oberst Warrelmann, wurde in Mintard eingerichtet. Transporte rollten auch über die Reichsstraße 1 über Heißen nach Essen und die Landstraßen nach Kettwig und von dort weiter ins Bergische Land, wo sich das Gros der Heeresgruppe B befand. Einem Verwundetentransport, der am Oppspring Rast machte, sang die Gebietsmädelspielschar Mülheims Lieder, eine in Anbetracht der eskalierenden Lage unglaubliche Tatsache.[53] Am 25.3., dem Palmsonntag, fanden in Mülheim sogar noch Konfirmationen statt. Man hatte den „Festgottesdienst“ auf 7.30 Uhr gelegt, weil man dem üblicherweise ab zehn Uhr einsetzenden Beschuss zuvor kommen wollte. Durch dieses Störfeuer kamen in der Stadt in der Karwoche vom 26.3. bis zum 30.3. noch einmal 28 Menschen ums Leben.

In der Nähe von Lüdenscheid befand sich das Hauptquartier der Heeresgruppe B unter Generalfeldmarschall Model, die in den schweren Abwehrkämpfen stark dezimiert worden war und eine zusammenhängende Verteidigung nicht mehr aufbauen konnte, obwohl nominell noch 317.000 Soldaten zu dieser Großeinheit im Ruhrgebiet gehörten. 18 amerikanische Divisionen bot der kommandierende General der 12. US-Armeegruppe, Omar Bradley, zur Einkesselung des Ruhrgebiets von Norden auf.[54] Der Hauptstoß der Amerikaner ging in Richtung Münster und weiter nach Paderborn, wo sich der Kessel um das Ruhrgebiet schloss. Denn die 1. US-Armee war aus dem Brückenkopf bei Remagen nach Osten durchgebrochen und konnte sich bei Lippstadt mit der 9. Armee der 12. Armeegruppe vereinigen. Das war der Grund, warum die amerikanischen Truppen südlich von Lippe und Emscher gar nicht mit Nachdruck versuchten, in das Ruhrgebiet einzudringen. Auch an der Rheinfront von Duisburg bis Düsseldorf blieb es relativ ruhig.

Am 26.3. standen bereits die 79., 30. und 35. US-Infanteriedivision, später noch die 8. US-Panzerdivision als Übermacht nur gegen das Panzergrenadierregiment 156 und eine kleine Kampfgruppe aus Panzern und Teilen der Panzeraufklärungsabteilung 116 der 116. Panzerdivision bei Hünxe, Kirchellen und Oberhausen-Schmachtendorf. Inzwischen verstärkten die über Mülheim nach Sterkrade marschierten Fallschirmjäger des Fallschirmjägerregiments 7 die deutschen Kräfte. Die Division Hamburg erhielt zwei Bataillone der Grenadierregimenter 1225 und 1226, die zur 190. Infanteriedivision gehörten. Die Fallschirmjägerregimenter 2 und 23 der 2. Fallschirmjägerdivision wurden ebenfalls heran geführt. Im Gebiet zwischen Lippe und Rhein-Herne-Kanal wurde zu diesem Zeitpunkt noch beweglich gekämpft, und auf deutscher Seite kamen einzelne

53 MT, 1955, StAM, 1440/32.40, S. 12.

54 M. Hastings, *a.a.O.*, S. 419.

der so genannten „Wunderwaffen" zum Einsatz. So im Rahmen der 116. Panzerdivision vier „Sturmtiger", die einige Tage vorher vom Truppenübungsplatz Sennelager überstellt worden waren. Diese besaßen an jeder Seite drei 38-cm-Raketenabschussvorrichtungen. In der Nähe von Kirchellen-Feldhausen zerschossen diese Tigerpanzer eine große Ansammlung von amerikanischen Panzern, die auf der heutigen B 223 fuhren. Als später alle Raketen abgeschossen waren und kein Sprit mehr zur Verfügung stand, wurden die Panzer gesprengt.[55] Am Abend zogen sich die deutschen Truppen von Duisburg bis Bottrop hinter die Emscher zurück und sprengten alle Brücken hinter sich.

Am 27.3. übernahm die 183. Volksgrenadierdivision den Abschnitt Duisburg, Mülheim, Kettwig und Oberhausen. Es wurde klar, dass der Duisburger Kampfkommandant, Oberst May, der versprengte Fallschirmjäger, ein kleines Kontingent Waffen-SS und Volkssturmmänner unter seinem Kommando hatte, kaum in der Lage sein würde, Duisburg zu verteidigen, zumal die Division Hamburg das 23. Fallschirmjägerregiment wieder

Bild 59: Infanterie der 79. US. Infanterie-Division überquert den Rhein-Herne-Kanal

55 W. Mues, *a.a.O.*, S. 591 f. Es wirft ein bezeichnendes Bild auf die ineffektiven und der tatsächlichen Lage überhaupt nicht angemessenen Befehlsstrukturen, dass der Kommandeur der Sturmtiger, Major Tebbe, noch Schwierigkeiten bekam, weil die Panzer nur mit Zustimmung des OKH bzw. des Führerhauptquartiers eingesetzt werden duften. Hätte man den Dienstweg gewählt, wäre überhaupt keine schnelle Reaktion möglich gewesen.

abgeben musste. Das bedeutete aber, dass auch Mülheim bedroht war. May sprengte das Hamborner Telegraphenamt und zog sich dann nach Oberhausen zur Zeche Concordia zurück. Zwei Duisburger Polizeikompanien sicherten das Gebiet von Ruhrort bis Oberhausen-Holten. Am nächsten Tag zeigten sich 20 schwere amerikanische Panzer auf dem Marktplatz in Hamborn, in Ruhrort tauchten Truppen polnischer Nationalität auf. Diese rückten dann bis Duisburg-Meiderich vor. Zwischen diesen Duisburger Ortsteilen und dem Rhein-Herne-Kanal blieb ein Niemandsland, bewacht von Scharfschützen auf beiden Seiten.

Am 29.3. rückte aus Mülheim kommend ein Bataillon der 183. Volksgrenadierdivision unter Hauptmann Wolf in Duisburg ein und richtete den Befehlsstand im Keller des „Duisburger Hofes" ein. Das Bataillon bestand nur aus 200 regulären Soldaten, es sollen aber zusätzlich auch Mülheimer Volkssturmmänner dabei gewesen sein.[56] Die 3.000 Duisburger Volkssturmangehörigen wurden in acht Bataillonen entlang des Rheins und der Ruhr eingesetzt. Sie waren aber nur teilweise bewaffnet. Es kam zur Sprengung der Schleuse des Rhein-Herne-Kanals. Der Kanal selbst war schon seit längerer Zeit nicht mehr voll Wasser. So hatte sich am Grund eine schlammige Masse gebildet, die ein natürliches Hindernis bildete, auch war es unmöglich, mit Fahrzeugen die relativ steilen Böschungen hinauf zu fahren. Was die Bevölkerung nicht wusste, war, dass in diesem Verteidigungsabschnitt Feldmarschall Kesselring, der Oberbefehlshaber West, der Heeresgruppe B ein Absetzen der Soldaten nach Osten untersagt hatte. Das Ruhrgebiet wurde damit Kriegsgebiet. Bis zum 31. März fanden Kämpfe entlang der Autobahn zwischen Oberhausen und Bottrop statt, dann gab die Heeresgruppe am gleichen Tag allen deutschen Einheiten den Befehl hinter den Rhein-Herne-Kanal zurück zu gehen.

Am 1. April, dem Ostersonntag, herrschte im westlichen Teil der Front relative Ruhe, bei Gelsenkirchen und weiter nördlich bei Recklinghausen wurde aber hart gekämpft. Die Amerikaner eroberten beide Städte noch am gleichen Tage und verschafften so der dortigen Bevölkerung zumindest einen ruhigeren Ostermontag. Bei der Division Hamburg blieb es vom 1.–7. April ruhig. Der Kommandeur, Generalleutnant Steinmüller ging daran, Flakbatterien für den Einsatz vorzubereiten. Dort wurden Feuerpläne für den Erdkampf angefertigt. Die Mülheimer Flak war aber zum größten Teil schon in Richtung Essen in Marsch gesetzt worden. Nur im Norden von Oberhausen wurde noch gekämpft. Der Mülheimer Kampfkommandant hielt Verbindung nach dort, weil er damit rechnete, dass nach einem Durchbruch der Amerikaner Mülheim Kampfgebiet werden würde. Der Mülheimer Karl Flischkowski schätzte die Stärke der in der Stadt verbliebenen militärischen Kräfte im März auf ungefähr 1.200 Mann.[57] Die Feldersatzbataillone verließen aber die Stadt in Richtung Bochum und Dortmund, wo schwere Kämpfe stattfanden. In der Kaserne befanden sich nur noch Genesungsurlauber, die sich zurück meldeten und Versprengte, zum größten Teil Fallschirmjäger. Volkssturmabteilungen befanden sich dort keine. Die 183. Volksgrenadierdivision, konnte für Mülheim keine zusammenhängende Verteidigung organisieren. Noch diente die Mendener Brücke als Rückzugsmöglichkeit. Flak-Einheiten aus Duisburg bewegten sich darüber in Richtung Essen-Werden, die

56 H. Averdunk, *a.a.O.*, S. 328.
57 MT, 1955, StAM, 1440/32.40.

Geschütze teilweise nur durch Muskelkraft in Gang gehalten. Ihnen folgten noch einmal Teile der Mülheimer Flak, die sich in Richtung Essen-Kray zurückzog und dort noch in Kämpfe mit den anrückenden Amerikanern verwickelt wurde. Am Haus Hartenfels über den Ruhrhöhen waren noch einige Flak-Geschütze zurückgeblieben, die zum Auberg gebracht wurden. Der Volkssturm schanzte an den Mülheimer Ausfallstraßen und rückte auf eine Linie Oberbroicher Höhen über Saarnberg bis zum Oemberg vor. Die Nachricht kam, dass Amerikaner an einer Panzersperre in Oberhausen-Holten aufgehalten worden waren. Daraufhin begann der Volkssturm mit dem Bau von Sperren an der Oberhausener Straße, der Heidestraße, der Mellinghofer Straße und der Aktienstraße. An der Maxstraße und am Brandenberg nahm Artillerie Aufstellung. Doch die Amerikaner rückten zunächst nicht in Richtung Mülheim vor. Sie wollten nichts mehr riskieren und schlossen erst die Umfassung des Ruhrgebiets ab. Das Kriegstagebuch des OKW meldete für den 1. April 1945 die Einkesselung der Heeresgruppe B.[58]

Das Ende im „Großen Kessel"

Dramatisch gestaltete sich die Frage nach der Sprengung der Brücken in und um Mülheim. Eigentlich fielen sie in den Verantwortungsbereich der 183. Volksgrenadierdivision, die dem Generalkommando XII. SS-Korps unter Generalleutnant Crasemann unterstand. Die Pionierkräfte des gesamten Korps waren der Kampfgruppe Witte unterstellt, da Witte als Pionieroberst über die größte Erfahrung verfügte. Dazu kam, dass ab 12. April

Bild 60: Die zerstörte Raffelbergbrücke

58 P. E. Schramm, *Die Niederlage 1945. Aus dem Kriegstagebuch des OKW*. München: DTV, 1985, S. 326.

eine Umgliederung der Divisionen vorgesehen war, die die 183. Volksgrenadierdivision dann dem LVIII. Panzerkorps zuordnete. Aus diesem Grund war die Befehlskette nicht immer eindeutig. Seitdem die Remagener Brücke den Amerikanern unversehrt in die Hände gefallen war und die verantwortlichen Militärs dafür standrechtlich erschossen worden waren, neigten die Kommandeure dazu, eher zu früh als zu spät bei Absetzbewegungen die strategisch wichtigen Brücken zu sprengen. Aus diesem Grunde befanden sich auch die Brückenpioniere auf Mülheimer Gebiet. Das führte zu Interessenkonflikten zwischen militärischen Befehlshabern, Volkssturmführern und den Vertretern der Stadtverwaltung, für die unterschiedliche Dinge wichtig waren. Die Stadtverwaltung, aber auch die Versorgungsunternehmen, wollten Sprengungen unter allen Umständen vermeiden, zumal unter der Schlossbrücke und der Mendener Brücke wichtige Versorgungsleitungen verliefen. Die Sprengung der Schlossbrücke hätte Mülheim in zwei unverbundene Teile getrennt. Schon am 27. März war von Pionier-Oberleutnant Koch der 183. Volksgrenadierdivision der Befehl ergangen, innerhalb von zwei Stunden alle Mülheimer Brücken zu sprengen. Als Auftakt jagte man die Eisenbahnbrücke Epping-hofen-Speldorf und die Kahlenbergbrücke in die Luft. Doch ein Sprengkommando unter Unteroffizier Steuer verhinderte dies zunächst für die Schlossbrücke, allerdings wurden zwölf Fliegerbomben – immerhin 1,4 Tonnen Sprengstoff – zur Brücke transportiert und am Ostpfeiler Vorrichtungen für eine Aufnahme der Bomben hergestellt, die dann elektrisch hätten gezündet werden können. Auch die anderen Brücken blieben zunächst intakt, wenn man von der Kahlenberg-Brücke absieht, die schon gesprengt worden war. An den folgenden Tagen wurde immer wieder über eine Sprengung der Schlossbrücke diskutiert. Der Kampfkommandant, Oberstleutnant Krause, gab sich mit einer verstärkten Infanteriesicherung – Stacheldraht und Panzersperren – zufrieden. Die Deutschen Röhrenwerke fertigten und lieferten eilig Eisensperren aus massiven Doppel-T-Trägern, die auf der Brücke einbetoniert wurden, sodass aber noch ein Fußgängerdurchgang frei blieb. Dann wurden die Bomben wieder ausgebaut, am nächsten Tag wieder eingebaut. Inzwischen hatte Oberst Witte, der sich mit der 8. Fallschirmjägerdivision[59] abgesprochen hatte, beschlossen, bei einem sich abzeichnenden Rückzug keine Brücke auszusparen. Er befahl den Mülheimer Kampfkommandanten zur Brücke, der Oberbürgermeister und der Oberbaurat folgten. Witte befahl die völlige Sperrung der Brücke für den Fußgängerverkehr, worauf Volkssturmleute den Durchlass schlossen. Vorsorglich hatte die Stadtverwaltung schon einen Prahm in die Nähe der Brücke beordert, auf der die Ruhrüberquerung durchgeführt werden konnte. Doch erhielt die Fähre am Abend einen Volltreffer – wobei niemals festgestellt werden konnte, ob von eigener oder feindlicher Artillerie –, bei dem zehn Menschen ums Leben kamen. In der Nacht verhandelten dann Oberbürgermeister Hasenjaeger, Oberbaurat Braun, Direktor Heitmann von der Rhenag und Oberst Witte über das Schicksal der Mendener Brücke, die zunächst mit Stacheldraht und eisernen Sperrblöcken gesichert wurde.

Die Stadtverwaltung hatte sich schon dazu entschlossen, die Lebensmittelvorräte aufzulösen, was dazu führte, dass die Mülheimer Bevölkerung den April über relativ ausreichend versorgt war und selbst bei den schwierigen Bedingungen auch Leute aus

59 Vgl. W. Mues, *a.a.O.*, S. 563.

Oberhausen nach Mülheim kamen, um dort einzukaufen. Der Polizeipräsident von Oberhausen/Mülheim befahl das Absetzen der ihm unterstellten Kräfte der Schutzpolizei, Luftschutz- und Feuerschutzpolizei. Eine erste Kolonne unter Hauptmann Truller fuhr mit älteren und kranken Polizeiangehörigen nach Osten und kam bis Wiedenbrück. Die weiteren Polizisten sollten ins Sauerland evakuiert werden, ein Teil nach Neheim-Hüsten, ein Teil nach Wülfrath. Der Chef der Mülheimer Schutzpolizei, Major Büttner, gab aber den Befehl einfach nicht weiter. Major Freter, dem die Mülheimer Feuerschutzpolizei unterstand, sammelte seine Männer aber und reagierte verärgert darüber, dass nicht alle Polizisten erschienen waren. Wutentbrannt fuhr er auf dem Weg ins Sauerland noch über Saarn und zwang dort die Schutzpolizisten, sich ihm anzuschließen. Auch der Volkssturm sollte verlegt werden, und zwar nach Detmold, es kam aber nicht zur Ausführung des Befehls. Überhaupt ging vieles drunter und drüber, weil nach Ostern auch keine Briefzustellung mehr erfolgte und oftmals willkürliche oder widersprüchliche Anordnungen von verschiedenen Stellen vorlagen. So wollte zum Beispiel der Stabsintendant der 2. Fallschirmjägerdivision die Bestände eines Mülheimer Textilhauses, die nach Mintard ausgelagert worden waren, beschlagnahmen. Dies wurde dem Wirtschafts-

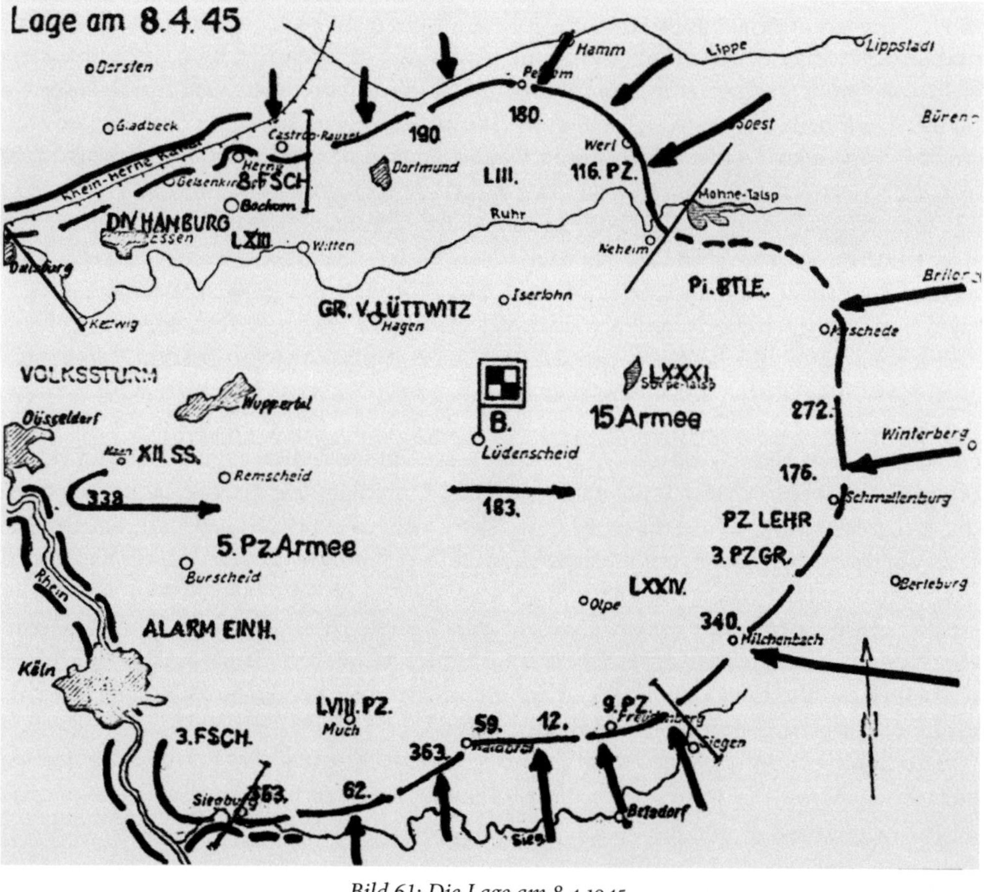

Bild 61: Die Lage am 8.4.1945

amt gemeldet, das diese Aktion noch verhindern konnte. Erstaunlich ist aber, dass in all dieser Hektik ein ruhender Pol den Mülheimern erhalten blieb: Noch am 4. April meldete die Mülheimer Zeitung, dass das Finanzamt weiter arbeite und Zahlungen pünktlich zu leisten seien.[60]

Oberst Witte hatte am 8.4. der 3. Kompanie des Pionierbataillons 613 den Befehl gegeben, alle Brücken in Mülheim zu sprengen. Als Oberbaurat Braun am 9. April noch einmal zur Mendener Brücke fuhr, war diese schon gesprengt. Als er zu den Brücken am Raffelberg fuhr, liefen gerade die Vorbereitungen zur Sprengung, die nicht verhindert werden konnten. Der Stadtkommandant Krause fertigte aber für Steuer den schriftlichen Befehl aus, die Schlossbrücke erst dann zu zerstören, wenn die Amerikaner den Rhein-Herne-Kanal überschritten. Am 8. April wurden alle Wehrpflichtigen, auch uk-Gestellte, aufgerufen, sich beim Wehrmeldeamt in der Kämpchenstr. 57 zu melden. Am nächsten Tag waren immerhin noch 200 Männer zur Stelle, die zu Fuß in Richtung Mendener Brücke marschierten, die zu dem Zeitpunkt, als sie dort ankamen, gerade in die Luft gejagt wurde. Allerdings fiel nur der Teil, der die alte Ruhr überspannte, in sich zusammen, für mehr reichten die Sprengmittel nicht aus. Daraufhin löste sich die Abteilung auf. Waffen und Gerät wurden in die Ruhr geworfen, aus der man sie nach dem Krieg herausholte. Die Polizisten, die die Straßensperre an der Monning besetzt hatten, rückten in Richtung Ratingen ab. Oberst Witte fuhr am frühen Morgen des 10. April noch einmal den Ruhrlauf von Kettwig bis Mülheim ab. Fritz Zorn erinnert sich, dass an diesem Morgen Nebel über der Ruhr lag und es sehr still war.[61] Witte begab sich dann per PKW wieder zur Schlossbrücke und drohte dort dem Unteroffizier Steuer mit dem Kriegsgericht, falls er die Brücke nicht unpassierbar mache: also doch Sprengung. Steuer schlug aber weitere Sicherungsmaßnahmen vor, für die er sogar 100 italienische Arbeiter erhalten sollte. Tatsächlich erschienen diese Arbeiter auch am nächsten Tag, dem 11. April, sehr früh, weil sie bis neun Uhr morgens die Arbeiten abgeschlossen haben sollten, und sie erlebten dann dabei das Eintreffen der Amerikaner. Der Stadtkommandant schickte vom Polizeibunker in der Von-Bock-Straße aus eine Abteilung Volkssturmmänner nach Heißen, um die Lage zu sondieren. Der Kampfgruppenführer in der Kämpchenstraße, ein Hauptmann, setzte sich mit seiner Dienststelle nach Essen ab. Übrig blieb ein Leutnant des Ersten Weltkriegs, August Rühl. Er übernahm die Kampfgruppe, ohne zu wissen, woher er für alle Männer Waffen herbekommen sollte. So wurden zunächst einmal noch über 100 Urlaubsscheine ausgestellt. Karl Flischkowski, der Mitglied der Kampfgruppe war, fuhr mit seinem Rad in Richtung Heißen und sah dort feindliche Soldaten. So fuhr er wieder in die Stadtmitte zurück und erstattete Meldung. Inzwischen hatte auch das Heißener Polizeirevier telefonisch in die Zentrale in der Von-Bock-Straße gemeldet, dass amerikanische Truppen sich an der Grenze zu Essen befänden. Die Einheiten des Volkssturms, die noch zusammen waren, wurden in ihren Stadtteilen eingesetzt, wo sie sich am besten auskannten. Auf der Duisburger Straße, in Höhe des Hauses mit der Nummer 310 errichtete der Volkssturm eine Barrikade aus Straßenbahnwaggons, die mit einer aus Duisburg herangeschafften Schiffskette verbunden und befestigt waren. Aber Anwohner

60 MZ, 4. 4. 1945.
61 WAZ, 10.4.1995.

schoben die schweren Wagen zur Seite und hissten eine weiße Fahne.[62] Auf der Aktienstraße hatte man noch Platanen gefällt und mit ihnen eine Straßensperre errichtet, die später von den anrückenden Amerikanern ohne Schwierigkeiten beiseite geschoben wurde. Kinder winkten dort mit einem weißen Herrentaschentuch als die Amerikaner erschienen, und ein schwarzer Soldat verteilte Schokolade an sie.[63] Andere Zeitzeugen sagen aus, dass am 10. und 11. April kaum weiße Fahnen in Mülheim zu sehen waren. Der Gewerkschafter Johannes Merz aus Mülheim beobachtete, wie SA-Männer und Volkssturm Sprengmaterial an der Thyssenbrücke anbrachten. Ihre Werkstatt lag nur 40 Meter entfernt und deshalb rannten sie zur Brücke. Vergeblich versuchten sie, die Männer von ihrem Plan abzubringen. Die Brücke wurde gesprengt, etwas später auch noch die Siegfriedbrücke. Dann zogen sich die Volkssturmmänner in ihre Leitstelle, die Schule an der Oberhausener Straße zurück. Ein Artilleriegeschoss traf ein Haus an der Sandstraße, vier Menschen wurden dabei getötet. An der Liebigstraße explodierte noch am Morgen des 11. April eine Granate und tötete vier Menschen.

Am Morgen des 11. Aprils war es dann soweit. Amerikanische Soldaten der 17. Luftlandedivision erschienen an der Stadtgrenze. Sie hatten zunächst Essen eingenommen und kamen jetzt aus nördlicher und östlicher Richtung über den Dickswall, entlang der Bahnlinie über Dellwig und dann die Aktien-, Mellinghofer- und Oberhausener Straße entlang. Die 17. Luftlandedivision weist in ihrem *Campaign Diary* für März und April folgende Einsätze auf:

> *„Operation Varsity was the first airborne invasion over the Rhine into Germany itself. On the 25th, the Division had secured bridges over the Issel River and had entrenched itself firmly along the Issel Canal. Moving eastward, it captured Haltern, 29 March, and Munster, 2 April. The 17th entered the battle of the Ruhr Pocket, relieving the 79th Infantry Division. It crossed the Rhine-Herne Canal, 6 April, and set up a secure bridgehead for the attack on Essen. The „Pittsburgh of the Ruhr" fell, 10 April, and the industrial cities of Mulheim and Duisburg were cleared in the continuing attack. Military government duties began, 12 April, and active contact with the enemy ceased, 18 April. The Division came under the XXII Corps 24 April."*[64]

Bild 62: Divisionsabzeichen der 17 US-Luftlandedivision

Was hier als Angriff – „attack" – auf Mülheim bezeichnet wird, gestaltete sich glücklicherweise eher als Machtübernahme bis auf einige Schusswechsel, die aber auch Todesopfer forderten. Die Soldaten des 507. US-Fallschirmjäger-Regiments fanden nur wenig Widerstand auf dem Weg von Essen nach Duisburg über Mülheim. Der Kommandeur

62 WAZ, 15.4.1995.

63 Ebd.

64 17th Division: http://www.17th Abn.Div.asp.html. Und: http://www.army.mil/cmh-pg/cc/017abd.htm.

der Angriffsspitze, Major Harry J. Mrachek erschien schon gegen 9. 40 Uhr am Rathaus. Zuvor hatten seine Männer den Standortältesten, Oberst Stein, mit seinem Wehrbezirkskommandostab an der Kämpchenstraße gefangen genommen. Die Akten der beiden Wehrbezirkskommandos Mülheim und Oberhausen hatte man bereits Ende März nach Höxter ausgelagert.

Major Büttner von der Schutzpolizei befand sich in der Frühe des 11. Aprils auf dem Ehrenfriedhof zur Beerdigung eines ihm bekannten Polizeioffiziers, der am Rhein-Herne-Kanal gefallen war. Für neun Uhr hatte er sich mit Oberst Witte und dem Stadtkommandanten an der Schlossbrücke verabredet, dazu kam es allerdings nicht mehr. Verwaltungsrat Reichert, der am frühen Morgen nach Styrum gefahren war, konnte dort noch die Sprengung des Wasserwerks verhindern. Der Mülheimer Klaus Lohbeck, der im Laufe des Krieges über 30 alliierte Flugblätter gesammelt hatte, obwohl die Zeitungen regelmäßig einmal im Monat davor warnten, diese zu lesen, beobachtete in der Frühe tief fliegende US-Maschinen, die er richtiger Weise für Aufklärer hielt.[65] Sie meldeten die Lage an die anrückenden Amerikaner am Boden. Die ersten Gefangenen machten die Amerikaner in Heißen, es waren die Polizeibeamten, die auf Büttners Anordnung auf ihrem Platz geblieben waren. Der Polizeiadjutant, Oberleutnant Stüve, telefonierte noch einmal mit dem Heißener Revier. Am Telefon hörte er aber nur noch Amerikanisch, deshalb legte er auf. Der am Dickswall stationierte Volkssturm setzte sich weitgehend ab, und viele Männer konnten mit Kähnen auf die andere Ruhrseite fliehen. Hier am Dickswall kam es aber auch zum gravierendsten Zwischenfall bei der Besetzung Mülheims. Über die Vorgänge gibt es unterschiedliche Berichte. Eine kleine Gruppe Volkssturmmänner aus diesem Stadtbezirk feuerte auf einen amerikanischen Panzer, in einem anderen Bericht war es ein Jeep. Karl Flischkowski und August Rühl beobachteten das Geschehen hinter einem Bretterzaun, nachdem eine Panzerfaust abgeschossen war. Die Amerikaner antworteten mit einem heftigen Beschuss aus Handfeuerwaffen, wobei Rühl einen Bauchschuss erhielt und starb, Flischkowski traf jedoch nur ein Streifschuss am Hals, der ihn ins Lazarett brachte. Nach der Beschreibung von Klaus Kämpgen richtete ein Volkssturmmann seine Panzerfaust auf einen Panzer, dessen Besatzung sich gerade mit erhobenen Händen ergeben wollte, als die Waffe losging. Sie traf aber nur das Eckhaus Leibniz- und Kämpchenstraße, das dem Metzger Remberg gehörte. Als Reaktion auf den Widerstand bauten die Amerikaner eine Maschinengewehrstellung auf dem Balkon eines Eckhauses auf, von dem aus sie die entsprechenden Straßen unter Feuer nehmen konnten.[66] Die Amerikaner durchsuchten auch die Häuser am Dickswall und dessen Nebenstraßen. An anderen Stellen in Mülheim lief der amerikanische Einmarsch ohne Widerstand ab. Die Amerikaner hatten ein langsam fliegendes Aufklärungsflugzeug über den neuralgischen Stellen in Mülheim in der Luft, das Verbindung mit den Bodentruppen hielt. Es wird auch von einem Lautsprecherwagen berichtet, der den deutschen Verteidigern die „frohe“ Botschaft „gehen Sie nach Hause, damit sie nicht in Gefahr kommen“[67] entgegen schallen ließ. An der Mellinghofer-/Verbandstraße zogen

65 WAZ, 11.4.1995.

66 K. Kämpgen, *a.a.O.*, S. 112 und StAMH, 1440/32.44.

67 MT, 1955 StAM, 1440/32.40, S. 20.

sich die Soldaten zurück, ebenso an der Straßensperre Oberhausener-/Verbandstraße. Schorsch Sievers, der Volkssturmmann, der in Styrum wohnte, legte Panzerfaust, Jacke und Armbinde an der zerstörten Thyssenbrücke ab und ging einfach nach Hause.[68] Am so genannten Kompaniegefechtsstand des Volkssturms an der Oberhausener Straße warfen Volkssturmmänner ihre dänischen Gewehre in einen Wagen. Einige machten sich auf den Weg zum Bahnhof Styrum, wo ihre Zivilsachen lagerten. Andere Mülheimer waren am Morgen zur Arbeit gegangen und sahen von dort den Einmarsch der „Feinde". Heinz Oeller beobachtete gegen elf Uhr von der Lederfabrik Fabry aus Panzer auf der Essener Straße. Er ging dann nach Hause, wo seine Tante sein HJ-Messer im Garten vergrub.[69] Über das Betriebsgelände der Deutschen Röhrenwerke fuhren Panzerspähwagen, ohne jedoch anzuhalten. Zwischen ihnen liefen Arbeiter nach Beendigung ihrer Schicht nach Hause,[70] ohne aufgehalten zu werden. In den dem Werk vorgelagerten Schrebergärten gingen Menschen unbeeindruckt ihrer Arbeit nach. Meine Großmutter erhielt in Styrum unerwarteten „Besuch" von amerikanischen GIs, die aus dem Hühnerstall zu ihrem Leidwesen einige lebende Suppenhühner mitnahmen, ohne zu fragen. Passanten und deutschen Soldaten in der Stadtmitte wurden Uhren und andere Wertsachen abgenommen. In Sichtweite der Schlossbrücke eröffnete ein amerikanischer Panzerspähwagen das Feuer auf die Brückenwache, bei der sich der Postenführer, Unteroffizier Steuer, und der Standortkommandant, Oberstleutnant Krause, befanden. Alle gingen in Deckung, und doch wurde ein Gefreiter verwundet, ein Volkssturmmann erhielt einen Bauchschuss. Steuer konnte den Amerikanern die Schlossbrücke unversehrt übergeben, nachdem sie ihn als lebendigen Bombendetektor die Brücke hatten auf und ab gehen lassen. Da die amerikanischen Soldaten den Deutschen alle Wertsachen wegnahmen, steckte sich Steuer seinen Ehering in den Mund. In einem unbewachten Moment konnte er ihn Direktor Schiewerling vom RWE zuwerfen, der ihn auffing und später an ihn zurückschickte. Oberstleutnant Krause floh durch die Ruhranlagen und besorgte sich später Zivilkleidung in Mülheim. Im Rathaus dauerte die Übergabe der Verfügungsgewalt durch den Oberbürgermeister an die Amerikaner nur wenige Momente. Auch für den US-Major Keene, der erster Militärkommandant Mülheims wurde, war die Aufgabe als Administrator neu. Er drückte dem Oberbürgermeister einen Stapel Papier mit Mitteilungen der Militärregierung zum Aushang in die Hand. Inzwischen gab es schon einen kleinen Stau von Militärfahrzeugen auf dem Dickswall, der Eppinghofer Straße und der Schlossstraße, weil nachrückende Infanterieeinheiten die Fallschirmjäger ersetzten. Gefangene deutsche Uniformträger wurden zu einer Schule an der Aktienstraße gebracht. Russen, Polen und andere Fremdarbeiter plünderten derweil Militärlager in der Kaserne, Bekleidungsgeschäfte – wie Berger und Lindner – und weitere Läden. Vom Auberg aus schoss deutsche Artillerie noch kurz auf den Kassenberg. Die 17. Luftlandedivision marschierte am nächsten Tag weiter in Richtung Duisburg. Schon am 11. April mittags war die 79. Infan-

68 *Styrum – Ein starkes Stück Stadt*, Teil 3, hg. Vom Geschichts-Gesprächskreis Styrum e.V., o.O., 2003. S. 93.

69 Barbara Kaufhold, *a.a.O.*, S. 157.

70 Horst A. Wessel, „Als der Krieg zu Ende war – Mülheim und sein Röhrenwerk vor 40 Jahren", in: *Zeitschrift des Geschichtsvereins Mülheim a.d. Ruhr.* Heft 59, 1985, S. 67.

teriedivision in Mülheim eingetroffen und rückte mit ihren Einheiten in Richtung Kettwig vor. Beide Divisionen gehörten zum XVI. Korps unter Generalmajor John Anderson. Die Fahrzeuge des 605. Panzerjägerbataillons der 79. amerikanischen Infanteriedivision, die auf der Schlossstrasse anhalten, sind übrigens auf dem einzigen Bild zu sehen, das vom Einmarsch der Amerikaner in Mülheim existiert.[71]

Der Krieg war für Mülheim vorbei! Das Kriegstagebuch der Wehrmacht bemerkte dazu mit Eintrag vom 12. April 1945: „*Heeresgr. B*: Von Norden und Süden weiter Druck. Der größte Teil des Industrieraums ist nun verloren, darunter *Mülheim.*"[72] Die geschlagene Heeresgruppe, deren Oberbefehlshaber sich am 21. April erschoss, weil er den Eid auf Hitler nicht brechen wollte, marschierte in die Gefangenschaft. In den berüchtigten Rheinwiesenlagern kamen einige dieser Soldaten noch ums Leben. US-Leutnant Robert

Bild 63: Einheiten des 605. Panzerjägerbataillons der 79. US-Infanterie-Division auf der Schlossstraße in Mülheim am 11. 4. 1945

Burger, der aus einer fliegenden Festung (B–26), in der er das Ruhrgebiet am 25. April überflog, die geschlagenen Armeen betrachtete, beschrieb sie folgendermaßen: „Ich wollte es nicht glauben, aber was wie frisch gepflügte schwarze Erde aussah, war in Wirklichkeit Hektar um Hektar massierte Menschen. Es müssen hunderttausende Kriegsgefangene

71 C. Whiting, Battle, *a.a.O.*, S. 107.
72 P. E. Schramm, *a.a.O.*, S. 352.

gewesen sein, dichter zusammengedrängt als eine Riesenherde Kühe. Wie man sie versorgte oder sauber hielt, werde ich wohl niemals erfahren."[73]

Ein Ende ohne Schrecken?

Es gibt zwar wenige Hinweise darauf, aber richtig wohl konnte es den Bürgern in Mülheim beim Einmarsch der Amerikaner nicht gewesen sein. Obwohl einige Menschen keine willigen Helfer der Nationalsozialisten gewesen waren, so hatten doch viele die Diktatur der Nazis mehr oder weniger toleriert, und dazu gehörte auch die Geringschätzung so genannter „andersrassischer" oder „fremdländischer" Personen. Den 88.000 Einwohnern Mülheims standen am Ende des Krieges immerhin 10.000 Fremdarbeiter gegenüber, von denen viele zum Arbeitseinsatz gezwungen worden waren, oder die man unter falschen Versprechungen nach Deutschland gelockt hatte. Es waren junge Mädchen und Arbeiter unterschiedlichen Alters, Kriegsgefangene oder Insassen von Arbeitserziehungslagern, die dort schlimmsten Repressalien ausgesetzt waren.[74] Hatten noch am 11. April Deutsche zusammen mir russischen Arbeitern die Magazine der Kasernen geplündert, so kam doch allmählich die Angst vor Übergriffen durch die ehemals Ausgebeuteten und nun Freien und Unkontrollierten auf. Was konnte man erwarten von Menschen, die sich in Arbeitserziehungslagern z. B. beim Appell nackt ausziehen mussten, zu schwersten und gefährlichsten Arbeiten herangezogen worden waren und oft unzureichend ernährt und gekleidet waren? Würden sie so weiter leben wollen wie bisher? Die prekäre Situation dieser Fremden in der Stadt konnte niemandem verborgen geblieben sein. Bunker hatten sie im Alarmfall nicht benutzen dürfen, die Fahrt mit öffentlichen Verkehrsmitteln war verboten gewesen. Wenn Eleonore Helbach, die als Dolmetscherin in Arbeitslagern in Mülheim arbeitete, davon berichtet, dass sie für kranke Ostarbeiter – wenn auch nur solche polnischen Volkstums – eine befristete Erlaubnis erhielt, mit diesen auf dem hinteren Perron der Straßenbahn mitzufahren,[75] zeigt dies eher, wie die Fremden diskriminiert wurden. Die meisten Fremdarbeiter lebten in Barackenunterkünften mit mangelhaften hygienischen Zuständen. Seit 1943 waren Stacheldraht und Bewachung für viele der Lager, in denen Insassen einem speziellen Betrieb oder einem Haushalt zugeordnet waren, weggefallen, und nun waren alle diese Menschen frei, und das Gefühl der Rache an den Deutschen war durchaus vorhanden.

Die Alliierten hatten dieses Problem kommen sehen. In der Directive JCS (Joint Chiefs of Staff) 1067 der amerikanischen Regierung an den Oberkommandierenden der Okkupationstruppen vom 26. April 1945 – veröffentlicht am 17. 10. 1945 – wurde als eine Aufgabe der Militärregierung die „Betreuung und Rückführung der Kriegsgefangenen und

73 Übersetzung des Verfassers aus: Hastings, *a.a.O.*, S. 419.

74 Gabriele Lotfi, „Das Arbeitserziehungslager Flughafen Mülheim-Ruhr", in: *Mülheimer Jahrbuch*, 52. Ausgabe, 1997, S. 151–159.

75 *Das Zwangsarbeitersystem im Dritten Reich.* Hg. vom Geschichtsverein der Stadt Mülheim a.d. Ruhr. Mülheim: Verlag an der Ruhr, 2002, S. 117.

Verschleppten der Mitgliedsstaaten der Vereinten Nationen" festgelegt.[76] Relativ schlecht war es russischen bzw. ukrainischen und polnischen Zwangsarbeitern ergangen, je nachdem, wo sie arbeiten mussten. Im Ostarbeiterlager der Reichsbahn in Speldorf behandelte der Lagerleiter Wilhelm K. Scharbow die Arbeiter schlecht, er schlug und misshandelte sie,[77] ebenso verhielt sich auch Peter Claassen, der sich einen Spaß daraus machte, beim Antreten den nicht ganz in Reihe stehenden Arbeitern fürchterliche Schläge mit einem Knüppel zu versetzen. Helbach berichtet von der Exekution zweier Ostarbeiter, die in einen Eisenbahnwaggon eingebrochen waren, um sich etwas Essbares zu besorgen. Dabei wurden sie erwischt, verurteilt, gehenkt und blieben zwei Tage zur Abschreckungen am Galgen hängen. Einen Ukrainer, der in Speldorf über die Gleise lief, um beim angrenzenden Gemüsehändler um Brot zu betteln, erschoss ein SA-Wachtmann ohne Vorankündigung.[78] Der Leiter des RWW -Wiesenlagers, Ewald Templin, bemühte sich zumindest um eine nachsichtigere Behandlung der ihm anvertrauten Menschen, ähnliches wird vom Gestapo-Inspektor Kolk berichtet, der inhaftierte Arbeiter nicht in das Arrestbuch eintrug, sodass diese am nächsten Tag die Zellen der Gestapo-Zentrale verlassen konnten.[79] Das Reichsbahnlager, aber auch die Unterkünfte in der Nähe der Lederfabriken wurden von vielen Mülheimern nach Kriegsende gemieden. Um die Situation unter Kontrolle zu behalten, verlegten die Amerikaner einen Teil der Lagerinsassen in die Kasernen an der Kaiserstraße und dem Steinknappen, wo sie bessere Wohnbedingungen vorfanden, doch kam es zu mehreren Übergriffen von Fremdarbeitern auf Deutsche, die auch tödlich endeten. Der Bauer Heintges wurde auf dem Lehnerfeld von Russen geschlagen und getreten, dann schoss man auf ihn, bis er tot war.[80] Zu einem „harmloseren" Zusammenstoß kam es im Witthausbusch kurz nach Kriegsende. Der junge Heinz Oellers war auf dem Weg zum Bootshaus an der Ruhr, als ihm vier Polen entgegen kamen:

> *„Einer nahm mir das Portemonnaie mit zwanzig Pfennigen drin weg, ein anderer steckte sich meinen Kamm und mein Taschenmesser ein und einer warf meinen Hausschlüssel in den Teich. Als der Anführer sich auch noch mein gefaltetes, kleines weißes Taschentuch nahm und da reinrotzte, habe ich ihm eine geballert. Aber die waren zu viert – und ich allein. Ich dachte, ich könnte schnell laufen, aber einer stellte mir ein Beinchen, so daß ich stürzte, dann haben sie mich verdroschen. Mein Kiefer war ausgerenkt, das Gesicht stand schief, und drei Zähne habe ich verloren. Eigentlich wollte ich nie wieder diesen Weg gehen."*[81]

Aber Heinz Oellers, damals 15 Jahre, rächte sich. Mit 23 Freunden legte er einige Gegenstände auf einer Parkbank im Witthausbusch aus:

76 Tabaczek und Altenberend. *Deutschland nach 1945*. Paderborn: Schöningh Verlag, 1993, S. 38.
77 Helbach, *a.a.O.*, S. 62.
78 Ebd., S. 129 f.
79 Vgl. Entnazifizierungsakte Karl Kolk, in Abschrift beim StAM, 1570/83.
80 Barbara Kaufhold, *a.a.O.*, S. 85.
81 Ebd., S. 157.

„Da kamen just wieder vier Polen (sie gingen immer zu viert oder mehreren). Wir sprangen aus dem Gebüsch und haben die vier vermöbelt. Diese Zustände mit den Plünderungen dauerten ungefähr 14 Tage, bis es den Amerikanern gelang, wieder Ordnung zu schaffen. Es ging ja alles drunter und drüber. Es war die unmittelbare Nachkriegszeit und das Volk war etwas verroht. Wir hatten auch viel im Krieg gesehen, die von Bomben zerrissenen Leichen …"[82]

Andere Fremdarbeiter, meist Holländer und Franzosen, halfen sogar den Mülheimern. Sie waren allerdings auch besser behandelt worden. Die Firma Siemens hatte während des Krieges solchen Arbeitern manchmal gestattet, Angehörige in anderen Städten der Umgebung zu besuchen.[83]

In den Deutschen Röhrenwerken plünderten Russen und Italiener das Lebensmittellager, die Magazine und die Kleiderschränke im Werkschutzgebäude – der Werkschutz war von den Amerikanern entwaffnet worden. An diesen Aktionen beteiligten sich aber nur wenige Franzosen und Holländer. Ein besonders tragischer Fall spielte sich kurz vor Mitternacht des 19. Mai 1945 auf dem Kolkerhof ab. Dort wurde ein Mülheimer Hilfspolizist von russischen Arbeitern erschossen. Er hinterließ seine Ehefrau und sieben Kinder.[84]

Die Amerikaner, die Mülheim im Frühjahr 1945 besetzten, hatten ab Juni 1943 das Civil Affairs Training Program (CTAP) gestartet, das für Kräfte gedacht war, die später mittlere Positionen bei der Militärregierung oder Spezialaufträge übernehmen sollten.[85] Auf diese Weise verfügten die Amerikaner im Laufe der Zeit über sprach- und sachkundiges Personal, auch wenn das Ausbildungsmaterial oft veraltet war. Das Alliierte Hauptquartier (SHAEF) in Europa unter General Eisenhower befahl dem Verwaltungspersonal so wie allen Soldaten: „Es darf kein Diskutieren und kein Feilschen geben. Freundliche Kooperation mit der Zivilbevölkerung ist strikt untersagt."[86] Mit der zunehmenden Eroberung deutschen Gebietes ging den Amerikanern aber das Verwaltungspersonal aus, sodass selbst Truppenkommandeure nach Beendigung der Kampfhandlungen politisch-wirtschaftliche Entscheidungen zu treffen hatten, was sie oft überforderte. Auch im Mülheim wechselten die amerikanischen Militärverwalter häufig. Major Mrachek war nur wenige Stunden in Mülheim, Major Keene blieb einige Wochen im Amt, später übernahmen die Briten die Militärverwaltung der Stadt.

Das erklärte Ziel der Alliierten, so wie sie es auf der Konferenz von Jalta im Februar 1945 festgelegt hatten, war, *„den deutschen Militarismus und Nazismus zu vernichten und sicherzustellen, dass Deutschland niemals wieder imstande sein wird, den Frieden der Welt zu zerstören. Wir sind fest entschlossen […] die gesamte deutsche Industrie, welche für militärische Produktion genützt werden könnte, zu entfernen oder zu kontrollieren; alle Kriegs-*

82 Ebd.

83 Ebd., S. 171.

84 StAM, 1200/981, Bl. 11.

85 Klaus-Dietmar Henke, *Die amerikanische Besetzung Deutschlands*. München: Oldenbourg, 1995, S. 223.

86 Ebd., S. 235.

verbrecher einer gerechten und raschen Bestrafung zuzuführen [...]; die Nazi-Partei, Nazigesetze, Organisationen und Einrichtungen auszumerzen."[87] Das waren starke Worte, die für die Behandlung der Deutschen nichts Gutes ahnen ließen. Nur, wie beabsichtigten die Siegermächte ihre Vorstellungen durchzusetzen? Wollten die Sieger nach ihren Rechtsprinzipien urteilen, wenn dies überhaupt bei drei bzw. vier unterschiedlichen Rechtsordnungen möglich war, so konnte ihnen schnell der Vorwurf der Siegerjustiz gemacht werden, was dann auch tatsächlich geschah. Also suchte man nach rechtlich für alle Menschen verbindlichen Normen, die durch den Nationalsozialismus missachtet und verletzt worden waren. So fand man Straftatbestände wie Verbrechen gegen die Menschlichkeit und Menschenwürde, den Frieden oder gravierende Kriegsverbrechen, die gegen die Prinzipien der Haager Landkriegsordnung oder die Menschenrechte verstießen. In den Nürnberger Prozessen stellten die Besatzer die „Hauptkriegsverbrecher" vor einen Gerichtshof der Siegermächte. Dort sollte der Öffentlichkeit das Ausmaß der Verbrechen während der NS-Zeit deutlich gemacht werden, eine Zielsetzung, die sicherlich erreicht wurde. Was aber sollte mit denen geschehen, die nur Mitläufer gewesen waren oder sich auf bestehende Gesetze und Befehle beriefen? Das nationalsozialistische System hatte die Verbrechen gegen Minderheiten, Juden und so genannte Volksschädlinge formal unter Beachtung des von ihm gesetzten juristischen Rahmens vollzogen. Erst langsam gewann der Entnazifizierungsprozess Konturen. Für die britische Besatzungszone präzisierte Feldmarschall Montgomery erst im Oktober 1945 die Leitsätze für die Entnazifizierung. Die Militärregierung in Mülheim versuchte zunächst einmal an gewachsene städtische Strukturen anzuknüpfen und das öffentliche Leben in Gang zu halten, wobei auf Verwaltungsfachleute nicht verzichtet werden konnte. Erst nach und nach wandten die Verantwortlichen die Grundsätze der Besatzungspolitik an, wie sie in Jalta und später auf der Konferenz in Potsdam im Juli und August 1945 entwickelt wurden, an. Die großen „Ds" – Denazifizierung, Dezentralisierung, Demontage, Demilitarisierung – sollten das Leben der Deutschen bestimmen. Von Mai 1945 bis September 1946 entließ die Militärregierung in der britischen Zone, zu der Mülheim gehörte, 156.000 Personen aus dem Dienst. Insgesamt kam es im besetzten Deutschland zur Erfassung von 6,08 Millionen Betroffenen, die entnazifiziert werden sollten – davon 2,04 Millionen Menschen in der britischen Zone – von denen fast 1.700 in die Kategorie 1 (Hauptschuldige), 23.000 in Kategorie 2 (Belastete), 150.400 in 3 als Minderbelastete, 1,006 Millionen in 4 (Mitläufer) und fast 4 Millionen als unbelastet in die Kategorie 5 eingestuft wurden. Immerhin begann die Militärregierung in Mülheim schon ab Mai bekannte ehemalige Nationalsozialisten aus ihren Ämtern zu entfernen. Bis 1946 wurden in Mülheim 119 Beamte, 95 Angestellte und 62 Arbeiter der Verwaltung entlassen.[88]

Der Zusammenbruch des Nationalsozialismus in Mülheim war aber nicht der Zusammenbruch des Lebens in der Stadt. Von einer *Stunde Null* in Mülheim an der Ruhr zu sprechen, ist schon deshalb nicht angebracht, weil der Übergang von der Diktatur in die

87 Werner Ripper. *Weltgeschichte im Aufriß. Vom Ersten Weltkrieg bis 1945*. Frankfurt, Berlin. München: Diesterweg Verlag, 1976, S. 486.

88 Kurt Ortmanns. *Ein Neubeginn vor 50 Jahren: Kommunalwahl 1946*. Ausstellungskatalog des Stadtarchivs Mülheim a.d. Ruhr. O.O, o.J., S. 14.

Besatzungszeit so glatt verlief. Wie schon bemerkt, schienen viele Mülheimer gar nicht wahrgenommen zu haben, dass der Krieg aus war. Erstaunlich ist aber, und das sahen auch die Sieger so, wie tatkräftig an der Lösung der mannigfachen Probleme gearbeitet wurde. Vielleicht so emsig, dass die Aufarbeitung der Vergangenheit in der Stadt viele Jahre zu kurz kam und erst allmählich eine vertiefte Auseinandersetzung mit der Vergangenheit in Gang kommt.[89]

89 Hans-Werner Nierhaus, „Stunde Null in Mülheim" in: *Mülheimer Jahrbuch*, 2006. Hingewiesen werden soll zum Beispiel auf die „Aktion Stolpersteine", die den Opfern des Nationalsozialismus in Mülheim gilt, und den vielfältigen Aktionen und Veranstaltungen anlässlich des 60. Jahrestages des Kriegsendes 2005 in Mülheim.

Quellen- und Literaturverzeichnis

BA	Bundesarchiv Koblenz oder Berlin
BA-MA	Bundesarchiv-Militärarchiv, Freiburg
HStAD	Hauptstaatsarchiv Düsseldorf
StAGü	Stadtarchiv Gütersloh
StAMH	Stadtarchiv Mülheim a.d. Ruhr
StAMS	Stadtarchiv Münster
StAOB	Stadtarchiv Oberhausen

Mannesmann-Archiv
Siemens-Archiv

Archiv der Otto-Pankok-Schule, Ordner 1944/45

Mülheimer Zeitung 1939–1945 (StAMH, 1433/55)
Nationalzeitung, Mülheim 1939–1945, in Auszügen in: StAMH, 1300/1/20 und 21
Nationalzeitung, Duisburg 1939–1945, in Auszügen in: StAMH, 1300/1/20 und 21
Der Neue Tag, 1940–1944, in Auszügen in: StAMH, 1300/1/20 und 21

100 Jahre Evangelisches Krankenhaus Mülheim a.d. Ruhr 1850–1950. Mülheim, 1950.

Aleff, Eberhard, *Das Dritte Reich*. Hannover: Fackelträger Verlag, 1973.
Aly, Götz, *Endlösung. Völkerverschiebung und Mord an den europäischen Juden*, 3. Aufl. Frankfurt: Fischer, 2005.
Aly, Götz, *Hitlers Volksstaat*. Frankfurt: Fischer Verlag, 2005.
Averdunk, Heinrich, *Geschichte der Stadt Duisburg*. 2. Auflage, Ratingen: Henn Verlag, 1949.

Beer, Wilfried, *Kriegsalltag an der Heimatfront*. Bremen: Hauschild, 1990.
Bennertz, Gerhard, „Jüdische Schicksale und Namen", in: *900 Jahre Mülheim an der Ruhr 1093–1993*, hg. Vom Geschichtsverein der Stadt Mülheim. *Zeitschrift des Geschichtsvereins Mülheim an der Ruhr*, Heft 99, 1997.
Berger, Thomas, *Der Nationalsozialismus*. Frankfurt: Hirschgraben Verlag, 1990.
Blank, Ralf, „Kriegsalltag und Luftkrieg an der „Heimatfront", in: *Das Deutsche Reich und der Zweite Weltkrieg*. Band 9/1. München: Deutsche Verlagsanstalt, 2004.
Blasius, Rainer, „Der Kitt der Wehrmacht", in: *FAZ*, 16.8.2006.
Bohn, Robert, *Reichskommissariat Norwegen. „Nationalsozialistische Neuordnung" und Kriegswirtschaft*. München: Oldenbourg, 2000.
Böhnke, Wilfried, *Die NSDAP im Ruhrgebiet 1920–1933*. Bonn, Bad Godesberg, 1974.
Borsdorf und Jamin (Hg.), *Überleben im Krieg. Kriegserfahrungen in einer Industrieregion 1939–1945*. Hamburg: Rowohlt, 1989.
Boog, Horst, „Die deutsche Heimatluftverteidigung", in: *Das Deutsche Reich und der Zweite Weltkrieg*. Band 9/1. Stuttgart, München: Deutsche Verlagsanstalt, 2001.

Boog, Horst, „Strategischer Luftkrieg in Europa und Reichsluftverteidigung 1943–1945", in: *Das Deutsche Reich und der Zweite Weltkrieg*, Band 7. München: Deutsche Verlagsanstalt, 2001.
Buch der Erinnerung, bearbeitet von Wolfgang Scheffler u. Diana Schulle, Band 1. München: Saur Verlag, 2003.
Browning, Christopher *Die Entfesselung der „Endlösung". Nationalsozialistische Judenpolitik 1939–1942*. München, 2003.
Burleigh, Michael, *Die Zeit des Nationalsozialismus*. Frankfurt: Fischer Verlag, 2000.

Corum, James S., „The Luftwaffe and the coalition. Air War in Spain, 1936–1939", in: *Journal of Strategic Studies*, 18, 1995.
Curilla, Wolfgang, *Die deutsche Ordnungspolizei und der Holocaust im Baltikum und in Weißrussland*. Paderborn, München u.a.: Schöningh, 2006.

Dahrendorf, Ralf, *Homo Sociologicus. Ein Versuch zur Geschichte, Bedeutung und Kritik der Kategorie der sozialen Rolle*. 16. Auflage. Wiesbaden: Verlag Sozialwissenschaften, 2006.
Das Zwangsarbeitersystem im Dritten Reich. Als Dolmetscherin in Mülheimer Lagern. Die Erinnerungen der Eleonore Helbach, hg. vom Geschichtsverein Mülheim. Mülheim: Verlag an der Ruhr, 2003.
Die Rheinprovinz, Jahrgang 1939 ff. (StAMH, Signatur 900/23)
Dietrich Eichholz, *Geschichte der deutschen Kriegswirtschaft, 1939–1945*. Bd. 2: 1941–1945. Berlin, 1985.
Döring, Hans-Joachim, *Die Zigeuner im nationalsozialistischen Staat*. Hamburg, 1964.

Esters, Helmut und Pelger, Hans, *Gewerkschafter im Widerstand*. Bonn, 1983.
Evans, Richard J., *Das Dritte Reich. Band 1, Aufstieg*. Frankfurt a. Main: DTV, 2005.

Fastrich, Ernst-Gerd, *Meine Erlebnisse bei der Flak*. Maschinenschriftliche Niederschrift, Mülheim, 2001. (Im Archiv der Otto-Pankok-Schule).
Feiten, Willi, *Der nationalsozialistische Lehrerbund*. Weinheim und Basel: Beltz Verlag, 1981,
Fings, Karola, „Sklaven für die Heimatfront", in: *Das Deutsche Reich und der Zweite Weltkrieg*. Bd. 9/1. München: Deutsche Verlags-Anstalt, 2004.
Fraenkel, Ernst, *Der Doppelstaat*. Frankfurt/Main, 1974.
Frei, Norbert, *1945 und wir. Das Dritte Reich im Bewusstsein der Deutschen*. München: Beck, 2005.
Friedrich, Götz, *Der Brand. Deutschland im Bombenkrieg 1940–1945*. Berlin: List, 2004.

Gerlach, Christian, *Krieg, Ernährung, Völkermord. Forschungen zur deutschen Vernichtungspolitik im Zweiten Weltkrieg*. Zürich: Pendo Verlag, 2001.
Grunenberg, Nina, *Die Wundertäter. Netzwerke der deutschen Wirtschaft 1942 bis 1966*. München: Siedler Verlag, 2006.
Goebbels, Joseph, *Tagebücher*, Teil II: Diktate 1941–1945, Band 2. Hg. von Elke Fröhlich. München u.a., 1993–1996.

Hastings, Max, *Armageddon. The Battle for Germany 1944–1945*. New York: Knopff, 2005.
Hauke, Reinhard, *Das Landjahr: ein Stück Erziehungsgeschichte unter dem Hakenkreuz*. Gelnhausen: Triga Verlag, 1997.
Heimatkalender des Gaues Essen, 1941.

Hellfeld, Matthias von, *Bündische Jugend und Hitlerjugend*. Köln: Verlag Wissenschaft und Politik, 1987.
Henke, Klaus-Dietmar, *Die amerikanische Besetzung Deutschlands*. München: Oldenbourg, 1995.
Hildebrand, Klaus, *Das Dritte Reich*. München: Oldenbourg, 1980.
Historikerstreit. Eine Dokumentation der Kontroverse um die Einzigartigkeit der nationalsozialistischen Judenvernichtung. München: Piper, 1987.
Hofer, Walter, *Der Nationalsozialismus. Dokumente 1933–1945*. Frankfurt, 1960.
Hötger, Hans-Georg, „Eine Reise in die Mülheimer Unterwelt – Planung und Bau von Bunkern unter dem NS-Regime“, in: *Jahrbuch der Stadt Mülheim an der Ruhr*, 2007.
Hügen, Ludwig, *Der Krieg geht zu Ende*. Kempen, 1974.

Illustrierter Film-Kurier. Nr. 2919. August 1939. o.O., o.J.

Jäger, Lorenz, „Ein Gelehrtenleben. Zwanzig Jahre Historikerstreit: Ernst Nolte bei 3sat“, in: *FAZ*, 22.5.2006.
Jersak, Tobias, „Entscheidungen zu Mord und Lüge. Die deutsche Kriegsgesellschaft und der Holocaust“, in: *Das Deutsche Reich und der Zweite Weltkrieg*, Band 9/1. München: Deutsche Verlagsanstalt, 2004.
Jörg Echternkamp, „Im Kampf an der inneren und äußeren Front“, in: *Das Deutsche Reich und der Zweite Weltkrieg*. Band 9/1, München: Deutsche Verlagsanstalt, 2004.
Joseph Goebbels, *Das Eiserne Herz. Reden und Aufsätze aus den Jahren 1941/42*. München: Zentralverlag der NSDAP, 1942.

Kater, Michael H., *The Nazi Party. A Social Profile of Members and Leaders 1919–1945*. Cambridge, Mass., 1987.
Kaufhold, Barbara, *Erinnerungen werden wach – Zeitzeugenberichte aus Mülheim a.d. Ruhr 1933–1945*. Essen: Klartext Verlag, 2001.
Kaufhold, Barbara, *Juden in Mülheim an der Ruhr*. Essen: Klartext Verlag, 2004.
Keil, G., „Krankes Amt“, *FAZ*, 22.4.2003.
Kämpgen, Klaus, *Einmal wird es sein müssen*. Norderstedt: Books on Demand, 2005.
Klaus, Martin, *Mädchen im Dritten Reich. Der Bund Deutscher Mädel (BDM)*. Köln, 1983.
Klefisch, Peter, *Die Reichsleiter der NSDAP in den Gauen Köln-Aachen, Düsseldorf und Essen*. Düsseldorf, 2000.
Klönne, Arno, *Jugend im Dritten Reich. Die Hitler-Jugend und ihre Gegner*. Düsseldorf, Köln, 1982.
Koch, H. W., Hitlerjugend. München: Moewig Verlag, 1981.
Kriegstagebuch des Polizeipräsidiums Oberhausen/Mülheim in maschinenschriftlicher Abschrift in 4 Teilen (abgekürzt Kriegstagebuch). Das Original im HStAD.
Krischer, Markus, *Kinderhaus. Leben und Ermordung des Mädchens Edith Hecht*. München: Deutsche Verlagsanstalt, 2006.
Kühne, Thomas, *Kameradschaft. Die Soldaten des nationalsozialistischen Krieges und das 20. Jahrhundert*. Göttingen: Vandenhoek & Ruprecht, 2006.
Kundrus, Birthe, *Kriegerfrauen, Familienpolitik und Geschlechterverhältnis im Ersten und Zweiten Weltkrieg*. Hamburg, 1995.
Kundrus, Birthe, „Totale Unterhaltung? Die kulturelle Kriegführung 1939 bis 1945 in Film, Rundfunk und Theater“, in: *Das Deutsche Reich und der Zweite Weltkrieg*. Band 9/2. München: Deutsche Verlagsanstalt, 2005.
Kunz, Andreas, *Wehrmacht und Niederlage*. München: Oldenbourg, 2005.

Kusenberg, Dieter, *Lucian (Lutz) Damianus Wysocki. Der ungesühnte Aufstieg vom Polizeipräsidenten zum SS-General im Osten.* Schriftenreihe der Gedenkhalle Oberhausen, Band 2, Oberhausen: Laufen Verlag, 1999.

Lickfeld, K. G., „Geheimnisse hinter einer Weißdornhecke", in: *Mülheimer Jahrbuch.* Jahrgang 52, 1997. S. 160–163.

Lotfi, Gabriele, *KZ der Gestapo. Arbeitserziehungslager im Dritten Reich.* Stuttgart: Deutsche Verlags-Anstalt, 2000.

Lotfi, Gabriele, „Das Arbeitserziehungslager Flughafen Essen-Mülheim", in: *Mülheimer Jahrbuch,* Jahrgang 52, 1997.

Luhmann, Niklas, *Organisation und Entscheidung.* Opladen/Wiesbaden, 2000.

Merkblatt der Industrie- und Handelskammern in Nordrhein-Westfalen, „Was erwartet die Wirtschaft von den Schulabgängern". o.O., 2000.

Mues, Willi, *Der Große Kessel.* Erwitte/Lippstadt: Selbstverlag des Verfassers, 1984.

Mühlenfeld, Daniel, „70 Jahre ‚Machtergreifung' in Mülheim an der Ruhr", in: *Mülheimer Jahrbuch,* Jahrgang 59, 2004.

Mühlenfeld, Daniel, „Das Winterhilfswerk (WHW) in Mülheim an der Ruhr", in: *Jahrbuch der Stadt Mülheim,* Jahrgang 61, 2006.

Mühlenfeld, Daniel, „Mülheim an der Ruhr im Sommer 1944 – Eine Momentaufnahme", in: *Mülheimer Jahrbuch,* Jahrgang 60, Mülheim, 2005.

Müller, Rolf-Dieter, „Albert Speer und die Rüstungspolitik im totalen Krieg", in: *Das Deutsche Reich und der Zweite Weltkrieg.* Band 5/2. Stuttgart: Deutsche Verlagsanstalt, 1999.

Müller, Rolf-Dieter, „Die Mobilisierung der deutschen Wirtschaft für Hitlers Kriegführung", in: *Das Deutsche Reich und der Zweite Weltkrieg.* Band 5/1. Stuttgart: Deutsche Verlags-Anstalt, 1988.

Neufeldt, H.-J., Huck, J., Tessin, G., *Zur Geschichte der Ordnungspolizei 1936–1945.* Teil II. Koblenz, 1957.

Neumann, Simone, *Leben in Mülheim an der Ruhr. 1914–1965.* Erfurt: Sutton Verlag, 2000.

Nicolaisen, Hans-Dietrich, *Die Flakhelfer.* Frankfurt, Berlin, Wien: Ullstein Verlag, 1985.

Nierhaus, Hans-Werner, „Stunde Null in Mülheim", in: *Mülheimer Jahrbuch,* Jahrgang 61, Mülheim, 2006.

Noethen, Stefan, *Alte Kameraden und neue Kollegen. Polizei in Nordrhein-Westfalen 1945–1953.* Essen, 2003.

Nolte, Ernst, *Theorien über den Faschismus.* Köln, 1977.

Nolte, Ernst, *Geschichtsdenken im 20. Jahrhundert.* Berlin, Frankfurt: Propyläen Verlag, 1991,

Nolzen, Armin, „Die NSDAP, der Krieg und die deutsche Gesellschaft", in: *Das Deutsche Reich und der Zweite Weltkrieg,* Band 9/1. Stuttgart: Deutsche Verlagsanstalt, 2004.

Ortmanns, Kurt, *Ein Neubeginn vor 50 Jahren: Kommunalwahl 1946.* Ausstellungskatalog des Stadtarchivs Mülheim a.d. Ruhr. o.O, o.J.

Otto, Hans-Uwe und Sünker, Heinz, (Hg.), *Politische Formierung und soziale Erziehung im Nationalsozialismus.* Frankfurt, 1991.

Paul, Gerhard und Mallmann, Klaus-Michael, *Die Gestapo. Mythos und Realität.* Darmstadt: WBG, 1995.

Peter Longerich, *Politik der Vernichtung. Eine Gesamtdarstellung der nationalsozialistischen Judenverfolgung*. München/Zürich, 1998.
Peter Sloterdijk, *Sphären III. Schäume*. Frankfurt: Suhrkamp, 2004.
Peter Sloterdijk, *Zeit und Zorn*. Suhrkamp: Stuttgart, 2006
Platthaus, Andreas, „Der Diktator als Prügelknabe", in: *FAZ*, 6.1.2007.
Plickert, Philip, „Männer mit Vergangenheit", in: *FAZ*, 23.4.2007.

Rasch, Manfred, „Baugeschichte des Kaiser-Wilhelm-Instituts für Kohlenforschung", in: *Zeitschrift des Geschichtsvereins Mülheim a.d. Ruhr*, Heft 65, 1993.
Raul Hilberg, *Die Vernichtung der europäischen Juden*. Band 1. 9. Auflage. Frankfurt: Fischer, 1999.
Ripper, Werner, *Weltgeschichte im Aufriß. Vom Ersten Weltkrieg bis 1945*. Frankfurt, Berlin. München: Diesterweg Verlag, 1976.
Roepstorff, Jens, „Oberstleutnant i.G. Günther Smend – ein Offizier aus Mülheim im Widerstand gegen Hitler", in: *Mülheimer Jahrbuch*, Jahrgang 60, 2005.
Roepstorff, Jens, „Edwin Hasenjaeger. Portrait eines Oberbürgermeisters in schwierigen Zeiten", in: *Mülheimer Jahrbuch*, Jahrgang 59, 2004.

Sachse, Christoph und Tennstedt, Florian, *Der Wohlfahrtsstaat im Nationalsozialismus*, Band 3. Stuttgart, 1992.
Scheil, Stefan, „Mitteleuropäische Gedankenspiele nach Versailles", in: *FAZ*, 17.6.2006.
Schramm, P. E., *Die Niederlage 1945. Aus dem Kriegstagebuch des OKW*. München: DTV, 1985.
Schrijvers, Peter, *The Unknown Dead. Civilians in the Battle of the Bulge*. Lexington: University of Kentucky Press, 2005.
Shulman, Milton, *Defeat in the West*. London: Cassell, 1986.
Slezkine, Yuri, *Das jüdische Jahrhundert*. Göttingen: Vandenhoeck & Ruprecht, 2006.
Staatsanwaltschaft Hamburg, 141 Js 534/60, S. 6598/99, 7017, 7020, 7022, 12016.
Statistisches Jahrbuch der Stadt Mülheim an der Ruhr für das Jahr 1949. Hg. vom Oberstadtdirektor. Mülheim, 1949.
Styrum – Ein starkes Stück Stadt, Teil 3, hg. vom Geschichts-Gesprächskreis Styrum e.V. O.O., 2003.

Tabaczek und Altenberend. *Deutschland nach 1945*. Paderborn: Schöningh Verlag, 1993.
Taylor, Frederic, *Dresden*. New York: Harper Collins, 2004.
Ternes, Karl-Heinz, „Hitler-Jugend in der Bewährung", *Heimatkalender für den Gau Essen*. Essen, 1942.
Tooze, Adam, *Ökonomie der Zerstörung. Die Geschichte der Wirtschaft im Nationalsozialismus*. München: Siedler, 2007.

Ueberschär Gerd R. und Müller, Rolf-Dieter, *1945 – Das Ende des Krieges*, Darmstadt: WBG, 2005

van der Zee, Henri A., *The Hunger Winter. Occupied Holland 1944–1945*. Lincoln/London: University of Nebraska Press, 1982.

Wehler, Hans-Ulrich, „Engstirniger Materialismus". *Der Spiegel*, Heft 14, 2005
Wendt, Bernd Jürgen, *Deutschland 1933–1945*. Hannover, 1995.
Werner, Wolfgang Franz, *Bleib übrig*. Düsseldorf: Schwann Verlag, 1983.

Wessel, Horst A., „Als der Krieg zu Ende war – Mülheim und sein Röhrenwerk vor 40 Jahren", in: *Zeitschrift des Geschichtsvereins Mülheim a.d. Ruhr*. Heft 59, 1985.

Whitaker, Dennis und Shelagh, *Endkampf am Rhein. Der Vormarsch der Westalliierten 1944–1945*. Berlin, Frankfurt: Ullstein, 2001.

Whiting, Charles, *Battle of the Ruhr Pocket*. London: Ballantine Books, 1970.

Whiting, Charles, '45. *Das Ende an Rhein und Ruhr*. Aachen: Helios Verlag, 2005.

Widerstand und Verfolgung in Mülheim an der Ruhr 1933 bis 1945, hg. von Doetsch et al. Mülheim: Eigenverlag, 1987.

Wiedeking, Elmar, „Kriegsalltag einer Stadt. Mülheim an der Ruhr", in: *Jahrbuch der Stadt Mülheim*, Jahrgang 59, Mülheim, 2004.

Wiedeking, Elmar, „Kriegsalltag einer Stadt. Mülheim an der Ruhr – Über die Menschen", in: *Jahrbuch der Stadt Mülheim*, Jahrgang 60, 2005.

Zentner, Christian, *Schlacht um England*. Frankfurt/Main: Ullstein, 1980.

Zimmermann, Michael, „Die Gestapo und die regionale Organisation der Judendeportationen", in: Gerhard Paul und Klaus-Michael Malmann (Hg.), *Die Gestapo. Mythos und Realität*. Darmstadt: WBG, 1995.

Zurstrassen, Bettina, „Die nationalsozialistische Sozialpolitik eine ‚völkisch-sozialpolitische Beglückungsideologie'?" *GPD*, Heft 3/4, 2005.

Internet-Seiten (Stand Juni 2007)

www.17th Abn.Div.asp.html
www.army.mil/cmh-pg/cc/017abd.htm
www.geschichte.ffa24.de/index2.php?option=com_content&do_pdf=1&id=27
www.lexikon-der-wehrmacht.de/
www.lexikon-der-wehrmacht.de/ (unter Eintrag: 4. Flak-Division)
www.lexikon-der-wehrmacht.de/ (unter Eintrag: Luftverteidigungskommando 4)
www.lostplaces.de/cms/component/option,com_fmdb/Itemid,63/task,2/typ,4/quad,4/id,948/
www.lostplaces.de/forum/viewtopic.php?t=1835
www.lostplaces.de/forum/viewtopic.php?t=7878
www.raf.mod.uk/bombercommand/jun43.html
www.stadt-mh.de.